21世纪普通高等教育规划教材·公共基础课系列

管 理 学

（第四版）

主　编　徐艳兰　刘　珣
副主编　韩　菲　刘　丹　罗昌宏　李级民

上海财经大学出版社

图书在版编目(CIP)数据

管理学/徐艳兰,刘珣主编．—4版．—上海:上海财经大学出版社,2017.10

(21世纪普通高等教育规划教材·公共基础课系列)

ISBN 978-7-5642-2621-3/F·2621

Ⅰ.①管… Ⅱ.①徐…②刘… Ⅲ.①管理学-高等学校-教材 Ⅳ.①C93

中国版本图书馆CIP数据核字(2016)第304690号

□ 责任编辑　李宇彤
□ 封面设计　晨　宇

GUAN LI XUE

管　理　学

(第四版)

主　编　徐艳兰　刘　珣
副主编　韩　菲　刘　丹　罗昌宏　李级民

上海财经大学出版社出版发行
(上海市中山北一路369号　邮编200083)
网　　址:http://www.sufep.com
电子邮箱:webmaster @ sufep.com
全国新华书店经销
上海景条印刷有限公司印刷装订
2017年10月第4版　2017年10月第1次印刷

787mm×1092mm　1/16　16印张　409千字
(习题集4.75印张　121千字)
印数:81 001—85 000　定价:39.80元
(本教材免费赠送配套习题集,请直接向售书单位索取)

21世纪普通高等教育规划教材

21 SHI JI PU TONG GAO DENG JIAO YU GUI HUA JIAO CAI

第四版前言

管理学是一门综合性、实践性很强的应用学科。本书根据国家教育部相关要求，主要针对培养经济管理类及工程技术类高等应用型专业人才编写，反映了21世纪管理学的最新知识，吸收了管理学领域最新的研究成果、学术理论，注意理论与实践案例的有机结合，体现了学与练结合的原则。

本书在结构和内容安排上力求全面、系统、准确地介绍现代管理的理论和实务知识。全篇体例及内容设置为：学习目标、知识能力、工作任务、引导案例、正文、复习题、讨论及思考题、案例分析。坚持从案例入手，以案例分析与思考作为全章结尾，注重提高学生学习的趣味性和培养学生解决实际问题的能力。在原第三版教材的基础上引进了最新管理知识，更新了部分案例。与教材配套的习题集有利于学生自我检查学习效果，拓宽思维空间，大量案例分析强化了学生分析和解决实际问题的能力。

本书是武汉学院、武汉生物工程学院、武汉东湖学院、武汉商贸职业学院、湖北第二师范学院的几位教师合作研究的成果。由武汉大学管理学教授罗昌宏总体审核并定稿，武汉学院副教授徐艳兰修订完成。具体分工为：韩菲修订了第一、第二章，刘丹修订了第七、第九章，刘珣修订了第八、第十二、第十三章，李级民修订了第四章，徐艳兰修订了第五、第六章，并对各章习题集和配套课件进行了修订。

本书是在原教材，即上海财经大学出版社2013年版《管理学》(第三版)教材的基础上修订定稿，在此，对原教材的作者表示感谢！同时，本书编写过程中，学习和借鉴了许多同类教材和相关研究成果，引用了大量参考文献和案例。在此对相关文献的作者和编辑一并表示衷心的感谢！

由于作者水平有限，缺点错误在所难免，恳请专家、同行和广大读者批评指正。

罗昌宏

2017年8月

目　录

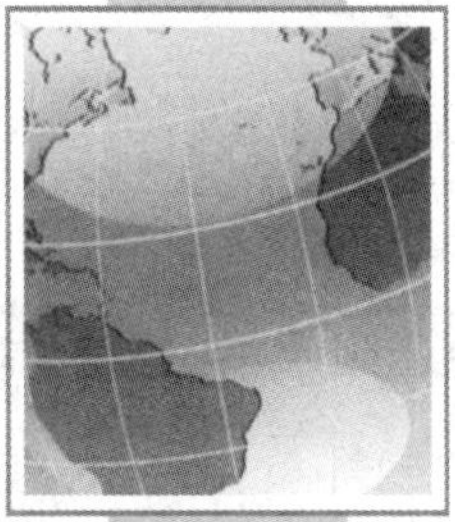

第一章
管理活动与管理者

【学习目标】

1.了解管理的概念、构成要素及目标,明确管理的五大职能;

2.理解管理既是一门科学,也是一门艺术,以及管理的二重性等;

3.了解管理者的概念、类型及管理技能;

4.掌握学习管理学的途径和方法。

【知识能力】

1.能区分管理的各种职能及其关系;

2.能区分不同层次类型管理者的工作内容。

【工作任务】

就某具体企业的管理活动说明其管理层次及各层次管理者的工作重点。

【引导案例】

天生的管理者

章豪是一位车间主任,当他从厂长办公室向外观望时说道:“费方真是一个天生的管理者。”厂长点头道:“是的,木工间的工人就是听他的,我相信那些木匠永远会跟他走的。”

费方是某铸件厂运输部门木工间的管理员。他是个大个子,身高1.8米,体重90公斤,嗓音洪亮。他那高大的身躯、坚定而又刚毅的黑眼睛和他那随和的脾气简直无法相称。他很少与人发生冲突,对待下属很有耐心,且富有同情心。他和6位组员负责制造装运铸件的木箱,销售部门每天都要运送出厂。这种工作虽然技术性不强,但却是该厂的一个重要部门。

在费方就任之前,木工间是个老大难部门,经常耽误运输,有时甚至达数日之久,虽然调换工人也无济于事,似乎该部门的木工家庭问题也特别多。

费方就任后,立刻发生了变化,数天之内,工作大为改观,耽误运输的事不再发生了,木工们也都很高兴。有一天费方正在计划次日所需的木箱,他想:“我得和其他人一样努力工作,只能多干不能少干。在和新来的副手朱建强一起巡视车间前,我还得问问他家新生婴儿的情况,昨天他在干完了本职工作后请假提前回家的。”

(资料来源:http://wenku.baidu.com/view/5c72afdba6c30c2258019e4c.html? re=view)

思考:费方是一个天生的管理者吗?你认为木工间为什么能成功?

第一节 管理

一、管理的概念

(一)管理的定义

管理作为一项重要的社会活动,贯穿于人类社会发展的各个阶段,渗透到政治、经济、文化、教育、军事等各个领域。管理的定义,众说纷纭,其中有代表性的有:

管理学家亨利·法约尔认为,管理就是实行计划、组织、指挥、协调和控制。

管理学家哈罗德·孔茨认为,管理就是通过别人来使事情做成的一种职能,管理包括计划、组织、人事、指挥、控制五项内容。

决策理论学派代表人物赫伯特·西蒙认为,管理就是决策。

“现代管理学之父”、经验主义代表人物德鲁克认为:管理就是经验的总结。“管理是一种实践,其本质不在于‘知’而在于‘行’,企业管理不是一种官僚性的行政工作,它必须是创新性的,而不是适应性的工作。”强调了管理工作实践性、目的性和创新性的特征。

美国管理协会对管理的定义是:通过他人的努力来达到目标。

还有人认为管理就是人们为了实现一定的目的而采用各种方式、方法和手段对相关联的人、事、物及它们之间的内在联系进行控制的一系列活动的总称。

从国内外管理学家们的研究成果来看,虽然不同的学者对管理的定义不尽相同,但从不同的角度反映了管理活动的实际情况,丰富与发展了管理理论,同时也反映了社会发展不同阶段的管理水平,说明管理的概念是一个动态、发展的概念。

我们认为,管理是指一定组织中的管理者在特定的组织内外环境的约束下,运用计划、组织、领导、控制和创新等职能,对组织的资源进行有效整合和利用,协调他人的活动,使他人同自己一起实现组织的既定目标的活动过程。这个概念包含以下五个层次:

(1)管理是针对群体的。

(2)管理是为实现组织特定目标服务的,是一个有意识、有目的的行为过程。

(3)管理是通过对资源的协调整合来实现组织目标的。

(4)管理是通过管理职能发挥作用的,包括计划、组织、领导、控制和创新等基本职能。

(5)管理工作的核心是协调。把组织里每个人的力量协调起来去完成集体的目标是管理的宗旨。管理的每一种活动或每一项职能都是为了协调其他人的行为,通过别人完成工作目标。

(二)管理的要素

从管理的定义可以看出,管理包括五个要素:

1. 管理主体——管理者

管理者是管理活动的主体,是指管理活动的发起者、执行者。管理者的知识、能力、素质、经验和技能,直接影响组织效能的发挥。

2. 管理客体——管理对象

管理对象是指管理活动的接受者、对象,即组织的各类资源,包括人、财、物、信息、时间、关系六个方面的资源。

3. 管理手段——管理职能

管理职能是对管理行为的理论抽象,是管理者对管理对象发生作用和影响的手段,其目的是为研究管理过程的规律性提供手段，也为概括和总结管理的理论、原则和方法等管理知识提供框架。管理职能包括计划、组织、领导、控制和创新。

4. 管理的载体——组织

组织是为实现某一共同目标，经由分工与协作，及不同层次的权力和责任制度而构成的人群集合的系统。管理不能脱离组织而存在，组织中必定存在管理。

5. 管理的环境

直接或间接地影响或干扰管理活动的内外部环境包括：人力资源，物资，权责结构，信息，目标；用户，供应商，竞争者，管理机构，战略同盟伙伴，经济环境，技术环境，社会文化环境，政治环境，自然环境等。

二、管理的目标

哈罗德·孔茨认为："管理人员必须创造一种良好的环境，使人们能够以最短的时间、最少的资金和原材料以及最大的个人满意程度来实现群体目标，或使人们能够利用现有的资源，尽可能地达到预期的目标。"管理的目标是什么呢？

一般来说，管理并不存在自己独立的目标。管理的目标是与组织的目标联结在一起的。管理是组织中的一个"器官"，是为服务于组织而存在的，即为了实现组织的目标而进行管理。因此，概括地讲，管理就是通过协调，促使组织有效地利用资源而达成组织的目标。具体可从以下三个角度全面衡量管理促进组织目标实现的情况：

（一）组织的产出目标

组织的产出是组织活动的结果。组织投入人力资源、物资资源和信息资源等产出产品或服务。例如，企业投入原材料和人力生产出产品；学校投入人力、物力培养出合格的毕业生；服务企业中提供的各项服务；等等。

（二）组织的效率与效果

组织活动中要求管理者选择各种有效的行动方案和途径使人们以最快的速度达到组织既定的目标。组织的绩效高低表现在效率和效果两大方面。效果解决"做什么"的问题，效率解决"怎么做"的问题。效率涉及的只是活动的方式，它与资源的利用相关，因而只有高低之分而无好坏之别。效果则涉及活动的目标和结果，不仅具有高低之分，而且可以在好和坏两个方向上表现出明显的差距。如果高效率是追求"正确地做事"，好效果则是保证"做正确的事"。因此，一个有效的管理者，一方面既能指出应当怎么做才能使组织保持高的效率，另一方面又能指出应当做什么才能取得好的效果，这样，组织才具有最大的有效性。

（三）组织的终极目标

根据组织的性质不同，组织的终极目标的表现形式也有所不同。营利组织以追求利润和资本保值增值为主要终极目标，可以通过经市场检验的较为客观的绩效指标来衡量目标的实现程度；非营利组织则以满足社会利益和履行社会责任为主要终极目标，其终极目标的实现情况往往须依赖一些定性的和相对主观的指标加以衡量。但不论终极目标有何差别，管理工作的使命任务基本上是一样的，即都要通过使组织以尽量少的资源而尽可能多地完成预期的合乎要求的目标，实现组织的有效管理。

阅读资料：管理是神奇的，它能对日常组织中的众多方面提供许多观点。所以你有充分的理由要学好这门课程。

我们每天的生活都与管理息息相关。当你在某个商店买东西而没有一个营业员愿意理睬你时，你不觉得困惑吗？当你向航空公司打了三次电话，但是却得到了同一航程的三种不同票价，你不觉得恼火吗？这些都是管理低下的典型事例。

学管理的第二个重要理由是，当你大学毕业开始自己的职业生涯，你或是管人或是被人管。对于那些致力于管理生涯的有志者来说，对管理过程的了解将有助于你对管理技巧的掌握，你可以从老板的行为以及内部的组织工作中获得更深入的洞察和对管理的理解。但是千万不要因此就天真地认为学过管理学的人自然就具备了从事管理工作的能力；从管理学课程中学到了某些有价值的东西，未必就意味着你一定要去当管理者。

资料来源：斯蒂芬·P. 罗宾斯等著，毛蕴诗主译，《管理学原理》，东北财经大学出版社 2005 年版，第 15 页。（编者略做整理）

三、管理的职能

管理职能是指管理的职责和功能，是管理者在管理活动中应当承担的职责和任务，是管理活动内容的理论概括。

最早系统提出管理职能的是法国的法约尔。他提出管理的职能包括计划、组织、指挥、协调、控制五个职能，其中计划职能为他所重点强调。他认为，组织一个企业，就是为企业的经营提供所有必要的原料、设备、资本、人员。指挥的任务要分配给企业的各种不同的领导人，每个领导人都承担各自单位的任务和职责。协调就是指企业的一切工作都要和谐地配合，以便于企业经营的顺利进行，并且有利于企业取得成功。控制就是要证实一下是否各项工作都与既定的计划相符合，是否与下达的指示及已定原则相符合。

在法约尔之后，许多学者根据社会环境的新变化，对管理的职能进行了进一步的探究，有了许多新的认识。但当代管理学家们对管理职能的划分，大体上没有超出法约尔的范围。古利克和厄威克就管理职能的划分提出了著名的管理七职能。他们认为，管理的职能是：计划、组织、人事、指挥、协调、报告、预算。

哈罗德·孔茨和西里尔·奥唐奈把管理的职能划分为：计划、组织、人事、领导和控制。人事职能意味着管理者应当重视人才的利用、注重人才的发展以及协调人们的活动，这说明当时管理学家已经注意到了人的管理在管理行为中的重要性。

20 世纪 60 年代以来，随着系统论、控制论和信息论的产生，现代技术手段的发展，以及管理决策学派的形成，使得决策问题在管理中的作用日益突出。西蒙等人在解释管理职能时，突出了决策职能。他认为组织活动的中心就是决策：制定计划、选择计划方案需要决策；设计组织结构、进行人事管理等也需要决策；选择控制手段还是需要决策。

根据以上对管理职能的认识，我们可以看出管理职能的变化和社会环境的变化有着密切的关系。在法约尔时期，企业的外部环境变化不大，市场竞争并不激烈，管理者的主要工作是做好计划、组织和领导工作，让工人把产品生产出来就万事大吉了。在行为科学出现之前，人们往往对管理的活动侧重于对技术因素及物的因素的管理，管理工作中强调实行严密的计划、指挥和控制。但自霍桑实验之后，一些学者在划分管理职能时，对有关人的因素的管理开始重视起来，人事、信息沟通、激励等职能开始提出。这些职能的提出，体现了对管理职能的划分开始侧重于对人的行为激励方面，人事管理被提到比较重要的地位上来。20世纪50年代以后，特别是60年代以来，由于现代科学技术的发展和诸多新兴学科的出现，管理学家又在管理职能中加进了创新和决策职能。决策理论学派的代表人物西蒙提出了决策职能，决策职能从计划职能中分化出来。他认为决策贯穿于管理的全过程，管理的核心是决策。管理的决策职能不仅各个层次的管理者都有，并且分布在各项管理活动中。创新职能源于20世纪70年代后的世界环境的剧变。创新职能的提出，也恰恰反映了这一时代的历史背景。我们可以预见，随着科学技术的不断发展和社会生产力水平的提高，管理职能的内容和重点仍会有新的变化。

本书关于管理职能的观点是：计划、组织、领导、控制、创新。这五种管理职能是一切管理活动最基本的职能。

(一)计划职能

计划职能(planning)是管理的首要职能，是一个组织为实现一定目标而进行事先筹划和安排的一种管理活动。其中心任务是确定组织的目标和实现目标的具体方案。组织中所有的管理者都必须从事计划活动。

法约尔认为管理意味着展望未来，预见是管理的一个基本要素，预见的目的就是制定行动计划。一个好的计划具有以下特点：

(1)统一性。每个活动不仅要有总体的计划，还要有具体的计划；不仅要有前面的计划，还要有后续的计划。

(2)连续性。不仅有长期计划，而且有短期计划。

(3)灵活性。能应付意外事件的发生。

(4)精确性。尽量使计划具有客观性，不具有主观随意性。

管理人员在制订计划时，要对企业的经营状况有整体的了解，要有积极参与的观念，并且对企业每天、每月、五年、十年等的经营状况进行预测。企业各个部门的负责人都要对自己的部门进行总结和预测，对自己部门的计划负责，根据时间的推移和情况的变化适当地改变以前的计划。高层的管理人员主要负责制定计划，而基层的管理人员主要负责执行计划。

(二)组织职能

组织职能(organizing)是管理的重要职能。管理者制定出切实可行的计划之后，就要组织必要的人力和其他资源去执行既定的计划，这就是组织职能。根据工作的要求与人员的特点，设计岗位；通过授权和分工，将适当的人员安排在适当的岗位上；用制度规定各个岗位的职责和上下左右的相互关系，形成一个有机的组织结构，使整个组织协调运转等都反映的是组织的职能。组织职能具体包括组织设计、组织运行和组织变革。

(三)领导职能

领导职能(directing)就是要带领和指挥该组织的所有员工同心协力地执行组织的计划，实现组织的目标。领导是通过对组织成员进行引导，增强人们的相互理解，统一人们的思想和行动，激励每个成员自觉地为实现组织目标而共同努力，从而保证组织目标的顺利实现。管理者激励下属，指导他们的活动，选择最有效的沟通渠道，解决组织成员间的冲突等，从而使组织中的全体成员以高昂的士气、饱满的热情投身到组织活动中去。

(四)控制职能

控制职能(controlling)是管理过程的关键职能，是通过信息反馈和绩效评估，对组织的活动进行监督、检查、纠正偏差的过程，是连续不断、反复进行的过程，贯穿于整个活动的始终。控制的实质就是使实践活动符合计划，计划是控制的标准。

法约尔认为,控制就是要证实企业的各项工作是否已经和计划相符,其目的在于指出工作中的缺点和错误,以便纠正并避免重犯。

控制适合于任何不同的工作,所以控制的方法也有很多种,有事中控制、事前控制、事后控制等。当某些控制工作显得太多、太复杂,涉及面太大,不易由部门的一般人员来承担时,就应该让一些专业人员来做,即设立专门的检查员、监督员或专门的监督机构。

控制在整个管理活动中起着承上启下的连接作用。做好这项工作也是很不容易的,控制也是一门艺术。

(五)创新职能

创新职能(innovation)与上述四种管理职能不同,它本身并没有某种特有的表现形式,它总是在与其他管理职能的结合中体现自身的存在与价值。

各项管理职能之间相互交叉、渗透,控制的结果可能又导致新的决策,开始又一轮新的管理循环。每一项管理职能在管理工作中不断地反馈循环,把工作不断推向前进。

四、管理的性质

(一)科学性与艺术性

德鲁克指出,管理是一门不精确的科学。管理既是一门科学,又是一门艺术,是科学和艺术的有机结合体。管理科学是管理这一能动过程的客观规律的反映,而管理艺术则是它的主观创造性方面的反映。二者的统一是知识与技能、理念与经验、原则与灵活、定量与定性的统一。

1. 管理是一门科学

(1)科学的规律性。管理科学是人类在长期从事社会生产实践活动中对管理活动规律的总结。承认管理的科学性,就是在管理活动中要不断发现与摸索管理的规律性,按照管理的规律来办事,在科学的管理理论与原则的指导下搞好管理,提高管理效率。比如企业经营中有一条亘古不变的真理:企业只有以自己的产品和服务最大限度地去满足顾客的需求才能盈利。这条法则应该说是古今中外企业必须遵循的不二法则,这就是一条管理规律,谁违背了谁就要吃亏。

(2)严密的程序性。程序性是管理活动的一个重要特征。这种程序性首先体现在管理流程的设计中,其次体现在具体的操作工艺中。

(3)先进的技术性。管理学是一门应用性学科,管理的理论只有转化为具体的管理技术和技能才能发挥作用。在现代管理学中,这些管理技术又被转换成各种管理软件和具体的操作技能,以便完成具体的管理任务。

2. 管理是一门艺术

管理者的最大难题就是面对未来。面对纷繁复杂、变幻莫测的环境,要求管理者不能照搬管理理论,单纯通过数学计算去求得最佳答案;而只能按照客观规律的要求,实施创造性管理。从这个意义上讲,我们说管理是一门艺术。管理的艺术性在具体的管理活动中要求如下:

(1)巧妙的应变性。管理者应具备巧妙的应变能力,处理遇到的各种意想不到的事件,尤其是当组织遇到突然的重大变故时。例如,海南农民种植的一种叫"白象牙"的芒果,因为在开花时受精受粉不完全,导致"发育不良",结出的果只有鸡蛋般大小,这种果子学名称为"败育果"。前几年,这种果只能作为淘汰处理;但是,原本要扔掉的小东西,在通过合理的转换后却变成了"珍珠果"。这种果由于其口感好,果肉中几乎没有纤维,核小甚至无核,深受人们的欢迎。正常大小的优质象牙芒果每斤售价二三元,而它却卖到了四五元,最高时可卖到 8 元一斤，而且供不应求。在海口、广州、深圳等地，这种小个的象牙芒果成为当地人的送礼佳品。气候还是那个气候，芒果还是那个芒果，但结果却大不相同。这就是管理的应变性：遇到不同的情况、不同的对象，要能随机应变，找到合适的解决办法。

(2)灵活的策略性。管理者不仅需要运用智慧进行战略层面上的思维和运作，更需要策略层面上的灵活操作，只有一个个策略上的成功，才能最终取得战略上的成功。

(3)完美的协调性。管理者的重要任务就是对各种关系的成功协调，如乐队指挥、弹奏钢琴协奏曲。协调出动力、出效益，其中，管理者能否靠人格魅力、灵感与创新成功协调人际关系，将是对管理者的重大考验。

不能把管理学当作一般的知识性学科来学习，也不能简单地当作完成职业任务的操作技能来学习，而应该从管理科学、管理艺术两个层面来学习研讨管理学，使自己修炼成为一个出色的管理者。

(二)管理的自然属性和社会属性

管理的本质具有二重性。这是马克思通过深入研究资本主义的管理活动提出来的。管理一方面是由社会化引起的，具有同生产力、社会化大生产相联系的自然属性；另一方面，管理又是在一定的生产关系条件下进行的，必然体现出生产资料占有者指挥劳动、监督劳动的意志，具有同生产关系、社会制度相联系的社会属性。这两方面的属性就是管理的二重性。

管理的二重性是相互联系、相互制约的。一方面，管理的自然属性不可能孤立存在，它总是在一定的社会形式、社会生产关系条件下发挥作用；同时，管理的社会性也不可能脱离管理的自然属性而存在，否则，管理的社会属性就会成为没有内容的形式。另一方面，管理的二重性又是相互制约的，管理的自然属性要求具有一定的“社会属性”的组织形式和生产关系与其相适应；同样，管理的社会属性也必然对管理的科学技术等方面发生影响或制约作用。

1. 管理的自然属性

管理的自然属性是指管理是由许多人进行协作劳动而产生的，是有效组织共同劳动所必需的，具有同生产力和社会化大生产相联系的属性。这种性质并不以人的意志为转移，也不因社会制度形态的不同而有所改变，这完全是一种客观存在。这一点马克思在100多年前就作了有力的论证：“一切规模较大的直接社会劳动或共同劳动，都或多或少地需要指挥，以协调个人的活动，并执行生产总体的运动——不同于这一总体的独立的器官的活动——所产生的各种一般职能。一个单独的提琴手是自己指挥自己，一个乐队就需要一个乐队指挥。”可见，管理是人类社会活动的客观需要。

2. 管理的社会属性

管理的社会属性体现在管理作为一种社会活动，它只能在一定的社会历史条件下和一定的社会关系中进行。管理的社会属性与生产关系、社会制度紧密相连。马克思对资本主义企业管理的分析：“资本家的管理不仅是一种由社会劳动过程的性质产生并属于社会劳动过程的特殊职能，它同时也是剥削社会劳动过程的职能，因而也是由剥削者和他所剥削的原料之间不可避免的对抗决定的。”

随着经济的快速发展，管理的社会属性产生的影响具体体现为：

(1)经济的快速发展，企业规模扩大，职业经理人出现，企业经营权与所有权分离。

(2)部分职工持有股票，具有企业所有权的人数增多。

(3)西方发达国家的政府对本国经济采取不同形式、不同程度的干预。

(4)企业管理需要考虑消费者利益和社会生态环境的保护。

管理具有正确调节生产关系和合理组织生产力两方面的职能，明确管理的二重性，可以掌握管理的特点和规律，在继承和发展我国过去的科学的管理经验和管理理论的同时，借鉴、学习国外管理理论、原理、技术和方法，正确区分精华与糟粕，根据我国国情有选择地汲取有用的管理理论与方法，融会贯通、因地制宜为我所用。

第二节 管理者

一、管理者的概念

(一)组织

管理者都是在组织中工作的，让我们先来了解组织的概念。

组织(organization)是为实现某一共同目标，经由分工与协作及不同层次的权力和责任制度而构成的人群集合的系统。大学、政府机构、工商企业、银行、社团组织等都是组织。它们之所以被称为组织，是因为它们具有三个共同特征：

(1)都有明确的共同的目的，这个目的一般是以一个或一组目标来表示的。

(2)都是由一群人组合而成。

(3)都有一套系统性的结构，用以规范和限制成员的行为。例如，建立章程和规章制度；选拔出某些成员作为“老板”或“领导”，给予他们驾驭其他成员的权力；设立机构，核定岗位或职位，编制职位说明书，以使每个组织成员知道他们应该做什么；等等。

由以上三点可知，组织是一种由多人组成的、具有明确目的和系统性结构的实体。

(二)管理者

管理者是在组织中工作的，但并非所有在组织中工作的人都是管理者。简言之，组织中有两种类型的成员：操作者和管理者。

直接从事某项工作或任务，不具有监督其他人工作的组织成员被称为操作者(operator)。例如，汽车装配线上安装零部件的装配工人、麦当劳店中烹制汉堡包的厨师、各类办公室里办理具体业务工作的办事人员等，都是操作者。

指挥别人活动的组织成员被称为管理者(manager)。在一个组织中，管理者是处于操作者之上的组织层次中。管理者是在正式组织内拥有正式职位，运用组织授予的制度权力作出决策，负责指挥别人的活动并承担对组织实现预期目的做出贡献的责任的各类主管人员。管理者区别于领导，管理者注重战术性、局部性和职能性，而领导注重战略性、全局性、综合性。

二、管理者的类型

管理者是组织的心脏，其工作绩效的好坏直接关系着组织的兴衰成败。所以，美国管理大师德鲁克曾这样说：“如果一个企业运转不动了，我们当然是要去找一个新的总经理，而不是另雇一批工人。”管理者对组织的生存发展起着至关重要的作用。那么，究竟有什么标准来划分管理者与非管理者？不同类型的管理者的职责内涵是怎样的呢？

(一)按管理者的层次分类

我们可以从组织的不同角度来分辨各种类型的管理者。按其在组织中所处的层次，可将管理者分为以下几类：

1. 高层管理人员

即对整个组织的管理负有全面责任的人。高层管理人员，他们处于组织的最高层，他们的主要职责是，制定组织的总目标、总战略，掌握组织的大政方针并评价整个组织的绩效，在对外交往中以代表组织的“官方”身份出面。这些高层管理者的头衔犹如公司董事会主席、首席执行官、总裁或总经理及其他高级资深经理人员，以及高校的校长、副校长和其他处在或接近组织最高层位置的管理人员。

2. 中层管理人员

他们是直接负责或者协助管理基层管理人员及其工作的人，这些人主要负责日常管理工作，在组织中起着承上启下的作用。他们的主要职责是，贯彻执行高层管理人员所制定的重大决策，监督和协调基层管理人员的工作。中层管理人员通常享有部门或办事处主任、科室主管、项目经理、地区经理、产品事业部经理或分公司经理等头衔。

3. 基层管理人员

亦称第一线管理者，他们处于作业人员之上的组织层次中。他们的主要职责是，给下属作业人员分派具体工作任务，直接指挥和监督现场作业活动，保证各项任务的有效完成。在制造工厂中，基层管理者可能被称为领班、工头或者工段长；在运动队中，这项职务是由教练担任的；而在学校里，则由教研室主任来担任。

组织中人员的层次如图 1—1 所示。

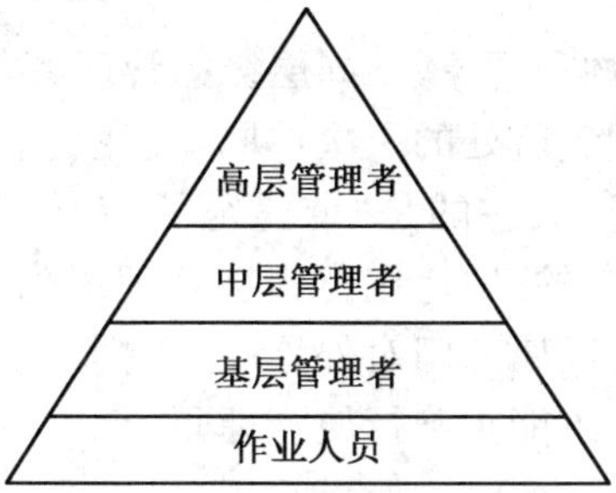

图 1—1　组织中人员的层次

管理者所处的具体组织层次各不一样，但他们的工作具有一个共同的特征，即都是同别人一起并通过别人使组织活动更有效地得以完成。也就是说，不论管理者在组织哪一层次上承担管理职责，其工作的性质和内容应该基本上是一样的，都包括计划、组织、领导和控制几个方面。不同层次管理者工作上的差别，不是职能本身不同，而在于各项管理职能履行的程度和重点不同。高层管理人员花在计划、组织和控制职能上的时间要比基层管理人员多些，而基层管理人员花在领导职能上的时间要比高层管理人员多些，如图1—2所示，即便是就同一管理职能来说，不同层次管理者所从事的具体管理工作的内涵也并不完全相同。例如，就计划工作而言，高层管理人员关心的是组织整体的、长期的战略规划，中层管理人员偏重的是中期、内部的管理性计划，基层管理人员则更侧重于短期的业务和作业计划。

在企业管理中，特别是大型现代企业的管理中，层次感尤为重要。管理上没有层次，必然会打乱仗；管理上层次分明，工作才能有条不紊、事半功倍、游刃有余、举重若轻。西汉有一个丞相叫丙吉，有一天他到长安城外去视察民情，走到半路就有人拦轿喊冤，查问之下原来是有人打架斗殴致死，家属来告状。丙吉回答说：“不要理会，绕道而行。”走了没多远，发现有一头

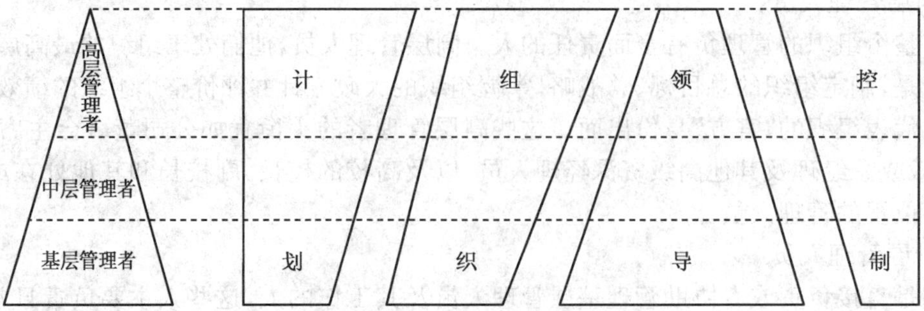

图 1—2　不同管理者的管理职能侧重点

牛躺在路上直喘气，丙吉下轿围着牛查看了很久，问了很多问题。人们就议论纷纷，觉得这个丞相不称职，死了人不管，对一头生病的牛却那么关心。皇帝听到传言之后，就问丙吉为什么这么做。丙吉回答："这很简单，打架斗殴是地方官员该管的事情，他自会按法律处置，如果他渎职不办，再由我来查办他，我绕道而行没有错。丞相管天下大事，现在天气还不热，牛就躺在地上喘气，我怀疑今年天时不利，可能有瘟疫流行。要是瘟疫流行，我没有及时察觉就是我丞相的失职。所以，我必须了解清楚这头牛生病是因为吃坏了东西还是因为天时不利的原因。"一番话说得皇帝非常赞赏，这个故事寓意着管理者应该清楚自己的职责，明白什么该管、什么不该管，有所为，有所不为。

对于同一个问题、同一个事物和现象，不同层级的管理者，所管理的方面不同，绝对不能交叉重叠，也不能分离有空当；管理者所处的层次不同，关注的事情、思考的问题就应有所不同。比如员工违纪，基层管理者（班长）关注的是"谁违纪了，有什么违纪行为"，思考的是"如何处理"。中层管理者（部门主管）关注的是"违纪行为被处理了吗？处理后的方式、效果及影响"，思考的是"外界对员工的影响，本部属部门对外界的影响"。作为一名管理者，只有牢记自己的职责，明白自己的管理层面，才有可能正确行使管理职能。

(二)按工作的专业性质分类

按工作的专业性质，可以将管理人员区分为以下几类：

1. 综合管理人员

综合管理人员是指负责管理整个组织或组织中某个事业部的全部活动的管理者。对于小型组织来说，可能只有一个综合管理者，那就是总经理，他要统管该组织中包括生产、营销、人事、财务和研发等在内的全部活动。对于大型组织来说，可能会按产品类别设立几个产品分部，或按地区设立若干地区分部。此时，该公司的综合管理人员就包括公司总经理和每个产品或地区分部的总经理，每个分部经理都要统管该分部包括生产、营销、人事、财务和研发等在内的全部活动，因此也是全面管理者。

2. 专业管理人员

专业管理人员是指仅仅负责管理组织中某一类活动或业务的专业管理的管理者。专业管理人员是从组织纵切面细分的角度对管理的分类。根据这些管理者所管理的专业领域性质的不同，可以具体划分为生产部门管理者、营销部门管理者、人事部门管理者、财务部门管理者以及研究开发部门管理者等。这些部门的管理者，可以泛称为生产经理、营销经理、人事经理、财务经理和研究开发经理等。不同专业领域的管理者，他们在履行管理职能中可能会产生具体工作内容侧重点上的差别。例如，同样开展计划工作，营销部门做的是产品定价、推销方式、销售渠道等的计划安排，人事部门做的是人员招募、培训、晋升等的计划安排，财务部门做的则是筹资规划和收支预算，他们在各自的目标及其实现途径的规定上都表现出截然不同的特点。

管理者的专业分类见图1—3。

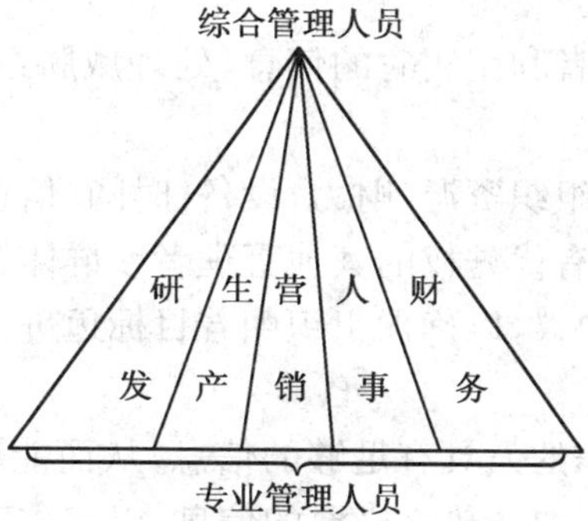

图1—3　管理者的专业分类

三、管理者的角色

(一)明茨伯格的管理角色理论

明茨伯格是经理角色学派的创始人。经理角色学派是20世纪70年代在西方出现的一个管理学派，它是以对经理所担任的角色分析为中心来考察经理的职务和工作的。明茨伯格认为，对于管理者而言，从经理的角色出发，才能够找出管理学的基本原理并将其应用于经理的具体实践中去。在大量观察的基础上，明茨伯格将管理者在计划、组织、领导、控制组织资源过程中所要履行的职责简化为10种角色。管理者扮演各种角色来影响组织内外个人和群体的行为。明茨伯格把这10种角色组合为如表1—1列示的三大类：决策角色、信息角色和人际关系角色。

表1—1　管理者的角色

角色类型	具体角色	角色描述
决策角色	企业家	利用组织资源，为开发创新产品和服务制定战略；决定国际化扩张，为组织产品获取新顾客
	混乱应对者	迅速行动，采取正确措施应对组织面临的来自外部环境的突发事件(如石油危机)和来自内部环境的突发事件(生产了劣质的产品和服务)
	资源分配者	在组织的不同职能和部门之间分配资源，为中层和基层管理者设定预算和薪资计划
	谈判者	在重大的谈判中代表组织与供应商、分销商、工会就投入品的质量和价格、技术、人力资源等达成一致，与其他组织就合作项目的资源筹集达成协议
信息角色	监控者	监控者评估承担不同职能的管理者的工作成果，采取正确的措施提高绩效；监控可能在未来对组织产生影响的内外环境的变化，成为组织的神经中枢
	传播者	告知员工发生在内外部环境中可能对他们及组织产生影响的变动，就组织的前景和目标与员工进行沟通
	发言人	发起全国性的广告宣传活动，提高新产品和新服务的知名度；在当地社区宣讲组织未来的发展意向
人际关系角色	挂名首脑	象征性的首脑，在公司会议上向员工阐述未来的组织目标，主持公司新的总部大楼落成仪式，阐述组织的道德原则及员工在与顾客、供应商交往时应遵循的行为准则
	领导者	为员工树立学习的榜样，向下属发布直接的命令和指示，就人力和技术资源的使用作出决策，动员员工支持特定的组织目标
	联络者	协调不同部门管理者的工作，与不同的组织建立联盟关系，以共享资源，生产新的产品和服务

1. 决策角色

管理要进行决策，并需要分配相关资源以保证决策方案的顺利实施。

在企业家角色中，管理者要把握企业经营方向，寻求组织和环境中的机会，发起变革，制定战略，利用资源来提高组织绩效。

在混乱应对者角色中，管理者利用实时的信息，处理威胁组织的突发事件或危机，迅速实施应对措施。

在资源分配者角色中，决定组织资源（财力、设备、时间、信息等）用于哪些项目。

在谈判者角色中，与对资源有优先权的其他管理者或群体达成一致，与组织和组织外群体（如供应商和顾客群）达成相关协议，以确保组织朝着目标迈进。

2. 信息角色

管理者负责确保和一起工作的人具有足够的信息，从而能够顺利完成工作。整个组织的人依赖于管理结构和管理者以获取或传递必要的信息，以完成工作。

在扮演传播者角色时，管理者分配作为监督者获取的信息，迅速有效地把信息传递给员工，从而影响他们的工作态度和行为，以便切实有效地完成工作。例如，沃尔玛使用视频会议加强高层管理者与单个商店的联系，利用互联网向员工提供最新的培训项目。

管理者扮演发言人时把信息传递给单位或组织以外的个人，促进组织发展的能力，这样组织内部和外部的各种人员（股东、消费者、政府等）因了解而感到满意，都对组织作出积极的反应。

在扮演监控者角色时，主要职责是获取信息。管理者持续关注内外环境的变化以获取对组织有用的信息，接触下属或从个人关系网获取信息，并依据信息，识别工作小组和组织潜在的机会和威胁。

3. 人际关系角色

管理者担任人际关系角色的目的是为员工和作为整体的组织提供方向和监督。

作为一个组织或部门象征性的挂名首脑，一个首席执行官可以通过互联网向员工和股东等其他相关群体传达组织的使命和组织正在追求的目标。通过电子邮件和互联网，各个层次的管理者都可以扮演挂名首脑角色，并成为组织中树立恰当行为方式的典范。

管理者扮演领导者的角色是通过和员工一起工作并通过员工的努力来确保组织目标的实现。

最后，联络者角色反映的是管理者联系和协调组织内外各类人员和团体活动的能力。

（二）我国管理专家所认同的实用管理者角色理论

我国管理专家所认同的管理者的角色包括以下八点：

（1）管理者是一个责任的承担者。承担责任是管理学上讲的一个角色、一种行为。作为管理者应该主动承担责任。

（2）管理者是一个有效的决策者。管理者是一个决策者，而且是一个有效的决策者。所谓“有效”，就是以成败论英雄。市场瞬息万变，实践是检验真理的唯一标准，企业也只要一个最终结果——管理就像打仗一样，企业的目的是完成任务，有时候更强调的是结果。

（3）管理者是一个很好的合作者。

（4）管理者是一个很好的协调者。

（5）管理者是一个多能的外交家。

（6）管理者需要有决断力。

(7)管理者应有临危不惧的魄力以及力挽狂澜的胆识。

(8)管理者应努力做正确的事并用正确的方法做事。

四、管理者的技能

每位管理者都在自己的组织中从事某一方面的管理工作，都要力争使自己主管的工作达到一定标准和要求。管理是否有效，在很大程度上取决于他是否真正具备了作为一个管理者应该具备的管理技能。美国学者卡茨提出了管理的“技能”说。“技能”指的是一种能力，可以是后天培养的，并不一定是与生俱来的。这种技能要在实际行动中得以展现，并不仅仅蕴藏于潜能之中。管理者应具备三种基本技能：技术技能、人际技能和概念技能。

(一)技术技能

它是指使用某一专业领域内有关的工作程序、技术和知识完成组织任务的能力，是从事自己管理范围内的工作所需的技术和方法。如果是生产车间主任，就要熟悉各种机械的性能、使用方法、操作程序，各种材料的用途、加工工序，各种成品或半成品的指标要求等。如果是办公室管理人员，就要熟悉组织中有关的规章、制度及相关法规，熟悉公文收发程序、公文种类及写作要求等。如果是财务科长，就要熟悉相应的财务制度、记账方法、预算和决算的编制方法等。技术技能对基层管理者来说尤为重要，因为他大部分时间都是从事训练下属人员或回答下属人员所做的各种工作。具备技术技能，可更好地指导下属工作，更好地培养下属，由此才能成为受下级成员尊重的有效管理者。对中上层管理者来说，掌握技术技能的必要性可以稍少些。

(二)人际技能

它是指与组织中上下左右的人打交道的能力，即理解、激励他人并与他人共事的能力。人际技能首先要求管理者了解别人的信念、思考方式、感情、个性以及每个人对自己、对工作、对集体的态度，并且认识到别人的信念、态度、观点与自己的不一样是很正常的，承认和接受不同的观点和信念，这样才能与别人更好地交换意见。其次要求管理者能够敏锐地察觉别人的需要和动机，并判断组织成员的可能行为及其可能后果，以便采取一定措施，使组织成员的个人目标与组织目标最大限度地一致起来，最大限度地调动员工的积极性和创造性。许多研究表明，人际技能是一种重要技能，对各层管理者都具有同等重要的意义。在同等条件下，人际技能可以极为有效地帮助管理者在管理工作中取得更大的成效。

(三)概念技能

它是指综观全局、认清为什么要做某事的能力，是对事物的洞察、分析、判断、抽象和概括的能力，也就是洞察企业与环境相互影响之间复杂性的能力。管理者应综观组织的全貌和整体，了解组织内部各部门相互作用和与外部环境的互动方式，预见组织在社区中所起的社会的、政治的和经济的作用，知道自己所管理部门或科室在组织中的地位和作用。一方面表现为分析和概括问题的能力。管理者能够快速、敏捷地从混乱而复杂的动态情况中辨别出各种因素的相互作用，抓住问题的起因和实质，预测问题发展下去会产生什么影响，需要采取什么措施解决问题，这种措施实施以后会出现什么后果。另一方面表现为形势判定能力，即管理者通过对外部和内部形势的分析判定，预见形势将朝什么方向发展，以便充分利用好形势，发展组织的事业，同时采取措施对付不利形势，使组织获利最多或损失最少。各种研究表明，出色的概念技能，可使管理者做出更佳的决策。概念技能对高层管理者来说尤其重要。

三种管理技能是各层管理者都需要掌握的，区别仅在于各层级管理者所需掌握的三种管理技能的比例会有所不同，见图 1—4。

基层管理者：以专业技术能力为主，人际关系能力为辅，理念能力次之。不过一个基层管理者如果具有较强的概念技能，那定将是可塑之才。

中层管理者：专业技术能力和人际关系能力同样重要，但对他的概念能力的要求高于基层管理者。

高层管理者：以概念能力为主，人际关系能力为辅，专业技术能力次之。如果高层管理者具有较强的专业技术能力，但不迷恋和炫耀自己的技术优势，那定将成为卓越的人士、成功的人才。

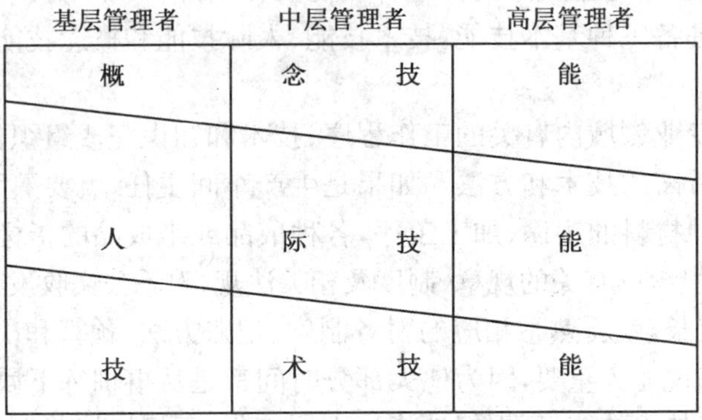

图 1-4 不同层次管理者的管理技能要求

第三节 管理学

一、管理学的概念

管理学，是人类长期从管理实践活动中得出的科学总结，是以企业组织为重点，系统研究管理活动的基本规律和一般方法的科学。管理学是适应现代社会化大生产的需要产生的，它的目的是：在现有的条件下，研究如何通过合理地组织和配置人、财、物等因素，提高生产力的水平。管理学是一门综合性的交叉学科。

管理活动自有人群出现便有之，与此同时，管理思想也随之逐步产生。现代管理学的诞生是以泰罗（Taylor）的名著《科学管理原理》（1911 年）以及法约尔（Fayol）的名著《工业管理和一般管理》（1916 年）为标志。管理学作为一门科学早已广泛传播并从社会学、经济学中独立出来。但由于社会的发展和管理活动的复杂性，管理学又是一门不太成熟、不太精确的科学，它的理论体系仍在发展和完善之中。

管理学的研究内容主要包括：

（1）对管理的一般规律的研究。从一般意义上研究管理的概念、职能、原理和原则。

（2）对管理的实践、思想和理论的形成及历史发展过程的研究。通过比较分析，获得经验和教训。

（3）对现代管理活动的实例研究。理论结合实际，增强管理理论的指导性和有效性。

二、管理学的特点

管理学与其他学科相比，有许多不同的特点，具体如下：

(一)一般性

管理学主要是研究管理活动中的共性原理和基础理论。它是从一般原理、一般情况的角度对管理活动和管理规律进行研究的,它适用于一切企业组织和事业单位,不管是工厂、学校、科研机构、政府、军队、社会团体、服务机构,它们为了实现本单位的既定目标,都需要完成包括计划、组织、领导和控制等一系列的管理职能,协调各种关系。

(二)综合性

鉴于管理工作的复杂性,管理学涉及的学科十分广泛,概括起来有哲学、心理学、人类学、社会学、政治学、经济学、历史学、伦理学、数学、统计学、运筹学、系统学、会计学、工艺学、教育学、法学、计算机科学等近20门学科,因此,可以说管理学是一门交叉学科或边缘学科。它要在内容上和方法上综合利用上述多学科的成果,才能发挥自己的作用,因此,管理学也是一门综合性的学科。

(三)模糊性

管理科学在整体上重视定性分析和定量分析相结合的方法,追求满意决策。但在复杂的管理实践中,很难完全用管理原理去量化,也难以在现实生活中找出绝对理想的最优管理方案。因此,就某种程度上讲,它是一门不精确的科学。这种提法并不是要贬低管理学研究的意义,而是要人们认识管理活动的特点,在学习管理学时,应更加重视管理的艺术性一面:因地、因时、因人制宜地创造适合自身组织的管理经验。

(四)实践性

也称实用性。管理学是为管理者提供管理的有用理论、原则、方法的实用学科,只有把管理理论同管理实践相结合,才能真正发挥这门学科的作用。学习管理学应该全面结合国内外典型的案例分析进行总结和提炼,同时用这些理论和方法为实践服务,才能体现管理理论的强大生命力。

(五)社会性

管理学的社会性取决于两个方面:一是管理过程中协调的主体是最有生命力的人;二是管理在很大程度上带有生产关系的特征。因此,没有超阶级的管理学。

三、管理学的研究方法

(一)历史研究的方法

管理学是对前人的管理实践、管理思想和管理理论的总结、扬弃和发展。因此,研究管理的历史,才能分析管理的现状和预测未来。

(二)归纳法

又称实证研究。它是由特殊到一般的推理方法,是从实践到理论的过程。是对一系列典型的事物进行观察分析,把握事物之间的因果关系,找到事物变化的一般规律。归纳法的运用一定要注意选好典型,调查对象应有足够的数量,即要尽可能多地选取样本。在管理学研究中,归纳法是应用最广的。

(三)试验法

它是人为地为某一试验创造一定的条件,并观察试验结果,再与未给予这些试验条件的对照组对比试验的实际结果进行比较分析,从中寻求外加条件与试验结果之间的因果关系,有目的地揭示管理的规律。例如,美国在1927~1932年所进行的霍桑试验,以后根据其试验结果所发表的人际关系理论就是一个典型的试验法事例。这种方法在微观管理工作中如生产管理、设备管理、产品质量管理以及营销方法、劳动组织等许多领域中，都能得到广泛的应用。

（四）演绎法

该法是指对某些较复杂的管理问题，从某种概念出发，运用逻辑推理和统计分析的方法，找出各种变量之间的相互关系，建立某种相关的数学和经济模型，反映管理活动简化了的事实，是一种从一般到特殊的推理方法。例如，管理学中常见的投入产出模型、决策模型、预测模型、库存模型、现金流量模型等。演绎法的发展和运用，大大促进了管理学定量分析方法的推广。

（五）案例分析法

通过一个个具体实例的透视，从更深层的规律性上挖掘、扩展思路，一可认识问题，二可获得方法和技能技巧，这就是所谓的案例分析法。使用这种方法学习管理学时要注意：案例分析解决的只是研究事情发展的思路和途径，绝不能将对于案例的分析作为终点和目的。

复习题

1. 什么是管理？管理的基本职能是什么？
2. 什么是管理的二重性？
3. 描述卡茨所主张的管理者的三种基本技能，并说明它们是怎样随着管理层次的变化而变化的。
4. 阐述管理者的角色类型，并举出实例。

讨论及思考题

1.“管理学”学了就能用吗？

2. 学习管理仅仅是为了成为一名管理者吗？

3.“这是一门很难掌握的艺术，它要求智慧、经验、判断和注意尺度。由机智和经验合成的掌握尺度的能力是一个管理人员的主要才能之一。”如何理解法约尔对管理工作特点所下的上述结论？

4. 在管理工作中，理论上要求管理者实现效率和效果的辩证统一，结合自己的经历，试分析应如何以最高的效率达到最好的效果。

案例分析

案例一：管理者干什么？

蒋华是某新华书店邮购部经理，该邮购部每天要处理大量的邮购业务。一般情况下，登记订单、按单备货、发送货物等都是由部门中的业务人员承担的。但在前一段时间里，接连发生了多起 A 要的书发给了 B，B 要的书却发给了 A 之类的事，引起了顾客极大的不满。今天又有一大批书要发送，蒋华不想让这种事情再次发生。

分析与思考：蒋华应该亲自核对这批书，还是仍由业务员来处理？

案例二：管理工作的特性

A 是某建筑公司安装部经理，B 是安装部下属的管道安装队队长。上个月，A 吩咐 B 带领一班人马去某工地安装一套管道系统。在工程验收时，发现这套管道存在着严重的渗透现象。公司经理认为 A 应该对此负责，哪怕管道安装时 A 正出差在外。同样，A 会认为 B 必须对此负责，哪怕 B 已不拿扳头干活。

分析与思考：A 和 B 为什么要对这一失误负责？他们究竟该负什么责任？

案例三:如何进行管理?

在一个管理经验交流会上,有两个厂的厂长分别论述了他们各自对如何进行有效管理的看法。

A厂长认为,企业首要的资产是员工,只有员工都把企业当成自己的家,都把个人的命运与企业的命运紧密联系在一起,才能充分发挥他们的智慧和力量为企业服务。因此,管理者有什么问题,都应该与员工商量解决;平时要十分注重对员工需求的分析,有针对性地给员工提供学习、娱乐的机会和条件;每月的黑板报上应公布当月过生日的员工的姓名,并祝他们生日快乐;如果哪位员工生儿育女了,厂里应派车接送,厂长应亲自送上贺礼。在A厂长厂里,员工们都普遍地把企业当作自己的家,全心全意地为企业服务,工厂日益兴旺发达。

B厂长则认为,只有实行严格的管理,才能保证实现企业目标所必须开展的各项活动的顺利进行。因此,企业要制定严格的规章制度和岗位责任制,建立严格的控制体系;注重上岗培训;实行计件工资制等。在B厂长厂里,员工们都非常注意遵守规章制度,努力工作以完成任务,工厂发展迅速。

(资料来源:http://zhidao.baidu.com/question/14545168.html)

分析与思考:这两个厂长谁的观点正确?为什么?

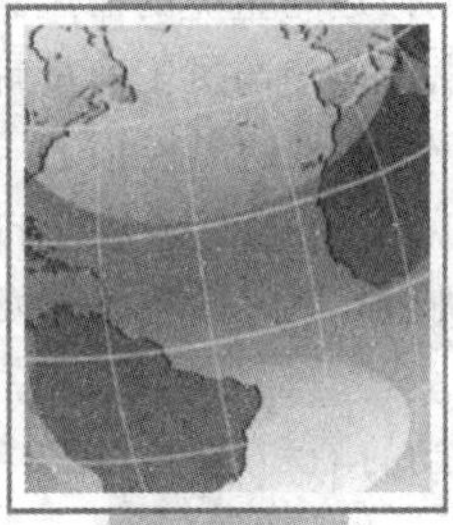

第二章 管理理论的发展与演变

【学习目标】

1.了解早期的管理实践和管理思想的主要内容；
2.了解管理理论的主要代表人物及其主要观点；
3.了解行为科学理论的主要观点及其发展；
4.掌握现代管理学派及其主要观点。

【知识能力】

1.能描述管理理论主要代表人物的主要观点；
2.能运用现代管理学派的主要观点分析具体企业的管理理念。

【工作任务】

走访一家企业，调查和研究企业推行现代化管理方法过程中成功的经验和失败的教训，并试用自己学到的理论和知识总结、分析其原因。

【引导案例】

格罗培斯的迪士尼乐园路径设计

世界著名的建筑大师格罗培斯设计的迪士尼乐园，经过3年的施工，即将对外开放了，而各景点之间的道路怎样连接起来还没有具体方案。施工部打电话给正在法国参加庆典的格罗培斯大师，催促他赶快定稿，以便按计划竣工和开发。

格罗培斯大师从事建筑研究40多年，攻克了无数建筑方面的难题，在世界各地留下70多处精美的杰作。然而，建筑工作中最微不足道的一点小事——路径设计，却让他大伤脑筋。对迪士尼乐园各景点之间的道路安排，他已修改了50多次，没有一次是让他满意的。

经过反复思索，他终于想到了一个办法。他给施工部发了一封电报：撒上草种开放。施工部按要求在迪士尼乐园中撒上草种，没多久，小草出来了，整个乐园的空地都被绿草覆盖了。在迪士尼乐园开放的半年里，草地被踩出的小道有宽有窄，优雅自然。第二年，格罗培斯让人按这些踩出的痕迹铺设了人行道。在1971年的伦敦国际园林建筑艺术研讨会上，迪士尼乐园的路径设计被评为世界最佳设计。

其实地上本没有路，走的人多了，也就变成了路。思想、原理和理论都是实践的总结，若形成有用的理论，必先有实践。管理思想也来源于实践，先有实践，经过总结后形成思想，多种思想经过系统化再形成理论。

（资料来源：由 http://www.doc88.com/p－9582620707801.html 整理而成）

思考：如何看待管理理论与管理实践的关系？

管理活动源远流长，但形成一套比较完整的理论，则经历了一段漫长的历史发展过程。研究管理思想和理论的发展史，追溯管理理论的形成发展过程，目的是使人们在了解过去的基础上，更好地把握管理理论的发展趋势。本章主要介绍管理学形成和发展的基本过程，不同时期的代表人物及其相关思想等，为掌握管理的一般规律与管理创新奠定理论基础。

第一节　早期的管理实践和管理思想

管理是随着人类生产活动的不断发展而发展的，自从有了人类社会活动，就有了人类的管理活动。随着管理实践的日益丰富，人类的管理思想也逐渐形成，为了追溯现代管理思想的起源，更好地掌握现在的管理理论，我们首先应了解早期的管理实践和管理思想。

一、古代早期管理思想与实践

人类的祖先在早期的管理实践中总结了不少深刻的管理思想。公元前 2000 年，古巴比伦的汉谟拉比发布了含有 285 条的法典，其中谈到了责任、奖励、工资、交易等问题。《圣经》中论述了古代希伯来人关于制定法令、建立等级、授权分权、分级分层管理的思想。古埃及人在建造金字塔的实践中已经有了计划观念、组织观念和分工协作的思想，因为金字塔建造历时 20 年之久，没有严密的组织和精细的计划是不可思议的。另外，要把平均重约 2.5 吨的石块一层层砌在高达 146 米的金字塔上，只有集体的协作劳动才能完成。中国早在春秋战国时期就开始修筑长城，服役者 40 多万人，全长 6 700 公里，蜿蜒于崇山峻岭和荒漠的戈壁滩上。隋唐时期的大运河、李冰父子主持修建的都江堰等，都是我国古代杰出的管理实践。古罗马帝国的强盛在很大程度上也归功于其有效的组织和层层管理。古希腊罗马是世界近代文明的发源地，希腊哲人苏格拉底认为，管理主要是对人的管理，只有那些知道如何雇佣人的人才能在管理上取得成功。这些人只要能找到最精通这行的人，并把他们组织起来，就能从事有效的管理。

15 世纪初，意大利的早期管理思想家马基雅维利在《君主论》中提出了四大管理原则：遇事要同群众商量并得到群众认可；要维持组织的凝聚力；领导者要讲究领导方法，以身作则；领导者必须具备生存意志。

中世纪的威尼斯兵工厂是近现代管理思想的一个雏形。威尼斯在 1436 年建立了政府的造船厂，即兵工厂，由国家议会直接管理，是当时世界上最大的工厂。它采用了类似流水作业的生产方式，还建立了早期的成本会计制度。在管理工作中也有了较为明显的分工。例如，市议会通过了一个委员会干预工厂的计划、采购和财务事宜，而在工厂内部，则由管事指挥领班和技术顾问全权管理生产中的一切事务。

二、传统管理理论的产生

18 世纪 60 年代后期，西方国家开始了第一次产业革命，大机器生产代替了传统的手工业作坊生产，发展了专业化协作，生产组织发生了很大的变化，新兴生产方式要求对每个人的工作进行有效的组织、指挥和协调，因而对管理也提出了更高要求，出现了一批卓有贡献的以亚当·斯密和查尔斯·巴贝奇为代表的学者。

（一）亚当·斯密的理论

英国古典政治经济学家亚当·斯密（Adam Smith）在《国富论——国家财富的性质和起因的研究》一书中创立了劳动分工理论，提出了劳动分工能提高劳动生产率。理由是：分工可以节省工人的培训时间并提高劳动技能，协作则节省工人工序转换的时间，劳动生产率由此获得提高。此外，他提出了生产合理化概念、“经济人”观点以及经济效果概念等。他认为，人们在经济活动中追求个人最大限度的利益，社会上每个人的利益总是受到他人利益的制约。各人都需要兼顾到他人的利益，由此而产生共同利益，进而形成总的社会利益。若组织的利益与个人的利益一致，则可以通过调动个人的积极性来实现组织的目标。因此，社会利益正是以个人利益为立足点的。这就是“经济人”观点。这种观点后来成为整个资本主义管理理论的基础。

（二）查尔斯·巴贝奇的理论

在亚当·密斯对劳动分工进行分析的基础上，英国数学家查尔斯·巴贝奇（Charles Babbage）对专业化生产操作进行了研究。1832 年他在《论机械和制造业的经济》一书中提出了管理的制造原理观点，认为所有的管理问题都可看成是制造的两个原理：

1. 制造的经济原理

提出“边际管理原则”，即在劳动分工的基础上，对专业技能进行界定并作为支付工人工资的依据。

2. 制造的机械原理

通过工资与利润挂钩、奖金与成本降低挂钩以及科学地测定作业时间等方法，有效地利用劳动力和原材料。

这些早期的管理思想与实践尽管对管理的发展有着重要的贡献，但仍没有摆脱小生产方式的影响，主要是靠个人经验进行生产和管理，没有形成一套科学的管理理论和管理方式。它具有以下主要特点：

第一，企业的所有者和经营者没有完全分离，许多企业基本上由资本家直接管理，专职的经营者还不多。

第二，企业的生产和管理主要凭借个人经验办事。工人凭个人经验操作，没有科学的操作规程；管理凭个人经验管理，没有科学的管理制度。

第三，工人的培养，主要采用师傅带徒弟的方式，靠传授个人经验来培养工人，缺乏科学的教育与培训方式。

第二节　古典管理理论

一、泰罗及其科学管理理论

（一）泰罗简介

泰罗（Taylor，1856—1915）是科学管理的创始人，出生于美国弗拉德尔菲亚的一个律师家庭。在资本主义管理学史上，他被称为“科学管理之父”。泰罗从小就对任何事情都有一种想找出“最好的办法”的劲头。他的家庭希望他成为一名律师，但他由于眼疾而辍学。1878 年，泰罗到费城米德维尔钢铁公司当机械工人。他在该公司升迁颇快，由普通工人升为计时工，再升为机械工、工头、领班、助理工程师，直至总工程师的职位。在这段时间中，他没有抛开自己的学业，一面自学，一面参加函授课程，修完了史蒂芬斯学院机械工程专业的全部学分。他是一个自学成才的管理学家。

1890～1893 年间，他在一家制造纸板纤维的制造投资公司担任总经理；1893～1901 年间，受雇于宾夕法尼亚的贝瑟利恩钢铁公司做咨询工作，并进行了著名的搬运生铁块和铁锹试验。1901 年后，他用大部分时间从事写作、演讲，宣传他的科学管理理论。1906 年出任美国机械工程学会主席。1915 年 3 月 21 日于弗拉德尔菲亚去世，终年 59 岁。

泰罗所处的时代，是 19 世纪末、20 世纪初。当时的科学技术和社会经济都发生了巨大变化，石油、电力等能源和化学等技术在工业上得到了广泛的应用，大大促进了资本主义生产的发展。资本主义经济的发展，逐步由自由竞争时期进入垄断时期。产业界两大阶级矛盾的发展和尖锐化，使资产阶级加强了对工人阶级的统治。科学技术的发展、资本主义生产的集中和垄断，加上两个阶级的矛盾的发展，在这样的时代背景下，泰罗的“科学管理”诞生了。

（二）泰罗的科学管理理论的基本内容

1895年，泰罗发表《计件工资制》一文；1903年，他在美国机械工程师学会发表《工厂管理》一文；1911年，他出版了《科学管理原理》一书；1912年，他在美国国会特别委员会对泰罗制和其他工场管理制的听证会上发表他的证词。这些著作概述了他的科学管理的主要观点，表现在：

1. 科学管理的目的

（1）科学管理的中心问题是提高劳动生产率。泰罗明确指出，最高的劳动生产率是工厂主与工人共同达到繁荣的基础。工厂主和工人的共同富裕，是确定各种科学管理原理、方法和技术的出发点。

（2）为了获得最高劳动生产率，用科学管理代替传统的经验管理。泰罗认为，最完善的管理是一门科学，必须采取科学的方法；要把科学的方法应用到一切管理活动中去，使管理制度化，建立明确的规定和条例，而不是寻找超人来管理业务。这是提高劳动生产率的关键。

（3）科学管理的精华是，要求管理人员和工人双方实行重大的精神革命。泰罗之所以强调科学管理是一种“完全的思想革命”或称精神革命，其目的是使资方和工人双方都把注意力从盈余的分配转到增加盈余的数量上来。当他们用友好合作和互相帮忙来代替对抗和斗争时，他们能够生产出比过去大得多的盈余，从而使工人的工资大大增加，企业主的利润也大大增加，没有必要再为盈余的分配而争吵。

2. 科学管理的原则

泰罗在《科学管理原理》一书中提出了管理的四项原则，具体内容如下：

（1）定额原则。泰罗认为，要制定出有科学依据的工人的“合理的日工作量”，就必须进行工时和动作的研究。方法是选择合适且技术熟练的工人，把他们的每一个动作、每一道工序所使用的时间记录下来，加上必要的休息时间和其他延误时间，就得出完成该项工作所需要的总时间，据此定出一个工人“合理的日工作量”，这就是所谓的工作定额原理。

（2）标准化原则。要完成高标准的劳动定额，需要做两件事：一是按标准化的要求，对工人进行培训；二是提供标准化的生产条件，包括劳动工具和劳动对象。这就是所谓的标准化原理。

（3）差别的计件工资原则。为了鼓励工人完成定额，泰罗提出了这一原则，即采用一种称为“差别计件制”的刺激性付酬制度，工资按完成定额的程度而浮动，超额完成定额的付给高工资。另外，根据工人的实际工作表现而不是根据工作类别来支付工资。泰罗认为这样能调动工人的积极性。

（4）惩罚原则。惩罚原则规定：工人如果完不成标准定额，就要减少工资。这样做迫使低效率的员工自动离开工厂，从而保证工厂始终拥有高效率的工人。

3. 科学管理的组织研究

科学管理法系统地分析了生产过程，并首次在理论上对管理进行了科学研究。其在组织管理方面的研究要点有：

（1）把计划职能与执行职能分开，改变原来的那种经验工作法，代之以科学的方法。所谓经验工作法，是指每个人用什么方法操作、使用什么工具等，都由工人根据自己的经验来决定。所以工人功效的高低，取决于工人所采用的操作方法和工具是否合理，以及其技术熟练和努力程度。至于科学的方法，就是在试验和研究的基础上制定出标准的操作方法，并采用标准化的工具、设备等。过去，所有的计划工作都是由工人来做的，结果是凭个人经验办理；现在，必须由管理部门按科学规律办事。因此，泰罗主张把计划职能从工人的工作中分离出来，由专门的计划部门去做，工人只负责操作。

泰罗的计划职能实际上就是管理职能，执行职能就是工人的劳动职能。计划职能由企业管理当局建立专门的计划部门专门进行标准化和定额研究，制定标准，下达任务。执行职能即工人按照计划部门制定的操作方法、工具和指示从事实际的操作，不得自行改变操作方法。

(2)实行“职能工长制”。即将管理的工作予以细分，使所有的管理者只承担一两种管理的职能。这样一来，同只接受一个直接上级领导的军队式组织不同，工人就要从几个不同职能的上级那里接受命令。泰罗设计出 8 个职能工长，其中 4 个在计划部门，4 个在车间。每个职能工长负责某一方面的工作，在其职能范围内，可以直接向工人发出命令。泰罗的职能组织如图 2－1 所示。

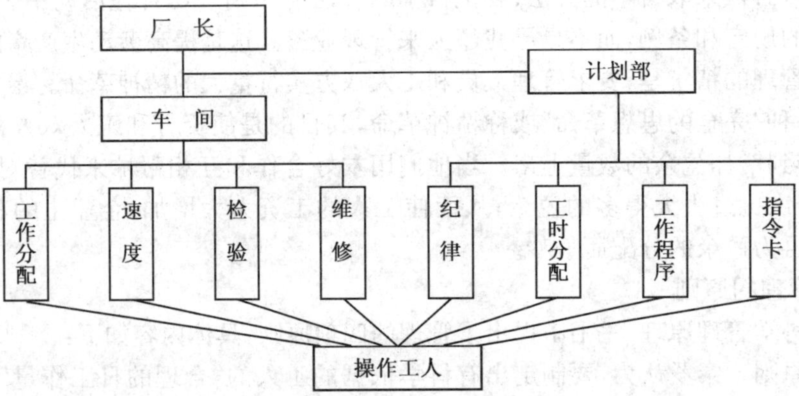

图 2－1　职能组织①

泰罗认为，这种职能工长制有三个优点：对管理者(职能工长)的培养只要花费较少的时间；管理者的职责明确，可提高效率；由于操作计划已由计划部门拟定，工具和操作法都已标准化，车间现场的职能工长只需要进行指挥监督，因此低工资的工人也可以从事比较复杂的工作，从而降低每个单位的工资支出，降低整个企业的生产费用。但是，这种职能组织机构，由于违反了“统一指挥”的原则而没有得到推广。

(3)在组织机构的管理控制上实行例外原理。泰罗认为，规模小的单位可采用上述职能组织原理；规模比较大的单位，还需要运用例外原理，就是高层主管为了减轻处理纷繁事务的负担，把处理一般日常事务的权力授予下级管理人员，高层主管只保留对例外事项(即重要事项)的决策和监督权，如基本政策的制定和重要人事的任免等。这种以例外原理为根据的管理控制原则，以后发展成为管理上的分权化原则和实行事业部制等管理体制。

---

① (日)占部都美著，蒋道鼎译：《现代管理论》，新华出版社 1984 年版，第 40 页。

二、法约尔的一般管理理论

(一)法约尔简介

法约尔(Fayol,1841—1925),19 岁毕业于法国圣太田市的国立矿业学校,随后受雇于康门曲里·福尔亨包特矿业公司,终其一生。1888 年,升为该公司总经理,1918 年,任公司董事。在任期间,法约尔表现出了一位卓越经理人的管理才能。最明显的一点是,他在出任总经理的当年,公司面临破产边缘,而在 1918 年他离职时,财务情况已极为稳定。

法约尔根据自己的管理经验,在 1900 年间向国际采矿和冶金大会宣读的一篇论文中提出了自己的管理思想,并指出了管理职能的重要性。1908 年,他在一篇论文中提出了管理的 14 项"一般原则"。1916 年,他在《工业管理和一般管理》一书中提出了著名的"管理的要素"。1918 年,法约尔退休后,创立了管理研究所。他提出的一般管理理论对西方管理理论的发展具有深远的影响,是一位概括和阐述一般管理理论的先驱者,后人称他为"管理过程理论之父"。他去世后,这个集团与法国推广泰罗主义的一个团体合并,从而使这两大流派在法国结合。最初,有人把法约尔的思想同泰罗的思想看成是竞争和对立的。但法约尔不这样看,他认为两者是相互补充的,两者的目标都是为了改进管理,只不过采取的分析途径不同。泰罗所注意的主要是工人一级的生产的技术方面,强调技术能力在管理中的重要性,而法约尔则自上而下地考察管理,强调管理能力及合理的管理原则和管理技术在所有组织的应用。

(二)法约尔的主要贡献

1. 经营活动与管理活动的关系

法约尔认为,经营与管理是两个不同的概念。他认为,经营活动可分为六大类,管理是经营活动中的一种。其关系如图 2—2 所示。

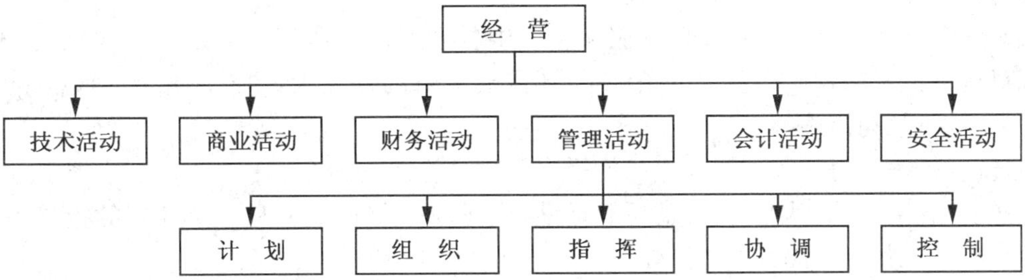

图 2—2　经营活动与管理活动

2. 管理活动的五项职能

由图 2—2 可见,管理既是经营不可缺少的一种活动,又是自成体系的职能。两个概念是有区别的。经营就是努力确保六种活动的顺利运转,以便把组织拥有的资源变成最大成果;而管理只不过是通过经营而得以运转的职能。管理活动是指计划、组织、指挥、协调和控制五种职能,其主要内容如下:

(1)计划。即对有关事件的预测,并且以预测的结果为根据,拟订出一套工作(操作)方案。所订计划应尽量顾及将来,甚至需要长达 5～10 年的计划。

(2)组织。这是指有关各项劳动、材料、人员等资源的一种结构,如期完成指派的任务。简要地讲,组织使机构中各项资源达到有效协调。

(3)指挥。这是有关领导的艺术，以促使组织的行动为目的。如何能有效地进行指挥？法约尔列出若干建议，例如，领导以身作则、对组织的不断检查、不合格人员的淘汰、不为细枝末节的事务所困扰等。

(4)协调。这是指维持必要的统一，达到组织的目标。法约尔认为，主管人员与部属经常举行会谈是协调的一种方法。

(5)控制。即注意一切活动是否按已经制定的规章和下达的命令进行。其目的是指出工作中的缺点和错误，以便加以纠正并避免重犯，进而确保组织活动目标的实现。

法约尔认为："管理职能只能通过社会组织的成员才派上用场。其他活动是使材料和机器处于运动状态的，而管理职能只对人起作用。"①社会组织的概念是管理职能的基础。因此，从本质上看，他的管理理论是社会组织的理论。

3. 管理的14项原则

法约尔使用"原则"，而不是使用"定律"、"规律"等词，这是因为他并不把管理原则看成是固定不变的。他提出下列14项管理原则：

(1)分工。根据传统的"劳动专业化"的原则，分工的好处可以减少浪费，提高劳动生产率。法约尔认为，劳动分工不仅适用于技术性劳动，同样适用于管理方面的工作，适用于职能的专业化和权限的划分。

(2)权力责任。权力是指发布命令并使人服从的力量。法约尔把管理人员的职务权力(法定权力)与个人权力(非法定权力)相区别。职务权力是由职位产生的，个人权力则来源于个人的智慧、经验、领导能力、资历等。后者是前者不可缺少的条件。一个好的管理人员以他的个人权力来补充他的职务权力。

他还提出"权力责任对等"的概念，即两者乃是二而一、一而二的事，必须随时保持相等。行使权力就必然产生责任，权力与责任应相一致。

(3)纪律。法约尔认为，纪律就是服从企业中各方达成的协议。但是，有了纪律还不能保证组织机构有良好的秩序。重要的条件是，还需要有效的领导人，遇有不服从、不遵守纪律的情况时，要执行惩罚措施。

(4)统一指挥。每一个下属应当只接受来自一位上级的命令。

(5)统一领导。围绕同一目标的所有活动，应只在一位管理者和一个计划的指导下进行，多头领导将造成管理的混乱。

(6)个人利益服从整体利益。即个人和小集体的利益不能超越组织的利益。当二者不一致时，主管人员必须想办法使它们一致起来。

(7)个人报酬。报酬与支付的方式要公平，给雇员和雇主以最大可能的满足。

(8)集中化。主要指权力的集中或分散的程度问题。要根据各种情况，包括组织的性质、人员的能力等来决定"产生全面的最大收益"的那种集中程度。

(9)等级链。指管理机构中，最高一级到最低一级应该建立关系明确的职权等级系列，这既是执行权力的线路，也是信息传递的渠道。一般情况下不要轻易地违反它。但在特殊情况下，为了克服由于统一指挥而产生的信息传递延误，可应用"跳板原则"，即进行横向交流。

(10)秩序。所谓秩序原则，就是指凡事都各有其位，并且都各在其位。即每一件事有一定

① (法)法约尔著，迟力耕、张璇译：《工业管理和一般管理》，中国社会科学出版社1982年版，第19页。

位置，每一个人有一定职位，各得其所。每个职工都必须处在他能最好地作出贡献的职位上。

(11)公平。合情加上合理，则为公平。用这一原则对待已建立的规则，对待职工，可以鼓励职工倾其全部忠诚和热心履行他们的职责。组织领导应该给各级主管灌输公平的意识。

(12)人员的稳定。法约尔认为，如果人事不断变动，工作将永远得不到良好的完成。一般来说，成功的组织中其管理人员是稳定的。上级管理人员应该鼓励职工，特别是管理人员长期承担分配的任务。

(13)首创精神。法约尔认为，创造性是行动的动力，必须大力提倡，充分鼓励首创精神。但是，创造性应以不违背职权和纪律为限。

(14)团队精神。一个组织机构中的团队精神，应该视其集体成员之间的协调和团结程度而定。在法约尔看来，加强团队精神的最有效方法，在于严格的统一指挥。

三、韦伯的行政组织理论

马克斯·韦伯(Max Weber，1864－1920)出生于德国爱尔福特的一个富裕家庭，1882 年进入海德堡大学攻读法律，后就读于柏林大学和哥丁根大学，1896 年任海德堡大学经济学教授，1919 年任慕尼黑大学社会学教授。他的主要著作有《经济和社会》、《社会和经济组织的理论》等。他对许多社会、经济、历史问题都提出了新的观点和独特的思想，其在理论上的最大贡献是提出了"理想的行政组织体系理论"。韦伯是泰罗和法约尔同时代的人，其理论主要体现在他提出的"官僚集权组织"上，其官僚组织模式的理论对后世产生了最为深远的影响，因此后人称他为"组织理论之父"。

(一)人类社会存在着三种类型的权力

韦伯认为，任何组织都必须以某种形式的权力作为基础，没有某种形式的权力，任何组织都不能达到自己的目标。人类社会存在三种为社会所接受的权力：一是传统权力，通过传统惯例或世袭得来；二是超凡权力，来源于别人的崇拜与追随；三是法定权力，是理性——法律规定的权力。

(二)理想的官僚组织模式

韦伯勾画出的理想的官僚组织模式具有下列特征：

(1)实行明确的分工。组织中的人员应有固定和正式的职责并依法行使职权。

(2)实行等级原则。组织内按职位高低层层控制、井然有序，各级人员受上级控制和监督。

(3)实行考核和训练制度。人员的任用根据职务的要求，通过考试和教育培训择优录用。

(4)职业管理人有固定的薪金作为报酬，绝大多数有权享受养老金，管理作为职业有明文规定的升迁制度。

(5)遵守规则和纪律。在任何情况下，组织成员都要遵守规则和纪律，而不能受个人感情的影响。

(6)组织中人员之间的关系是一种不受个人情感影响，完全以理性为准则的关系。同样，这种公正的态度也适用于组织与外部人员和部门的关系。

韦伯认为，凡是有上述 6 项特征的组织，都可使组织表现出高度的理性化，其成员的工作行为也能达到预期的效果，组织目标也能顺利地达成。韦伯对理想的官僚组织模式的描绘，为行政组织指明了一条制度化的组织准则，从中我们也可以看出其思想对现代企业的影响。

第三节 行为科学理论

行为科学产生于20世纪20～30年代，直至20世纪60年代，行为科学始终在西方组织理论研究中占据着主导地位。行为科学除了包括早期的人际关系理论外，还包括有关人的需求、动机和期望等激励问题；关于企业中"人性"的问题；企业中的非正式组织以及人与人的关系问题；企业中的领导方式问题等。本节着重介绍前三种理论。

行为科学理论的出现不是偶然的。20世纪初，资本主义世界经济发展进入了一个新的时期，生产规模扩大，生产的社会程度提高，新技术成果广泛应用于工业部门，新兴工业不断出现。同时，资产阶级剥削工人的加剧，导致两个阶级矛盾的加深，工人运动进一步发展。在这种情况下，古典管理理论忽视人的因素，对职工采取自上而下的"管"，已不能完全适应新的形势。一些管理学家和企业家也看到古典管理理论的缺陷，他们从进一步提高劳动生产率的目的出发，开始进行有关新的管理理论和方法的研究。于是，行为科学理论便应运而生。

一、人际关系学说

(一)梅奥与霍桑试验

梅奥(Mayo，1880－1949)是人际关系的创始人。他出生在澳大利亚，早年学医，以后又学习心理学，曾任昆士兰大学讲师，讲授伦理学、哲学和逻辑学。他到美国，执教于宾夕法尼亚大学沃顿管理学院。1926年，应聘到哈佛大学担任工业研究副教授。其著作主要有《工业文明的人类问题》、《工业文明的社会问题》等。

1924～1932年间，梅奥应美国西方电气公司的邀请，在该公司设在芝加哥附近霍桑地区的工厂进行长达8年的试验。这一项由国家研究委员会赞助的研究计划，共分四个阶段进行。

1. 工厂照明试验(1924～1927年)

这阶段试验前后持续了两年半，目的要证明工作环境和生产率之间有无直接的因果关系。在试验期间，研究人员曾对他们的试验计划屡做改进。但是，他们一直不能断定工厂照明和产量之间是否确有某种关系。其中有个试验，他们将工人分为两个小组，一组为"试验组"，先后改变工厂照明的强度；另一组称为"控制组"，照明始终维持不变。研究人员希望能由此测出照明强度变化后所发生的影响。可是，试验结果表明：两组产量都大为增加，并且增加量几乎相等。这次试验获得了两个主要结论：(1)工厂照明只是影响工人产量的因素之一，而显然不是一个太重要的因素；(2)影响产量的因素太多，而且难以控制，其中任何一个因素都能影响试验。因此，照明对生产量的影响无法测试出来。公司主管不认为这些试验是失败的，因而决定继续进行试验。这时，梅奥和其他几位哈佛研究人员参加了进来，成立新的小组，便开始了第二阶段的试验工作。

2. 继电器装配试验室研究(1927年8月～1928年4月)

为了能够更有效地控制影响工人生产的因素，将一小组人独置在一个工作室，避免与别的工人接触。同时，研究人员还特别指定了一个观察员，专责记录室内发生的一切，并且与工人保持友好的气氛。他们申明，此试验不是为了提高劳动定额，而只是为了研究各种不同的环境，然后了解怎样的环境才最适合生产劳动，希望大家按平常一样进行劳动。最初4个月，先做了若干初步的工作改变，例如，工作室房间变小，灯光和通风好，女工可以相互自由交谈，小组人员不多，很快建立了比外面工作时更为亲密的关系。观察员担任一部分督导工作，与小组工人建立一种友好的关系。接着，研究人员又给小组安排了工作休息时间，以期了解工作休息对产量有些什么影响。结果他们发现产量提高了。依此，他们得出了一个假定：工作间的休息，可以减轻疲劳，因而增加产量。他们将这项研究更推进一步，将每天工作时间缩短，每周工作天数也缩短。其结果，小组产量又增加了。但是，当这项措施取消而恢复原来的情况后，产量却并未降低。这表明，工作时间的减少并非是产量增加的唯一因素。其中有几位研究人员做出了一个假定，认为产量的增加与休息时间的安排或工作时间的缩短并无关联，而是由于小组女工对她们的工作集体产生了好感。因此，他们提出各种假定。最后，大家的注意力集中在其中一个假定上，即试验小组由于督导方法的改变和对工人态度的改善，使得产量增加。为了进一步研究这个假定，他们进行了第三个阶段的试验。

3. 访谈试验(1928～1931 年)

他们前后用了两年多时间，对 20 000 名工人进行了调查。在访问中，起初是用“直接提问”方式谈话，例如，询问管理工作和工作环境的问题。虽然他们向工人说明，谈话内容均将保密，但是工人的回答仍然有所戒心。后改用“非直接提问”方式，甚至让工人自由选择话题。在这样大规模访问中，研究人员收集到有关工人态度的大量资料。经过分析，研究人员了解到，工人的劳动效果不但和他们在组织中的地位、身份有关，而且也与小组其他人的影响有关。得到了这个结论后，为了进一步做系统的研究，于是，试验又进入到第四阶段的接线板接线工作室的观察研究。

4. 接线板接线工作室的观察研究(1931～1932 年)

以集体计件工资制刺激，企图形成“快手”对“慢手”的压力以提高效率，历时 6 个月。公司当局给他们规定的产量标准是焊合 7 312 个接点，但他们完成的只有 6 000～6 600 个接点。试验发现，工人既不会为超定额而充当“快手”，也不会因完不成定额而成“慢手”，当他们达到他们自认为是“过得去”的产量时就会自动松懈下来。其原因是生产小组无形中形成的行为规范，即工作不要做得太多，否则就是“害人精”；工作不要做得太少，否则就是“懒惰鬼”；不应当告诉监工任何会损害同伴的事，否则就是“告密者”；不应当企图对别人保持距离或多管闲事；不应当过分喧嚷、自以为是和热心领导；等等。根本原因则有三：一是怕标准再度提高；二是怕失业；三是为保护速度慢的同伴。这一阶段的试验，还发现了“霍桑效应”，即对于新环境的好奇和兴趣，足以导致较佳的成绩，至少在初始阶段如此。

通过霍桑实验，梅奥等人认识到，人们的生产效率不仅要受到生理方面、物理方面等因素的影响，更重要的是受到社会环境、社会心理等方面的影响，这对“科学管理”只重视物质条件而忽视社会环境、社会心理对工人的影响来说是一个重大的修正。

(二)人际关系学说的主要内容

通过霍桑试验，梅奥等人提出了人际关系学说。其主要论点如下：

1. 职工是“社会人”

古典管理理论把人看作“经济人”，他们只是为了追求高工资和良好的物质条件而工作。因此，对职工只能用绝对的、集中的权力来管理。梅奥等人以霍桑试验成果为根据，提出了与“经济人”观点不同的“社会人”观点。其要点是：人重要的是同别人合作；个人是为保护集团的地位而行动；人的思想行为更多地是由感情来引导。因此，试验表明，小组的合作和小组的情感超过了生产效率，工作条件和工资报酬并不是影响劳动生产率高低的唯一原因。

2. 企业中存在着“非正式组织”

企业中除了正式组织外，还存在非正式组织。这种非正式组织是企业成员在其共同的工作过程中，由于具有相同的社会情感而形成的非正式团体，如价值、爱好、行为观等。这种无形组织有它特殊的感情、规范和倾向，左右着成员的行为，具有自然性、功利性、软约束、内聚性等特征，还会产生自然领袖，其影响力和号召力甚至比正式组织中主要领导人物的影响力、号召力还要强。

研究认为，非正式组织对人起着两种作用：(1)它保护工人免受内部成员忽视所造成的损失，如生产的过多或过少；(2)它保护工人免受外部管理人员的干涉所造成的损失，如降低工资率或提高产量标准。至于非正式组织形式的原因，并不完全取决于经济发展状况，而是同更大的社会组织有联系。

梅奥等人认为，不能把这种在正式组织中形成的非正式组织看成是一种坏事，而要认识到它是必需的。它同正式组织相互依存，并对生产率的提高有很大影响。管理者要充分重视非正式组织的作用，注意在正式组织的效率逻辑同非正式组织的感情逻辑之间保持平衡，以便管理人员同工人之间、工人相互之间能互相协作，充分发挥每个人的作用，提高效率。

3. 要提高职工的"满意度"

梅奥等人从上述关于"社会人"和"非正式组织"的观点出发，认为金钱或经济刺激对促进工人提高劳动生产率只起第二位的作用，起首要作用的是工人的情绪和态度，即士气。而士气又同工人的满足度有关。这个满足度在很大程度上是由社会地位决定的。所以，新的领导能力在于提高职工的满足度，以提高职工的士气，从而提高劳动生产率。因此，要对各级管理人员进行训练，使他们学会了解人们的思想行为，学会通过同工人交谈来了解其情感的技能、技巧，并提高在正式组织的经济需求和非正式组织的社会需求之间保持平衡的能力，最后达到提高生产率的目的。

基于对人以及人际关系的作用和重要性的认识，梅奥认为，是否重视人际关系以及是否具有协调、处理人际关系的能力，是一个经理人员是否成熟的重要标志，也是一个组织是否有效率的一个重要标志。

二、行为科学理论的发展

20世纪50年代初期，人际关系学说发展为行为科学理论。行为科学是研究人的行为的一门综合性学科。它研究人的行为产生的原因和影响行为的因素，目的在于激发人的积极性、创造性，实现组织目标。它的研究对象是探讨人的行为表现和发展的规律，以提高对人的行为预测以及激发、引导和控制的能力。行为科学理论方面的研究有以下几种：

(一)有关人的需求、动机和期望等激励理论的研究

1. 马斯洛的需要层次论

马斯洛(Maslow，1908—1970)是美国的人本主义心理学家和行为科学家。1954年出版了《动机和人》一书。在这本书中，他提出了人的需要层次理论。

在马斯洛看来，人是"需要的动物"，随时都有某种需要，当某一需要获得满足后，这一需要便不再是激励因素；而他此时又有了另一种需要，又需要满足。马斯洛认为，人的需要是有层次的，这些需要呈阶梯状排列，共分五个层次，从低到高分别是：生理需要、安全需要、社会需要、自尊需要和自我实现的需要。后来，马斯洛又增加了求知的需要和美的需要两个层次。马斯洛认为，人的需要由低层次向高层次发展，但他认为在低层次需要得到部分的、合理的满足后，较高层次的需要就会成为人们所要追求的需要，即成为有推动力的激励因素，而且可以同时部分地满足几种需要。

2. 赫茨伯格的双因素激励理论

赫茨伯格(Herzberg)在 1959 年与别人合著出版的《工作激励因素》和 1966 年出版的《工作与人性》两本著作中，提出了激励因素和保健因素理论，简称双因素理论。

赫茨伯格归纳出 6 个激励因素：(1)工作上的成就；(2)得到赏识；(3)进步；(4)工作本身；(5)个人发展的可能性；(6)责任。以上 6 项都是以工作为中心的。

保健因素有 10 个：(1)公司的政策与行政管理；(2)技术监督系统；(3)与监督者个人之间的关系；(4)与上级之间的关系；(5)与下属之间的关系；(6)薪金；(7)工作安全性；(8)人的生活；(9)工作环境；(10)地位。以上 10 项都是工作本身以外的。

赫茨伯格的激励因素相当于马斯洛的较高层需要，保健因素相当于较低层需要，两者的侧重点有所不同。马斯洛侧重于分析需要或动机，赫茨伯格侧重于分析满足这些需要的目标或诱因。但这两种理论都没有把个人需要的满足同组织目标的达成联系起来。

3. 弗鲁姆的期望理论

弗鲁姆(Vroom)在其 1964 年出版的《工作和激励》一书中，提出了期望几率模式。他认为人们受到激励的程度受两个因素的影响：一是效价，即激励因素的价值，或者说是个人主观上对实现目标后获得的奖励的价值大小的评价；二是期望值，即人们主观上认为实现既定目标的可能性的大小。

4. 其他激励理论

行为科学中有关人的需要、动机和激励的理论各家学说还有很多。例如，斯金纳(Skinner)的强化理论。他认为，人的一种行为都会有肯定或否定的后果(报酬或惩罚)，肯定的行为就有得到重复发生的可能性，否定的行为以后就不会再发生。强化理论有助于人们对行为的理解和引导。因为一种行为必然会有后果，而这些后果在一定程度上会决定这种行为是否重复发生。

斯坎伦(Scanlon)提出的斯坎伦计划，强调协作和团结，采用集体鼓励的办法。他提出的计划规定，凡因工人就减少劳动成本提出建议而使劳动成本减少的，工人可以得到奖金。但这奖金不是发给提议者个人，而是在工厂或公司范围内由工人集体共享。

林肯(Lincon)提出的林肯计划，强调满足职工要求别人承认其技能的需要。林肯认为，激励人们工作的动力，主要不是金钱或安全感，而是要求对其技能予以承认。所以他提出一个计划，要求职工最充分地发挥他们的技能，然后以"奖金"的形式来酬谢职工对公司的贡献。

斯坎伦和林肯都是企业家，也是行为科学理论的应用者。

赫茨伯格用他的双因素理论来解释斯坎伦计划和林肯计划时说，这两个计划得到成功的原因，并不是由于工人所得到的奖金(保健因素)本身，而只是由于通过这些奖金标志承认了工人的成就、能力和责任心(激励因素)。

行为科学家认为，人们在工作中对自己需要的满足基本上有两种方法：一种是间接的满足，即人们通过工作得到工资，再用工资去购买衣食用品进行社交活动等，以此来满足自己在物质和精神上的需要；另一种是直接的需求，即在从事工作的同时就使职工的需要得到某种程度的满足。这就要求领导、管理者在计划、组织、控制等方面作出适当的安排，以便职工能从本身以及在工作中同其他人的相互关系方面使某些需要得到满足。

激励理论的研究，明确了人们的工作效率取决于人们工作的态度，而工作态度又取决于人们的需要被满足的程度。人们的需要是否得到合理的满足，又受工作本身和工作环境的影响。因此，有人认为，激励人的积极性，提高工作效率的关键因素之一是改进领导和管理人员的态度。这就促进了管理理论中互有联系的两个方面的变化:(1)转变对人性的看法;(2)改变领导方式。

(二)关于企业中人性的理论研究——麦格雷戈的“X—Y理论”

麦格雷戈(McGregor)从理论上归纳了传统管理者的人性观,著有《企业的人性方面》一书。他认为传统管理者之所以对职工进行强制性管理,是因为他们受传统的理论指导,麦格雷戈把这种理论称为X理论,其要点是:(1)多数人生来懒惰,总想少工作;(2)多数人没有工作责任心,宁可被别人指挥;(3)多数人以自我为中心,不关心组织目标;(4)多数人缺乏自制能力。

结论是:多数人不能自我管理,因此需要从外部对员工施加压力和刺激。

麦格雷戈还提出了Y理论,并用它来代替X理论。Y理论是建立在对人性和人的行为动机更为恰当的认识基础上的新的理论。其要点如下:(1)人并不是天生就厌恶工作,工作对人们来讲,正如娱乐和休息一样自然。(2)控制和威胁并不是促使人们为实现组织目标而努力的唯一办法。人对自己所参与的目标实现自我指挥和控制。(3)对目标作出贡献是同获得成就的报酬直接相关的。这些报酬中最重要的是自尊和自我实现需要的满足,它们能促使人们为实现组织的目标而努力。(4)在适当条件下,人们不但能接受而且会主动承担责任。(5)不是少数人,而是多数人在解决组织的问题上都具有想象力和创造力。但在现代工业社会的条件下,一般人的潜能只是部分地得到发挥。(6)人们并非天生就对组织的要求采取消极的或抵制的态度,他们之所以如此,是因为他们在组织内的遭遇所造成的。(7)管理的基本任务是安排好组织工作方面的条件和作业的方法,使人们的潜能充分发挥出来,更好地为实现组织的目标和自己个人的具体目标而努力。这个过程主要是一个创造机会、挖掘潜力、排除障碍、鼓励发展和帮助引导的过程。

行为科学家认为,Y理论给管理人员提供了一种关于人性的乐观主义看法,而这种乐观主义的看法是争取职工的协作和热情支持所必需的。但是,奉行X理论的管理人员对此表示出不同的意见。有人指出,Y理论有些过于理想化了。所谓自我指导和自我控制,并非人人都能做到。人固然不能说生来就是懒惰而不愿负责任的,但是,在实际生活中的确有些人是这样的,而且坚决不愿改变。对于这些人,采用Y理论进行管理,难免会失败。

因此,对于X理论和Y理论,要视具体的情况而定,而且两种理论都有存在的必要,这一点被后来的试验所证明。

第四节　现代管理理论

第二次世界大战前后,特别是20世纪50～70年代,世界的经济、政治情况发生了极大的变化,管理理论的发展也进入了一个新的阶段。在这一阶段,有不少管理学家和企业从事现代管理理论的研究,但没有哪一种理论能在这个时期的理论发展过程中起主导作用,出现了一种被称为“管理理论丛林”的局面,即出现了各种管理理论学派同时并存的现象。

一、现代管理理论学派

(一)管理科学学派

所谓“管理科学”,实际上是泰罗的“科学管理”的继续与发展。它们都反对凭经验、凭直觉、凭主观判断来进行管理,主张采用科学的方法,探求最有效的工作方式或最优的方案,以达到最高的工作效率，花最短的时间、最小的支出，取得最大的效果。但“管理科学”的研究，已经突破了操作方法、作业水平的范围，向整个组织的所有活动方面扩展，要求进行整体性、系统性、全面性的研究。它所采用的手段，即现代科学技术，主要是各种科学的数学方法，如将电子计算技术、系统论、控制论、信息论等广泛地运用到管理上来，形成了一系列新的组织管理方法和技术，使整个管理工作提高到前所未有的水平。

管理科学学派认为，管理就是制定和建立数学模型与程序的系统，就是用数学符号和公式来表示计划、组织、控制、决策等合乎逻辑的程序，求出最优的解答，以达到企业的目标。因此，所谓管理科学，就是制定用于管理决策的数学和统计模型，并把这些模型通过计算机应用于管理。管理科学主要不是研究、探索管理的科学，而是设法把工具应用于管理的各种活动，减小不确定性，以使投入的资源发挥更大的作用，得到最大的效益。因此可以说“管理科学”是现代的“科学管理”，它具有以下一些特征：以决策为主要着眼点；以经济效果标准作为评价依据；以数学模型和计算机作为处理和解决问题的方法和手段。

（二）经验学派

经验学派，又称经理学派，在这一学派中，有管理学家、经济学家、社会学家、统计学家、心理学家、大企业的董事长、总经理及其顾问等。这一学派的代表人物有：彼得·德鲁克（Peter Drucker），大企业的顾问，大学教授，著有《有效的管理者》等书；欧内斯特·戴尔（Ernest Dale），大公司的董事、大企业的顾问，著有《企业管理的理论与实践》等书；威廉·纽曼（William Newman），大学教授，著有《经济管理活动：组织和管理的技术》等书；艾尔弗雷德·斯隆（Alfred Sloan Jr.），曾长期担任美国通用汽车公司的董事长。

经验学派认为，传统管理理论和行为科学都不能完全适应企业发展的实际需要，有关企业管理的科学应该从企业管理实际出发，以大企业为研究对象，研究企业的成功经验和失败教训，并把这些经验加以概括和理论化，通过案例研究来学习管理，在更多情况下，提出实际的建议。这一学派在以管理经验为主要研究对象这一基本特点上是共同的，但在有关管理的性质、管理的任务及目标等某些问题上的看法却不尽相同。

（三）管理过程学派

管理过程学派又称作业学派，其创始人是亨利·法约尔，20世纪50年代以后，在美国的主要代表是孔茨、奥唐奈等。

这一学派的特点是把管理学说同管理人员的职能，也就是同管理人员从事工作的过程联系起来，认为首先应确定管理人员的职能，并将其作为理论的概念结构。如法约尔把管理划分为计划、组织、指挥、协调、控制五种职能。孔茨与奥唐奈把管理解释为“通过别人使事情做成的职能”。他们认为，管理人员的职能有计划、组织、人事、指挥、控制五种，并按此来分析、研究和阐明管理理论。他们指出，有人认为这些职能是按顺序执行的，但事实上管理者是同时执行这些职能的。他们强调，这些职能中的每一种都对组织的协调有所贡献，但协调本身并不是一种独立的职能，而是有效地应用了这五种管理职能的结果。他们对每个职能按以下几个基本问题进行分析：(1)这个职能的性质和目的是什么？(2)它的结构上的特征是什么？(3)它如何执行？(4)在它的领域里，主要的原则和理论是什么？(5)在它的领域里，最有用的技术是什么？(6)执行这一职能有什么困难？(7)完成这一职能的环境是怎样造成的？他们认为，一切最新的管理思想都能纳入上述的结构中去。管理理论就是环绕这样的结构，把经过长期的管理实践积累起来的经验、知识综合起来，提炼出管理的基本原则。这些原则对于改进管理实践是有明显价值的。

(四)社会系统学派

美国管理学家巴纳德(Barnard,1886—1961)是社会系统学派的创始人,其代表作是1938年出版的《经理的职能》一书,该书被称为美国管理文献中的经典著作。他的主要论点如下:

1. 组织是一个协作系统

巴纳德在《经理的职能》一书中指出:"组织不是集团,而是相互协作的关系,是人相互作用的系统。"简单地说,组织是一个协作的系统,是"两个或两个以上的人,有意识协调的活动和效力的系统"。

2. 协作系统的三要素

巴纳德认为,作为正式组织的协作系统,不管其规模大小、级别高低,都包含了三个基本要素:协作的意愿、共同的目标和组织成员间的信息沟通。

3. 组织要实现效力原则和效率原则

为什么要提出这两条原则呢?这是由于组织系统中个人目标存在不一致的缘故。他认为,一个正式组织协作系统有一个目标。当这个系统协作得很成功时,它的目标就能够实现,这时,这个协作系统是有效力的。效力是组织系统协作的成功力量。假如一个协作系统的目标没有实现,这个系统就将崩溃瓦解。所以,系统的效力是系统存在的必要条件。协作系统成员的个人目标是否得到满足,直接影响到他们是否积极参加协作系统以及对协作系统作出贡献的程度。如果协作系统成员的个人目标得不到满足,他们就会认为这个系统是没有效率的,他们就会不支持或退出这个系统。可见,所谓系统的效率,是指系统成员个人目标的满足程度。协作效率则是个人效率的结果。所以,一个协作系统的效率的尺度,就是它生存的能力。这个能力就是为其成员提供使他们的个人需要得以满足,使集体目标得以实现的能力。如果一个系统是无效率的,它就不可能是有效力的,因而也就不能存在。这样,巴纳德就把正式组织的要求同个人的需要联结起来了。这个论点,被西方许多人所信奉。

(五)决策理论学派

决策理论学派是在社会系统学派的基础上,吸收行为科学管理学派的观点,运用计算机技术和运筹学的方法发展起来的。决策理论学派的代表人物是美国管理学家、诺贝尔经济学奖获得者赫伯特·西蒙(Herbert Simen),其代表作是1960年发表的《管理决策的新科学》。

决策理论学派认为,管理的关键是决策,决策贯穿于管理的全过程,企业管理的主要研究对象不是作业而是决策。因此,应该集中研究决策问题,而管理又是以决策为特征的,所以应该围绕决策这个核心来形成管理理论。例如,西蒙认为:(1)组织是作为决策者的个人所构成的系统;(2)组织活动的本质是决策;(3)对组织活动的管理包含着各种类型的决策;(4)决策的过程包括情报活动、设计活动、抉择活动和审查活动四个阶段;(5)决策的满意标准有两个可行的前提条件,一是有一套可以表示最低满足程度的标准,二是具有选择符合满意标准和超满意标准的手段等。

(六)权变理论学派

权变理论学派是在20世纪70年代形成并发展起来的一种新的管理理论,其代表人物有美国的弗雷德·卢桑斯(Fred-Luthars)、英国的汤姆·伯恩斯(Tom Burns)和琼·伍德沃德(Joan Woodward)等。

权变理论认为,在企业管理中不存在最好的、能适应一切情况的、一成不变的管理方法和管理理论,而要根据企业所处的内外条件随机应变。权变理论学派把企业看成是一个开放的系统,其理论核心是通过组织的各子系统内部和各子系统之间的相互联系,以及组织和它所处的环境间的联系，来确定各种变数的关系类型和结构类型。强调在管理中要根据组织的内外部条件，针对不同的具体条件寻求不同的、最合适的模式或方法。

在人事管理方面，约翰·莫尔和杰伊·洛希合作发表了《超Y理论》，其看法与权变理论的人事管理观点大致相同，主要包括：

(1)人们工作的目的是满足各种需求，这些需求包括：受规章制度约束的需求，承担更多、更大责任的需求及自我实现的需求。

(2)将“X理论”与“Y理论”同时使用，对需要纪律的人用“X理论”，对需要自治的人使用“Y理论”，从而提高工作效率。

(3)管理层次无固定模式，要根据具体情况而定。

(4)当目标实现后，要用激励手段使人们转向另一目标。

二、现代管理理论的新思潮

20世纪80年代以后，世界政治和经济环境发生了重大变化，给企业管理者提出了新的问题，为了在这种环境下寻求生存和发展，各个管理学派相互渗透、相互融合、取长补短，逐渐使管理理论趋向全面化、综合化，管理方面出现了一些新思潮，其代表理论有如下几种。

(一)管理组织的虚拟化理论

虚拟企业一般是指由两个或两个以上独立的公司组成的临时的合作伙伴关系，是一种共享技术、分担费用、联合开发、建立在信息网络基础上的组织形式。

虚拟企业以完成某个项目为目标而临时合作，项目的分解不再以时间顺序的串行工程为基础，而是应用并行工程，把项目分解为一个个工作模块。承担每个工作模块的各方在彼此平等合作的基础上有充分独立的自主权，各个工作模块并行工作，项目主持者通过在项目进行中的不断沟通、协调，从而保证各模块工作成果能够互相衔接。这样，既缩短了开发时间，又节约了开发成本，参与工作的各方都受益，市场整体竞争力得以提高。虚拟企业的形成是灵活的、流动的，参与的双方或多方是跨空间的互利的合作。一旦合作目标达成，这种关系便会结束。

企业人员的虚拟化、功能的虚拟化以及虚拟企业的出现，拓宽了企业的管理视野，使企业内外资源相互配合，形成更大的综合优势，促进了企业的快速发展。实际上，虚拟企业已经成为知识经济和网络时代中越来越多企业制度创新的方向，世界500强企业的大多数都在不同程度上引入了虚拟企业的运作机制，实现了自身的壮大与发展。

(二)自我管理理论

自我管理就是强调在个人自我价值的实现中，个人充分利用自己的才能，发挥主体性。自我管理要求个人具有清醒头脑，具有反省内视能力，重视自己的价值。

现代管理学之父彼得·德鲁克在其《21世纪的管理挑战》一书中，明确提出了“自我管理”理论，其具体内容如下：

(1)了解自身的长处优势所在。在此基础上，专注于你的长处，不断改善你的长处，获得新的技能、新的发展，并发现你知识上的愚昧无知，加以克服。

(2)懂得自己的行为方式。应该了解的第一个要点是自己善于阅读还是善于倾听；第二个要点是了解自己应该如何进行学习；第三个要点是了解自己是一个与人共事者还是独来独往者。试图改变自己的个性是不太可能获得成功的，应该努力改善自己的处事方式。

(3)了解自己的价值观。如果你的价值观与一个组织的价值观念相冲突，那么你在这个组织中工作要么会遭受挫折，要么就是碌碌无为。

(4)了解自己的归属。了解自己的优势、自己的行为方式和价值观念,就会明白自己的归属,这能使一个普通人变成成绩出众的人。

(5)了解自己应该贡献什么。回答这个问题,必须处理好三个不同的要素,即形势需要什么,怎么才能对需要做的事作出最大的贡献,为了发挥影响必须做出什么样的努力。由此得出的行动方针是做什么、在何处做以及如何开始做,并确定行为目标和最后期限。同时,擅长人际处理关系。

(三)知识管理理论

所谓知识管理,是通过改变员工的思维模式和行为方式,建立起知识共享与创新的企业内部环境,运用集体的智慧,提高应变和创新的能力,最终达到目标。

知识管理的目标主要有三个:一是构建全员参与的以知识的积累、生产、共享和利用为核心的企业战略。重视知识这种关键性生产要素,并努力实施知识战略。二是促进人力资源、信息、知识和经营过程的紧密结合。三是管理知识资产,像对其他经济资源那样对其进行有效的管理。知识资产的管理步骤包括知识资产的分类、评估、投资,新知识档案的集中,以及知识资产的利用。

知识管理的特点表现在四个方面:一是将知识"市场化",使知识的潜在所有者了解其应用价值,并将知识应用于价值创造过程;二是创造出整体大于局部之和的效果,把存在于企业人力资源中的不同方面的知识和信息技术、市场分析以及企业的经营战略等协调统一起来,共同为企业的发展服务;三是涵盖了组织发展的全过程,并寻求将信息技术所提供的对数据和信息的处理能力以及人的发明和创造能力这两者进行有机结合;四是知识管理遍及社会的各个领域。

(四)学习型组织

20世纪80年代,随着信息革命、知识经济时代进程的加快,企业面临着前所未有的竞争环境和变化,传统的组织模式和管理理念已越来越不适应环境。在这种形势下,1990年,美国麻省理工学院斯隆管理学院的彼得·圣吉教授撰写的《第五项修炼——学习型组织的艺术和实务》引起了管理理论界的瞩目。这五项修炼是:

(1)超越自我。包括组织和组织中的个人都要超越自我。超越自我不是不要个人利益,而是要有更远大的目标,要从长期利益出发,从全局的整体利益出发。

(2)改善心智模式。改善心智模式的方法,一是反思自己的心智模式,二是探询他人的心智模式,从自己与别人的心智模式的差别中完善自己的心智模式。

(3)建立共同愿景。愿景是指对未来的愿望、景象和意象。企业作为一个组织,是以个人为单元的,如果企业建立了全体员工共同认同的目标,就能发挥每个人的力量。共同愿景是对每一个人的利益的融合。提高愿景的建立不仅不要求牺牲个人利益,而且要为个人留下选择空间,这样员工才能为自己的选择而努力。

(4)团队学习。团队学习目的是发展员工与团体的合作关系,使个人的力量能通过集体发挥作用,避免无效的矛盾和冲突,让个人的智慧成为集体的智慧。深度会谈是团队学习的一种形式,指对企业的重大而又复杂的议题进行开放性的交流,使每一个人不仅表达自己的看法,也了解别人的观点,通过交流减少差异,从而达到相互配合的目的。

(5)系统思考。进行系统思考要有系统的观点,并且要有动态的观点,这不仅是一种思考方法,更重要的是在实践中反复运用,从而了解整体的变动态势。

(五)企业再造理论

"企业再造"兴起于20世纪90年代,该理论的首创者是美国麻省理工学院的米歇尔·哈默教授，他主张采用激烈的手段，对企业的生产工艺流程、管理组织系统进行重组、再建，彻底改变美国企业的现行管理方法与生产方法，期望能在成本、品质、服务以及绩效等方面得到显著的决定性改善。

企业再造的基本内容是以企业的生产作业或服务作业的流程为审视对象，从多个角度，重新审视其功能、作用、效率、成本、速度、可靠性、准确性，找出其不合理的因素。以先进的信息系统和信息技术为手段，以顾客中长期需要为目标，通过最大限度地减少对产品增值无实质作用的环节和过程，建立起科学的组织结构和业务流程，使产品的质量和规模发生质的变化。它不是对现有流程进行改造或改进，而是实行变革性、革命性的创造，以达到业绩上的质的飞跃和突破。

再造理论适用于三类企业：问题丛生的企业；目前业绩虽然很好，但潜伏着危机的企业；正处于事业发展高峰的企业。再造革命的推动力和目的是顾客、竞争和变化。

(六)人本管理理论

所谓人本管理，就是以人为本的管理。这种思想既把人视为管理的主体，也把人和人际关系作为重要的管理内容，认为人是企业中最重要的资源。

人本管理可分为情感管理、民主管理、自主管理、人才管理和文化管理五个层次，具体包括以下五个方面的内容：一是运用行为科学，重塑人际关系；二是增加人力资本，提高劳动力质量；三是改善劳动管理，充分利用劳动力资源；四是推行民主管理，提高劳动者的参与意识；五是建设企业文化，培育企业精神。

复习题

1. 早期管理思想与管理实践主要体现在哪些方面？
2. 试述泰罗科学管理理论的主要内容。你是如何评价的？
3. 法约尔的管理思想主要体现在哪些方面？泰罗和法约尔在管理思想上有何异同？
4. 霍桑试验经过了哪几个阶段？得出了什么结论？
5. 简述麦格雷戈提出的“X理论”和“Y理论”的主要内容。
6. 现代管理理论有哪些主要学派？各学派的主要观点是什么？出现了哪些新的思潮？

讨论及思考题

1. 人际关系理论对管理学发展的主要贡献是什么？
2. 如何评价泰罗和韦伯的管理思想理论？
3. 什么是中国文化的主要特色？中国文化对我国企业管理工作的影响主要体现在哪些方面？
4. 收集一家高科技企业（最好是IT企业）的相关资料，研究和分析其管理模式的特点，并针对你自己学习的体会，分析该企业管理模式的成功之处，或可能存在的不足。

案例分析

联合邮包服务公司

联合邮包服务公司(United Parcel Service，UPS)是美国的一家投递公司。它雇用了15万名职工，平均每天将900万个包裹发送到美国各地和世界近180个国家。为了实现公司的宗旨——“在邮运业中办理最快捷的运送”，UPS 的管理当局系统地培训员工，使他们以尽可能高的效率工作。下面是该公司递送邮件的司机的各种情况，从中可以清楚地了解到该公司的管理状况。

UPS 的技术工程师对每一位司机的行驶路线都进行了时间研究，并对每个送货、暂停和取货活动都建立了标准。这些工程师记录了红灯、通行、按门铃、穿过院子、上楼梯、中间休息喝咖啡的时间，其中甚至包括上厕所的时间，然后将这些数据输入计算机中，从而得到每一位司机每天工作的详细工作标准。为了完成每天取送 130 件包裹的目标，投递的司机（注：美国的投递工作均开车递送，投递人员往往就是开车的司机）必须严格遵循工程师设定的程序。当司机到达投送的地点时，他们会松开安全带，按喇叭，关发动机，拉紧手刹，将挡位放置停车挡，为送货完毕的启动离开做好准备。然后，司机从驾驶室下来，右臂夹着文件夹，左手拿着包裹，右手拿着车钥匙，看一眼包裹上的地址，以每秒钟 3 英尺的速度快步走到顾客的门前，敲门，而不去按门铃，以免在寻找门铃时浪费时间。送货完毕后，司机在回到汽车的路上完成登记工作。

这样十分刻板的工作时间表看似十分烦琐，但效率专家们公认，UPS 是世界上效率最高的公司之一。例如，美国的联邦捷运公司（Federal Express）平均每人每天递送 80 件包裹，而 UPS 是 130 件。在提高效率方面的不懈努力对 UPS 的净利润产生了良好的影响。

（资料来源：斯蒂芬·罗宾斯、大卫·德森佐著，毛蕴诗译，《管理学原理》（第三版），东北财经大学出版社 2004 年版）

分析与思考：

1. 根据案例并结合本章所学内容，分析 UPS 在管理工作中体现了哪一种管理思想，并说明理由。

2. 结合你所了解的中国企业的管理状况，你认为，如要学习 UPS 的管理经验，提高工作的效率，应从哪些方面做起。并说明理由。

3. 你认为 UPS 的管理方式是否过于刻板，过于失去人性，过于强调了计算机和技术工程师的作用，缺乏管理需要的弹性和“尺度”。并对你的答案给出恰当的解释。

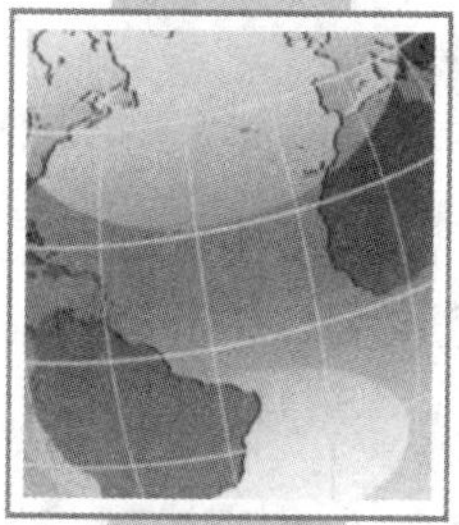

第三章
管理伦理与社会责任

【学习目标】

1.了解管理伦理与管理道德的概念、特征及影响因素；

2.理解管理伦理的主要流派以及改善组织伦理行为的途径；

3.了解组织社会责任的概念、类型及内容。

【知识能力】

能结合当前典型企业成功或失败的案例分析企业伦理道德和责任对企业发展环境的重要影响。

【工作任务】

搜索新闻，分析典型企业的社会责任与伦理道德对企业发展的影响。

【引导案例】

奶粉质量事件频发

事件一：

2012年6月14日下午，伊利官方网站发布一则《关于紧急召回部分乳粉产品的公告》，称："6月12日，国家食品安全风险监测发现我公司生产的个别全优2、3、4段乳粉参照健康综合指标，产品汞含量有异常。据此，我公司立即对所有产品进行排查、自检、送检。"

公告称："鉴于国内外尚无乳粉中汞含量限量的标准，我公司本着对消费者高度负责、有效防范风险的态度，于6月13日开始将2011年11月～2012年5月生产的全优2、3、4段乳粉全部召回，同时积极查验原因并及时妥善处理。"

事件二：

2012年5月29日晚，李先生家人给4个月大的儿子冲美素力1段奶粉时，却在奶瓶里发现一条类似甲虫的黑虫尸体。厂家给出的处理结果是赔偿一桶新的。"我要确认孩子健康，要桶奶粉有什么用？"

《济南日报》报道称，美素力奶粉身陷"虫子门"已不止一次。6月14日，记者联系到美素力400客服，工作人员称反映后回电话，但目前记者仍未接到电话。

事件三：

据《大河报》报道，2012年6月5日，郑州胡女士在给8个月大的女儿冲洗奶瓶时在奶嘴内发现一条长约0.5厘米的肉色蛆虫。涉事奶粉系原装进口的雅培金装"喜康力"2段奶粉。

事件四：

据《重庆晨报》报道，2012年4月30日，重庆陈女士从奶粉罐中舀出一个米虫大小的黑色活虫。涉事奶粉系贝因美某婴幼儿配方奶粉。

（资料来源：http://finance.stockstar.com/SS2012061500002609.shtml）

思考：上述一系列奶粉事件，归根结底反映了企业伦理的缺失。企业除了追求最大经济利益还应不应该承担社会责任呢？组织的伦理规范是怎样的？社会责任又有哪些具体内容呢？

第一节　组织的管理伦理和伦理规范

一、管理伦理的概念

(一)伦理和道德

“伦”是指人的关系，即人伦，“理”是指道德律令和原则，所以伦理是指人与人相处应遵守的道德和行为准则。而西方主要是指风俗、风尚和性格等。道德是人类对于人类关系和行为的柔性规定，道德的基本在实际运作中和伦理并没有什么区别。伦理与道德都在一定程度上起到了调节社会成员之间相互关系的规则的作用。按照施泰困曼教授的观点，道德是指一定的文化界域内占实际支配地位的现存规范，而伦理则是指对这种道德规范的严密方法性思考。按这种区分，伦理是倾向于一种理论，它是对道德的科学性思考，是高于道德的哲学；而道德则是伦理在实际中的规范。比如我们通常会说“一个有道德的人”，而不会说有伦理的人，同样我们也只会说“伦理学”而不会说“道德学”。从这个角度说，在日常用法中，道德更多用于人，更含主观、主体、个体的意味；而伦理则更具有客观、客体、社会、团体的意味。

(二)道德和法律

法律与道德都是人类社会特定经济关系的产物，法律属于社会制度范畴，道德属于意识形态范畴。两者都是调控社会关系和人们行为的重要机制。法律是由国家制定并强制实施的行为规范，道德是依靠人们的内心信念、传统习惯和思想教育调整行为的规范。两者既相互区别，又互相渗透、互相支持、互相转化、相辅相成，表现为：一是法律意识与道德观念具有同一属性而相互联系；二是法律规范与道德规范的调控范围有所重叠而相互包容。一般来说，凡是法律所禁止和制裁的行为，也是道德所禁止和谴责的行为；凡是法律所要求和鼓励的行为，也是道德所培养和倡导的行为。反言之，许多道德观念也体现在法律之中，许多道德问题也是可以诉求法律解决的问题。不过，从规范作用的范围来看，法律与道德对人们行为有着不同层次的要求。前者一般只能规定最起码的行为要求，而后者可以解决人们精神生活和社会行为中更高层次的问题。例如，道德可以要求人们“毫不利己，专门利人”，而法律只能规定人们不许损人利己或损公肥私。

(三)管理伦理

管理伦理常常又被称为“企业伦理”或“商业伦理”，它是伴随着企业经营生产的一系列问题而出现的。它不是与普遍的伦理观念不同的特定的一套伦理观念，也不是仅仅适用于管理的伦理观念，它是普遍的伦理观念在管理过程中的运用。管理伦理注重的是管理活动及过程，主体为管理者；企业伦理还包括员工、企业本身、法人代表等。

管理伦理是分析管理活动中出现的重大问题的伦理纬度，是结合管理活动本身具体运用伦理规范，形成的特殊行为规范。管理活动中的重大问题包括：管理的终极价值与价值体系的层次、管理主体与相对者的道德关系、管理者的个人利益与组织利益的协调等。管理活动中的具体伦理问题包括：工作条件的改善；隐私权；管理权的合法性、执法依据、权限、法定权利；管理活动的公共性（公私界限、工作时间干私活、将公物用于私人事务）等。管理伦理的综合分析应提出便于操作的解决方案，并颁布各种守则。守则中包括相应的规范和基准。守则的内容必须细致、翔实。无视伦理准则、违反法律法规、不讲公众意识的不正当竞争，不仅损害了诚实经营者和广大消费者的权益，企业本身也失去了公众的信任。从这个意义上来讲，不正当的市场竞争永远没有赢家。20 世纪 70 年代起，在美国、西欧、日本的一些先进的企业，就已经在组织内部建立起严格的伦理制度和监管制度，企业不再认为企业的竞争是赤裸裸的斗争，不再认为打垮对手就是赢得了自己。这些认识，促使企业改变旧有的经营观念，把企业定位在追求利润与推动良性的社会变迁上，使企业能够长久地生存下去。因此伦理是企业赖以生存的基石，有了它，企业可以同时拥抱利润与灵魂。

企业可以从以下四个方面入手，推动企业伦理的建立：

1. 制定并执行企业伦理守则

伦理守则所规范的主要内容是企业与其利益相关者、员工、顾客、股东、政府、社区、社会大众等的责任关系，它同时包含公司的经营理念与道德理想，如同一般人的座右铭，多少可以反映公司的文化与行为、生存的基本意义和行为的基本方向。企业信奉的伦理守则应贯彻到经营决策的制定以及重要的企业行为中。威塞里尔协会是一家小型的、为汽车行业提供电子部件的私人供应商，它拥有一本《质量担保手册》，是思想方针、行为指导、技术手册和企业简介的一个统一体，记录了公司对于正直人格的承诺和关于正确行为的指导原则。公司从来不用销售比赛等来激励员工的个人工作表现，也不通过销售数字来判断竞争状况，而是教育员工在制定决策时，既要考虑公司和个人的利益，也要考虑供应商、客户以及社会的需求，绝对的诚实、礼貌以及尊重他人是公司业务程序的标准。自步入业界以来，威塞里尔的销售收入不断增长，在一个发展缓慢的行业里创造了奇迹。

2. 设定伦理目标

企业要想获得持久的发展，其追求的经济目标中应该包含有伦理道德的要求，应该是经济目标与伦理目标的统一。企业目标制约下的行为不仅不能违背以法规形式体现出来的经济活动的游戏规则，而且要进一步以伦理准则来约束自己，主动实现道德自律。强生公司在发现其生产的泰诺胶囊被污染以后，当时的 CEO 詹姆斯・布克当即决定在全国范围内回收所有的泰诺胶囊，这反映了强生公司经济目标与伦理目标统一的企业文化。如果没有一系列在企业内部根深蒂固的、被人们所共同享有的价值观和指导原则，很难相信强生公司的反应能够如此迅速、一致而且符合伦理道德。

3. 加强员工企业伦理教育

企业应加强对员工进行有关企业伦理的教育，注重培养反映企业价值观的态度观念、思考方式等，让员工深刻了解到企业更高一层的使命。通过培训，使员工能对身边的人与物有更高的敏感度，帮助员工在道德思想和行为中注入强大的个人意志，防止破坏性的道德沦丧。

4. 由高层管理者推动伦理建设

成功企业中卓有成就、德高望重的领袖人物，是最有资格提升社会伦理道德的人物。高层领导的重要职责之一是赋予企业的指导价值观以生命，建立一个支持各种道德行为的环境，并在员工中灌输一种共同承担的责任感，让员工体会到遵守伦理是企业积极生活的一面，而不是权威强加于的限制条件。企业管理者的主要责任是教导、促进、启发员工的诚实、正直、公正感。当年，张瑞敏自己抡起铁锤砸掉了 76 台冰箱，在家电行业里以“挥大锤的企业家”著称。也正是这把大锤，为海尔走向世界立了大功。如今，“精细化、零缺陷”变成海尔全体员工的心愿和行动，那把大锤依然摆在展厅里，让每一位新员工参观时都能记住它。

二、管理伦理的特征

合乎伦理的管理具有以下 7 个特征：

(1)不仅把遵守伦理规范视为组织获取利益的一种手段，更把其视为组织的一项责任。

(2)不仅从组织自身的角度出发，更从社会整体角度出发。

(3)尊重所有者以外的利益相关者的利益，善于处理组织与利益相关者的关系。

(4)不仅把人看作手段，更把人看作目的。

(5)超越了法律的要求，能让企业取得卓越的成就。

(6)具有自律的特征。

(7)合乎伦理的管理以组织的价值观为行为导向。

三、影响管理伦理的因素

(一)道德发展阶段

西方道德心理学家通过研究发现，人们的道德发展存在三个水平，每个水平包括两个阶段(见表 3—1)。随着阶段的持续上升，个人道德判断变得越来越不依赖外界的影响。管理者到达的层次越高，越倾向于遵守道德的行为。

表 3—1　道德发展阶段

阶　段	行为特征	层　次
前惯例阶段： 只受个人利益的影响 决策的依据是本人利益，这种利益是由不同行为方式带来的奖赏和惩罚决定的	为避免物质惩罚，谨遵规则 只在符合直接利益时遵守规则 只在其利益受到影响的情况下才会做出伦理判断	最低
惯例阶段： 受他人期望的影响 包括对法律的遵守，对重要人物期望的反应，以及对他人期望的一般感觉	做周围的人所期望的事 通过履行他人所认同的准则、义务来维护平常秩序	中间
原则阶段： 受个人用来辨别是非的伦理准则的影响 个人试图在组织或社会的权威之外建立伦理准则	尊重他人的权利，置多数人的意见于不顾，支持不相干价值观和权利 遵循自己长期形成的道德准则，而不受外界影响	最高

(二)个人特征

每个人在进入组织时都有一套相对稳定的价值准则。但是价值准则和道德发展阶段看起来相似，其实是不一样的。自我强度和控制中心是影响个人行为的两个个性变量。

自我强度用来度量一个人的信念强度。一个人的自我强度越高，克制冲动并遵守内心信念的可能性越大。控制中心用来度量人们在多大程度上是自己命运的主宰。具有内在控制中心的人认为他们控制着自己的命运，而具有外在控制中心的人则认为他们生命中发生什么事是由运气或机会决定的。

2008 年的三鹿奶粉事件正是由于奶制品行业利润巨大，有些人经不住利益的诱惑，为了获得高额的利润而牺牲了消费者的利益。显然，三鹿集团的管理者没有经受住考验，受到了利益的驱使，损坏了个人乃至企业的道德素质。

(三)结构变量

结构变量是指组织结构、制度和目标设定的明确性和合理性。组织的结构设计有助于管理者管理行为的产生。模糊程度最低并时刻提醒管理者什么是“伦理”的结构设计有可能促进伦理行为的产生。管理者的行为符合伦理或不符合伦理对员工有着重要的影响。

比如一些绩效评估系统仅评估结果，另一些则既评估结果也评估手段。在仅根据结果来评价的地方，人们会不择手段地追求结果。与评估系统密切相关的是报酬的分配方式。奖赏或惩罚越依赖于特定的结果，管理者所感到的取得结果和降低伦理标准的压力越大。

在不同的结构中，管理者在时间、竞争和成本等方面的压力也不同。压力越大，越有可能促使人们“不择手段”地追求成果目标，并在管理道德方面妥协。三鹿集团是采用了协同管理和模式集控的管理方式。它的管理模式是：第一，以目标利润为主线，提高了员工的工作积极性，这是因为他们在下达预算的时候，要下达到事业部，事业部再下达到各个分厂，再下达到各个班组，从高层领导到每个普通员工都知道自己的任务是什么，要为完成这个目标利润去积极地努力；第二，通过预算管理使得集团从上至下养成了降低成本、控制能源消耗的风气和习惯；第三，可以正确评价各个部门的业绩，将预算和考核结合起来，每个月对各个事业部、各个部门进行考评，与他们的工资和奖金挂钩，通过这个评价，让事业部或者各个部门知道自己这个月所做的成绩。这种管理模式，也是三鹿奶粉事件的诱因之一。

(四)组织文化

组织文化的内容和强度也会影响伦理行为。最有可能产生高伦理标准的组织文化是具有较强的控制能力以及风险和冲突承受能力的组织文化，处在这种文化中的管理者，具有进取心和创新精神。与弱组织文化相比，强组织文化对管理者的影响更大。

(五)问题强度

问题强度是指管理者所面对的决策问题特征，即危害的严重性、社会舆论反应、危害的可能性、后果的直接性等。三鹿奶粉事件中，三鹿集团董事长田文华承认，在“肾结石”事件发生之前，他们已在内部检测出了相关的问题，也就检测结果跟有关部门进行过汇报。但是，对于在内部检测之后为什么没有采取紧急的补救召回措施，田不愿意做进一步的解释。显而易见，这是一个企业的管理者在事件发生时，没有给予高度的重视，对于事件危害的严重性、可能性和后果的直接性估计不足，才造成事态的愈演愈烈，最终达到无法挽回的地步。

四、管理伦理的主要流派

(一)功利主义的伦理观

这种观点认为决策要完全依据其后果或结果作出。功利主义的目标是为尽可能多的人提供尽可能多的利益。持功利主义态度的经营者认为首要任务是去选择一个可以影响或有利于大多数人的方法或手段。研究表明，大多数经营者对伦理行为持功利主义态度。因为功利主义与诸如效率、生产率和高额利润之类的目标相一致。例如他们认为解雇20%的员工是合理的，因为这样剩下80%的人的工作更有保障，而且符合股东的利益。有一些企业在实际中所运用的对员工考核评价的制度，通常是依据对员工工作绩效的差别规定不同的档次，并发放比率不同的奖金，表现最好的员工应得到最高的报酬收入和更多的晋升机会。

1. 从组织目标看

经营者应满足针对在组织内外环境中活动的人，包括顾客、供应商、债权人、员工、股东等的利益。为在市场竞争中提供给最大多数人最大的利益，经营者必须善于集中最大可能的资源，并有效地加以利用。

2. 从效率看

员工要有效地达到组织的目标，就应该尽可能减少投入(劳动力、土地、资金、管理)，并减少外部成本(污染等)。

3. 从利益冲突看

员工应使用有效的方法来完成组织的目标，员工的个人利益不应和组织的目标产生明显的冲突。

功利主义的伦理观与传统的企业伦理观及高度成功的经营者的价值观取向一致，注重最大利益、个人主义、能力主义、努力工作、抱负、竞争和冒险等价值。

(二)权利至上的伦理观

这种观点认为决策要在尊重和保护个人基本权利的前提下作出。主张管理行为和决策必须与个人和群体的基本自由与权利相一致。在管理行为与决策中有六种重要的基本权利：

(1)生命与安全的权利。员工、顾客及一般大众有权使其生命和安全不受到危害，一般各国的职业安全和健康法案都承认此点。

(2)知情权。应该告知员工、顾客及一般大众有权知道的事情，不得加以蒙蔽。

(3)隐私权。公民有权限制和控制任何人或机构接近或使用私人生活资料。

(4)良心自由。员工及其他人有权拒绝实行有损于其道德或宗教信仰的命令。

(5)言论自由。在不破坏其他人权利的条件下，员工及其他人有权以良心或事实为根据批评经营者的道德性及合法性。例如，某公司出售有污染的食品，并禁止员工向政府有关部门透露内部情况，而各国有关职业安全、污染、健康安全的法规一般都包括保护指控经营者违法行为的员工。也就是说，当雇员揭发顾主违反法律时，应当对他们的言论自由加以保护。

(6)私有财产。公民有获得、拥有、运用私有财产的基本权利。

这种观点积极的一面是保护了个人的自由和隐私；而消极的一面则是把个人自由的保护看得比工作的完成更重要。

(三)公平原则的伦理观

这种观点要求管理者公平地实施规则，以公平或公正为根基行使管理行为或决策。其理念来源于自由原则和差别原则。自由原则是指每个人有权要求与他人相同或一致的最大自由。例如，18 岁以上的公民不论教育、收入、性别或种族，均有投票权。差别原则是指由于社会经济中存在事实上的不平等，使任何利益都有一定的副作用。只要各种社会地位和职位是自由流动开放的，那么就会导致公平竞争。

公平原则强调公平分配、公正和人本责任三个方面。

1. 公平分配

公平分配是指个人因素(种族、性别、宗教、国籍等)不影响个人在组织中的待遇。该原则具体体现为：第一，相关方面条件类似的人，其待遇相似；第二，相关方面条件不同的人，按其不同处的比例，待遇有所不同。例如，在某一工作需要的技术、努力程度、责任和工作环境相同时，支付女性的工资低于男性是违法的。但如果工资差别决定于工资制度、奖励制度或生产质量差别等因素，则是合法的。

2. 公正原则

公正原则是指企业在满足以下两个条件的情况下，有权要求员工按照企业规章的要求从事本职工作:第一,企业是追求公正的;第二,员工自愿接受企业安排的利益以及利用企业提供未来利益的机会。企业是由个人组成的群体,为了共同的利益必须致力于合作,因此必须限制一些个人自由。例如,企业规章制度限制员工上班迟到或旷工的自由被视为是公平的。

3. 人本责任原则

从企业内部来说,企业与员工的相互责任是:第一,企业与员工之间的行为是双方自愿的,如员工不能被强迫为某个企业工作,而经营者也不能被强迫雇用某一个特殊的人物。第二,应以明确的规章界定企业与员工的权利与责任。第三,每一个为共同利益而合作的个体都是有责任的,员工与经营者在企业存在的情况下,分享共同的利益。企业外部的责任包括当他人处于危险或需要帮助时,有责任去帮助他们;不去伤害他人的责任;不引起不必要痛苦的责任;守法的责任等。

按公平原则行使管理行为有利有弊。一方面,它保护了未被充分代表的和缺乏权力的利益相关者的利益;另一方面,它可能不利于培养员工的风险意识和创新精神。

(四)综合社会契约的伦理观

这种观点主张把实证(是什么)和规范(应该是什么)两种方法并入商业伦理中,即要求决策人在决策时综合考虑实证和规范两方面的因素。这种伦理观综合了两种“契约”:

(1)经济参与人当中的一般契约,这种契约规定了做生意的程序;

(2)一个社区中特定数量的人当中的较特定的契约,这种契约规定了哪些行为方式是可接受的。

这些流派的差别不在于对管理本质的理解,而主要在于对伦理价值依据以及伦理价值在管理过程中的实现方式等理解上的差异。因此,信奉自然法的人认为,凡出自自然或《圣经》者,都是好的;若以功利主义的观点来看,凡能提供绝大多数的人最大利益的,任何行为都算合理;若以权利至上的观点来看,所有行动只要动机纯正并且保障了个人或群体的基本权利,无一不可宽恕。管理伦理的流派在当代仍有增加的趋势。

五、改善组织伦理行为的途径

(一)挑选高道德素质的员工

充分重视对雇员的甄选工作,包括面试、笔试和背景测试等,应当努力剔除道德上不符合要求的求职者,并且应同时建立长效制度和监督机制。

(二)建立道德准则和决策规范

组织应该建立清晰的道德准则和决策规范,表明公司的价值观和希望雇员遵守的道德准则。制定道德准则时一方面应尽量具体和明确;另一方面要允许雇员拥有判断问题的自由。例如,公司道德准则内容可包括:要求员工做一个可靠的组织公民、不做任何损害组织的不合法和不恰当的事、为顾客着想等。建立完善的制度在一定的程度上可以规范员工的行为和思想道德。

(三)管理者以身作则

遵守道德准则需要高层管理者以身作则。首先,高层管理者建立了组织文化基调,他们是表率,高层管理者做的比说的更重要。高层管理者决定奖励、晋升和惩罚,并向员工传递信息。若采用不正当行为获取成果的经理被晋升,员工则认为,公司鼓励这样的不正当行为。若对某些员工进行惩罚,应该公布事实,让其他雇员知道原因和后果。

(四)设定合适的工作目标

员工应该有明确和现实的工作目标。要把握好目标的挑战性和目标的现实性。若目标十分明确,但不现实,会诱导员工用不正当手段来实现目标。在不现实目标压力下,即使有道德员工也会采用“不择手段”的方式。当目标清晰而又现实时,会使雇员受到激励而不是误导。

(五)综合绩效评价

一个组织若要管理者遵守道德准则,应该在绩效评价过程中包含这方面的内容。例如,对部门经理进行年度评价时,应包括其取得经济效益的内容,还应包括他的决策多大程度符合组织的道德准则等。若组织仅仅考核经济指标,则会引导管理者忽略道德准则的要求。

(六)道德培训

为了提高组织管理道德水准,组织可以通过开设研讨会、专题讨论会、演讲、专题测试和有奖竞猜等方式,提高组织全体员工的管理道德意识,并明确告知员工某些行为方式。

(七)仲裁和申诉机构

组织内部可以通过建立仲裁和申诉机构,便于员工按照公司道德标准行事,独立判断问题。

(八)建立监督机制

加强对管理者的监督,做到管理人员与普通员工互相监督,起到相互督促的作用。

第二节　组织的社会责任

一、组织社会责任的概念

1970 年 9 月 13 日,诺贝尔奖得主、经济学家米尔顿·弗里德曼在《纽约时报》刊登题为《商业的社会责任是增加利润》的文章,指出:“企业的一项也是唯一的社会责任是在比赛规则范围内增加利润。”“为了实现这一点,他们必须承担社会义务以及由此产生的社会成本。他们必须以不污染、不歧视、不从事欺骗性的广告宣传等方式来保护社会福利,他们必须融入自己所在的社区及资助慈善组织,从而在改善社会中扮演积极的角色。”

美国管理学大师彼得·德鲁克认为,企业必须对社会具备一定的责任,这个责任来自于两个方面:一是企业对社会所产生的影响,二是社会本身所具有的问题。

里基·格里芬认为,企业的社会责任是指在提高本身利润的同时,对保护和增加整个社会福利方面所承担的责任。

哈罗德·孔茨(1993)认为,企业的社会责任就是认真地考虑公司的一举一动对社会的影响。

斯蒂芬·罗宾斯认为,企业的社会责任是指超过法律和经济要求的、企业为谋求对社会有利的长远目标所承担的责任。他还区分了社会责任和社会义务两个概念。一个企业只要履行了经济和法律责任,就算履行了社会义务。而社会责任则是在社会义务的基础上加了一个道德责任,它要求企业分清是非并遵守基本的道德准则。

企业社会责任的发展历程表明随着经济和社会的进步,企业不仅要对盈利负责,而且要对环境负责,并承担相应的社会责任。目前,国际上普遍认同企业社会责任理念:企业社会责任(corporate social responsibility,CSR)是指企业在创造利润、对股东承担法律责任的同时,还要承担对员工、消费者、社区和环境的责任。它是组织管理者对整个社会的进步和保护社会利益所承担的一种管理责任。企业的社会责任要求企业必须超越把利润作为唯一目标的传统理念，强调要在生产过程中对人的价值的关注，强调对消费者、对环境、对社会的贡献。

二、社会责任与经济绩效

企业社会责任与企业经济绩效不应是一种对立而不可协调的关系，更应是一种平衡的相互促进的关系。马克斯·韦伯曾经深刻阐述了个别社会形态中精神与经济的关系，得出伦理精神是经济发展根本推动力的结论。他认为，资本主义的发展不在于“投入该行业的资金流”等物质方面，而在于“资本主义精神”的力量。让我们用一个例子做更好的阐述：比尔·盖茨的传奇一生可以用“科技创新”、“商业扩张”和“慈善回报”来概括。盖茨从“天才少年”转变为“垄断魔王”，最后摇身变成“慈善长者”，是一个难以理解的一再断裂的过程。但事实上，三张脸谱构成了西方现代资本主义政治、经济、文化的整体面目——如果没有一片鼓励独创精神的社会土壤，少年盖茨的天才不会有破茧而出的机会；如果缺乏一整套完备的商业制度，中年盖茨就不可能将他的“窗户”覆盖到地球上每一个电子屏幕；如果丢失了一脉宗教人文的深厚传统，老了的盖茨也很难成就现在这样一个慈眉善目的“世界第一大施主”。资本主义经济的繁荣，建立在这种完备的商业伦理基础之上。因此，我们要警惕和防范只出现企业的“霸权”，而看不到社会责任的不幸局面。

在我国，对于社会责任履行较好的企业，其经济效益和社会效益也是非常明显和持久的。如中国同仁堂企业，以“德、诚、信”为主要经营思想：“德”，养生济世的经营宗旨；“诚”，精益求精的敬业精神；“信”，童叟无欺的职业道德。同仁堂强调企业对社会的责任承担，经过历代的精心经营，已成为中国甚至世界消费者最值得信任的企业和品牌。

综上所述，企业重视社会责任，良好的企业绩效是显而易见的。企业社会责任给企业带来的不仅仅是成本，更多的是效益，关键在于企业观念的转变和如何实施企业社会责任。

三、企业社会责任的分类

（一）从法律角度可分为法定的企业社会责任和非法定的企业社会责任

法定的企业社会责任是指国家有关法律、法规及相关法律性条文规定企业必须承担的社会义务。比如企业所缴纳的税金、企业的产品质量等。非法定的企业社会责任是指除国家法定的企业社会责任以外的企业愿意自主承担的社会义务。

（二）从责任范围可分为企业内层社会责任和企业外层社会责任

企业内层社会责任是指企业对企业内部的投资者、雇员、客户、当地社区所应承担的社会责任。企业外层社会责任是指企业对政府、国内机构、社会团体、媒体、贸易机构、竞争者所应承担的社会责任。

四、企业承担社会责任的具体内容

企业在创造利润、对股东利益负责的同时，还要承担对员工、对社会和环境的社会责任，包括遵守商业道德、生产安全、职业健康、保护劳动者的合法权益、节约资源等。2008 年 1 月我国国资委发布了《关于中央企业履行社会责任的指导意见》，提出“坚持依法经营诚实守信，不断提高持续盈利能力，切实提高产品质量和服务水平，加强资源节约和环境保护，推进自主创新和技术进步，保障生产安全，维护职工合法权益，参与社会公益事业”等八个方面企业应承担的社会责任。因此企业应以诚信为本，在创造经济利益的同时，将企业伦理作为体制改革的一个重要部分，在组织内建立一套行之有效的伦理监督机制，肩负起应尽的社会责任，实现企业的可持续发展。

企业承担的社会责任的具体内容十分广泛，可以概括为以下几个方面：

(一)企业对员工的责任

对员工负责是企业的首要社会责任。

(1)营造良好的工作环境，创建一个能使各种人才都可以发挥才能的工作场所。

(2)定期或不定期培训员工，合理安排工作岗位，做到人尽其才，才尽其用。

(3)不歧视员工，尊重人权，调动各方面的积极性，同等对待所有员工。

(4)善待员工的其他措施。推行民主管理，提高员工的物质待遇等。

(二)企业对利益相关者的责任

对股东、顾客、供应商等利益相关者负责，才能不断发展，创造名牌产品和名牌企业。企业不仅要适时、适度、有效地向股东、顾客、供应商等利益相关者提供本企业的经营信息，而且也要积极、公正、及时地发布本公司的经营理念、经营方针、业务活动、公益活动等与社会相关的信息。要通过宣传本公司的经营方针和内容来赢得社会的信赖。

(三)企业对环境的责任

企业既受环境影响又影响着环境，企业有承担保护环境的责任，具体体现在：

(1)企业要在保护环境方面发挥主导作用，特别要在推动环保技术的应用方面发挥示范作用。

(2)企业要以“绿色产品”为研究和开发的主要对象，努力做到不浪费有限的资源和能源，尽量减少废弃物。

(3)企业要治理环境，致力于有利于地球环境保护的技术、材料的开发与实用化，致力于商品的高回收利用和节省能源，减少有害物质。

(四)企业对竞争对手的责任

市场经济是有序的市场竞争、公平的市场竞争，作为企业不能搞恶意竞争，处理好与竞争对手之间的关系。

(五)企业对社会的责任

企业不仅要为所在社区提供就业机会和创造财富，还要尽可能为所在社区作出贡献。比如认真纳税，安置就业；与环境相融，为所在地区的建设和环保贡献人力、财力、物力；加强环境的保护和治理，走可持续发展道路，用自身努力回报社会；建立创新意识的企业文化，提高企业的社会地位和形象，赢得社会的广泛支持和认同；在企业内部成立监督部门，监督企业的社会政策，注重企业在履行社会责任时相关信息的披露：以在公众心目中对企业形成良好的印象，创建最佳的企业形象。

复习题

1. 什么是管理伦理？
2. 管理伦理的特征有哪些？
3. 请谈谈如何改善组织伦理行为。
4. 试分析企业社会责任和良好的经营绩效之间的关系。

讨论及思考题

1. 生意场上很多人认为给回扣、提供好处费可以套牢双方的业务关系，你认为呢？试讨论。

2. 讨论以下三种说法："为自己而活"(We live for the body)、"为智性而活"(We live for the mind)和"为心灵而活"(We live for the soul)。

3. 如果见到同事对客户撒谎(同学对老师撒谎)，你是否该介入？请对此加以分析。

案例分析

诺基亚"手牵手计划"

(2011年5月27日，四川)"六一"儿童节前夕，在四川省井研县，诺基亚召开了"手牵手计划"农村儿童早期养育及教育项目二期A-2阶段启动会，宣布将有6个国家级贫困县加入"手牵手计划"，分别是四川省广安区和通江县、广西环江毛南族自治县和大化瑶族自治县、贵州省习水县和正安县。

截至目前，由诺基亚发起的中国最大的非政府投资农村儿童早期养育和教育项目"手牵手计划"已进行3年，扩展到全国18个县。预计到项目完成时，将覆盖24个县，为超过38万儿童提供早期养育和教育服务。

根据2010年7月公布的《国家中长期教育改革和发展规划纲要(2010～2020年)》，我国将积极发展学前教育，到2020年全面普及学前一年教育，基本普及学前两年教育，有条件的地区普及学前3年教育。

诺基亚发起的"手牵手计划"，具有突出的前瞻性，其第一期试点早在2008年8月就已经启动，于2009年底结束，覆盖陕西、甘肃、河南等6个国家级贫困县，重点探索了培训的内容以及早教中心的管理运营机制，使112 923名农村儿童享受到了高质量的早期养育与教育服务，兴建并支持270余所农村公立示范幼儿园及儿童早教中心，向3 080余名幼儿教师、政府官员以及儿童医护工作者提供了培训，另有136 706名服务人员和家长接受了培训并参与了养育知识普及活动。

项目一期试点受到了社会各方的广泛赞誉，也为二期成熟深入的发展奠定了坚实基础。诺基亚将延续与儿童乐益会和中国光华科技基金会的合作伙伴关系，携手致力于农村早教事业的发展。

诺基亚中国企业社会责任总监傅蕾女士表示："授人以鱼不如授人以渔，诺基亚'手牵手计划'不是直接为农村儿童捐钱捐物，而是选择了提升农村儿童养育和教育者的整体水平，是希望切实地为中国农村的长远发展做些贡献。前瞻性和持续性，是诺基亚履行企业责任的原则。我们特别欣慰地看到，我们为之努力了近3年的农村学龄前儿童养育和教育事业，得到了各级政府和社会各界的重视。我们真诚地希望'手牵手计划'能令更多农村儿童受益，为中国农村未来发展打好基础。"

据悉，诺基亚"手牵手计划"将对四川省井研县、广安区和通江县的多所幼儿园进行软件和硬件方面的改造和支持。在幼儿园建设方面，特别考虑到了抗震、承重等安全性能。

(资料来源：http://mobile.zol.com.cn/231/2319358.html)

分析与思考：

1. 结合案例，谈谈社会责任和管理道德在企业发展中的作用和影响。

2. 如何理解组织文化、组织行为与组织环境之间的关系？

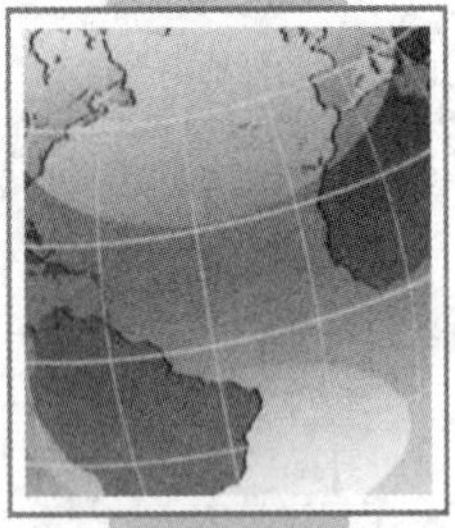

第四章 组织环境与组织文化

【学习目标】

1.了解组织外部环境及具体环境；

2.理解组织环境分析方法；

3.了解组织文化的概念、特征、类型及功能。

【知识能力】

掌握组织环境分析的方法。

【工作任务】

能运用 SWOT 法分析具体企业环境。

【引导案例】

天达的机遇

天达建筑公司经过几十年的发展，已经成为当地知名的建筑龙头企业。总结企业成功的经验，许多管理人员归结为天时、地利、人和，如国家经济的持续发展，与当地政府、银行的良好关系，几十年形成的固定客户和良好的信誉，良好的员工素质，等等。

在 2008 年北京奥运景气鼓舞下，公司确立了打破地区界限，成为全国乃至世界知名建筑企业的愿景和使命。当企业树立这样的愿景和使命并为之努力时，发现曾经作为优势的"天时、地利、人和"似乎不在。例如，就在前不久，日本一家建筑企业在与公司谈判时，让公司在两天内给出一个项目的报价。由于公司没有既懂建筑专业又精通日语的人员，所以没有能够及时报价，很遗憾，没有抓住这个项目。

（资料来源：http://wenku.baidu.com/view/a306592b7375a417866f8f32.html? re=view）

思考：分析该公司的内外部环境以及应采取的措施。

第一节　组织环境概述

任何组织都是在一定环境中从事活动，它们与环境相互作用并受环境的影响。环境是组织生存发展的土壤，它既为组织活动提供必要的条件，也对组织活动起着制约作用。

一、组织环境的概念

组织环境是指影响组织生存与发展的各种力量和条件因素的集合。组织环境的变化必然会影响组织活动的方向、内容和方式的选择，管理人员应充分了解环境对组织决策和运作的影响，这样才能掌握机会、计划将来，以期达成组织目标的实现。

二、组织环境的分类

组织环境一般分为外部环境和内部环境两类(见图4—1)。

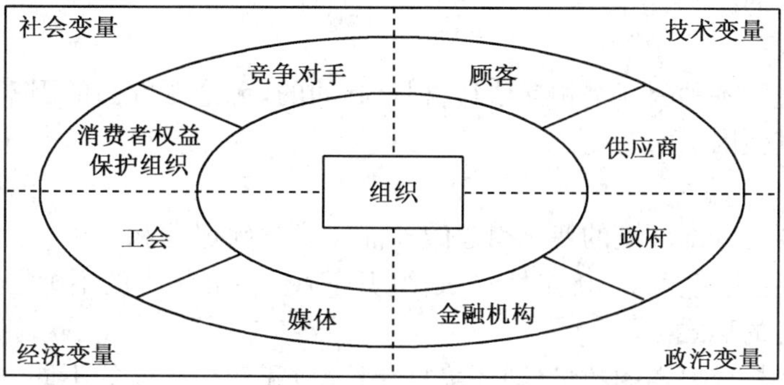

图4—1 组织环境

(一)外部环境

外部环境是指存在于组织周边、影响组织经营行为及其发展的各种客观因素与力量的组合。外部环境通常包括一般环境和具体环境两方面。

1. 一般环境

一般环境是组织的大环境,指对所有组织都产生影响的各种因素,也称宏观环境。如政治因素(political)、经济因素(economical)、社会因素(social)、技术因素(technological)等,简称PEST。

2. 具体环境

具体环境也称特殊环境,指与实现组织目标直接相关,并具体对某一组织发生作用的因素。如波特五力,即供应商、顾客、竞争者、政府机构以及企业所在的社区等。

(二)内部环境

内部环境是指组织内部的各种影响因素的总和,包括组织资源、组织文化等因素,是组织内部的一种共享价值体系。内部环境是组织内部与战略有重要关联的因素,是制定战略的出发点、依据和条件。在一定条件下,内部环境是可以控制和调节的。

三、组织环境的特点与形式

(一)组织环境的特点

1. 客观性

组织环境是一种客观存在,有着自己的运行规律和发展趋势。对组织环境的主观臆断必然会导致管理决策的盲目与失误。因此,组织管理者的任务就是密切关注环境的变化,使组织活动与客观存在的环境相适应。

2. 复杂性

组织环境的复杂性不仅表现在环境因素的数量上,而且表现在环境因素的多样化方面,即影响组织的环境因素不是同属于某一类或几类,而是多种多样的,各种因素以不同的方式综合影响着管理工作,影响或制约着组织行为。

3. 层次性

组织因素是多层次的集合，是组织内部的环境、组织本身的行业、地区环境等具体环境，以及整个国家的政治、社会、经济、技术等因素的集合。这几个层次的环境因素与组织发生联系的紧密程度是不同的。

4. 交叉性

构成组织环境的各种因素是相互依存、相互制约的，无论哪方面的因素发生变化，都会直接或间接地引起其他因素的变化。

5. 不确定性

不确定性主要指外部环境的变化引起的外部环境不确定性和不可预测性，表现为两个方面：一是组织环境变化速度的不确定性；二是组织环境信息和情报的不确定性。

(二)组织环境的形式

依据环境中各构成要素的数量(即环境复杂程度)和变动程度的不同，可将组织环境划分为四种形式，见图 4－2。

环境复杂程度	稳定(静态)	不稳定(动态)
复杂	(Ⅱ)低—中程度不确定性 1. 大量外部环境要素，而且要素不相似 2. 要素维持不变或缓慢变化	(Ⅳ)高不确定性 1. 大量外部环境要素，而且要素不相似 2. 要素维持不变化且不可预测
简单	(Ⅰ)低不确定性 1. 少量外部环境要素，而且要素相似 2. 要素维持相同或慢慢变化	(Ⅲ)高—中程度不确定性 1. 少量外部环境要素，而且要素相似 2. 要素常常变化且不可预测

环境变化的程度

图 4－2　环境不确定性评价矩阵

1. 简单和稳定的环境

例如容器制造商、软饮料生产企业和啤酒经销商就处于这种不确定性很低的环境中。

2. 复杂和稳定的环境

这种环境的不确定程度随着所面临环境要素的增加而升高，如医院、大学、保险公司和汽车制造商就处于这种环境之中。

3. 简单和动态的环境

因为环境中某些要素发生动荡变化，使得环境的不确定性明显升高，如唱片公司、玩具制造商和时装加工企业就处于这种环境中。

4. 复杂和动态的环境

不确定性最高，对组织管理者的挑战最大，如电子行业、计算机软件公司、电子仪器制造商就面临这种最难以对付的环境。

第二节　组织环境分析

组织环境分析是指通过对组织自身所处的内外环境进行充分认识和评价，以便发现机会和威胁，确定组织自身的优势和劣势，从而为战略管理过程提供指导的一系列活动。

一、一般环境分析

（一）政治因素（political）

政治因素是指对组织经营活动具有实际与潜在影响的政治力量和有关的法律、法规等因素。包括国家制度、政治形势、国际关系、政府方针政策、国家法律和法令等。

政治环境是一种强环境，对组织来说一般是不可控的，组织只能适应，无法改变。

（二）经济因素（economical）

经济因素又分为宏观与微观两类。宏观经济因素主要指一个国家的经济制度、经济结构、产业布局、资源状况、经济发展水平及走势等。经济繁荣能为组织提供机会，而经济萧条则可能给组织带来威胁。微观经济因素主要指组织所在地区或所需服务地区消费者收入水平、消费偏好、储蓄情况、就业程度等。

（三）社会因素（social）

社会因素指组织所在社会中成员的民族特征、文化传统、价值观念、宗教信仰、教育水平以及风俗习惯等因素。构成社会环境的要素包括人口规模、年龄结构、收入分布、文化传统、教育水平、消费结构和水平、人口流动性等。社会环境中最为重要的是文化传统和教育程度。

（四）技术因素（technological）

技术因素不仅仅包括那些引起革命性变化的发明，还包括与企业生产有关的新发明、新技术、新工艺、新材料等，如信息技术（信息化）。在过去的半个世纪里，最迅速的变化就发生在技术领域。

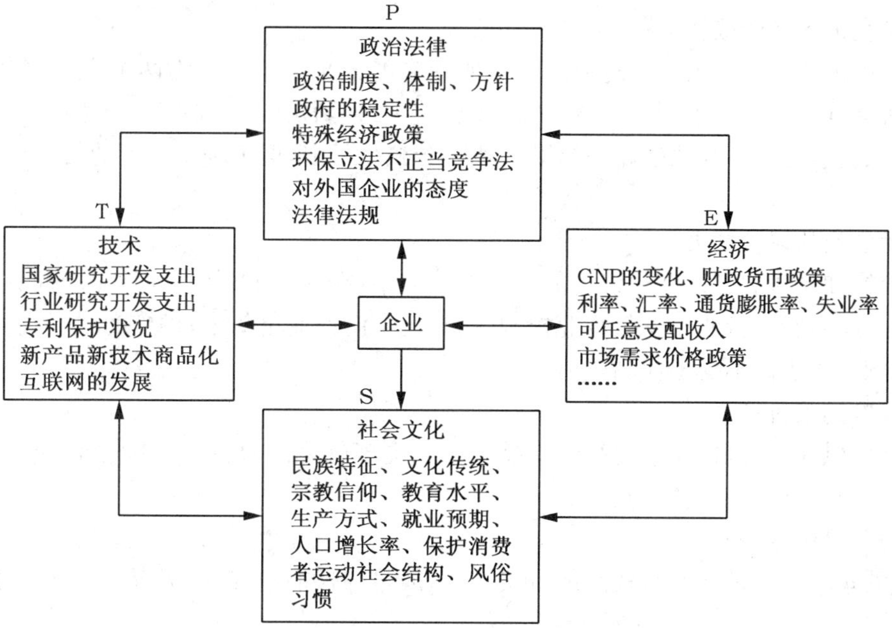

图 4—3　组织一般环境分析——PEST 分析法

二、具体环境分析

具体环境对组织的影响更直接、更频繁，所以是组织分析外部环境的焦点。在这方面，迈克尔·波特教授提出的“五种力量模型”是一种特别有效的分析工具。

迈克尔·波特教授认为，在每一个行业中都存在着五种力量影响行业竞争，包括现有企业之间的竞争强度、潜在进入者的威胁、供应商的议价能力、买方的议价能力、替代品的威胁（见图 4—4）。

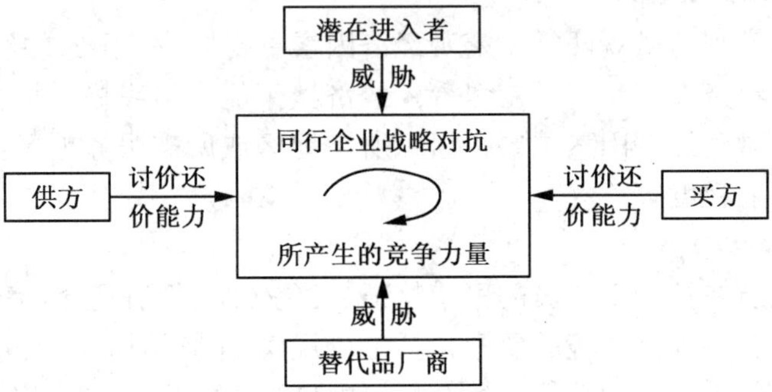

图 4—4　波特五力模型

（一）现有企业之间的竞争

这是最直接、最重要的威胁因素。企业竞争一般采用价格竞争（以价格为直接的手段来获得行业胜利）和非价格竞争（技术革新、软实力建设以取得胜利）。

（二）潜在进入者的威胁

这是指很可能即将进入某一行业的企业所带来的未来竞争。分为两个方面来考虑：进入壁垒以及现有企业反应。如果进入壁垒高，现有企业强烈反击，潜在进入者将难以进入该行业，即使进入也会处于不利地位，这样，潜在威胁会减少很多，但不利于新行业发展以及新陈代谢。

（三）供应商的议价能力

通过价格和质量服务以获得议价能力。波特总结，在存在下列条件时，供应商具有更强的议价能力：供应商所在行业由少数企业控制，而且比下游产业更集中；供应商质量高，很难找到其他供应来源；供应商不受替代品威胁。

（四）买方的议价能力

可以迫使供应商降价，要求更高的产品质量和更多的优质服务。一般会利用各供应商之间的竞争来提高自己的议价能力。

（五）替代品的威胁

价格、质量、成本、性能。替代品的价格越低、质量与性能越好、购买者转换成本越低，替代品的威胁就越大。

三、内部环境分析

内部环境是指组织内部物质、文化环境的总和，包括组织资源、组织能力、组织文化等因素。内部环境分析的目的在于掌握组织历史和目前的状况，明确组织所具有的优势和劣势，扬长避短。

内部环境分析的内容主要包括组织结构、组织文化、资源条件、价值链、核心能力等。其分析方法多种多样，可归纳成两大类：一类是纵向分析，即分析组织各方面职能的历史演化，从而发现组织在哪些方面得到了加强、哪些方面有所削弱，在历史分析的基础上对组织各方面的发展趋势做出预测；另一类是横向比较分析，即将组织的情况与行业水平作横向比较，从而发现本组织相对于行业平均的优势和劣势，这种分析对组织来说更具实际意义。

四、组织环境综合分析方法——SWOT 分析法

（一）SWOT 分析法的含义

SWOT 是一种最常用的组织内外环境因素综合分析方法。SWOT 分析是优势（strengths）、劣势（weakness）、机会（opportunities）、威胁（threats）分析法的简称。SWOT 分析思想是由安索夫于 1956 年提出来的，后来经过多人的发展，成为一个用于战略分析的实用方法。它根据组织拥有的资源，分析组织内部优势与劣势以及组织外部环境的机会与威胁，进而选择适当的战略。

（二）SWOT 分析法的步骤

第一步是找出企业四方面因素的具体表现，然后分别搭配，形成各种可行性战略方案。例如，SO 战略是努力发扬企业自身的优势，充分利用外部机会。WO 战略是巧妙利用外部的机会来克服或补偿内部弱点。ST 战略是充分依靠自身优势和实力来抵御外部的威胁，以迎击挑战。WT 战略是避免暴露自身的弱点，躲开外部威胁，以便尽可能减少损失，维持生存、等待时机。根据这个分析，可以将问题按轻重缓急分类，明确哪些是目前急需解决的问题，哪些是可以稍微拖后的事情，哪些属于战略目标上的障碍，哪些属于战术上的问题，并将这些研究对象列举出来，依照矩阵形式排列，然后用系统分析的思想把各种因素相互匹配起来加以分析，从中得出一系列相应的结论，而结论通常带有一定的决策性，有利于领导者和管理者作出较正确的决策和规划。

SWOT 分析法常常被用于制定集团发展战略和分析竞争对手情况，在战略分析中，它是最常用的方法之一（如图 4—5 所示）。

	优势（S）	劣势（W）
机会（O）	SO战略： 增长型战略（依靠内部优势，利用外部机会，创建最佳业务状态）	WO战略： 扭转型战略（利用外部机会，克服内部劣势，机不可失）
威胁（T）	ST战略： 多种经营战略（依靠内部优势，回避外部威胁，果断迎战）	WT战略： 防御型战略（减少内部劣势，回避外部威胁，休养生息）

图 4—5　SWOT 策略矩阵

SWOT 分析法主要有以下几个方面的内容：

（1）分析环境因素。运用各种调查研究方法，分析出公司所处的各种环境因素，即外部环境因素和内部能力因素。外部环境因素包括机会因素和威胁因素，它们是外部环境对公司的

发展直接有影响的有利和不利因素，属于客观因素。内部环境因素包括优势因素和弱点因素，它们是公司在其发展中自身存在的积极和消极因素，属主动因素。在调查分析这些因素时，不仅要考虑到历史与现状，而且更要考虑未来发展的问题。

(2)构造SWOT矩阵。将调查得出的各种因素根据轻重缓急或影响程度等排序，构造SWOT矩阵。在此过程中，将那些对公司发展有直接的、重要的、大量的、迫切的、久远的影响因素优先排列出来，而将那些间接的、次要的、少许的、不急的、短暂的影响因素排列在后面。

(3)制定行动计划。在完成环境因素分析和SWOT矩阵的构造后，便可以制定出相应的行动计划。制定计划的基本思路是：发挥优势因素，克服弱点因素，利用机会因素，化解威胁因素；考虑过去，立足当前，着眼未来。运用系统分析的综合分析方法，将排列与考虑的各种环境因素相互匹配起来加以组合，得出一系列公司未来发展的可选择对策。

第三节　组织文化

一、组织文化的概念及特征

(一)组织文化的概念

由于不同学者的知识、经验不同，认识各异，对于组织文化有不同的理解。为了更好地理解组织文化的概念，下面对一些有影响的定义略作介绍，概括地说，可以分为以下三大类：

1. 三层次说

认为组织文化由三个层次内容组成。第一层次是文化的外显部分。以企业为例，指企业组织中的厂房、设施、机器、装备、产品、服务、厂容厂貌等外显的、物质形态的东西。较深一层的第二层次，称为制度文化，指组织的规章制度、公约、纪律等制度形态的东西。最深层次的为核心层，称为精神文化。指组织的价值观念、信念、理想等精神形态的东西。这三个层次合起来，便是组织文化。

2. 两元说

认为组织文化是由组织中物质文化与精神文化两个方面因素综合而成的。物质文化指的是有形的、可见的东西，如机器、设施、厂容厂貌、技术设计、商品包装、商标等。物质文化又称外显文化、硬文化或表层文化。精神文化指的是无形的、看不见的方面。如组织中的共同价值观、信念、传统、气氛、作风、行为准则等。精神文化又称为隐形文化或深层文化、软文化等。

3. 精神文化说

认为组织文化是以价值观为核心的包括信念、作风、行为规范在内的各种精神现象。它体现在物质形态之中，并发挥其影响和制约作用，但不能把物质形态的东西包括在内。

由上可见，国内外学者对组织文化的理解见仁见智、各有见地。但从中也不难看出他们的共同之处，这就是他们都承认价值观为核心的精神文化是组织文化的最主要成分。

我们认为，组织文化应是在一定历史条件下，某一组织(包括企业、学校、医院等)在其发展过程中形成的共同价值观、精神、行为准则等及其在规章制度、行为方式、物质设施中的外在表现。

在组织文化中，核心内容是组织的价值观，它为组织成员提供了一种共同意识，以及日常行为的指导方针。组织文化通过以价值观为核心的文化意识观念，说服、感染、诱导、约束组织成员，把全体成员凝聚在一起，最大限度地调动成员的积极性和创造性，为组织的发展和效率提高提供源源不断的动力。这就是组织文化的精髓。

(二)组织文化的特征

1. 普遍性

一个组织是一定个体的集合体,人们加入某个组织的目的各种各样。但是,组织的每一个成员都清楚,组织目标与个人目标的统一是个人和组织获得发展的必要条件。能否保证二者的一致,除了必要的制度规范强制保障这种必要的统一之外,组织的管理者还必须让员工了解组织的目标,让个人目标自觉地与组织目标协调。为此,组织内部必然会建立起一系列整合员工行为、观念的规范和判断这些行为与观念的标准,形成员工共享的符合组织宗旨和发展需要的价值观念和行为准则,即使在这方面没有有意识的工作,在组织的生存与发展中,它们也会逐渐地自然形成。可以说,只要有正式的组织,就有组织文化。只不过有些组织文化已经定型,十分明显,容易感受;有些则比较模糊,还可能在形成过程之中,需要认真分析才可能发现。但这并不否认组织文化的存在,所以说,组织文化具有普遍性。

2. 客观性

组织文化虽然是通过有目的的活动建立起来的,而且管理者必须为之付出一定的努力,但是一种组织文化的形成并不完全取决于管理者的主观意志。一种组织文化能够稳定,为社会所感受,就必须符合组织的实际。这就是对组织文化的客观性要求。现代社会组织不仅是人们工作的场所,也是人们社会生活的一部分,是人们社会性得到满足的重要方式。人们有理由希望工作本身具有意义,管理者在建设组织文化的工作中必须意识到并且实践这一点。在组织文化的形成过程中,组织的结构、性质、规模以及所处的社会环境都将对其产生直接的影响。从这个意义上讲,组织文化是客观的。

3. 实践性

每个组织的文化,都是在组织长期实践的基础上,通过有目的的实践活动有意识地培养起来的。离开了组织的实践,就不可能有组织文化。组织的实践是组织文化产生、发展和不断丰富的源泉。实践性的含义还在于组织文化不是空洞的口号,而是需付诸实践的价值观和信仰体系。不结合组织实际的文化,只是一种文化理念;不能够与组织的实际有机结合起来的文化,肯定是没有生命力的文化。这一点,担负着组织文化建设重要使命的管理者特别要注意。

4. 可塑性

组织文化的可塑性指的是组织文化是可变的,受时代以及组织的内部结构、战略目标和结构等因素的影响。因此,组织文化的塑造必须与时俱进,必须适应组织的发展,必须充分发挥组织成员的创造性,不断塑造新型的组织文化。

二、组织文化的结构与类型

(一)组织文化的结构

从管理的角度来看,组织文化的结构可以分为显性和隐性两大类。显性内容就是指那些以精神的物化产品和精神性行为为表示形式的,通过直观的视听器官能感受到的,又符合组织文化实质的内容,它包括组织标志、工作环境、规章制度和经营管理行为等方面。隐性内容是组织文化的根本,是最重要的组成部分,直接表现为精神活动,具有文化的特质。组织文化的隐性内容大致包括组织哲学、价值观念、道德规范、组织精神等方面。从文化的角度认识,组织文化的构成一般可以分成三个部分——物化部分、制度部分、精神部分,即物质层、制度层和精神层。

但无论是从管理的角度还是从文化的角度去认识，组织文化各个组成部分之间都存在着相互的作用，都有一定的层次之分。认识组织文化的构成以及各个部分之间的相互关系，是把握组织文化的内在规律，主动建设组织文化的前提。下面，从组织文化的三个层面对其具体内容加以阐述。

1. 物质层

物质层文化是组织文化中最直观、最表象的部分，包括组织标志、工作环境、企业产品、企业广告等可以被人们直接看到和感受到的物化部分。

2. 制度层

制度层文化是指具有本组织文化特色的各种规章制度、道德规范和员工行为准则等的总和。

3. 精神层

精神层文化是指组织员工长期形成并共同接受的思想意识活动，包括组织精神、组织哲学、价值观念、道德规范、管理思维方式等。

组织文化的三个层次，可以用图 4－6 表示。

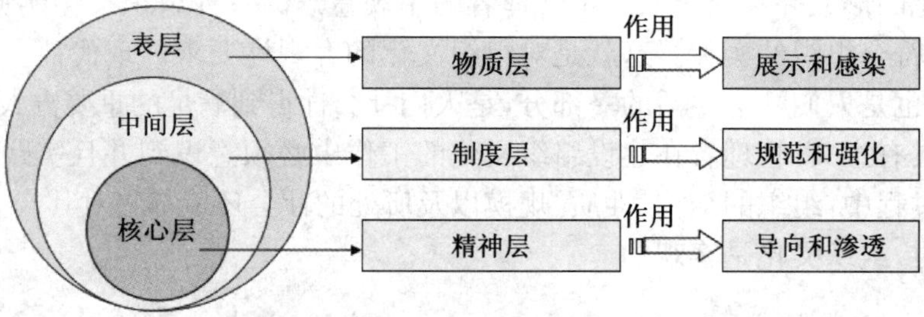

图 4—6　组织文化的层次结构

物质层、制度层、精神层由外到内的分布就形成了组织文化的结构。这种结构不是静止的，它们之间存在着相互联系和相互作用。[①]

组织文化三个层次的内容相互依存、相互作用并且不断发展，形成了形形色色的组织文化：(1)组织精神层的内容决定了物质层和制度层的内容，精神层是组织文化的核心；(2)制度层是精神层和物质层的中介；(3)物质层和制度层是精神层的直观体现。从以上对组织文化的层次及其相互关系的分析中可以看出，组织文化的精神层是最根本的，它决定着其他两个层次。因此，建设组织文化要以精神层文化的确立为核心。

(二)组织文化的类型

组织文化在不同的外部环境和内部条件下以及从不同的角度来看，会呈现出不同类型。

1. 权力导向型、角色导向型、任务导向型和个人导向型

查尔斯·汉迪[②]对组织文化做了深入的研究，提出将组织文化划分为四种主要类型。第一，权力导向型。权力导向型组织文化的主要特征是：在组织中强调以权力为中心，强调个人的力量，组织的发展取决于处于中心地位的人物。第二，角色导向型。角色导向型组织文化则

① 孙成志著:《组织行为学》，东北财经大学出版社 1999 年版，第 376 页。

② 查尔斯·汉迪，英国当代著名管理大师，以“组织与个人的关系”和“未来工作形态”等新观念闻名于世，对当代企业组织的变革影响很大。2001 年，《金融时报》评选十大管理师，汉迪获选第二名，第一名是彼得·德鲁克。其作品有《空雨衣》、《管理众神》等。

注重组织中的官阶和等级。这种组织文化的着重点在于程序、条例和规章，对角色的要求十分明确。第三，任务导向型。任务导向型的组织强调团体的责任，有很大程度上的灵活性和自主权，其工作环境有利于发挥创造力。第四，个人导向型。个人导向型组织文化往往适用于培养个人的能力、加速个人的成长和满足个人的需要。

2. 强文化和弱文化型

虽然所有组织中都有组织文化，但并不是所有组织文化都对员工具有同等程度的影响力。强文化指一个组织强烈拥有并广泛共享基本价值观；弱文化则是指一个组织对什么重要和什么不重要不能达成共识，对基本价值观认识模糊。

3. 学院型、俱乐部型、棒球队型和堡垒型

美国艾莫瑞大学的杰弗里·桑南菲尔德通过研究发现，不同的组织存在着组织文化的差异，并具体提出了四种组织文化类型。第一，学院型。学院型公司最适合于那些想全面掌握每一种新工作的人，在这样的组织中他们能不断成长、进步。桑南菲尔德认为，IBM、可口可乐公司、宝洁公司、通用汽车公司都属于这种类型。第二，俱乐部型。桑南菲尔德认为，俱乐部型公司非常重视适应、忠诚感和承诺。在俱乐部型公司中，资历是关键因素，年龄和经验都至关重要。典型的拥有俱乐部型组织文化的公司有：联合包裹服务公司、德尔塔航空公司、贝尔公司等。第三，棒球队型。这种公司是冒险家和革新家的天堂。这种公司从不同年龄和经验的人中寻求有才能的人。公司根据员工产出状况付给他们报酬。在会计、法律、投资银行、咨询、广告、软件开发、生物研究等领域，这种组织文化比较普遍。第四，堡垒型。棒球队型公司重视创造发明，而堡垒型公司则着眼于公司的生存。这类公司工作安全保障不足，但对于喜欢流动性挑战的人来说，它不失之为一个好的选择。桑南菲尔德认为，堡垒型组织通常包括传统的大型零售店、林业产品公司等。

许多组织不能单纯地被划分为具有某种组织文化类型，因为它们在不同时期和阶段具有不同类型的组织文化，或者同时兼有以上四种混合型的组织文化。这四种不同的文化类型能够吸引不同个性的人。员工个性与组织文化的匹配影响着一个人在管理层次上升迁的高度和难度。

三、组织文化的功能与塑造途径

（一）组织文化的功能

组织文化近年来之所以得到广泛的研究和受到重视，是由于其具有的丰富的内涵和强大的生命力。

1. 导向功能

组织文化决定着企业的价值取向，规定着企业所追求的目标，对员工及其行为起着导航的作用。

2. 凝聚功能

组织文化的凝聚功能在于它可以增强组织的凝聚力。这种凝聚力的产生来源于组织文化的同化、规范和融合作用。

3. 激励功能

所谓激励功能，就是组织文化通过满足员工的需要，引导员工产生强大的内在动力，起到激发、调动员工积极性的作用，使之为实现组织的目标而努力奋斗。

4. 约束功能

组织文化约束功能不仅表现在通过其物质层和制度层的各种物质形式和规章制度来约束员工的行为，更主要的是通过组织文化，对员工的行为形成一种无形的群体压力。

(二)组织文化的塑造途径

组织文化的塑造是一项复杂的系统工程。组织文化的塑造要在借鉴一些优秀组织文化的基础上，根据自己组织的实际情况，遵循一定的基本原则，按照具体的步骤来进行。

1. 组织文化建设的原则

第一，立足民族传统文化，注重吸收外来先进文化。立足民族传统文化，就是从我国的国情出发，从我国企业的现状出发，同时又要大胆地吸收和借鉴当今世界各国的一切先进管理思想和优秀的组织文化。第二，全员与专家参与相结合的原则。在贯彻全员参与的基础上，聘请专家进行指导和专门设计，或者委托有经验的专家领导组织文化的建设。第三，普遍性与特殊性相结合的原则。人与人之间既有共同性，也有差异性，而共同性与差异性的有机结合就形成了一个人具有自己特色的人格模式，组织文化建设也与此同理。第四，形式与内容相结合的原则。组织文化的建设，首先应当考虑内容的建设，在内容当中，就应当同时包括组织文化的一些形式。在内容框架完成之后，就应当付诸实践，以具体的形式来体现组织文化的内涵。

2. 组织文化建设的步骤

第一，制定组织文化系统的核心内容。企业价值观和企业精神是组织文化的核心内容，它为组织文化建设设定基本框架和目标。合理和有效的组织文化内核一般不会自发地产生，必须进行审慎的选择。

第二，进行组织文化表层的建设。组织文化的表层建设主要是从企业的硬件设施和环境因素方面入手，为组织文化精神层的建设提供物质上的保证。

第三，组织文化核心观念的贯彻和渗透。在全体员工中培育组织文化核心观念是组织文化建设的重要步骤。要想使已经确立的组织文化核心内容贯彻并渗透到员工中去，通常需要较长的时间和深入细致的工作。

四、跨文化管理

20 世纪 90 年代以来，经济全球化已经达到前所未有的水平，跨国公司作为世界经济全球化的主体正发挥日益突出的作用。跨国公司的迅猛发展使其管理者碰到一个共同的难题——跨文化管理。

所谓跨文化管理主要是指跨越国界和跨越民族界限的管理。管理大师德鲁克说，跨文化管理基本上就是一个把政治上、文化上的多样性结合起来而进行统一管理的问题。跨国公司拥有不同国度、不同地区的子公司，它包含了许多不同的企业文化，这种多元化企业文化就是指跨国公司内部来自不同国家、地区的企业，甚至来自同一国家和地区的企业之间的企业文化差异。这种文化差异常常使管理者遭遇文化困惑。调查显示，82%的跨国企业的失败是因为跨文化管理的失败。有 1/3 的跨国公司因为跨文化管理不利，而面临内部关系紧张的状况。因此，跨国公司和跨文化管理的关系是汽车和润滑油的关系，没有润滑油的滋润，汽车就无法行驶。

跨文化管理源于文化差异，文化差异是区分不同民族、不同国家的主要标志，有了文化差异就有了不同企业不同的经营战略。近年来由于文化差异造成的企业之间的冲突越来越大，损失越来越严重。因此，研究跨国公司中的跨文化管理策略也受到管理学界的重视。以下针对当前跨国公司在跨国经营过程中遇到的不同文化差异及因此而进行的跨文化管理进行详述。

(一)当地化策略

通常跨国企业在海外进行投资,就必须雇用相当一部分当地职员,由于当地雇员熟悉当地的风俗习惯、市场动态以及政府方面的各项法规,因此,雇用当地雇员有利于跨国企业在当地发展市场,站稳脚跟。许多跨国公司人事管理的基本指导思想就是领导并管理当地人为公司服务。“当地化”有利于跨国公司节省海外派遣人员和跨国经营的高昂费用,缓解两国间文化冲突,增加就业机会,注入新的管理活力,加速与国际社会接轨。“当地化”衔接了当事双方的利益,也就成为跨国公司解决异国环境障碍的核心。就拿跨国公司在华企业的当地化来说,突出表现在管理人员当地化、品牌当地化、销售渠道当地化三个方面。

1. 管理人员当地化

大量启用具有中国背景的高级管理人员和当地管理人员。跨国公司在华企业的当地化进程首先是从管理人员当地化开始的。管理人员当地化包括两个层面:一是高级管理人员当地化;二是一般管理人员当地化。管理人员的当地化,为跨国公司深入了解中国当地市场的消费文化、消费需求和生活习惯提供了有益的帮助;同时,启用当地经理人员能缩短跨国公司与中国消费者之间的距离,使跨国公司更富当地色彩。在高级管理人员层面,对跨国公司来说一项十分重要的策略是重用当地优秀人才,特别是具有华人背景的海外留学人员,例如,摩托罗拉(中国)公司总裁赖炳荣、微软(中国)有限公司前总裁唐骏,以及福特汽车(中国)有限公司总裁程美玮等。重用当地优秀人才使不少跨国公司在中国市场的业绩明显上升。目前,由华人经理人员代替外籍人员掌握中国市场已成为跨国公司在华企业高级管理人员结构变化的一种趋势。在一般管理人员层面,跨国公司基本实现当地化。如诺基亚公司在中国已拥有员工5 000余人,其中当地员工占 90%以上,公司管理层从总裁到区域经理都由华人担任。

2. 品牌当地化

品牌在市场竞争中有着举足轻重的作用,它是一个企业的重要标志。进入中国的跨国公司根据中国的情况为产品准确定位,竭尽全力在产品生产、包装设计、商标名称、广告宣传等各个环节增强品牌的文化内涵,从而创造出本土化的品牌。

在产品生产上,使产品成为文化的载体,以此满足消费者的心理需求、价值认同与社会识别,从而从情感上触动消费者,导致购买行为的产生。如“雪碧”的英文商标是“Sprite”,在世界各地十分畅销,但“Sprite”翻译成汉语的意思是“魔鬼”、“妖精”。为了进入中国市场,他们通过对中国文化的了解,最终将“Sprite”译为“雪碧”,意为纯洁、冰凉的意思。同时,可口可乐在中国的广告宣传也别出心裁,令人叫绝。他们在中国春节来临之前,向顾客赠送对联,上联为“春节家家包饺子”,下联是“新年户户放鞭炮”,横批是“可口可乐”。这种采用中华民族特有的对联形式的宣传,将中国消费者与可口可乐公司的产品之间的心理距离拉近了。

3. 销售渠道当地化

中国的商业体系较为零散,市场行为不够规范,许多跨国公司在进入中国市场之初,忽视了中国销售渠道的特殊性,结果吃尽苦头。跨国公司越来越明确地认识到,在中国市场,竞争对手最容易发动攻击的领域是销售渠道,特别是市场终端,谁掌握了销售渠道,谁就能在竞争中获胜。

柯达在中国市场的渠道策略可以很好地说明这一问题。1994 年,柯达在中国市场的占有率还不到 10%,而富士则达 65%。为了扭转这一局面,柯达决定从销售渠道入手,推出“柯达快速彩色”连锁店计划,1994 年柯达在中国的第一家连锁店开业;1995 年推向全国;2001 年已发展到全国 700 多个城市6 000多家店,柯达产品在中国市场的占有率超过 63%,品牌稳居中国感光市场第一位。

(二)文化移植策略

这种人事政策的核心,是跨国公司在世界各地子公司重要职位的管理人员都由母国人员担任。母国企业通过派到开发国或东道国的高级主管和管理人员,把母国的文化和习惯全盘移植到开发国或东道国的子公司中,让子公司中的当地国的员工逐渐适应并接受这种外来文化,并按这种文化背景下的工作模式来运行公司的日常业务。运用这种模式的跨国公司经济实力很强,在世界上影响很大,其企业文化已被世界各国广泛认识并且能够被其他民族所接受。其优势是,能够在较短的时间内建立起子公司的企业文化并纳入正常的经营和管理轨道。但是,移植能否成功,还取决于众多因素,包括母公司企业文化的活力、管理模式、管理人员的素质和能力、当地传统文化对子公司原有企业文化的影响,以及母公司外派员工与当地员工的沟通问题。典型的例子是本田雅阁的跨文化管理。

自 1982 年本田在美国建立首家海外本田企业以来,本田已在全球各个国家建立了 16 个生产基地。本田在海外的发展,几无败绩,令全球汽车工业乃至各国企业界瞩目。这不仅得益于本田超凡的技术工艺、追求创新的技术开发和管理创新,更是由于它在跨国经营中实施的“跨文化管理”。

本田广州汽车公司前总经理门胁轰二先生说:“很多公司内部的原则,绝对不能更改,总社方面已经证实是可行又成功的方法,没有理由不继续执行下去,这是一种坚持本田精神的做法,本田没有回避不同文化背景所带来的差异和障碍,而是直面差异的挑战,从实施跨文化管理中把差异转化为组织的一种优势,一种推动企业发展的动力,并且从工作的每一个细节,交流传递本田的企业文化,并在差异的‘碰撞’过程中促进差异的双方共同进步,使之转化为其他企业所不具备的独特资源和机遇。”

(三)文化嫁植策略

文化嫁植策略是在以母国文化作为子公司主体文化的基础上,把开发国或东道国的文化嫁植到母国文化中的组织文化方略。具体地说,即人力资源政策以母公司制定的大政策框架为基础,海外子公司根据当地情况,制定具体的政策和措施。在人员配置上就是,母公司的高级管理人才由母国人担任,而子公司的高级管理人员大部分由母国派遣,少部分由当地人担任。其优势为,能够依据母公司整体的统一战略作为基础,并根据不同地区、不同国家的文化背景而采取灵活的策略。母公司对子公司有一定的监控,子公司也可以根据实际情况制定当地的政策并灵活实施。劣势在于两种文化的嫁接是否成功,犹如两种植物的嫁接是否成功那样有很多方面的具体要求。

对于文化嫁植不成功的情况也是非常多的,例如广州标致事件就是一起典型案例。事件的实质是观念意识的冲突和文化的冲突。广州标致采用法国标致的组织机构设置,实行层级管理,强调专业化分工和协作,同时采用法国标致的全套规章制度。法国标致的规章制度是总结了全球 20 多个国家建立合资企业的经验而制定的,有一定的科学性和合理性。但由于文化背景不同和企业管理的基础不同,生搬硬套原来的规章制度就会出现问题。广州标致公司两种文化的冲突,最终导致双方无法继续合作,其中的一个重要原因就是没有形成共同价值观,没有实现员工文化、管理者文化和企业的整体的制度文化三个层次的融合。

(四)文化相容策略

文化相容策略就是在跨国公司的子公司中,并不以母国文化或者是开发国的文化作为子公司的主体文化。母国文化和东道国文化之间虽然存在着巨大的差异,但却并不互相排斥,反而互相补充,同时运行于公司的操作中,充分发挥跨文化优势。肯德基在中国香港也经历了从不相容到相容的过程。肯德基是 1973 年 6 月进军香港快餐市场,在美孚新屯开设第一家店,接着以平均每月 1 家的速度连续开了 11 家连锁店。在不到 2 年的时间里,这些首批进入香港的美国肯德基店又全部停业。1986 年 9 月,肯德基再度登陆港岛,在不到 2 年的时间里,肯德基在香港快餐店发展到 716 家,肯德基经营者意识到,12 年的二进香港的成败得失,应当从文化理念上进行总结,如果没有投资者对香港文化客观而细致的分析和评估,也就不会有肯德基在港岛的转败为胜。

(五)文化规避策略

当母国文化和子公司所在地文化存在巨大的差异时,母公司所派遣的管理人员要特别注意避开双方文化中重大的冲突,也可以借助第三方的文化作为沟通的桥梁。这种策略适用于母国文化和东道国文化之间存在巨大的不同,而短时间内东道国又无法接受这种巨大的“文化差异”,这时候母公司可采用文化规避策略,借助比较中性的、与东道国文化已达成一定共识的第三方文化,对设在东道国的子公司进行控制和管理。采用这种策略,可以避免母国文化与东道国文化发生直接冲突。

当然,任何一种策略都不可能被所有企业在任何时候利用,策略没有好坏之分,只有适合与否,每一种策略都有其优缺点及适用范围。跨国公司在运用策略进行跨文化管理时,要注意变化与综合相结合,在不同企业,在企业发展的不同阶段,管理者应采取不同的策略以保持企业的可持续发展。

复习题

1. 组织的一般环境和具体环境分别包括哪些内容?
2. 什么是 PEST 分析?
3. 简述波特的五力模型。
4. 什么是组织文化?它有哪些特征?包括哪些内容?

讨论及思考题

结合自己所学专业特征,运用 SWOT 分析法对未来职业进行设计与规划。

案例分析

开发新产品与改进现有产品之争

袁之隆先生是南机公司的总裁,这是一家生产和销售农业机械的企业。2010 年产品销售额为 3 000 万元,2011 年达到 3 400 万元,2012 年预计销售可达 3 700 万元。每当坐在办公桌前翻看那些数字、报表时,袁先生都会感到踌躇满志。

这天下午又是业务会议时间,袁先生召集了公司在各地的经销负责人,分析目前和今后的销售形势。在会议上,有些经销负责人指出,农业机械产品虽有市场潜力,但消费者的需求趋向已有所改变,公司应针对新的需求，增加新的产品种类以适应这些消费者的新需求。

身为机械工程师的袁先生，对新产品研制、开发工作非常内行。因此，他听完了各经销负责人的意见之后，心里便很快盘算了一下，新产品的开发首先要增加研究与开发投资，然后需要花钱改造公司现有的自动化生产线，这两项工作约耗时3～6个月。增加生产品种同时意味着必须储备更多的备用零件，并根据需要对工人进行新技术的培训，投资又进一步增加。

袁先生认为，从事经销工作的人总是喜欢以自己业务方便来考虑，不断提出各种新产品的要求，却全然不顾品种更新所必须投入的成本情况，就像以往的会议一样。而事实上公司目前的这几种产品，经营效果还很不错。结果，他决定仍不考虑开发新品种的建议，目前的策略仍是改进现有的品种，以进一步降低成本和销售价格。他相信，改进产品成本、提高产品质量并开出具有吸引力的价格，将是提高公司产品竞争力最有效的法宝。因为，客户们实际考虑的还是产品的价格。尽管他已做出了决策，但他还是愿意听一听顾问专家的意见。

(资料来源："EMBA辅导：管理学案例教学一"，21CN教育)

分析与思考：

1. 你认为该企业的外部环境中有哪些机会与威胁。
2. 如果你是顾问专家，你会对袁先生的决策如何评价？

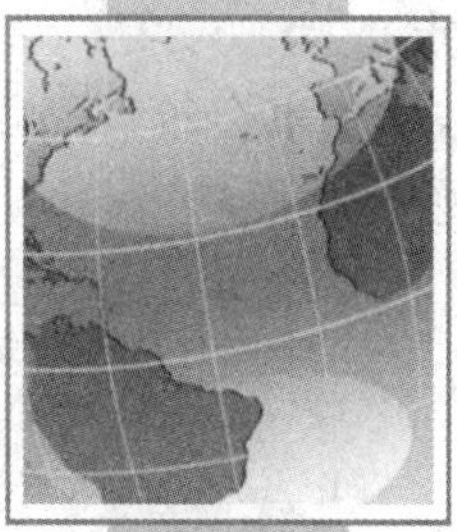

第五章
决　策

【学习目标】

1.了解决策的分类及作用；

2.理解决策的标准和影响决策的因素；

3.掌握决策的定性、定量方法。

【知识能力】

重点掌握决策树法和盈亏平衡法。

【工作任务】

能运用决策树法进行风险决策。

【引导案例】

聪明的参谋

第一次世界大战期间，法国曾与德国交战。法军一个旅的司令部在前线构筑了一座极其隐蔽的地下指挥部，遗憾的是，他们只注意了人员的隐蔽，却忽略了某位长官养的一只猫。当时，德国的一个参谋人员在观察战场时发现：每天早上八九点钟左右，都有一只小猫在法军阵地后的一座坟包上晒太阳。他立刻向主要指挥官做了汇报。主要指挥官召开了高级参谋会议，参会的几个人员认为这里大有文章，但另一名高级指挥官却认为这是小题大做，为了一只猫进行会议讨论不值得。在他发言后，其他人也就什么都不说了。主持会议的高级指挥官没有办法，只好让参加会议的人都写一份自己的看法。他将这些书面资料进行整理并最终得出以下结论：(1)这只猫不是野猫，野猫白天不出来，更不会在炮火隆隆的阵地上出没；(2)猫的栖身处就在坟包附近，很可能那里是一个地下掩蔽部，因为周围没有人家；(3)这只猫是相当名贵的波斯品种，在打仗时还有条件玩这种猫的绝不会是普通的下级军官。据此，他断定那个掩蔽部一定是法军的高级指挥所。随后，德军集中 6 个炮兵营的火力，对那里实施突袭。事后查明，德军的判断完全正确，这个法军地下指挥所内的人员全部阵亡。

（资料来源：《奇闻怪事》2008 年第 9 期，吾喜杂志网）

思考：分析本案例中所涉及的相关决策方法及其在本案例中的运用情况。

第一节　决策概述

一、决策的定义

决策，就是从多项备选方案中选择一个最好方案的过程。这就好比我们大家去做一道选择题，而这道选择题是没有正确答案的，我们只能从几个不同的方案中挑选一个自己认为最为稳妥、最好的方案。也有一部分学者提出，决策实际上就是管理者为了更好地分析、利用、解决问题的过程。决策是一个过程，是通过对问题的认识、理解、分析，然后获得一种解决问题的方法的过程。通过对以上决策定义的分析，我们可以明白决策有以下几个特点：

(1)决策的主体是管理者，而管理者可以是单个的人，或者是一个集体，如董事会等。

(2)决策的目的不仅仅是为了解决问题，更多的是分析和利用这些问题。

(3)决策要有两个以上的方案供选择，并且要进行方案的分析比较。

(4)决策是一个过程，它是由多个步骤组成的。

二、决策的重要性

决策在管理中占据着非常重要的地位，是管理的核心内容，决策贯穿于管理活动的全过程，管理的各种职能活动是同决策密切联系的，决策正确与否，是管理成败的关键。美国管理学家西蒙认为“管理就是决策”，并创立了决策理论，且以西蒙为首形成了管理理论的一个新学派，即决策理论学派。美国管理学教授斯蒂芬·罗宾斯指出：“决策对于管理者每一方面工作的重要性是怎么强调也不过分的，因为决策几乎渗透于所有主要的管理职能中。”

决策是一项创造性的思维活动，体现了高度的科学性和艺术性。决策能力是衡量管理者水平高低的重要标志。中国失败企业家80%在于投资失败，这源于决策失败，表现为：决策的独断和无制约、决策的随意性、一夜暴富的投机性等。因此，正确的决策成为我国企业必须解决的一大问题。

三、决策的分类

(一)按照决策重要程度划分：战略决策、战术决策、业务决策

战略决策是指关系全局、影响深远的决策，一般由高层领导作出，如企业长期发展战略等。战术决策属于战略决策执行过程中的管理决策，如生产计划、工资水平等，中层领导应侧重于战术决策。业务决策是为解决日常工作中的问题所作的具体决策，基层领导应侧重于业务决策。

(二)按时序划分：初始决策与追踪决策

初始决策是为解决某一决策问题所进行的首次决策，是零起点决策。追踪决策是某决策方案在实施过程中遇到环境有较大变化，需要对原决策作出重要改变的情况下的决策，是非零起点的决策。

(三)按决策行为的重复程度划分：程序化决策与非程序化决策

程序化决策是对重复出现的日常事件所作的决策。非程序化决策是对非重复性的新颖事件所作的决策，无章可循。

(四)按环境因素的可控程度划分：确定型决策、风险型决策与不确定型决策

确定型决策是指一个方案只有一种结果，就是说，决策所依据的条件的出现是确定的，也是可控的，因此，实现经济效益是确定的，也是可控的。风险型决策指一个方案的执行中会遇到可能出现各种不同的情况，从而有不同的结果，决策者能知道各状态发生的概率。不确定型决策指决策所依据的条件的出现不确定，也无法掌握其出现或不出现的概率。

(五)按决策的主体划分：组织决策和个人决策

组织决策是组织整体或组织的某个部分对未来一定时期的活动所做的选择。个人决策是个人在参与组织活动中的各种决策。

第二节 决策的原则、标准与影响因素

一、决策的原则

管理者的决策往往是影响一个组织胜败的关键，而管理者需要作出决策时，往往要考虑很多其他相关的问题，并且受到很多因素的制约。那么如何才能作出一个好的决策呢？这里我们介绍两种主要的决策原则，即理性原则和非理性原则。

(一)理性原则

理性原则是指管理者在决策的过程中能够充分利用和理解信息，并且通过这些信息对数据作出最为理想的决定。因此，在理性决策中，信息的收集和对信息的理解最为重要。并且，在理性原则中，决策的对象是一定的、客观的，切忌感情用事，要遵循事物发展的客观规律，不能人为地凭主观想象，更不能凭空捏造、歪曲事实。要以数据、信息为基础，然而，数据或者信息或多或少都存在着一定的误差，这就需要管理者能更多地了解决策对象和事物的发展规律。

(二)非理性原则

与理性原则刚好相反，非理性原则是指当你在收集信息和数据时，这些信息和数据对决策者在进行决策的时候非常不足，并且有些时候，例如时间的有限性和金钱或其他资本投入不足等客观原因，限制了决策者去开展收集信息和数据工作的能力。非理性范畴包括以下三种不同的模式：

1. 满意性模式

它是指决策者在寻找解决方案时，直到找到一种最能够使人满意的方案，而不是找到一个最佳的解决方案。比如，当你在一条陌生的道路上开车，但是车的油已经不多了，你会选择一家你所能看到的最近的加油站加油，而不是要到你所喜欢的加油站去加油。

2. 增长模式

它是指管理者在进行决策时只对当时出现的问题进行考虑，只是针对当前出现的问题，而进行的解决方案。比如说，家里的电线插座有限，于是大家都去买接线板，然后把很多的家用电器都接在一个插座上。这仅仅解决了眼前的困难，从长远考虑，这种行为很有可能造成家里的保险丝烧断，因为一个插座无法负荷很多的家用电器。

3. 垃圾桶模式

它是指决策者在对一些非程序性问题进行决策时，决策者非常随机的没有任何根据进行的决策。这种情况的出现通常是在决策者没有明确的目标和对决策的对象一点都不了解的情况下所发生的。这也是日常决策者通常都会碰到的问题。而垃圾桶模式的决策通常更像是一场小小的赌博。

二、决策的标准

有三种具有代表性的决策标准：

一是由泰罗提出的“最优标准”。泰罗认为，任何一种管理工作，都存在一种最佳工作方式，而追求最佳决策是管理者的一项非常优秀的心理品质。事实上，由于主客观条件的限制，最优标准既不经济又不可行，往往无法达到。

二是由西蒙提出的“满意标准”。满意方案，即在诸多方案中，在现实条件下，能够使主要目标得以实现，其他次要目标也足够好的合理方案。事实上，决策有一定的程序和规则，但它又受诸多价值观念和决策者经验的影响，对同一个问题，不同的人有不同的决策结果是正常的现象。西蒙认为，人的理性是有限度的，由于主客观条件的限制，人们不可能获得决策有关的全部信息，也不可能想出所有可能的方案，或者由于受决策时间和可利用资源的限制，决策者往往只求满意的结果，而不愿费力寻求最佳方案。

三是由哈罗德·孔茨提出的“合理性标准”。合理性就是以符合目的为根本标准，其实质是强调各决策阶段的效果与工作质量。

三、决策的影响因素

影响决策的因素很多，主要有环境因素、组织自身的因素、决策问题的性质、决策主体的因素、过去的决策等。

(一)环境因素

环境对决策的影响表现为推动和制约两个方面，如第四章中 SWOT 分析法所述。另外，环境比较稳定的情况下，决策一般由中层管理者作出；环境剧烈变化的情况下，决策一般由高层管理者作出。

(二)组织自身的因素

组织自身的因素主要包括组织文化、组织的信息化程度、组织等对环境的应变模式等。

组织文化是保守型还是进取型，有无伦理精神直接影响着组织决策的氛围；高信息化有利于提高决策的效率和质量；组织对环境的应变模式指导着组织今后在面对环境变化时如何思考问题、如何选择行动方案等。

(三)决策问题的性质

问题紧迫与否、时间敏感与否、知识敏感与否，都影响着决策的时效。问题重要性对决策的影响是多方面的。一般地，重要的问题会引起高层领导的重视，得到更多力量的支持；越重要的问题越有可能由群体决策，这样会对问题的认识更全面，决策的质量可能更高；越重要的问题越需要决策者慎重决策，避开各类决策陷阱。

(四)决策主体的因素

决策主体的因素主要包括个人对待风险的态度、个人能力、个人价值观、决策群体的关系融洽程度等。其中决策能力及个人对风险的态度是决策成败的关键。决策能力主要表现为对问题的认识能力、获取信息的能力、沟通能力、组织能力等。一个人知识越渊博，经验越丰富，思想越开放，就越乐于接受富有挑战的方案。另外，决策群体的关系融洽程度也比较重要，它影响着较好方案被通过的可能性和决策的成本。

(五)过去的决策

决策是在过去的基础上做出的，过去的决策总是或多或少地影响着现在的决策。这种影响有利有弊。利的一面是有助于实现决策的连贯性和维持组织的相对稳定；弊的一面是容易桎梏人们的思想，不利于创新。

第三节 决策的程序和方法

一、决策的程序

决策通常按照六个步骤进行，如图 5－1 所示。

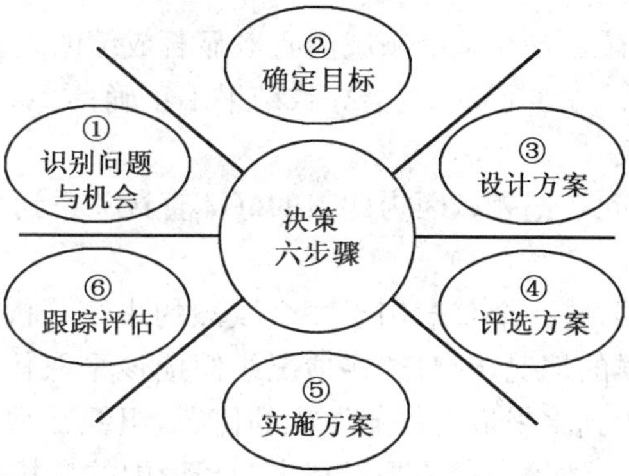

图 5－1 决策的基本步骤

（一）识别问题与机会

这一阶段要完成三个任务：一是确认问题，即有没有问题，问题在哪儿，找出差距；二是界定问题，即确定问题发生的时间、地点和范围；三是分析原因，即撇开表象看清本质。

（二）确定目标

决策目标是根据所需要解决的问题确定的，决策目标应当具备针对性、明确性、可行性和可接受性四个要求。要能够体现三个层次：根本性目标，即针对根本原因确定决策目标；适应性目标，即针对直接原因确定决策目标；临时性目标，即针对表面原因选择决策目标。

（三）设计方案

设计方案的过程要利用群体相互作用的特点，充分发挥人员的创造性，设计出尽可能多的备选方案以供评价和筛选。可运用下文介绍的各类方法，如头脑风暴法等。

（四）评选方案

确定所拟定方案的价值，评定各方案的可实施程度，根据事实及考察结果确定最好方案。

（五）实施方案

在方案选定后，管理者就要制定实施方案的具体措施和步骤。

（六）跟踪评估

这是方案的实施监督阶段，因内外部环境可能发生变化，因此管理者要不断地对方案进行修改和完善，以适应变化了的形势。

二、决策的方法

（一）定性决策法

1. 德尔菲分析法

德尔菲分析法（Delphi method）是指通过了解和收集不同的专家对未来问题的不同的观

点意见进行决策。这种方法的不寻常之处就是让这些专家事前都不在一起，也不曾一起讨论过类似的问题，这样他们的单独或者个人意见将不会影响其他学者专家的意见。这样的决策方法现在非常流行，并且被许多大公司所接受，如 IBM、AT&T、NEC 等。这种分析方法也可以通过在组织外部去寻找专家的方式进行，不过，对于组织来说，一般会采取在组织内部寻找这样的专家。这样有利于组织控制其研究成果和保密性。德尔菲分析法非常有助于产生一个很好的解决方案，并且这种方法非常适用于对一些科学技术变化和发展的预测。

运用德尔菲分析法的关键在于以下三点：

(1)选择良好的专家。最好是在某个领域内有着显著成绩的人。

(2)选择专家组的人数。太少了，可能会导致结果不正确；太多了，可能加大工作的进展难度，最好的范围是 10～50 人。

(3)制订一个完善的询问登记表。因为此表的好坏直接关系到所得成果的准确性。

2. 情景分析法

情景分析法起源于法国，是一个普遍用于整个欧洲的决策分析方法。这种方法是通过分析和预测将来会发生什么样的情况，针对这些情况组织应该采取什么样的措施和方案。这种分析方法要求组织必须考虑到将来最有可能发生的情况，组织必须针对这些情况作出反应和应对，而没有更多的选择性。情景分析法是对将来的环境中的变数进行分析，发展出应对环境变化的方法，并且把所有可能发生的事情进行排序，企业能够对以后的环境提前进行准备。这种方法能够让企业提前知道将来可能发生的事情以及什么原因能导致这些问题的发生。

3. 头脑风暴法

头脑风暴法又称智力激励法、思维共振法、自由思考法，是由美国创造学家 A.F.奥斯本于 1939 年首次提出、1953 年正式公布的一种激发性思维的方法。此法经各国创造学研究者的实践和发展，至今已形成一个发明技法群，深受众多企业和组织的青睐。

头脑风暴法是让所有参加者在融洽、轻松、畅所欲言的气氛中，自由地发表意见和看法，并以此激发与会者的创意及灵感，因而可以迅速收集到各种意见和建议。它适合于解决那些比较简单、严格确定的问题，比如产品命名、广告口号等。

(1)头脑风暴法的操作程序

①准备阶段

相关人员事先要对所议问题进行一定的研究，弄清问题的实质，找到问题的关键，设定解决问题所要达到的目标，同时选定参加人员。

②热身阶段

这个阶段的目标是创造一种自由、密切配合、祥和的氛围，使大家得以放松，进入一种无拘无束的状态。主持人宣布开会后，先说明会议的规则，然后随便谈点有趣的话题或问题，让大家思维处于轻松和活跃的境界。

③明确问题

主持人扼要地介绍有待解决的问题。介绍时须简洁明了，不可过分周全，否则会限制他人的思维，干扰创新思维的想象力。

④重新表述问题

经过一段讨论后，大家对问题已有较深程度的理解。这时，为了使大家对问题的表述能够具有新的角度、新的思维，主持人要记录大家的发言，并对发言记录进行整理。通过记录的整理和归纳，找出富有创意的见解，以及具有启发性的表述，供下步畅谈时参考。

⑤畅谈阶段

畅谈是头脑风暴法的创意阶段，为了使大家能够畅所欲言，主持人要引导大家自由发言，使彼此相互启发，相互补充，真正做到知无不言、言无不尽，然后将会议发言记录进行整理。

(2)头脑风暴法应遵守的原则

①庭外判决原则。对各种意见、方案的评判必须放到最后阶段，此前不能对别人的意见提出批评和评价。认真对待任何一种设想，而不管其是否适当和可行。

②欢迎各抒己见，自由鸣放。创造一种自由的气氛，激发参加者提出各种想法。

③追求数量。意见越多，产生好意见的可能性越大。

④探索取长补短和改进的办法。除提出自己的意见外，鼓励参加者对他人已经提出的设想进行补充、改进和综合。

(二)定量决策方法

1. 确定型决策方法

确定型决策是指决策面对的问题的相关因素是确定的，从而建立的决策模型中的各种参数是确定的。确定型决策的具体方法有盈亏平衡分析法、内部投资回收率法、价值分析法等，这里主要介绍盈亏平衡分析法。

盈亏平衡决策法通过分析企业的收益平衡点，考察企业的产量、成本、利润等因素，给企业的决策提供依据(见图 5—2)。这个方法有几个考虑的因素：第一个是固定成本 FC，不管销售量多少，都不会影响这条线的变化。第二个是变动成本 VC，变动成本随着销售量的不断增加而增加，而变动成本和固定成本的总和就是总成本 TC。最后，销售收入 S 和总成本 TC 相交的点就是盈亏平衡点。使用这种方法，组织需要知道平衡收益点，这个收益点表明企业要销售多少产品才能够等于它的总成本。这个方法告诉管理者，只有销售量达到多少时，企业才能有利润。这个方法还可以提醒管理者如何通过节约成本影响整个利润变化的情况。例如，如果企业降低固定成本或者变动成本，那么总成本将会降低，这样，平衡收益点也会随之降低。

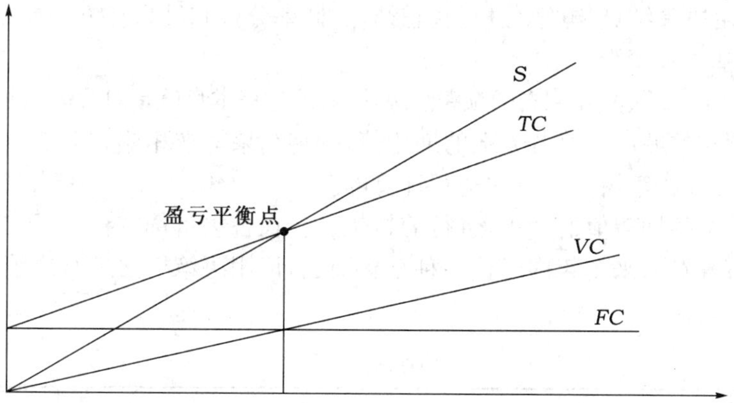

图 5—2 盈亏平衡分析

盈亏平衡决策法的计算公式为：

盈亏平衡产量＝固定成本/(单价－单位变动成本)

盈亏平衡价格＝固定成本/产量＋单位可变成本

在一定目标利润条件下的产量＝(固定成本＋目标利润)/(单价－单位变动成本)

在一定目标利润条件下的价格＝(固定成本＋目标利润)/产量＋单位可变成本

判断经营安全状态的计算公式为：

经营安全率=(实际产量－盈亏平衡点产量)/实际产量×100%

可供参考的经营安全经验数据如表5－1所示。

表5－1 经营安全经验数据

经营安全率	30%以上	25%～30%	15%～25%	10%～15%	10%以下
经营安全状况	很安全	较安全	过得去	不安全	危险

【例】 某新产品定价每台10万元，单位变动成本为6万元，固定成本为400万元，请问该产品在什么销量下可以保本？如果企业目标利润为100万元，销量至少应达到多少？

解：盈亏平衡产量＝固定成本/(单价－单位变动成本)＝400/(10－6)＝100(万件)

在一定目标利润条件下的产量＝(固定成本＋目标利润)/(单价－单位变动成本)

＝(400＋100)/(10－6)＝125(万件)

2. 风险型决策方法

如果决策问题涉及的条件中有些是随机因素，它虽然不是确定型的，但我们知道它们的概率分布，这类决策称为风险型决策。风险型决策的评价方法也有很多种，如收益表法、边际分析法、决策树法和效用理论法等，其中决策树法是最常用的一种方法。

决策树法是常用的风险分析决策方法。该方法是一种用树形图来描述各方案在未来收益的计算。比较以及选择的方法，其决策是以期望值为标准的。人们在未来可能会遇到好几种不同的情况。每种情况均有出现的可能，人们目前无法确知，但是可以根据以前的资料来推断各种自然状态出现的概率。在这样的条件下，人们计算的各种方案在未来的经济效果只能是考虑到各种自然状态出现的概率的期望值，与未来的实际收益不会完全相等。

如果一个决策树只在树的根部有一决策点，则称为单级决策；若一个决策树不仅在树的根部有决策点，而且在树的中间也有决策点，则称为多级决策。

整个决策树由决策结点、方案分枝、状态结点、概率分枝和结果点五个要素构成。

决策树法的基本步骤为：

(1)绘制决策树图。按从左到右的顺序画决策树，此过程本身就是对决策问题的再分析过程。

(2)按从右到左的顺序计算各方案的期望值，并将结果写在相应方案节点上方。期望值的计算是从右到左沿着决策树的反方向进行计算的。

(3)对比各方案的期望值的大小，进行剪枝优选。在舍去备选方枝上，用“＝”记号隔断。

例：某商场打算在未来3年内经营一种全新商品，请用决策树法进行决策。数据如表5－2所示。

表5－2 损益表(万元)

方案 \ 损益值 \ 状态及概率	畅销 0.2	一般 0.5	滞销 0.3
大批进货	40	30	－10
中批进货	30	20	8
小批进货	20	18	4

试用决策分析法进行决策：

(1)画决策树图。

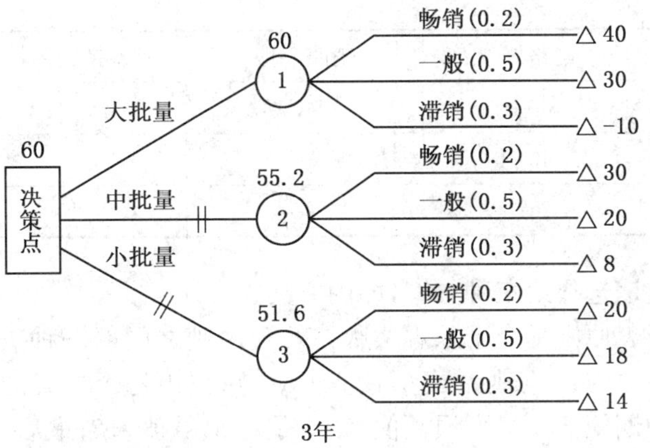

图 5—3　决策树图示

(2)计算各种状态下的期望值。

大批量进货期望值＝[40×0.2＋30×0.5＋(－10)×0.3]×3＝60(万元)

中批量进货期望值＝[30×0.2＋20×0.5＋8×0.3]×3＝55.2(万元)

小批量进货期望值＝[20×0.2＋18×0.5＋14×0.3]×3＝51.6(万元)

(3)选择最佳方案。

将各个方案的期望值标在各个方案结点上；然后，比较各个方案的期望值，从中选出期望值最大者作为最佳方案，并把最佳方案的期望值写到决策点方框上方，同时剪去其他方案枝(用//表示)。

3. 不确定型决策方法

在不确定的情况下，决策主要取决于决策者对待风险的态度。常用的不确定型决策有以下四种。

(1)大中取大法(或乐观决策法、极大极大损益值法)。基于决策者对未来前景持乐观态度，无论哪种方案都可以得到最好的结果。具体应用步骤为：首先找出每个方案的最大损益值，再找出最大损益值中的最大值，最后作出决策，即该最大值所对应的方案为按乐观决策法所选择的方案，如表 5—3 所示。

表 5—3　　　　单位：万元

状态	销路好	销路一般	销路差	最大损益值
甲方案	60	40	－10	60
乙方案	40	30	5	40
丙方案	25	20	15	25

根据乐观法则，应该选择第一种方案，即甲方案。

(2)小中取大法(或悲观决策法、极小极大损益值法)。基于决策者对未来前景持悲观态度，认为未来可能会出现最差的结果。具体应用步骤为：首先找出每个方案的最小损益值，再找出最小损益值中的最大值，最后作出决策，即该最大值所对应的方案为按悲观决策法所选择的方案，如表5—4所示。

表5—4

单位：万元

状态	销路好	销路一般	销路差	最小损益值
甲方案	60	40	—10	—10
乙方案	40	30	5	5
丙方案	25	20	15	15

根据悲观法则，应该选择第三种方案，即丙方案。

(3)折衷原则。折衷原则是介于乐观法则与悲观法则之间的一种决策方法。具体应用步骤为：首先确定乐观系数为α，悲观系数β，使$\alpha+\beta=1$；找出每个方案的最大损益值及最小损益值；计算每个方案的期望值=最大损益值×α+最小损益值×β；最后作出决策，即最大期望值所对应的方案为决策方案。如表5—5所示，假设令$\alpha=0.3$，$\beta=0.7$。

表5—5

单位：万元

状态	销路好	销路一般	销路差	最大损益值	最小损益值	期望值
甲方案	60	40	—10	60	—10	11
乙方案	40	30	5	40	5	15.5
丙方案	25	20	15	25	15	18

根据折衷法则，应该选择期望值最大的方案，即丙方案。

(4)最小后悔值法(或大中取小法)。决策者假设在选择了某种方案后，事后发现客观情况并未像自己预想的那样发展，他们会为自己的决策而感到后悔。故把可能产生的后悔值降到最低，就成为该方法的决策原则。具体应用步骤为：首先计算在每种状态下选择不同方案的后悔值；然后找出每个方案的最大后悔值；再从最大后悔值中找出最小值；最后作出决策，找到最小的最大后悔值所对应的方案即为决策方案，如表5—6所示。

表5—6

单位：万元

方案 状态	损益值			后悔值		
	甲方案	乙方案	丙方案	甲方案	乙方案	丙方案
销路好	60	40	25	0	20	35
销路一般	40	30	20	0	10	20
销路差	—10	5	15	25	10	0
最大后悔值				25	20	35

根据最小后悔值法则，应该选择期最小的最大后悔值所对应的方案，即乙方案。

复习题

1. 简述决策的过程。
2. 简述确定型决策、风险型决策和不确定型决策。

讨论及思考题

1. “一位农民和他儿子及一头骡到几里地外的城镇去赶集。开始时，农民骑骡，儿子走路；没走多远，碰到一位年轻的母亲，她指责农夫虐待他的儿子，于是农民走路，儿子骑骡；走了一里路，遇到一位老和尚，他骂年轻人不孝顺，于是两人都不骑，牵着骡走了四里路；又碰到一位学者，笑话他们放着骡不骑，累得气喘吁吁是自找苦吃，于是两人一起骑骡又走了三里路；碰到一位外国人，这位外国人见他俩骑一头骡，就指责他们虐待牲口。”读完这个小故事，请回答：

(1)农夫和其儿子屡遭指责，是几位过路人的观点有误吗？是父子俩的行为不对吗？为什么？

(2)从中你领悟到了什么？

(3)如果你是那位农民，你会怎么做？

2. 某企业现有两个投资方案：一是生产A产品，需投资300万元；二是生产B产品，需投资140万元。两种方案收益期都是10年。两种方案在不同销售状态下的收益值如下表所示(万元)，请用决策树法进行决策。

方案 \ 损益值 \ 状态及概率	畅销 0.7	滞销 0.3
A方案	100	−20
B方案	40	30

3. 某厂生产一种新型童车，据市场需求预测分析，产品销路可分为三种情况：畅销、一般、滞销。童车生产有大批量、中批量和小批量生产三种方案，各方案在各自然状态下收益如下表所示。试分别用乐观、悲观、折衷法则和最小后悔值准则进行决策选择。

状态	畅销	一般	滞销
大批量	30	23	−15
中批量	25	20	0
小批量	12	12	12

案例分析

案例一：蔬菜管理

彼得·莫斯是一名生产和经营蔬菜的企业家，有50 000平方米的蔬菜温室大棚和一座毗邻的办公大楼，并且聘请了一批农业专家顾问。莫斯经营蔬菜业务是从一个偶然事件开始的。有一天，他在一家杂货店看到一种硬花球花椰菜与花椰菜的杂交品种，于是突发奇想，决定自己建立温室培育杂交蔬菜。

莫斯用从他祖父那里继承下来的一部分钱，雇用了一班专门搞蔬菜杂交品种的农艺专家，这个专家小组负责开发类似于他在杂货店中看到的那些杂交品种蔬菜并不断向莫斯提出新建议。例如，建议他开发菠生菜

(菠菜与生菜杂交品种)、橡子萝卜瓜、橡子南瓜以及萝卜的杂交品种。特别是柠檬辣椒(一种略带甜味和柠檬味的辣椒)的开发很受顾客欢迎。同时,莫斯也用水栽法生产传统的蔬菜,销路很好。生意发展得如此之快,以致他前一个时期很少有时间更多考虑公司的长远建议与发展。最近,他觉得需要对一些问题着手进行决策,包括职工的职责范围、生活质量、市场与定价策略、公司的形象等。

莫斯热衷于使他的员工感到自身工作的价值,希望通过让每个员工"参与管理"了解公司的现状、调动职工的积极性。他相信,这是维持员工兴趣和激励他们的最好办法。他决定在本年度 12 月 1 日 9 时召开一次由每一个农艺学家参加的会议,其议程是:

(1)周末需要有一个农艺师在蔬菜种植现场值班,能够随叫随到,并为其配备一台步话机,目的是一旦蔬菜突然脱水或者枯萎,就可以找到专家处理紧急情况。要做的决策是:应该由谁来值班,他的责任是什么?

(2)公司的颜色是绿色的,要做的决策是:新地毯、墙纸以及工作服等应该采取什么样的色调?

(3)公司有一些独特的产品还没有竞争对手,而另一些产品在市场上竞争十分激烈。要做的决策是:对不同的蔬菜产品应当如何定价?彼得·莫斯要求大家务必准时到会,积极发表意见,并期望得到最有效的决策结果。

(资料来源:http://wenku.baidu.com/view/0fdaf806a6c30c2259019ec9.html)

根据以上案例,回答以下问题:

1. 一个决策的有效应取决于(　　)。

A. 决策的质量高低　　B. 是否符合决策的程序

C. 决策的质量与参与决策的人数　　D. 以上提法均不全面

2. 按照利克特的行为模式,彼得·莫斯的工作作风与管理方式属于(　　)。

A. 协商式　　B. 群体参与式

C. 开明—权威式　　D. 民主式

3. 12 月 1 日所召开的会议是必要的吗?(　　)

A. 很必要,体现了民主决策　　B. 不必要,会议议题与参与者不相匹配

C. 有必要,但开会的时间选择为时过晚　　D. 对一部分议题是必要的,对另一部分议题是不必要的

4. 公司的装潢问题是否需要进行群体决策?(　　)

A. 完全需要,因为绿色是企业的标志

B. 需要,但参加决策的人应当更广泛些

C. 不需要,此项决策可以由颜色与装潢专家决定或者运用民意测验方法征询意见

D. 需要与不需要,只是形式问题,关键在于决策的质量

5. 定价问题是否需要列入彼得·莫斯 12 月 1 日的决策议事日程?(　　)

A. 需要,因为它是企业中重大的问题

B. 不需要,因为该项决策的关键是质量问题,而不是让所有员工参与和接受

C. 在稳定的市场环境下不需要,在变化的市场环境下,则需要集思广益、群体决策

D. 定价应当由经济学家来解决

案例二:升任公司总裁后的思考

郭宁最近被一家生产机电产品的公司聘为总裁。在准备去接任此职的前一晚上,他浮想联翩,回忆起他工作 20 多年的情况。

他在大学时学的是工业管理,大学毕业获得学位后就到该公司工作,最初担任液压装配单位的助理监督。他当时感到真不知如何工作,因为他对液压装配所知甚少,在管理工作上也没有实际经验,每天都感觉手忙脚乱。可是他非常认真好学,他一方面仔细参阅该单位所订的工作手册,并努力学习有关的技术书刊;另一方面监督长也对他主动指点,使他渐渐摆脱了困境并能胜任工作。经过半年多的努力,他已有能力独担液压装配监督长的工作。可当时公司没有提升他为监督长,而是直接提升他为装配部经理,负责包括液压装配在内的四个装配单位的领导工作。

担任助理监督时,他主要关心的是每日的作业管理,技术性很强。担任装配部经理时,他发现自己不能只

是关心当天的装配工作状况，还得做出此后数周乃至数月的规划，并完成许多报告和参加许多会议。他没有多少时间去从事他过去喜欢的技术职责。当上装配部经理不久，他就发现原有的装配工作手册已基本过时，因为公司安装了许多新的设备，吸收了一些新的技术，这令他花了整整一年时间去修订工作手册，使之切合实际。在修订手册的过程中，他发现要让装配工作与整个公司的生产作业协调起来还需要做大量的工作。他主动到几个工厂去访问，学到了许多新的工作方法，并且把这些吸收到修订的工作手册中去。由于该公司的生产工艺频繁发生变化，工作手册也不得不经常修订，郭宁对此完成得都很出色。他工作了几年后，不但自己学会了这些工作，而且还学会了如何把这些工作交给助手去做、教他们如何做好，这样，他可以腾出更多的时间用于规划工作和帮助下属工作得更好，以及花更多的时间去参加会议、批阅报告和完成自己向上级的工作汇报。

在他担任装配部经理 6 年后，该公司负责规划工作的副总裁辞职应聘于其他公司，郭宁便主动申请担任此一职务。在同另外 5 名竞争者较量之后，郭宁被正式提升为规划工作副总裁。他自信拥有担任此一新职位的能力，但由于此高级职务工作的复杂性，仍使他在刚接任时碰到了不少麻烦。例如，他感到很难预测 1 年后的产品需求情况，可是一个新工厂的开工，乃至一个新产品的投入生产，一般都需要在数年前做出准备。而且在新的工作岗位上他还要不断地处理市场营销、财务、人事、生产等部门之间的协调工作，而这些他过去都不熟悉。他在新岗位上越来越感到：职位越是上升，越难以仅仅按标准的工作程序去进行工作。但是，他还是渐渐适应了，并做出了成绩，以后又被提升为负责生产工作的副总裁，而这一职位通常是由该公司资历最深、辈分最高的副总裁担任的。到了现在，郭宁又被提升为总裁。他知道，一个人当上公司最高主管职位之时，应该自信自己有处理可能出现的任何情况的能力，但他也明白自己尚未达到这样的水平。自己明天就要上任了，而今后数月的情况又会是怎样呢？他不免为此而担忧！

（资料来源：中国 MBA 网校，www.52mba.com）

根据以上案例，回答以下问题：

1. 郭宁担任液压装配单位的助理监督时，他的任务是作业管理，作业管理的特点是（　　）。

A. 计划内容具体且时间单位较短　　B. 计划内容具有较强的灵活性

C. 计划的风险性较低　　D. A+C

2. 郭宁一步步从基层领导岗位升到高层领导岗位，其管理职能所发生的主要变化是（　　）。

A. 用于领导职能的时间增加，用于其他职能的时间减少

B. 用于计划、组织、控制职能的时间增加，用于领导职能的时间减少

C. 用于决策的时间增加，用于其他各项职能的时间均减少

D. 管理职能对各个层次的管理者同样重要，不存在耗费时间和精力方面的变化

3. 郭宁当上装配部经理以后，花了整整一年的时间去修订工作手册，对此，你的评价是（　　）。

A. 正确，因为工作手册的修订是装配部计划工作的一部分

B. 不正确，此项纯系业务活动，不属于计划

C. 不正确，郭宁应将精力投入市场调查，了解用户对产品的需求

D. 难以得出结论

4. 郭宁担任总裁后，如果参加培训，其主要重点是（　　）。

A. 总结他在基层管理的经验，以便推而广之

B. 了解现代管理的前沿知识，完成知识更新

C. 学会激励和用人方面的技巧

D. 改变态度，完成管理角色的重新定位

5. 郭宁提出，在新的岗位上，他还要不断处理市场营销、财务、人事、生产等部门之间的协调，这意味着郭宁应更多注意（　　）。

A. 系统理论的应用　　B. 权责理论的应用

C. 人际关系理论的应用　　D. 法约尔管理十四原则的应用

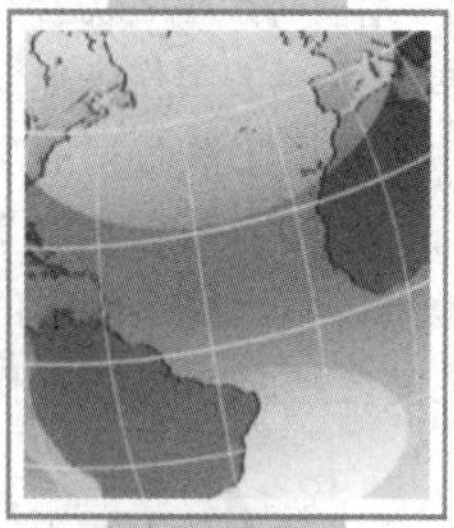

第六章 计划与战略管理

【学习目标】

1.了解计划的概念及特征；

2.掌握常用的编制计划的方法；

3.理解目标管理的概念和要领；

4.掌握公司战略分析方法。

【知识能力】

1. 能利用波士顿分析法分析企业业务类型；

2. 掌握编制计划的方法，能绘制简单的网络图。

【工作任务】

综合运用公司战略分析方法进行企业环境及竞争分析。

【引导案例】

张经理的目标管理

宏大集团公司是一家拥有20家子公司和分公司的大型集团企业，集团公司对分公司的管理方式是独立经营、集中核算。

有一位分公司的张经理最近听了关于目标管理的讲座，很受启发和鼓舞，计划在分公司内推行目标管理。在一次部门经理会议上，他详细叙述了这种方法的实际应用与发展情况，指出了在公司推行这种方法的好处，提出计划在公司实施目标管理，并要求下属人员考虑他的建议。一段时间后，在又一次部门经理会议上，大家对实施目标管理进行了讨论。财务经理提出集团总公司对分公司下一年的目标没有明确指示，生产经理也提出总公司对分公司的目标也无明确要求，分公司要做什么也不清楚，等等。听到这些后，张经理说："这些都无关紧要，不会影响我们实施目标管理。其实，目标没什么神秘的，我们分公司计划明年的销售额达到500万元，税后利润达到8%，投资收益率达到15%，正在进行的新产品项目很快就能投产，我们以后还会有更进一步的明确目标，如今年年底前完成我们的新市场开发工作，保持员工流动率在15%以下……"张经理越说越兴奋，"下个月，你们每个人要把这些目标转换成自己部门可考核的目标，并能用数字表示，这些数字加起来就构成我们分公司的总目标了。"部门经理对这些可考核的目标及如此明确和自信的陈述感到惊讶，一时无语。

（资料来源：http://www.zikao8.net/index.php? tg=knowledge_view&id=136228）

思考：

(1)什么是目标管理？其特点是什么？

(2)张经理设置目标的方法是否妥当？你认为应该如何做？

第一节　计划概述

一、计划的概念

计划就是根据实际情况，通过科学的预测，权衡客观的需要和主观的可能，提出在未来一定时期内所达到的目标，以及实现目标的途径。

计划工作主要包括三个方面的内容：一是研究活动条件、确定组织目标；二是制定保证目标实现的全局战略；三是编制行动方案。

计划方案是对未来行动的一种说明。通常用“5W1H”来表示计划的内容，即 Why（为什么做计划：原因与目的），What（做什么：目标与内容），Who（由谁来做：执行者），When（在什么时间做：执行时间），Where（在哪里做：执行地点），How（怎么做：执行手段与安排）。

二、计划的特征

（一）计划的目标性

目标是计划工作的基础，所有的计划都必须围绕目标来展开。企业要达到目标，必须通过计划的工作去实现。制订计划的意义就在于明确目标及其如何实现目标的手段。

（二）计划的首要性

计划的首要性包括两个原因：第一，其他各项职能只能在计划制定了目标以后，支持和保证目标能够顺利地实现。例如，企业只有在确定了目标以后，才能知道如何去组织各项资源更好地、更有效地为实现目标服务；企业的高层才能知道如何带领员工更好地投入工作；组织也才能知道如何通过控制职能去保证计划的顺利执行和保证组织能够顺利达到预期目标。第二，只有计划这项职能才能使后面的各项职能取得一致性和连贯性。当企业的目标和计划确定以后，组织的各个职能都必须围绕着它去开展工作，计划才能贯穿到所有的职能当中。

（三）计划的普遍性

计划一旦制订，就要求所有的员工共同参与，它是所有员工的共同职能，所以它具有一定的普遍性。公司的高层不可能也没有足够的精力和时间去明确一些具体计划是如何制订的，这就要求公司的员工必须围绕着公司高层所制订的总体战略计划框架，根据自己的实际去作出相应的具体计划。计划的这种普遍性也有利于提高下属的能动性和参与性，大大提高企业的活力。

（四）计划的效率性

计划的效率性表现在，公司达到目标后的回报和实际按照计划所投入的比。如果这个比值比较小，就说明公司虽然完成了目标，但是自己的投入也相当大，所以这不是一个好的计划。在制订一个可行的计划的同时必须要考虑到计划的效率性，要考虑这项计划将会给公司带来什么，而同时又会失去什么，管理者需要通过对“舍与得”的考虑和衡量，来制订一项对公司发展能够带来更多利益的计划。

（五）计划的可预见性

计划是对公司未来发展的一种安排，是公司的蓝图，计划是有着一定预测性的。环境是不断在发生变化的，而计划正是对环境发生变化后的一种对策，所以计划也是对公司未来发展的一种管理。

(六)计划的稳定性与弹性

计划忌朝令夕改,要求具有一定的稳定性,但同时也应具有一定的弹性,应适应环境变化而进行行动方案的修正。因为计划是在预测未来环境的基础上制订的,预测不等于实际,不可能百分之百的准确,因此,管理者在拟订计划之初就应该为未来可能的意外留有弹性空间,或者在计划制订之初制定备选方案。

三、计划的组成部分

计划是管理者为企业未来发展制定决策的一部分,通常我们认为,没有企业目标和计划的企业是不会成功的。企业的目标是企业最终要达到的地方或者是企业要努力去取得的成果。然而计划是告诉企业如何去达到目标。因此,计划应该是一种关于制定目标并且决定如何达到目标的管理职能。它包括如图 6—1 所示的几个组成部分。

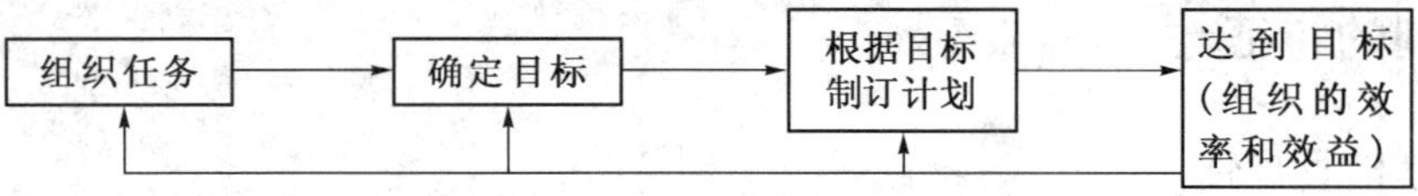

图 6—1　计划步骤

(一)组织任务

组织任务是指企业对自身内部和外部环境的认识和分析,对企业计划和发展的目的进行分析。也就是说,企业为什么要进行计划和为什么要设立一个长期的目标。设立一个这样的计划和目标的任务是什么,在这里将得到阐述和研究。这样做有两个优点:第一,在企业内部对于员工来说,弄清楚组织的任务能够激励员工,也能让所有的员工清楚认识到企业所面临的困难和压力。对管理者来说,能够识别企业的现状,从而设立一系列衡量标准去检验企业是否达到了目标,获得了成功。第二,对组织任务的描述和分析能影响企业外部的环境,比如投资者、政府的一些职能部门等,因为从组织任务的分析中可以让外部看到企业内部的文化、企业的价值观和企业未来发展的方向等,从而更好地帮助企业发展。

组织任务这一部分包括以下几方面的内容:

(1)消费者,谁是这个组织的消费者?

(2)服务与产品,公司的最主要的产品或者服务是什么?

(3)地点或者市场,公司将在什么地方或者是哪个市场和其他对手竞争?

(4)科学技术,公司的最基本的科学技术将是什么?

(5)对于生存的关心,组织将会取得一种什么样的经济效益?

(6)企业的价值观,这是对企业的最基本的信念、原则、价值观等进行分析和描述。

(7)自我衡量,即对企业自身的优缺点进行分析并且指出企业竞争的优势所在。

(8)对于企业公众形象的关心,企业将在大众中树立一种什么样的形象?并且应该对整个社会履行什么样的责任?

(9)企业对于员工的关心,企业对于自己的员工是一种什么样的态度?

(二)确定目标

确定目标是指企业在对自身和外部环境分析结束后,应该明确一个具体的并且富有挑战性的目标。确定目标对于企业非常重要,主要有以下四个方面的原因:

第一，目标是企业的方向标。企业的发展同人的成长一样。人有了目标以后，会百折不挠地向着目标前进。企业也是如此，如果企业失去了自己的目标，就会得过且过，不知道该往哪里发展、怎么发展。对于环境的变化也不知道该如何面对。

第二，目标帮助合理分配资源。资源对于任何组织来说都是非常有限的，在这样有限的资源和空间里，如何更好地使用资源、达到最佳效果就显得非常重要。一旦有了明确的目标，企业可以分清主次，把资源集中运用到最需要的地方。

第三，目标能够帮助组织决策和计划。每个人对自己的发展都有自己的目标，如果你想成为一个科学家，你会去安排你自己的长期的计划和短期的计划，告诉自己该怎么做才能达到目标，或者说，你现在的行为是否背离了你的目标。企业的发展也是同样的道理。

第四，目标可以帮助我们衡量工作的进度。企业有了明确的目标，再加上一个完成目标的时间限制，这样管理者就能对自己的员工的工作进度和进展有一个直观的评价。通过这样的评价衡量，企业可以认识到自身在发展上的困难，提出一些修改的建议或者计划，来帮助企业更好地完成目标。

确定目标的方法主要是 SMART 目标方针。

(1)具体性 (specific)。这里是指目标应重点突出、目的明确。具体的目标包括成果如何，得到这些成果所付出的行动。比如说，很多人都想减肥，而减肥就不是一个很明确的目标，目标应该具体到每天运动多少小时、少吃多少高脂肪食物等，这样才是一个明确具体的目标。

(2)可衡量性(measurable)。目标可以通过已知的成功因素或度量来衡量。如果目标没有衡量的标准，那么管理者将不会知道是否已经达到了目标。例如同样是减肥，目标的可衡量性体现在，比如每餐只能吃蔬菜和水果，运动四个小时，这里就有着对目标的衡量单位，这样就能帮助控制和管理目标。

(3)可实现性(attainable)。在能力和资源既定的情况下，目标应该富有挑战性，又可以实现。这是要求目标不要定得遥不可及，也不能定得毫无挑战力，如果目标定得没有挑战力，企业能轻而易举达到，自身无法发挥充分的活力，也就得不到提高。如果目标定得太高，不可能实现，目标的意义就无法实现，会让企业浪费过多资源，影响企业的自信心。

(4)相关性(relevant)。目标应符合大范畴的组织目标和工作职位。目标必须和企业发展的大方向相联系，和企业内部各部门的工作职能相联系，大家共同进退来完成目标。

(5)限时性(time-table)。应确定实现目标的时间，给出完成目标的具体日期或季度。如果目标失去了时间性，就有可能被无限制搁置，丧失了目标的真正意义。

目标的层次分为三个级别：战略目标、战术目标和操作目标(见图 6－2)。与之相对应的也是三种不同层次的计划。

(1)战略目标。通常是由公司高层决定的，针对公司整体的发展方向来制定的目标。

(2)战术目标。通常是由公司的中层所制定的，针对公司的整体战略目标所制定的一系列具体目标，它比公司的战略目标具体化，更容易衡量。

(3)操作目标。一般是由一线管理者根据公司中层管理者所设立的战术目标，更具体到单个的操作当中。操作目标更为细致，更加容易衡量和评估。

目标的三个层次互相联系并且一步一步地深入和具体，贯穿于整个公司内部，使公司各部门之间能够协调一致。

(三)根据目标制订计划

目标和计划是相辅相成、互相关联的，有了目标以后，计划是指通过什么样的办法和途径来达到目标。目标有三个层次，相对于不同层次的目标，计划也将分为三个层次，即战略计划、战术计划和操作计划(见图 6－2)。

1. 战略计划

为了达到战略目标所制定的一系列行动的细节，需要一段较长的时间周期去完成这个计划。它包括如何针对环境的变化而改变整个组织的发展方向，如何有效地合理分配组织的各种资源以及采取什么样的措施和行动去建立一个组织整体的核心竞争力，从而达到最后的战略目标。

2. 战术计划

战术计划是指为了支持战略计划和取得战术目标所实施的一整套行动方案。战术计划比战略计划要更为具体和细致，所需要的时间周期也较战略计划要短。它一般是由中层的管理干部在听取了底层管理干部的意见后制定出来的，它是战略计划的坚实基础，是战略计划能否成功实施的关键。

3. 操作计划

操作计划是指为了支持战术计划和取得战术目标所实施的一系列方案。操作计划所需时间周期更短，通常是一年或者几个月，甚至几天。它也主要是由底层管理人员采纳了中层管理人员意见以后制定出来的。它直接要求在规定时间内必须完成什么事情，从而达到操作目标。如果操作目标没有实现，那么各层次的计划将很难实现，组织也很难达到它们各层次的目标。

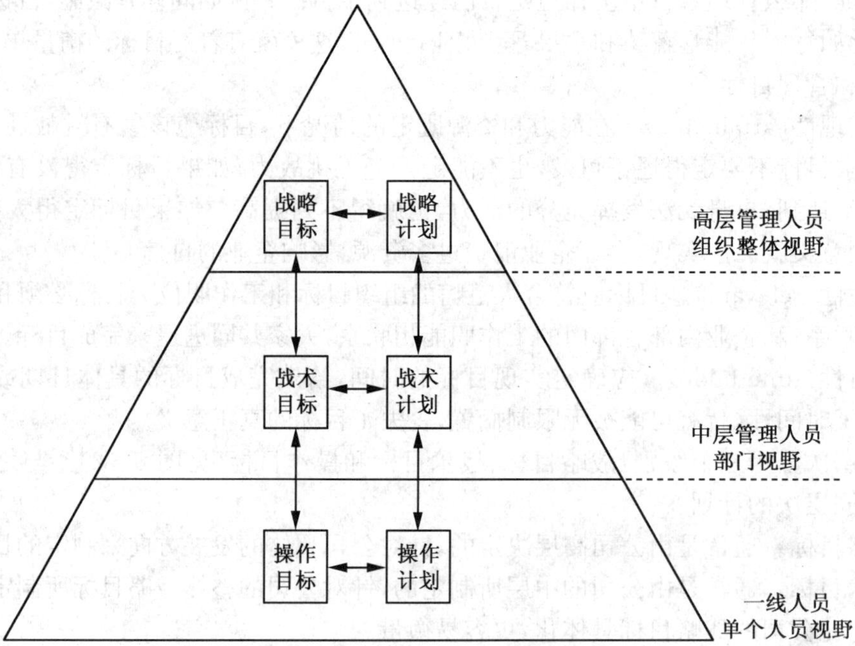

图 6—2　计划和目标的层次

确定计划始终是以目标为中心，各个层次的计划都必须配合各个层次不同的目标，针对目标而实施。然而，不同层次的计划也需要不同时间的周期。图 6－3 就告诉我们各个层次所需要的大概时间周期。但是由于企业所生存的环境和行业发展的快慢不同，其具体情况还应该针对某个行业对于外部环境发展的变化调整和确定相关的时间周期。例如，IT 产业发展得非常迅速，它们的战略计划的时间周期就相对于其他产业要短得多，一般为 1～2 年。

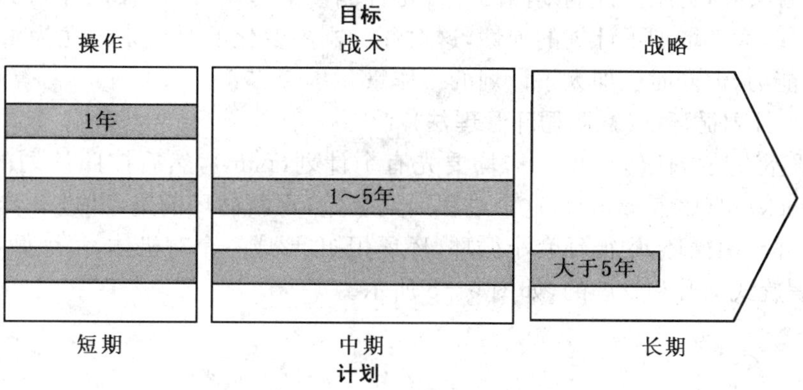

图 6—3　计划和目标的时间周期

(四)达到目标

目标达到以后，需要及时对整个计划和实施的过程进行评估，对于有功人员要给予相应的奖励。最重要的是要对企业自身的效益和效率进行分析。在效益方面，必须比较实际所收到的成果和原先预计成果之间的差别。在效率上，要对整个工作的进展进行回顾，及时总结优点和缺点，并在下一期的计划任务中加以注意，或者提早进行防范和改正。

四、编制计划的方法

计划工作效率的高低和质量的好坏在很大程度上取决于所采用的计划方法是否恰当。下面介绍几种常用的编制计划的方法。

(一)滚动计划法

滚动计划法是按照“分段编制，近细远粗”的原则制订一定时期内的计划，根据计划的执行情况和环境变化定期修订未来计划，并逐期向前推移，使短、中期计划有机地结合起来的一种方法，如图 6—4 所示。

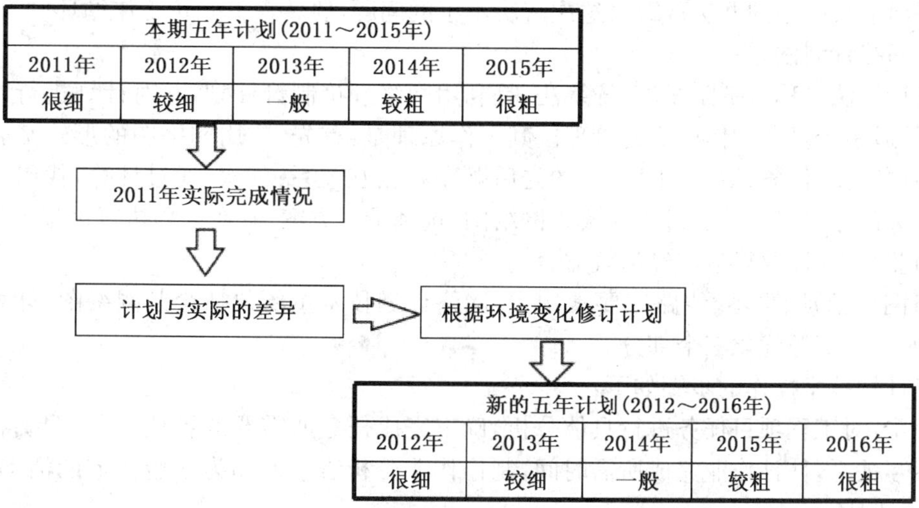

图 6—4　滚动计划法图示

滚动计划法推迟了对远期计划的决策，增加了计划的准确性，提高了计划工作的质量，能使计划更加切合实际，克服了计划期内的不确定性因素的影响，能使长期计划、中期计划和短期计划相互衔接，大大增加了计划的弹性，这对环境剧烈变化的时代来说尤为重要，它可以提高组织的应变能力，但同时也加大了计划的工作量。

（二）PDCA 计划循环法（戴明循环管理法）

PDCA 循环法是指任何一项工作均要先有个计划（plan），然后按照计划的规定去执行（do）、检查（check）和总结（action），这个过程周而复始，不断循环前进，并进一步地提高水平。其特点是大循环套中循环，中循环套小循环，环环相扣，形成一个有机体，每个循环都含有 4 个阶段，循环是螺旋式上升和发展的，如图 6—5 所示。

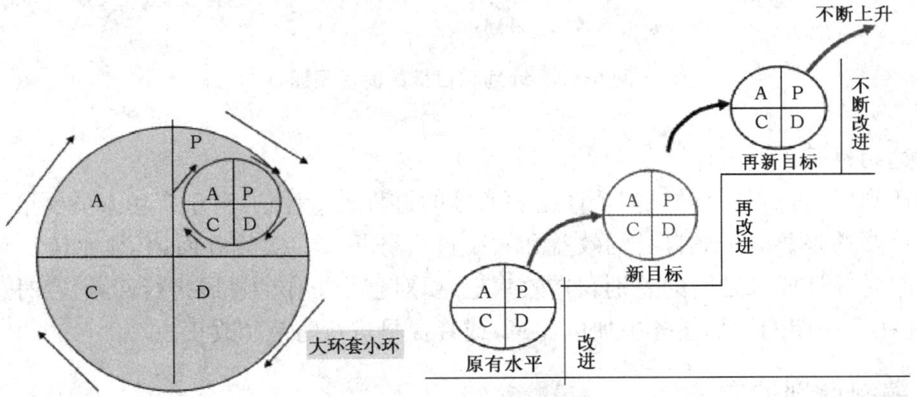

图 6—5　PDCA 计划循环法

PDCA 循环法的工作程序分为 4 个阶段 8 个步骤。第一阶段是制定计划（P），包括三个步骤：(1)提出工作设想，收集有关资料，进行调查和预测，确定计划的目标和方针；(2)提出各种工作方案，并选出比较满意和理想的方案；(3)编制具体的计划，并下达执行。第二阶段是执行计划（D）：具体落实到各部门和有关人员，贯彻执行。第三阶段是检查计划执行情况（C），包括两个步骤：(1)检查执行情况；(2)发现问题，找出原因。第四阶段是总结处理（A），包括两个步骤：(1)提出解决问题的办法；(2)对这次解决不了的问题，要转入下一轮工作循环中予以解决。

（三）网络计划法

网络计划法又称关键路线法、统筹法，是利用网络理论制订计划，并对计划进行评审的技术方法，最适用于复杂工作项目的管理。其工作原理是：首先，应用网络图的形式来表达一项计划中各项工作（任务、活动、工序等）的先后顺序和相互关系；其次，通过计算，找出计划中关键工序和关键路线；然后，通过不断改善网络图，选择最优方案，并在计划执行过程中进行有效的控制与监督，保证取得最佳经济效益。

网络图由活动、事项、线路三要素构成，网络计划技术主要包括绘制网络图、计算时间参数、进行时间—资源优化三个部分。

网络计划技术操作的步骤如下：

第一步：对工程项目任务进行具体分析，确定完成任务所需要的各项作业，明确各项作业之间的相互关系，估计作业完成所需时间，制作作业分析表。例如为建造住宅的活动，其分析表如表 6—1 所示。

表 6—1 **项目任务明细表**

作业代号	作业名称	紧前作业	完成时间
A	准备屋顶材料	—	12
B	准备砌墙材料	—	5
C	基础工程	—	7
D	下水道工程	C	7
E	砌墙	B、C	10
F	盖屋顶	A、E	4
G	布电线(Ⅰ)	E	4
H	布电线(Ⅱ)	F、G	2
I	铺地板	H、K	5
J	室内油漆整理	I	6
K	水暖安装	D、E	6
L	铺路	D、E	2
M	室内粉刷	H、K	6
N	门窗装饰	M	2
O	室外清理布置	L	2

第二步:根据表中的数据,绘制网络图,如图 6—6 所示。

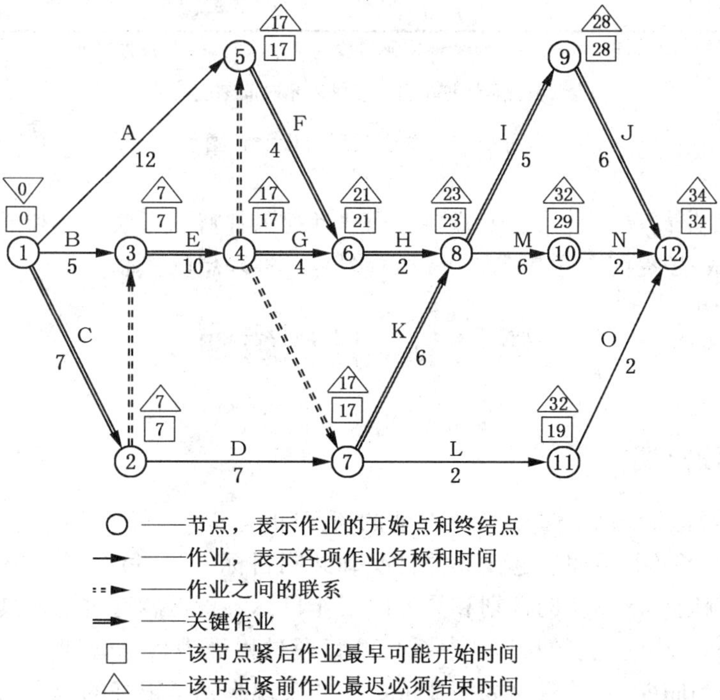

图 6—6 网络图

第三步:根据图中确定的关键作业寻找关键路线。关键作业是指必须按时开工和完成的作业,否则将影响整个工期。

第四步：优化网络。即挖掘非关键路线上的潜力，重新平衡人力、物力，重新确定作业所需要的时间，以非关键作业的潜力支持关键作业，减少关键作业时间，从而缩短关键路线上的整个工期时间。

网络计划技术法的典型特点是制订计划时可以统筹安排，突出重点，可对工程任务的时间进度和资源利用实施优化，对工程任务的完成便于组织和控制，技术操作也相对简便易懂。

(四)甘特图法

甘特图(Gantt chart)是20世纪初由亨利·甘特创立的，也称线条图或横道图，是一种用线条来安排生产或工程进度的方法。其思想是：管理者把总的计划目标分解成人们能够理解和执行的、具有相互关系的一项项活动(或事件)，然后用条状图来表示各项活动实际工作状况和计划要求之间的差距，从而帮助管理者制订纠偏措施，达到控制的目的。

甘特图由二维坐标构成，其横坐标表示时间，纵坐标表示活动，线条表示在整个期间上计划的和实际的活动完成情况。甘特图直观地表明任务计划在什么时候进行，以及实际进展与计划要求的对比。

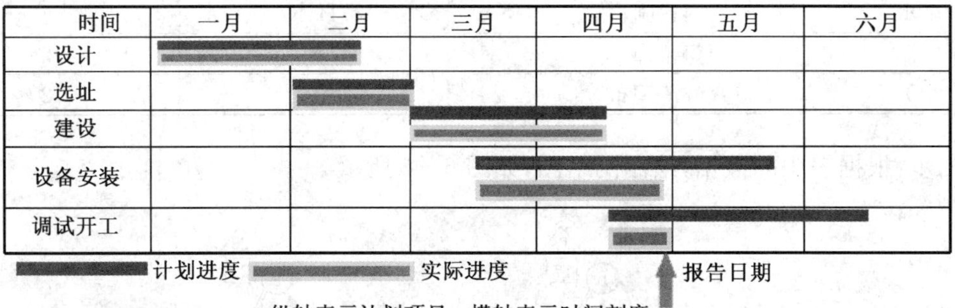

纵轴表示计划项目，横轴表示时间刻度

图6—7　关于工厂建设甘特图

甘特图的特点是简单、醒目、便于编制。管理者利用甘特图可极为便利地弄清一项活动还剩下哪些工作要做，是提前了还是滞后了，甘特图是一种理想的控制工具。

第二节　目标管理

一、目标管理概述

1954年著名管理学家彼得·德鲁克在他的《管理的运作》一书中首次提到了“目标管理”。目标管理是指管理者及其下属一起设立并且明确共同目标，然后每个员工根据自己的具体职责和共同目标来制定自己相应的计划和具体的工作目标。管理者通过这些具体的计划和工作目标来检查计划和工作的进展情况，这一系列的管理过程称为目标管理。目标管理普遍运用在组织的计划、控制职能中，并且对如何评价员工的表现起到了很好的作用。

目标管理的核心内容就是目标，它清楚表明了每一个人、每一个具体岗位为了共同目标和公司的战略应该怎么去做或如何去做。它通过一系列的程序和方法把公司每一个人的努力和奋斗目标都联系在一起，维系在一个更高的整体目标和整体战略上。

目标管理的另一个关键内容就是全员的参与性，在目标管理中特别强调的是下属员工必须配合自己的上级去设定自己的目标和计划，并且参与整个公司的共同发展目标和计划的设定。如果不是这样，在执行的过程中公司可能会遇到一些阻力和障碍，企业各部门之间可能因为各自不同的目的而发生矛盾和冲突，不能达到企业的一致性。

目标管理的最后一个特点就是对于成果的注重。目标管理的开始是对一系列目标的设定，而最后就是通过对每一个员工完成计划和目标的情况，进行员工的评定和考核。工作的成果是最后唯一的对员工进行考核和评价的依据。目标管理只注重最后对于目标的完成情况，而不是很看重过程和方法，所以目标管理的监督成分不多，但是它的控制实现目标的能力非常强。

二、目标管理的基本程序

目标管理应该有如下六个步骤（见图 6—8）：

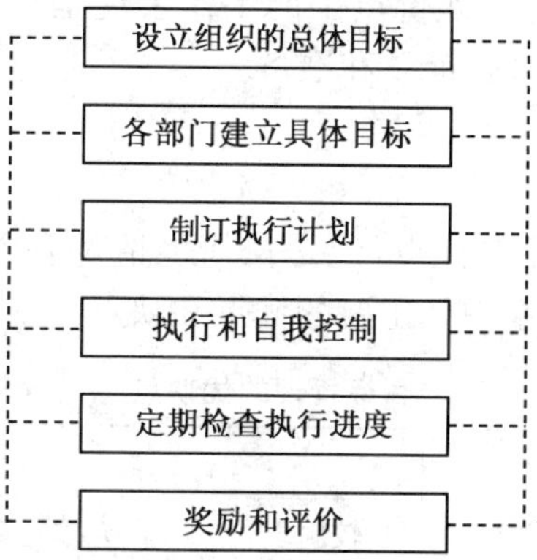

图 6—8　目标管理的基本程序

（一）设立组织的总体目标

设立组织的总体目标是目标管理的第一步。目标在这个阶段是基于组织的整体背景和组织任务的分析而得到的，是整个组织应该达到的目标（例如，公司要在规定的一段时间内提高多少市场份额）。这样的目标由高层管理人员决定。

（二）各部门建立具体目标

设立这种细节目标是整个目标管理的关键部分，每一个部分的每一单个的细节目标都必须支持并且服务于组织的总体目标。在这一阶段中可以有两种不同的做法：第一种是由下层员工针对组织的发展和实际情况提出方案后交由高层管理人员批准；第二种是由高层管理人员拿出一个预定的目标计划，交给基层员工讨论，通过讨论再修改。

（三）制订执行计划

当整体和细节目标都出来以后，通过什么途径和方法来达到目标的执行计划必须尽快制订出来。实际上执行计划就是要告诉我们应该去做什么事情、怎样做、什么时候做、在哪里做、由谁去做等一系列问题。执行计划直接关系到整个目标的可实现性，并且也有助于我们提前做好对困难的准备。执行的计划都是由一线的工作人员在他们的领导监督下集体制订的。

（四）执行和自我控制

目标和执行计划一旦确定，所有的员工就必须按照计划实施具体的操作。在执行的过程中，员工必须清楚每天的任务是什么，自己的进度是否有悖于整体的目标，以及自己是否严格按照计划在工作。自我控制是指因为有了详细的执行计划和目标体系，管理者就不需要时时地去监督属下和员工，而这一切都靠员工按照计划自觉完成，当然管理者要事先让员工明白工作的难度和重点，如果员工确实碰到了一些具体困难，管理者必须支持员工克服困难。

(五)定期检查执行进度

定期检查进度的制度在目标管理的过程中非常重要，这关系到目标能否实现和计划是否被执行。定期检查有利于管理者确切知道整个计划的实施进度和及时解决一些未被预料到的困难。如果目标未能达到，能及时地提醒大家加快执行的力度和节奏，为将来取得最终目标的实现打下良好的基础。定期检查制度还有利于评价整个目标是否可行，是否需要更换整体目标或者增加新的目标。定期检查制度的时间取决于形势和环境的变化速度，一般半个月检查一次。

(六)奖励和评价

整个目标管理的最后一环，就是要对帮助公司顺利完成目标的员工进行奖励。奖励是对员工的辛勤劳动给予肯定和慰劳。评价员工的工作表现是对这一次整个目标管理过程的总结，也为下一次目标管理的工作进行铺垫和准备。

三、目标管理的优缺点

整个目标管理体系体现出很多优点，但是任何事情都有着它的两面性，目标管理也不例外。表6－2列示了目标管理体系中最主要的优点和缺点。

表6－2　目标管理的优缺点

优　点	缺　点
在目标和计划之间达到了良好的协调性	比较脆弱，整个环节太复杂，目标需要不断纠正和更新
对于问题的主次认识明确	对管理人员要求很高
比较强调组织内部的纵向和横向的沟通	对于结果过分追求
对于员工有着良好的激励作用	可能过多重视数量而不重视质量

四、目标管理的评价

正是由于目标管理有着这些不足之处，所以不是所有的目标管理都能让企业走向成功。美国的一家调查报告指出，世界财富前500强的公司几乎一半以上都使用目标管理，但是只有20％～25％的公司能够成功运用目标管理达到自己的目标，其原因就在于三点：(1)执行过程中经理不能很好地沟通；(2)目标制定得不科学；(3)缺乏高层管理人员的支持。良好地运用目标管理体系，正确认识目标管理的优缺点，是企业采取目标管理取得实效的关键所在。

第三节　战略管理

人类社会已步入了21世纪，随着经济全球化程度的不断提高，国际分工日益深化，各国企业所面临的主要是瞬息万变、竞争激烈的国际市场。在这种纷繁复杂的环境下，企业要保持健康、稳定地生存和发展，在管理上就必须具备新的理念和新的管理模式——战略管理。企业管理已进入了战略管理时代，任何企业要想在竞争中取胜，就必须从自身特点出发，确定战略目标，选择战略类型，制定、实施战略目标的方针对策、组织机构、控制等战略管理流程。

一、战略管理概述

(一)战略管理的概念

“战略管理”一词最初由美国企业家、学者 H.伊戈尔·安索夫[①]在其1976年出版的《从战略计划走向战略管理》一书中提出的，在其1979年出版的《战略管理论》一书中又专门加以阐述。他认为，企业战略管理是将企业日常业务决策同长期计划决策相结合而形成的一系列经营管理业务。而美国学者斯坦纳[②]在其出版的《管理政策与战略》一书中指出，企业战略管理是确定企业使命，根据企业外界环境和内部经营要素制定企业组织目标，保证目标的正确落实并使企业使命最终得以实现的一个动态过程。在管理学中，“战略管理”一词主要用于企业的经营、管理。目前，对战略管理具有代表性的看法和认识的有以下几种：

(1)企业战略管理是决定企业长期生存、发展的一系列重大管理决策，内容包括企业战略制定、实施、评价；

(2)企业战略管理是企业制定长期战略和贯彻这种战略的活动；

(3)企业战略管理是企业在处理自身与环境关系过程中突出其宗旨的过程。

战略管理有广义和狭义两种理解。广义的战略管理是指运用战略对整个企业进行管理，代表人物是安索夫；狭义的战略管理是对企业战略制定、实施和评价所进行的管理及管理流程，代表人物是斯坦纳。本节内容主要以狭义战略管理主张为主线。

当代战略管理在各国引起了重视，形成了许多战略管理理论，在此简要介绍一下西方具有代表性的三种战略管理理论。

一是资源配置战略理论，主要代表人物是美国著名的战略管理学家安索夫。他以环境—战略—组织三者为支柱建立起企业战略管理框架，简称ESO理论。他认为战略行动就是组织通过改变内部的资源配置和行动方式，使之与环境相互作用的过程。他根据三个支柱要素又将战略划分为稳定型、反应型、占先型、探索型和创造型，并指出，只有当三个要素协调一致、相互适应时，企业经营总目标才会实现。在稳定型的环境中不应采取探索型战略，以避免打破稳定；相反在创造型环境中，创造型组织只有采取创造型战略才能成功。

二是竞争战略理论，主要代表人物是美国哈佛大学波特教授。他认为战略管理关键是如何确立企业的竞争优势。企业一般采取三种基本竞争战略：成本领先战略，主要通过取得规模效益、市场占有率，使企业总成本低于竞争对手的总成本；标新立异战略，主要是生产出该产业中其他企业所没有的独特产品，形成独家经营的市场；目标集中战略，主要是企业将经营目标集中到某个特定的顾客群，一个细分市场，在那里建立起自己产品在成本或产品差异上的优越地位。

三是目标战略理论，代表人物是美国哈佛大学的安德鲁斯。他提出了战略目标、意图或目的以及为达到这些目的而制定的主要方针和计划的一种模式。这种模式界定着企业正在从事的或者应该从事的经营业务，以及界定着企业所属的或应该属于的经营类型。因此，企业战略管理所要解决的问题是决定企业的长期目的和目标，并通过经营活动和分配来实现这些目标。

---

① H.伊戈尔·安索夫，现代战略管理的奠基人，其理论及方法帮助了无数的组织重获长期盈利能力，为此他被人们称为“战略管理之父”。安索夫曾在兰德公司(Rand)和洛克希德公司(Lockheed)担任高级职位，是范得比尔特大学(Vanderbilt University)管理学院的创始人兼院长，同时在卡耐基—梅隆大学、布鲁塞尔高级管理研究院、斯德哥尔摩经济学院、美国国际大学担任教授职位。

② 斯坦纳，美国著名企业家、管理学者，他的关于战略管理的论述成为管理学史中的著名论断。

(二)战略管理的特征

在市场竞争越来越激烈的环境下,战略管理因其在企业管理中的地位以及与以往管理思想方法迥异,而具有鲜明的个性特征。

1. 总体系统性

战略管理采取系统论的观点将企业看成一个有机的整体,是以企业总体发展为目标来进行的。它指导企业的总体行动,追求企业的整体运作效果;通过将企业这一系统放于更大的系统中,对其所处的外部环境和内部自身条件进行系统分析,制定战略,在协调企业各种局部活动中实施战略管理。

2. 深远的预见性

战略管理着眼于企业的长期发展。这就要求企业管理者在进行长远计划决策或近期工作安排上,对企业现时或未来的生存环境或自身状况有足够的预见。虽然随着条件的变化和所获信息的不同,预见需要不断被修正,但只有企业对不远的未来(三五年乃至七八年)保持深远的预见,企业的管理才具有战略意义。战略管理的预见不同于一般预测过程,不仅要依靠所有的信息进行系统分析和逻辑推理,而且反映了企业管理高层对企业发展命运的考虑,常借助于企业家的经验和洞察力,企业家以其独到的见解构成战略合理的内核。

3. 对外抗争性

战略管理的形式和发展以及制定实施过程都是直接与竞争对手和各种竞争压力相联系的。众所周知,企业常规管理重点是放在内部控制和自身建设上;作为新的管理思想——战略管理,其起点就是根据外界环境的竞争和压力作出相应的管理策略、管理方法。

4. 灵活应变性

战略管理的内容不是一成不变的,战略管理也不能一劳永逸。战略管理是一个不断进行应变的过程。经济形势在变,企业环境在变,竞争对手也在变,其自身也处于变化之中,因此战略管理必须随时研究变化了的情况,对以往的企业战略做必要的修正,或制定新战略,以确保企业既定目标的实现。其应变的频率和幅度会依事态变化的速度和程度而有所不同。随着经济全球化和我国加入 WTO,我国企业面临世界范围的竞争,不仅有国内市场,而且国际市场的挑战更大。这就使战略管理必须灵活应变,承担起一个使命。

(三)战略管理的作用

(1)战略管理可进一步促使企业将内部资源条件与外部环境的发展变化结合得更紧,对影响企业经营的各种要素变化反应更加灵敏,一旦出现不利的变化,则可以马上处置。战略管理可以加强企业资源的合理配置,优化资源结构,最大限度地利用和发挥资源效能,为战略的发展及时有效地追加新的资源投入,推进企业整体规模的扩大和效益的提高。

(2)战略管理可以促使企业时刻关注自身未来的发展,不断审视当前决策对企业未来运营所产生的影响;使企业管理者不断检查与评估当前战略价值的合理性,当原有战略价值的合理性出现偏差时,应及时调整并制定新战略。

(3)战略管理可以促进企业时刻关注自身未来业务发展最具潜力的领域,不断通过方案比较来作出最具价值的选择,可促进企业改进决策方法,不断优化企业组织结构,把日常管理建立在系统有序的基础上,并增强企业的协调、沟通与控制职能,不断提高管理效率和水平。

(4)战略管理更注重人本管理。通过让员工参与战略酝酿、制定、决策、实施,最大限度地激发员工的智慧,从而增强企业的凝聚力,确保战略目标的实现。

二、战略管理过程

(一)战略分析阶段

战略管理是对企业现在和未来发展作出总体、全面的战略规划，对此要根据企业所处的系统环境、所具有的固有特点作出正确分析，以使战略决策的目标和方案科学、准确。战略分析就是分析企业的外部机会与威胁，以及企业内部所固有的优势与弱点。

1. 企业外部环境分析

影响企业战略决策的外部因素分为两类：一类是直接对企业生产经营活动产生影响的环境因素，如政府、股东、供应者、竞争者、顾客、公众、媒介、社区等；另一类是只能间接地影响企业活动和决策的环境因素，如政治、经济、科技、社会文化等客观环境因素。不论是直接因素还是间接因素对于企业活动和战略决策的制定都关系重大，在战略分析上必须严格地分析和判断。外部分析的作用在于确认企业可以受益的机会和企业应当回避的风险。企业高层管理者进行外部分析的目的在于了解哪些因素对企业的未来活动会产生影响，认识产生积极作用的影响因素，认识对企业发展不利的消极影响因素，以便对这些不同性质的影响因素采取适当的对策。

2. 企业内部环境分析

战略管理是企业内部各方面高度相互作用的过程，而且通过内部分析可作为促进组织内部沟通的途径。企业内部各种环境因素一般分为三类：一是企业资源状况(人、财、物、信息、技术等)；二是企业在市场营销、财务、生产、研发、人事及企业文化等方面的现实表现；三是企业管理者能否在市场营销、财务管理、生产管理与企业文化管理上使用正确方法，管理职能部门之间是否能建立良好的沟通关系。企业内部因素分析的目的是了解内部哪些因素对企业未来活动会产生影响，了解影响因素的性质以及如何针对企业各种不同性质的内部环境因素采取相应的对策。内部分析需要收集和吸收有关企业的管理、营销、财务会计、生产作业、研究开发及计算机信息系统方面的信息。所以说战略管理也是企业组织内部各方面高度合成的过程。通过对内、外环境因素的分析，能掌握企业生存和发展的动态信息，为战略决策提供真实、可靠的客观物质基础。

(二)战略决策阶段

战略决策阶段是战略管理过程的核心阶段。按照战略决策过程和任务又可分为四个小步骤：

1. 确定企业的宗旨

企业的宗旨是指企业存在的理由和目的。主要根据企业内外环境因素的分析，确定企业应从事哪一行业的业务。企业的宗旨可以反映出一个企业的经营理念。

确立企业的宗旨是企业战略决策阶段的首要任务，也是最困难的工作。企业的宗旨必须把企业的性质、特点和目的描述清楚，既不能把企业的宗旨界定得过窄，也不能把企业宗旨界定得过宽。过窄的企业宗旨会限制企业的行动，使企业不能灵活地适应外界环境的变化；但企业宗旨过宽则因内容庞杂使企业无所适从，实现不了指导企业经营管理的目的。正确的企业宗旨可以为战略决策及实施提供明确的指导方针，使企业能在所面临的多种发展机会与方向面前作出选择，又不至于在复杂的环境中迷失方向。企业宗旨是外向性的，必须定位于企业的外部，企业只有为自己的产品和服务找到足够的顾客，并使之满意，企业才有生存的可能。因此，企业宗旨必须根据它所服务的顾客和顾客的需要来确立自己的宗旨。

2. 设置企业的战略目标

企业的战略目标是企业在遵循自己的宗旨时所要达到的长期的特定地位。企业宗旨为企业高层管理者选择要达到的战略目标提供了方向和范围。

第一,企业战略目标与企业的内、外因素相关。从企业外部因素分析,企业战略目标与企业在总体环境中的位置、形象、声誉相联系;从内部因素看,企业战略目标与企业追求的经营管理成果即市场份额、增长速度、盈利水平、现金流量、投资收益、竞争能力、经营方向、多种经营程度等一系列指标相联系。

第二,战略目标的确定是企业战略决策、战略实施的关键一步。首先,只有战略目标明确,企业才能根据目标的需求,合理地配置企业的各种资源,正确安排企业经营活动的程序,才能指明任务和责任。战略目标首先应有一个明确的、特定的主题,不应是抽象的、模糊不清的。其次,战略目标应是可以测量的,如果可能,战略目标应尽量用定量指标描述。第三,为使目标更加清晰,目标的设置应有一个实现目标明确的期限。第四,战略目标应是积极进取的,具有挑战性,又必须具有现实性和可操作性。

3. 制定企业的战略

这是战略决策阶段的中心环节。企业战略是为实现企业宗旨和目标服务的,它指的是企业经营管理的综合性蓝图,是从企业发展全局出发而作出较长时期的总体性的活动纲领。它涉及企业生存、发展中带有全局性、长远性和根本性的问题。企业战略必须解决以下四个问题:

第一,对外界环境变化带来的威胁和带来的机会,企业所应当作出的反应。

第二,不同的业务、不同的部门、不同行动之间,企业应当如何分配自己的资源;企业资源有限时,企业必须把自己的有限资源优先分配给哪些方面。

第三,企业运作中,应当如何与同行企业竞争,如怎样打入市场、怎样争取顾客、应当突出顾客的哪些要求、用什么样的技术向市场提供产品。

第四,为贯彻企业总体战略,企业应如何构建合理的组织结构,才能使企业在每一项业务范围内管理好职能部门,以使企业内部每一个单位都能为企业战略的实施而努力。

4. 制定企业战略的政策

这一步既是战略决策的必要环节,也是顺利实施战略的必要保障。企业战略的全部内容仍需由企业的政策来阐述和说明。战略决策是企业发展的基本方向,而企业政策则是指导人们实施战略的细则。

企业通过以上四个步骤可使战略决策更加科学、合理,也能使战略实施顺利完成和实现。

(三)战略实施阶段

成功的战略制定、决策并不能保证战略成功地实施,在实际工作中战略实施总比战略决策要困难得多。战略实施关系到企业经营战略能否成功,是关系到战略方案能否转化为实际的战略目标成果的关键环节。

1. 战略实施过程的任务

企业战略实施是借助于中间计划、行动方案、预算和一定的程序,实现企业战略和政策的行动过程。战略实施是一项行政性管理工作,是在企业最高管理层的监督和指导下,由企业中下层管理人员组织实施的。一个企业总经理必须对企业战略的实施承担全部责任。在战略实施过程中有下列四项重要任务:

第一,确认实施所选择的战略对行政管理的要求,分析企业战略实施过程中将产生的问题;

第二,协调企业战略与企业的内部组织行为,使之相互适应;

第三，着手推进战略实施过程；

第四，监督战略实施过程。

2. 战略实施过程的内容

企业战略实施过程包括制定中间计划与方案、编制预算、确立工作程序以及调整组织结构。

第一，用计划推行战略实施，是将战略决策方案具体化，依据战略方案和重点，规定出任务的轻重缓急，明确工作量和期限。

第二，行动方案，是完成某一次性计划活动和步骤的陈述。例如，一个企业选择了产品开发战略，就需要在战略实施中为开发新产品制定行动方案。

第三，预算，是企业在一定时期内的财务收支预计。从企业战略管理角度来讲，预算是为了管理和计划控制的目的而确立的每一项战略活动方案的详细成本。预算是战略实施的财务保证。

第四，程序，是规定完成某一特殊行动或任务的步骤和方法。这些活动是实现企业战略目标所必要的，因而程序必须在时间、人、财、物等方面满足战略目标的要求。为了制定最佳工作程序，可以借助于计算机和计划评审法、关键路线法、线性规划、动态规划、目标规划等一系列科学方法。

第五，调整组织结构。企业根据内外环境制定战略，以新战略为依据调整企业原有组织结构，使战略实施顺利完成。

（四）战略评价阶段

战略评价阶段也是对战略的控制阶段。战略评价就是将战略实施过程、结果的信息反馈回来的实际战略实施成效与预期战略目标之间的比较，检测两者的偏离程度，并采取有效措施进行纠正，以达到战略目标的有效完成。战略评价对于整个战略管理过程十分必要。

1. 确定评价的标准

战略评价标准是用以衡量战略执行效果好坏的指标体系，它包括定性指标与定量指标两大类。

在定性评价标准方面，有以下六种标准：战略内部各部分内容具有统一性；战略与环境保持必要的平衡性；战略执行中注重评估其风险性；战略在时间上保持相对稳定性；战略与资源保持匹配性；战略在客观上保持可行性和操作性。

在定量评价标准方面，可采用以下项目制定出具体指标：劳动生产率、经济效益、产品质量、新产品开发、物质消耗、市场占有率、产量、产值、销售利润率、实现利润、人均留利、工时利用率、成本费用等。

企业战略各项定量标准还应根据其所在行业要求的标准来进一步确立。

2. 实际工作成果

实际工作成果是战略在执行过程中实际达到目标程度的综合反映。要想掌握准确的资料和数据，必须建立管理信息系统，并运用科学的控制方法和控制系统。控制方法和控制系统必须满足如下要求：节约；具有实际操作意义；定时地提供信息；能测量出经济活动的真实特性；能提供经济发展趋势的定性信息；提供信息简单明了。

3. 评价工作成绩

用取得的实际成果与预期目标进行比较，通过比较可能产生以下情况：第一，与预期目标基本相等，偏差甚微，属于结果较好。第二，超过预期目标，为正偏差，如果稳定、协调发展，结果甚好。第三,没有达到预期目标,存在明显的负偏差和不好的结果,在这种情况下应采取及时有效的措施,针对出现偏差的深层原因采取纠正措施,才能真正达到战略控制的目的。

三、公司战略

对于现代化企业而言,企业战略可以分为公司战略、业务战略、职能战略三个层次的战略类型,因而形成相应的公司战略管理、业务战略管理、职能战略。

(一)公司战略的主要内容

公司战略研究的对象就是现代企业的实体。现代企业体系由大型企业、中型企业、小型企业所构成。企业都是由一些相对独立的业务组成的集合体,这些相对独立的业务被称为战略事业单位(strategic business units,SBU)。多元 SBU 共存于一个企业之中。公司战略是这个多元战略业务单位构成整体的企业战略总纲,是企业最高层指导和控制企业的一切行为的最高行动纲领。公司战略的主要内容包括企业战略决策的一系列最基本的因素,是企业存在的基本原因。公司战略的主要内容包括两个方面:

1. 企业应该做什么业务

首先确定企业的性质和宗旨,确定企业活动的范围和重点。这些决定着企业的经营状况,还能决定企业在外部市场环境中的地位,因而是企业生存和发展的根本问题。企业服务的消费者群体类型、消费者的满意度、企业采用的技术类型、企业向市场提供的产品类型以及这些方面的发展趋势,是企业的经营范围和重点的决定要点;同时也反映了企业的市场地位,这些因素也是利用市场机会和应付市场威胁能力的关键。

2. 企业如何去拓展这些业务

在企业的经营过程中,应当如何决定资源分配的次序?企业内部哪一项业务应当得到这些资源?各应得到多少?怎样最大限度地利用好这些资源?所以说,企业如何有效地、合理地配置资源至关重要。因为一方面,资源投入不同,业务领域所取得的效益就大不相同;另一方面,企业内部各个部门往往都在相互争夺有限资源。企业高层管理者的一个重要任务,就是以最有利于提高企业整体绩效为前提,根据企业内部所具有的资源的潜力可能性,权衡每一项业务活动对企业内部资源的需要,按照轻重缓急合理地配置资源。

按照企业战略管理的原则来看,公司战略的侧重点是:首先,确立企业的使命,企业最适合于从事哪些业务领域,企业向何种经营领域发展;其次,SBU 的划分及战略事业的发展规划,如开发新业务的时机与方式,现有企业放弃、维持或扩展的安排。

(二)公司战略的基本类型

公司战略在企业中居主导地位,其战略类型主要根据战略规划期限内资源分配、业务拓展的发展方向划分为稳定型战略、增长型战略、紧缩型战略、混合型战略。

1. 稳定型战略

它是指在企业内部、外界环境的约束下,企业准备在战略规划期使企业的资源分配和经营状况基本保持在目前状态和水平上的战略。从企业经营风险的角度来看,稳定型战略风险是相对较小的,对于那些曾经成功地在一个处于上升趋势的行业和一个变化不大的环境中活动的企业来说会很有效。稳定型战略主要依据于前期制定的战略。稳定型战略又可依据其目的和资源分为无变化战略、维持利润战略、暂停战略、谨慎实施战略。

2. 增长型战略

它是一种使企业在现有的战略基础水平上向更高一级的目标发展的战略。它以发展作为自己的核心内容，引导企业不断开发新产品，开拓新市场，采用新的生产方式和管理方式，以扩大企业的产销规模，提高竞争地位，增强企业竞争力。

从企业发展过程分析，任何企业都应经历一个增长型战略实施期，因为企业从竞争力弱小的小企业发展到实力雄厚的大企业，只有依靠实施增长型战略才能实现。

3. 紧缩型战略

该战略是指企业从目前的战略经营领域和基础水平收缩和撤退，且偏离战略起点较大的一种经营战略。与稳定型战略和增长型战略相比，紧缩型战略是一种消极的发展战略。企业实行紧缩型战略只是短期性的，其根本目的是使企业转向其他战略选择。紧缩型战略是一种以退为进的战略。

4. 混合型战略

即上述战略的结合运用。

(三)公司战略的主要分析方法

公司战略分析首先要对公司内外部环境进行全面分析，并明确企业业务目前的组合状况，然后用一定的评价标准为各业务单位制订出发展前景和目标。

1. 环境分析模型

掌握和分析公司环境是制定公司战略的前提条件，因此，首先应对公司环境包括行业环境和具体环境以及公司内部条件进行系统分析，如行业寿命周期、规模、技术状况、战略集团等现状和前景，公司主要的竞争结构等。美国著名战略学家迈克尔·波特指出，“在任何产业里，无论是在国内还是在国外，无论是生产一种产品还是提供一种服务，竞争规则都在以下五种力量之中，即新竞争者的加入、替代品的威胁、购买方的讨价还价能力、供应方的讨价还价能力，以及现有企业之间的竞争”，它们之间相互影响、相互制约就形成了行业中的竞争结构。

公司内部条件主要是指企业的综合实力，包括：产品实力，如产品性能、质量、品种、销售、服务、技术水平的获利能力；战略优势，如技术、成本、资源、品牌、企业文化和形象等方面。

公司环境分析通常借助于两种模型，一种是波特的五力模型，一种是安索夫的 SWOT 分析模型，详细内容参见第四章第二节部分内容，此处不再赘述。

2. 波士顿矩阵分析法

波士顿矩阵是由美国波士顿咨询公司发明的一种被广泛运用的公司战略业务组合分析方法。

从波士顿矩阵图（见图 6－9）来看，一方面，一个企业的相对竞争地位（市场份额）和业务增长率是决定一个企业的整个业务组合内某一特定业务单位应当采取的战略的两个基本参数。相对竞争地位（市场份额）决定一项业务产生现金流量的速度，因为与竞争对手相比占有相对较高的市场份额的企业一般拥有较高利润并因而提供较高的现金流量。另一方面，业务增长率对一个企业的战略选择具有双重影响。业务增长率影响获得市场份额的难易度，业务增长率决定了一个企业进行投资的机会水平。

企业的业务增长率可由图 6－9 中的市场发展率来描绘，一般可以用一段时期内某一特定行业的市场中某种产品的目标销售增长率来表示，也可以用最近两年内市场销售额或销售量增长率来表示。相对竞争地位则可以用企业某项业务的市场占有率来表示，也可以用某项业务的市场份额与其在市场上主要竞争对手的市场份额之比得出。波士顿矩阵根据业务增长率和竞争地位将企业各业务单位分为四类：

(1)明星类。这种类型业务单位具有高增长率和高市场份额。由于高增长率和高市场份

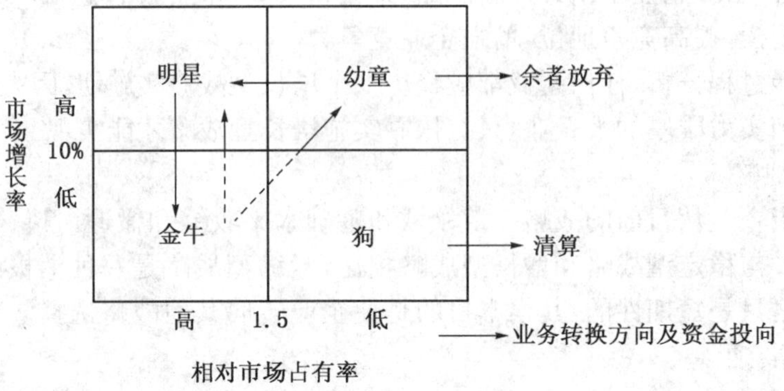

图6—9 波士顿矩阵(增长率—市场占有率矩阵)

额,“明星”运用和创造的现金数量都较大,它一般为企业提供最好的利润增长和投资机会。因此对“明星”的最好战略是进行必要的投资,以保持其竞争地位。

(2)金牛类。该业务单位具有低业务增长率和高市场份额,使其创造的现金量高于自身对现金的需求量。因此,它能为其他各类业务(明星业务和幼童业务)的发展提供所需的财力资源。企业对实力不同的金牛业务应采取不同的战略:对市场进入衰退期的金牛业务,企业可以在尽量短的时间里多获取收益,最终退出该项业务;对于刚进入市场成熟期的业务,企业可以采取在较长时间内维持现有市场地位的策略,以利用其提供的资源发展其他的业务部分。

(3)狗类。即低市场份额和低业务增长率的部门。一般来说,该业务部门为维持现有竞争地位所需要的现金往往超出它所创造的现金量,因此狗类通常是放弃或清算的对象。在少数情况下,狗类业务经过努力能发展为金牛类业务,成为可靠的资源供给者。

(4)幼童类。此类业务部门具有低市场额的高业务增长率。由于其增长,它们的现金需求量高,由于其市场份额有限,其现金产生量也很低。对部分经过选择的幼童业务可进行必要的投资以获取增长份额,并促使其成为一颗“明星”。

波士顿矩阵是分析公司战略的有效方法,但它也有不足之处,主要体现在市场份额和市场增长率的理解和获得难有统一的看法和准确的依据,如何以市场增长和相对竞争地位来衡量业务环境也过于简单;没有考虑市场差异化等其他竞争手段对业务单位运作的影响。

3. 战略群模型

战略群模型是对波士顿矩阵加以修正后得出的又一种企业战略分析方法,如图6—10所示。与波士顿矩阵类似,战略群模型也将业务单位划分成四种类型,即竞争地位和市场发展相互组合成的四个象限。

第一,象限(2)中的业务与明星类业务类似。首先选择的战略应当是集中发展目前的产品与业务。因为企业目前的战略实施情况是令人满意的,但是企业如拥有超过集中性增长战略所需资源量,就可以考虑纵向一体化战略,因为这有助于更好地接近用户和供应商,从而保护企业的利润和市场份额。

第二,象限(1)中的业务与幼童类业务类似。这种业务要求战略管理者进行仔细分析,找出迅速发展市场上竞争地位较弱的原因并确定是否有能力实现过去制定的战略目标。如果认定企业还具备尚未充分体现的潜在竞争优势和实力,经过努力能实现既定的业务单位战略目标,企业可以仍旧集中生产现有的产品和开展现有业务,或者用横向一体化战略来扩充企业的竞争实力;相反,若分析结果是在战略规划期内企业无法获得更多的竞争优势和实现既定的战

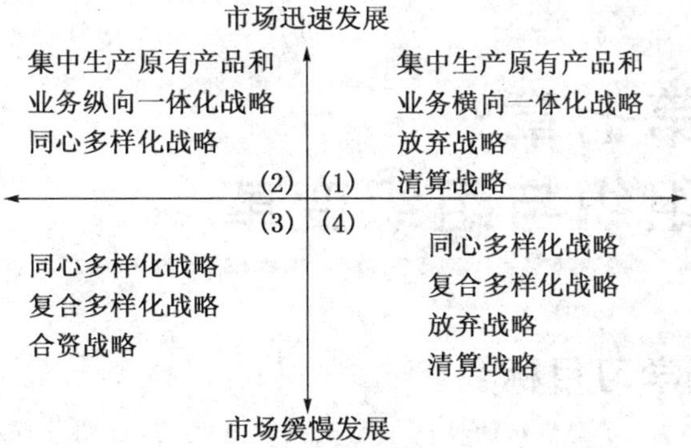

图 6—10 战略群模型

略目标，那么企业可以考虑放弃和清算战略。

第三，象限(4)中的业务对应于波士顿矩阵中狗类业务。对于这类业务，如果企业管理者经过分析确认这种缓慢的市场发展和相对弱的竞争地位将继续下去，那么就应实施紧缩型的抽资转向战略，或者干脆采用放弃和清算战略，以后可能收回被其占用的资源。但这类业务的转向和清算较困难，企业可考虑进行多样化经营，力图从相关和不相关的业务领域中获得发展机会。

第四，象限(3)中的业务相当于金牛类业务。这类业务一般都具有现金流入量大，内部发展对资源需求少的特点。所以，对它们既可以采取多元化战略，也可采取联合投资的做法，以实现进入更有发展前途的业务领域的目标。

复习题

1. 在目标管理中应注意哪些问题？
2. 简要介绍计划管理的基本步骤。
3. 什么是战略管理？战略管理过程包括哪几个阶段？
4. 公司战略的主要内容是什么？
5. 公司战略的主要分析方法有哪些？
6. 编制计划常用的方法主要有哪些？各有何特点？

讨论及思考题

1. 有人反对制定长远目标，因为他们认为在未来的长时期内将会发生的事情是不可预知的。你是否认为这是一种可取的明智态度？

2. 为什么有人会觉得尽管有那么多的企业讨论并采用了目标管理，但为此而取得的实际成效却很低？

3. 王先生每天早晨必须在 7 点 45 分离家上班，上班前的活动如下：起床后立即打开煤气烧水(水烧开需 10 分钟)，然后马上穿衣服，5 分钟即完，接着就去取牛奶(来回共需 5 分钟)。取回牛奶后立即开始煮牛奶(10 分钟即开)，同时完成洗漱(5 分钟即毕)，最后是喝完牛奶(需 5 分钟)出门去上班。如果王先生家只有一个灶头(热源)，他必须在什么时候起床？请绘制网络图解释你的结论。

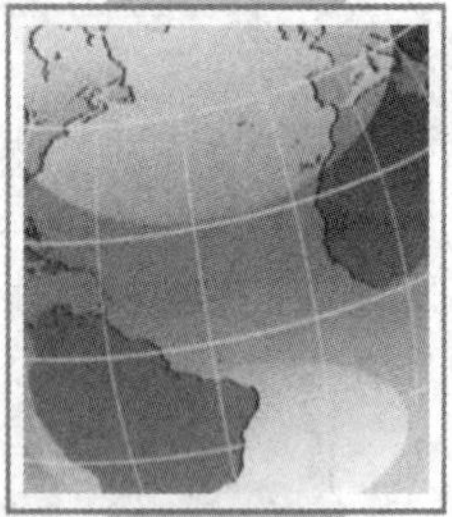

第七章 组织与组织变革

【学习目标】

1.了解组织的概念、特征、构成及类型，说明管理幅度与管理层次的关系，并了解影响管理幅度的因素；

2.理解组织设计的任务、原则和组织设计的影响因素，比较集权型结构与分权型结构各自的特点；

3.掌握几种基本的组织结构类型、特点及适用范围；

4.了解管理层次与管理幅度的概念及关系，明确组织变革的目标、阻力及内容；

5.理解组织变革的含义，明确组织变革的过程与阻力。

【知识能力】

能根据组织的结构特点分析该组织的结构类型并说明其优缺点。

【工作任务】

结合几个典型的企业谈谈其结构类型及特点。

【引导案例】

忙碌的李厂长

某民营玩具生产企业的产品主要销往国际市场，伴随着我国对外开放政策的实施，其市场不断扩大，销售额和出口额以年均20%的速度增长，企业的生产经营规模也在不断扩大，员工由最初不足200人增加到目前近2 000人。与生产经营规模不断发展不同的是，该企业的组织结构没有做任何调整，仍沿用最初建立时的类似直线型的组织结构，李厂长是绝对的领导，对企业的生产、销售、财务和人事等各项工作全面负责，且在许多具体问题上亲力亲为。

但最近一段时间企业遇到了一些事情让李厂长应接不暇。第一，玩具生产是按合同订单执行，生产指令由厂长向各部门、各车间下达，遇到订单紧急的情况，往往是厂长带头，全体员工加班加点赶任务。这样赶任务、赶工期，难免会出差错，个别情况下，玩具质量不达标，产品被客户退回，严重的甚至赔款。第二，伴随着企业规模的扩大和业务量的增加，企业急需招聘专业的管理人员和技术人员，并且需要对新系统进行培训，以往的人员招聘、培训方式也需要做相应的调整。第三，企业的后勤管理没有专门的机构及人员，传统的做法是厂长临时派人去做，现在事情多了、头绪多了，传统做法落后了。凡此种种，以前运行良好的组织机构、管理方法等都失去了作用。面对现状，李厂长时常有力不从心的感觉，他也在不断思考应该如何解决现有的问题，以便更好地适应企业不断发展的需要。

（资料来源：http://wenku.baidu.com/view/047c2364caaedd3382c4d304.html）

思考：

(1)该企业目前采用的是何种组织结构？这种组织结构有何特点？

(2)你认为现有的组织结构能否支持企业的发展，以及企业的组织结构应做哪些调整。

第一节 组织概述

组织是管理的一项重要职能。所谓组织职能,是指为了有效实现既定的计划,通过建立组织机构,确定职能、职责和职权,协调相互关系,从而将组织内部各个要素联结成一个有机整体,使人、财、物得到最合理的使用。它的目的是使人们为实现共同的目标而有效地工作。建立精干、高效的管理组织,并使之得以正常运行,是实现管理目标的前提条件。

管理组织理论分为两个相互联系的分支学科:组织结构学和组织行为学。组织结构学侧重于组织的静态研究,以精干合理为目标;组织行为学侧重于组织的动态研究,以建立良好的人际关系为目标。从总体上讲,两者都是为了提高组织效率。本章重点介绍组织结构学方面的知识。

一、组织的含义与特点

(一)组织的含义

所谓组织,是指人们为了达到一项共同目标而建立的组织机构,是综合发挥人力、物力、财力等各种资源效用的载体。它包括对组织机构中的全体人员指定职位、明确责任、交流信息、协调工作等。这个定义有以下三层含义:

(1)组织作为一个整体,具有共同的目标。因此,在管理活动中,一个组织机构的建立、撤销、调整等都必须服从于组织的目标。

(2)完成组织目标的业务活动和主要责任是决定各级组织权责范围的基础。

(3)组织内的信息交流和协调配合是决定组织效率的两个主要因素。

可见,管理的组织职能有以下三个方面:一是把总任务分解成一个个具体任务;二是再把任务分配给各单位或部门;三是把权力分别授予每个单位或部门的管理人员。因此,从本质上说,组织就是研究组织中人与事的合理结合。

一个完整组织一般由以下几个要素构成:

第一,共同的目标。组织作为一个整体,首先要有共同的目标,有了共同的目标,从而统一指挥、统一意志、统一行动。这种共同的目标应该既为宏观所要求,又能被各个成员所接受,应尽量消除组织中成员的个人目标和组织目标之间的背离。

第二,人员与职责。为了实现共同目标,就必须建立组织机构,并对机构中全体人员指定职位、明确职责。

第三,协调关系。就是把组织成员中愿意合作、为共同目标作出贡献的意志进行统一。否则,共同目标再好也无法实现。

第四,交流信息。就是将组织的共同目标和各成员协作意愿联系起来,它是进行协调关系的必要途径。交流信息分为两大类:一类是非定型的,如命令、指示、报告、要求、开会等;另一类是定型的,如规章、制度、手册等。

(二)组织的特点

设计和建立合理的组织结构,并根据组织内外要素的变化而适当地调整组织结构,维持组织的正常运转,其目的都是为了更有效地实现组织目标。那么,在组织工作中,为了更有效地实现组织目标,还需要了解组织的特点。

1. 目标的一致性

任何一个组织都是由它的特定目标决定的，组织中任何一部分都应该与组织的总目标相联系，组织结构的设计与组织形式的选择都必须有利于组织目标的实现。组织中的每一部分、每个成员虽然都有各自的目标，但这些目标是以支持组织总目标的实现为前提的，都是为了实现组织的总目标，这就是组织目标一致性的特点。只有做到组织目标的一致性，才能实现组织的整体性、统一性，增强组织对成员的凝聚力。

2. 原则的统一性

在进行组织结构设计时，既要明确规定每一管理层次和每个部门的职责范围，又要赋予完成相应职责所必需的管理权限，职责与职权必须在原则上协调一致。如果只有职责，而没有职权或者职权过小，就会挫伤职责承担者的积极性、主动性，实际上也不可能很好地承担这一职责。相反，如果只有职权，而没有职责或者职责过小，则会导致职权拥有者滥用权力、瞎指挥，产生官僚主义作风。因此，在组织结构设计中，应该尽量避免出现上述两种倾向。科学的组织结构应该是保持原则的统一性的，且权责与职位相适宜。

3. 资源的有机结合性

组织以实现目标所要求的职位设定为中心，使组织资源在组织职位上实现有机结合和合理分布，从而协同实现目标。

4. 活动的协作性

分工是按照提高管理专业化程度和工作效率的要求，把组织的总目标分解成各部门、各组织成员的具体的目标与任务，使各部门、各组织成员明确其在组织中应承担的职责和拥有的职权。通过分目标、分任务的实现，从而最终实现组织的总体目标。由总目标分解成的各分目标之间必然存在着有机联系，因而，在各部门之间、各组织成员之间也就必然存在协作的必要。通过组织各方面的协调与配合，确保组织以最低的成本、最高的效率实现组织的总目标。

5. 结构的系统性

结构的系统性是指组织的结构由各系统构成。

(三)组织的类型

在现实生活中，组织可以按不同标准进行分类。较为通用的分类观点有以下几种：

1. 按组织的性质分类

(1)经济组织。经济组织是人类社会最基本、最普遍的社会组织，它担负着提供人们衣食住行和文化娱乐等物质生活资料的任务，执行着社会的经济职能。在现代社会中，经济组织已形成庞大复杂的体系，其中包括生产组织、商业组织、金融组织、交通运输组织和其他服务性组织等。

(2)政治组织。政治组织出现于人类社会划分阶级之后，它包括政党组织和国家政权组织。在现代社会中，政党代表着本阶级的利益和意志，为本阶级提出奋斗目标、制定方针政策。国家政权组织是国家管理社会的重要机器。

(3)文化组织。文化组织是以满足人们各种文化需求为目标，以文化活动为其基本内容的社会团体。这类组织如学校、图书馆、影剧院、艺术团体、科学研究单位等。

(4)群众组织。这类组织是社会各阶层、各领域的人民群众为开展各种有益活动而形成的社会团体。如工会、共青团、妇女联合会、科学技术协会等。

(5)宗教组织。宗教组织是以某种宗教信仰为宗旨而形成的组织，代表宗教界的合法利益，组织正常的宗教活动。

2. 按组织的形成方式分类

(1)正式组织。正式组织是为了有效地实现组织目标，而明确规定组织成员之间职责范围和相互关系的一种结构，其组织制度和规范对成员具有正式的约束力。

(2)非正式组织。非正式组织是人们在共同工作或活动中，由于具有共同的兴趣和爱好，以共同的利益和需要为基础而自发形成的团体。

3. 按社会功能分类

美国著名社会学家 T.帕森斯(T.Parsons)认为，组织的分类应按社会作用和社会效益进行。即以组织的社会功能为标准，将组织分为：

(1)以经济生产为导向的组织。这类组织是以经济生产为核心，运用一切资源扩大组织的经济和生产能力。这种组织的任务除生产物质产品外，还提供劳务等。因此，它们的范围是非常广泛的，包括公司、工厂、银行、饭店等。

(2)以政治为导向的组织。这类组织的社会功能在于实现某种政治目的，因此它的重点是权力的产生和分配。如政府部门的一些组织就属此列。

(3)整合组织。这类组织的社会功能在于协调各种冲突、引导人群向某种固定的目标发展，以保持一定的社会秩序，如法院、政党等组织。

(4)模型维持组织。这类组织的功能在于维持固定的社会形式，来确保社会的平衡发展，如学校、社团、教会等。

4. 企业组织的分类

现代组织最重要的形式之一是企业组织。根据组织合成"要素"的性质不同，可以将企业组织划分为以下三大类：

(1)作业组织。对生产作业活动加以组织，是企业组织的最基本内容。生产作业活动是以物质流为对象，通过人与机器的结合、使用和协调配合，达到将原材料的输入转换为一定产品或服务的产出结果。从历史上看，工业组织经历了家庭手工业、工场手工业、机器大工业和现代化几个不同的发展阶段，其生产作业组织也在这一过程中发生了不断的演化和变革。此外，在现代组织中，与生产现场作业相并存的办公室作业活动也日益扩大与发展，从而构成了作业组织的另一内容。

(2)管理组织。管理组织通常被认为是一种纯粹以"人"为对象的组织。但是，随着现代科技的进步，"智能机器"在管理活动中扮演着越来越重要的角色，所以，管理组织也就演变成为一种特殊的人机力量协调系统。管理组织主要包括日常生产经营管理组织、创新管理组织和战略管理组织，它们是组织中脑力劳动与体力劳动、日常性活动与创新性活动以及资本所有与组织经营权相分离的产物。从组织形态上看，它们经历了从"单个人"逐步演化为"组织"，并由组织的低级形态不断地向高级形态发展变化的过程，以及从"机械化"刚性组织到"有机式"柔性组织的演变与发展过程。它从单个管理者(管理活动内部分工)到直线简单组织(管理活动纵向分工)，再到功能型组织(管理活动横向分工)乃至分部型组织(业务经营单位划分)，形成相对独立于日常管理组织而存在的战略管理组织。

(3)财产组织。企业组织不仅是人与机器、原材料等生产要素相结合的结果，更是财务资源集结而成的经济实体。企业从机器大工厂演变为现代公司，是财产组织形式上的一大变化，它体现了企业组织制度的飞跃。而财产组织反映组织资本的来源、构成及组织治理结构问题，它对管理组织尤其是战略管理组织，具有不可忽视的作用。

企业作业组织、管理组织和财产组织在实际中是相互依存、相互促进的，它们共同形成了组织的一个完整体系。现代企业正是因为在财产组织、管理组织和作业组织的交互影响与变化中不断地强化其生存发展的能力，才能充分地发挥出整体最好的合成和协同效果。

二、组织设计

组织结构(organizational structure)是指组织内部各级各类职务、职位的权责范围、联系方式和分工协作关系的整体框架，是组织得以持续运转、完成经营管理任务的体制基础。组织结构制约着组织内部人员、资金、物资、信息的流程，影响着组织目标的实现。设计一个合理的组织结构并不断进行调整以适应内外环境的变化，是组织职能的主要工作。

(一)组织结构设计的任务

组织结构设计是为了合理地配置组织成员的劳动，建立相对稳定的工作秩序，它所要完成的基本工作任务是：

1. 设计职务类别与数量，确定管理层次

根据组织的规模和其工作任务性质，仔细分析需要设置哪些工作岗位及相应的管理职务，认真研究每个职务应承担的职责及担任该职务的人员应具备的素质要求，是组织结构设计的基础性工作。组织结构设计一般由基层开始。比如一个大型加工制造企业就可从生产班组开始，先将工作任务相同或工作联系特别密切的若干工人组成一个作业班组，设置班组长职位来安排、指导、分配组内的工作任务并负责检查工作质量、协调工作之间的衔接与配合，考核工作绩效。然后再将若干工作联系紧密的班组组成工段，设置工段长职位，负责协调各班组之间的关系，在班组之间确定生产任务的分配与先后顺序，调配人员、物资材料及设备的维修使用，考察各班组的工作质量与进度等。在包含若干个工段的车间，除车间主任外，或许还需要设置专职的会计、统计、调度、物料员等职务，协助和分担车间主任的管理工作。对于有多个车间的专业生产厂，除设置负责全厂工作指挥的厂长职务外，一般还有负责技术的总工程师，分管财务、行政的副厂长等，由此向上逐级设置，最终确定组织的全部管理职务类别、数量与管理层次。但在考虑现有组织结构的改进与调整时，却往往是自上而下地重新组合各类职务和确定纵向等级层次。

2. 根据组织的性质与特点，进行横向管理部门的划分

“部门”(department)是指由若干性质相同或内在联系紧密的职务组合成的管理单位。在同一级管理层中，需要对工作任务与性质有明显差异的职务进行归类并确定其权责界限及其相互关系，以便提高主管人员的工作效率。可以说，划分部门是劳动分工思想在组织结构设计中的运用方式之一。尽管划分部门是对所有组织都普遍适用的有效方法，但具体的划分依据或标准却千差万别，主要受组织活动的特点和环境条件的影响。比如医院依照治疗部位不同或治疗对象的特殊性划分为内科、外科、口腔科、眼科及小儿科等；规模较大的医院一般都划分住院部与门诊部，另外配置为各科室服务的药房、消毒房等服务部门。各类学校则多依学科或专业来划分，如综合性大学可分设文、理、商、法、数学、化学、生命科学、电信工程等各个学院。一个生产型组织可以按照工艺流程或设备来划分部门，如一个汽车总装厂可分为冲压、焊接、油漆、装配等车间。一个大型跨国公司或经营范围广阔的销售公司多半会依照其经营区域划分为各个分公司。进行多样化生产的大型企业集团如电器集团极有可能依其产品类别划分出彩电、冰箱、空调、洗衣机等事业部门。面向公众的服务型企业也可依顾客对象的不同划分部门，如一个办公设备销售公司就分设了三个分别以政府机构、公司企业、个人用户为对象的部门以提供不同型号的产品和售后服务。总之，各种部门划分形式各有其优点与局限，没有标准

模式，需认真比较权衡，但有一种被较广泛采用的基本方式是按组织内的职能活动划分管理部门，比如行政、人事、财务是各类组织都需要的职能部门；又如，采购、生产、营销、研究与开发构成制造类企业的基本职能部门。当然，不论如何划分，各部门主管要对本部门的工作效率和业绩负全部责任。

3. 明确规定各管理职位之间的权责义务关系，选择合适的组织结构形态

前两项工作已使组织结构的框架初见端倪，但要使其有效运转，就必须明确各类职务及各管理职位之间的相互关系，使每一个担任管理职务的人都能清楚地了解自己的权限职责是什么，我向哪位上级负责，我可以直接指挥的下属有哪些，通过何种途径与有关部门建立工作联系，等等。这些上下左右的有机联系使组织成为一个协同运作的完整系统，系统的结构形态差异主要是由决策指挥权力的分配及各项工作任务的组合形式所决定的。所谓"合适"，意味着合理、适用，既符合组织工作任务和性质特点的要求，又能高效率地运作，实现组织目标。

(二)组织结构设计的一般原则

由于上述多种因素的共同影响，各级各类组织的结构形态千变万化，内部职务的设置和部门间的相互关系也各不相同，但作为带有普遍性的工作，组织结构设计也共同遵守某些一般原则。

1. 专业化原则

即按专业分工，将相同或相似的职能、产品集中到一个部门。

2. 管理幅度原则

所谓管理幅度，就是研究一个管理者能够领导多少部属人员。每一个管理者的时间、精力和能力是有限的，一个上级管理者能够直接有效地指挥的下属数量有一定的限度。当管理者的下属人数以数学级数增加时，管理者和下属人员之间相互影响的总数量将以几何级数增加，即：

$$C=N(2^{N-1}+N-1)$$

式中，C 为各种可能联系的总数；N 为向管理者直接汇报的下属人员数。

一个管理者到底直接指挥多少下属为宜呢？一般认为，在上层的组织级别中，管理幅度为3～8人，而在基层机构中则为8～12人或稍多一些。管理幅度的要旨在于判断一个管理人员能否领导得好，究竟以多少人为宜，没有固定的模式，应该根据不同的人和不同的环境条件来确定管理的幅度。

3. 命令统一原则

命令统一是指组织的各个部门机构、组织内的每个成员都只服从本部门主管的直接指挥与命令，只向这一个上级主管汇报工作并向他负责，其他更高级别的主管或者其他部门的主管不允许越级指挥或越权发布指令。上、下级之间的这种统一指挥关系有利于增进相互沟通与配合，组织的各项指令由上到下逐级下达，可保证组织的政令统一、畅通，也可保证组织的各项管理决策高效率地贯彻执行。

然而，统一指挥尽管是组织结构设计中的重要原则，却由于过于刻板，缺乏必要的灵活性，不便于同一管理层次中不同部门的横向联系，而在实践中受到挑战。一般可通过明确划分直线职权与参谋职权，规定主管人员在特殊情况下的临时处置和事后汇报权以及授予下级部门一定的直接相互联系、分别向上级报告结果的权限等方法来调整。这样，既增加了灵活性，又有助于统一指挥的实施。

4. 权责对等原则

组织中的每个职位和部门都必须完成特定的工作任务，而从事任何工作都必须借助一定

的资源条件和权力。为了组织的正常运转，一方面，组织结构设计中不仅要明确规定各个部门和职位要完成的任务与承担的责任，还要对不同职位拥有的调配人、财、物、信息资源以及指挥、命令、奖惩的权力作出明确界定。从理论上讲，职位权力是完成工作任务的必要条件，权责对等意味着每个职位拥有的权力应与其承担的责任大致相当。有职无权或者权限过小，该职位工作人员的积极性受到束缚、能力受到限制，实际上难以完成任务也就无法履行职责，最终使组织的运作受到损害；如果缺乏必要的权力而又迫于上级的压力必须完成任务去走旁门左道，则往往违规操作或破坏制度，给组织带来更多的隐患。另一方面，赋予某个部门或职位的权力不要超过其所承担任务的要求，只有职权而无责任或权力大于责任，必然给滥用权力留下隐患。因为责任是对权力运用的一种约束，缺乏责任约束或制约力度不够的权力可能导致官僚主义"瞎指挥"乃至"以权谋私"，造成组织内部的混乱无序。因而，组织结构设计时都应该明示职位、职权、职责规范，形成制度，无论何人担任该职位的工作都有章可循、有规可依。同时，建立相对独立的监督部门和有效的约束机制是管理人员正确运用职位权力的组织基础。

（三）组织结构设计的影响因素

一个组织的管理职务及其整体结构的设计是为实现组织目标服务的，只有深入地分析影响组织结构及其效能差异的各种因素，才能建立各因素和谐配合，既充分体现组织中各业务单元的独特性又保持组织内部努力方向一致性的组织模式。以下将从外部环境、组织战略、技术因素、组织规模四个方面进行具体分析。

1. 环境

组织作为存在于一定社会环境之中的开放系统，需要不断地与环境交换信息和资源才能生存和发展，所以组织必然会受到各种环境力量的影响。但外部环境是组织无法控制的，组织只能调整自身结构来适应不同的环境。

一般来说，所处环境的不同会影响到组织结构的整体特征。在变化缓慢、相对稳定的环境中，那些等级关系严格、规章制度详细刻板、职责分工明确、工作程序固定的"机械式"组织有很高的运作效率。而在竞争激烈、存在多种不确定因素的动荡环境中，那些更强调合作与横向沟通、等级关系和权责界限相对模糊、具有更多灵活性的"有机式"组织更有利于快速地对环境的变化作出反应。

如果把动态性和复杂性作为环境因素的两个主要变量，可以将外部环境依照不确定程度划分为从低到高四种类型（如表7－1所示）：在对企业经营的影响因素较少而且变化不大的低不确定性环境中，组织一般采取集权而正规的机械式结构，主要依靠工作过程标准化来协调各项活动，如发电企业、集装箱制造企业等；在外部环境较稳定但影响因素较复杂的中等偏低不确定性环境中，影响组织生产经营的多种要素会有变化，不过这种变化是可预见的、逐渐发生的，相应的组织结构较复杂，需要设置多个对外联系的部门和一定的内部综合协调部门，正规化程度较高但有一定程度的分权，如汽车制造企业、医院、银行等；当影响企业经营的构成要素较少但供求状况和市场的变化却多变又无明显的规律时，这种简单多变的环境具有中等偏高的不确定性，如玩具、时装、个人电脑等企业最好采用有机式组织结构，设置少量的对外联系部门，正规化程度低，但重视预测与计划，结构较简单，倾向于集权；电子、家用电器、零售、餐饮、旅游等行业的企业面临着影响因素复杂又动荡多变的高不确定性环境，需要有很多的部门和员工直接面向外部的客户与公众，组织结构高度有机化和较多分权，部门之间的横向联系密切并便于相互调整，比其他企业更多的综合协调人员是此类企业良好运作的保证。

表 7—1　环境不确定性与组织结构的特征

稳定性＼复杂性	简　单	复　杂
稳定	简单＋稳定＝低度不确定 1. 外部因素的数量少 2. 各因素保持不变或变化缓慢	复杂＋稳定＝中低度不确定 1. 外部因素的数量多 2. 各因素保持不变或变化缓慢
不稳定	简单＋不稳定＝中高度不确定 1. 外部因素的数量少 2. 各因素变化频繁，不可预见且会产生反作用	复杂＋不稳定＝高度不确定 1. 外部因素的数量多 2. 各因素变化频繁，不可预见且会产生反作用

此外，不同的环境会影响组织内部的机构设置和部门间的关系。比如在我国旧的计划经济体制下，生产要素的调配和产品的销售都是由国家计划统一安排的，企业的任务就是按计划组织生产。再如在垄断程度较高的行业，或者是在产品供不应求的卖方市场环境中，企业主要关心的是如何生产尽可能多的产品，相应的组织结构中，生产部门居于中心地位，销售工作难度不大，人员亦较少，销售部门处于附属地位。而在市场经济体制下，尤其是在同业竞争激烈、商品供过于求的买方市场环境中，营销成为企业经营管理中的关键环节，计划、采购、生产制造和新产品开发都要以营销为基础，不但营销部门的工作包含了更复杂的内容，人员和机构都增加，而且与其他部门的联系也更加紧密了。同时，研究与开发、质量控制等部门也变得重要起来。

2. 战略

战略是关于组织长远目标、发展方向及相应的行动方案，资源配置的总体设想与筹划是组织获取长久竞争优势的基础。管理学者阿尔弗雷德·钱德勒通过对数十家大公司发展史的实证研究后认为：公司战略的变化先行并导致了组织结构的变化。依据钱德勒等人的研究，可以将企业发展过程中在战略和结构上的变化分为四个阶段：(1)初期扩张和资源积累阶段，组织结构较为简单；(2)资源合理利用阶段，企业产品和经营范围开始扩张，一般采用职能型结构或区域部门化的结构；(3)持续发展阶段，企业力求开发新的产品和拓展新的市场，战略重点放在研究开发职能和内部协调职能上，倾向于采用产品事业部结构或矩阵式结构；(4)多元化经营阶段，由于不同业务领域之间存在着较大差异，企业内部的资源配置和相互协调问题更为突出，公司总部职能机构与事业部经营结合的集团型结构，或者由若干战略经营单位组成的联合舰队式结构成为普遍采用的组织结构形式。

一般来说，组织的战略选择决定了其业务活动的特点，直接影响到管理职务的设置和部门的划分；此外，战略重点的调整会引起工作重点的转移，影响到各部门在组织中重要程度的变化，从而要求组织内的部门与管理职务间的关系也相应调整。比如，选择了专一化战略的组织会有一个较为简单、精干的组织结构；而一个将战略重点转向海外市场的公司，不只是新增一个国际业务部，还要求其他部门的相应改变并提供支持。总之，与组织战略相适应的结构形式才能成功地贯彻实施战略，将组织战略融进日常生产经营活动中，而与战略不适应的组织结构会成为阻碍战略发挥作用、产生效力的巨大抑制力量。

3. 技术

技术因素对组织结构的影响从两个层面上展开。第一个层面是组织用于自身管理活动的办公设备和管理手段的技术水平高低，将直接影响组织中的职务设置、结构特点和对管理人员的素质要求。组织如果拥有先进的自动化办公设备和完善的管理信息系统，在大大减少一般管理职务的同时也会改变组织中的部门结构。如某大型跨国公司建立的计算机财务系统使其会计职务由数百个减至不到10个；美国最大的非耐用消费品批发商麦金西公司联络着2 500家供货商，面向14 000家杂货店和医院提供5万种商品，通过运用先进的信息扫描装置和用计算机技术处理订货数据，公司只用50个配送中心就可以保证杂货销售商在24小时内收到他们所需要的货物。沃尔玛公司更是运用自己的通信卫星，在总部的信息中心处理它的全球业务。20世纪末期以来迅速推广的企业信息化和电子商务、电子政务更是大幅度地促进了组织结构的扁平化、部门设置的综合化、管理职能的集中化。

第二个层面是组织在向社会提供产品和服务的过程中所采用的机器设备和生产技术的先进程度对组织结构的影响，这在作为经营性组织的企业中更为明显与直接。如激光照排技术及其设备彻底改变了图书出版企业的生产流程与作业组合；金融电子化技术在解放了大量手工劳动的同时拓展了许多新的服务领域，从而在组织结构中增加了新的业务部门；证券公司近年来发展的网上交易大大减少了营业部的数量和为柜台交易服务的人员。那些为社会提供高技术含量产品和服务的企业，会需要与传统企业完全不同的组织结构，强大的研究与开发部门和信息中心成为企业的心脏。我国的春兰集团构建了由基层技术人员，中层的电器、动力、电子三大研究所，高层的春兰研究院组成的三级技术创新体制，分别开展应用性、开拓性、前瞻性和基础性研究，承担着春兰集团技术创新的重任，为春兰集团的持续发展作出了巨大的贡献。

总之，科学技术的飞速进步及其商业化应用对组织结构的影响是极其深刻的，必须予以高度重视，只有与组织的技术状况相适应的结构才有助于提高组织的绩效。

4. 规模

组织规模的大小是影响其结构设计的基本因素。组织规模除了影响等级层次的多少外，也影响对组织结构类型的选择。一个少于500人的小型企业多半会优先考虑按职能划分部门，形成一种决策管理权力较集中的简单型结构。而一个拥有数千上万名员工、经营着多种产品系列的大型企业，则需要考虑设置数个具有相对独立性的分支机构，并增加协调分支机构运作的专门职位。大型组织由于结构变得复杂，通常倾向于比小型组织有更细化的分工和更多、更严密的规则条例，以加强标准化，便于统一管理。但这种关系并非是严格线性的，组织扩充到一定程度后，规模对于结构的影响度逐渐减弱。

此外，当组织处于不同的发展阶段，其主要活动内容和运作特点不同，也要求不同的组织结构与之相适应；组织所处地区的社会文化背景及自身组织文化的特点都是在组织结构设计时要考虑的因素，在此不再进一步深入讨论。

第二节　组织的部门化

一、组织部门化的基本原则

传统的学者们主张，组织中的活动应当经过专业化分工而组合到部门中。劳动分工创造了专家，也对协调提出了要求。而将专家们归并到一个部门中，在一个管理者指导下工作，可以促进这种协调。部门的建立通常可依据所开展工作的职能，所提供的产品或服务，所设定的目标顾客或客户，所覆盖的地理区域或者将投入转换为产出所使用的过程等来划分。古典学者们并不提倡使用单一的方法划分部门。部门化方法的选择只需要反映有利于实现组织目标和各单位目标的要求。

(一)职能部门化

一种最常见的方法是按履行的职能组合工作活动,称为职能部门化。制造厂的经理可以将工程、会计、制造、人事和采购等专家分别组合到共同的部门中,建立工厂的组织结构。职能部门化可以在各种类型组织中得到应用,不同的只是反映组织目标和活动的具体职能发生变化。如医院可能会设立研究、病人诊治、会计和其他一些部门;职业足球俱乐部设立的部门可能是球员管理、票房销售、旅游住宿等部门。

(二)地区部门化

部门化的另一种方式是按照地理区域进行的地区部门化。如销售职能可以分布在西部、南部、中西部和东部几个区域。一个大型教育机构可能在该地区内设有6个中学,为各个主要的地区提供便利的教学。要是一个组织的顾客遍布于广泛的地理区域,那么采取地区部门化方式是最有意义的。

(三)顾客部门化

组织力求争取的顾客特定类型也可以用来组合工作人员。例如,一家办公用品公司的销售活动就可以细分为三个部门,分别服务于零售、批发和政府三类顾客。一个规模相当大的律师事务所,可以将它的职员按照服务于公司客户还是服务于私人客户进行分组。采取这种顾客部门化的分类方式所包含的一个假定是,每个部门所服务的顾客都有共同的问题和要求,需要各自的专家才能更好地解决问题。

(四)过程部门化

过程部门化可以在制造产品或提供服务中加以应用。如果你曾到车辆管理所申请过驾驶执照,你在得到执照前大概都要经过许多个部门。在我国,申请者必须经过三道手续,每一步骤都由一个独立的部门来处理:(1)机动车辆部门验证申请是否合法;(2)执照部门进行证照办理;(3)司库部门负责收款。

二、组织部门化的基本形式

(一)一般组织结构的设计形式

1. 直线型结构

直线型结构(line structure)是最早形成且最简单的组织结构形式,其基本特点是组织中所有的职位都依据直线职权组成等级层次分明的垂直系统,不设专业化分工的职能部门,各种管理职能集中由主管人员承担,每个组织成员只接受其直接主管的命令并向他负责。直线型组织结构的主要优点是简单明确、权责清楚、统一指挥,在主管人员素质高、能力强的条件下有很高的运作效率且节省管理费用,适用于业务单一、有较稳定服务对象的小型组织或现场的作业管理。在实践中,处于发展初期的小企业、创业型的企业家多数会采用此种大权独揽的结构。其缺点是缺乏横向协调的渠道,当组织规模扩大或主管人员的能力不足以有效控制时,则难以适应业务发展的要求,一旦发生意外事件或紧急情况有可能给组织造成较大的损害,如图7—1所示。

2. 职能型结构

职能型结构(functional structure)是按照在组织中所承担的职能来组织工作活动,将业务性质相似、所需要的业务技能相近、与实现某个具体目标联系紧密的工作任务组合在同一个部门中,组成以生产、营销、财务、人事等职能部门分工为特色的结构形式,如图7—2所示。

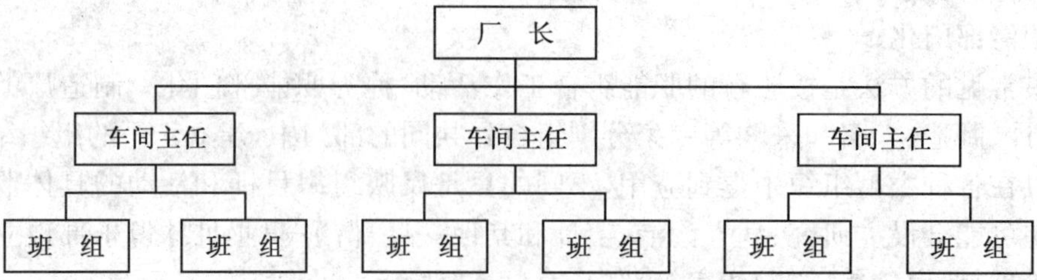

图7—1 直线型结构

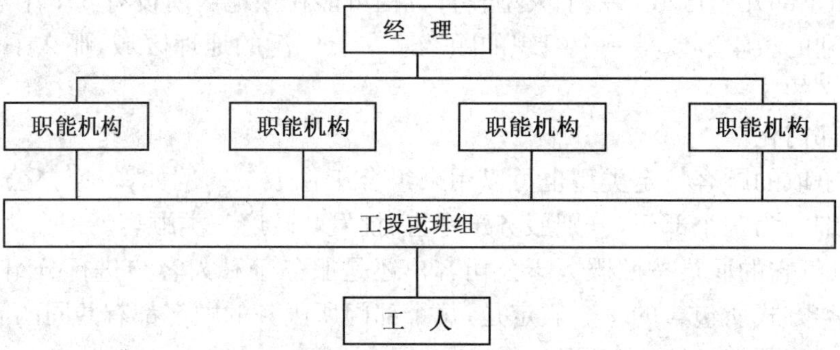

图7—2 职能型结构

职能型结构能够充分发挥专业化分工的优势，将具有相近专业技能的人组合在同一个部门中工作，有利于相互间的交流沟通，提高技能水平和更深入钻研本领域的工作，减少人员和设备的重复配置。同时各职能部门围绕着组织的总体目标开展工作，有利于高层主管的集中决策、统一指挥。职能型结构的不足之处在于，如果职能经理长期只从事某一专门业务的管理，对其他职能部门缺乏了解，则难以具备全局观念，不利于培养进行全面管理的高层次、综合型管理人才。对于具有多种产品的生产型企业来说，一种产品的生产销售全过程分散于不同的部门之中，不易区分单独一种产品对企业的贡献，不利于指导企业及时调整产品结构，也没有一个职能部门对生产经营的最终结果负责，高层主管承担的责任和压力都特别大。企业的各个职能部门之间如果缺乏有效的协调，有可能对实现组织的总体目标产生消极影响，特别是职能部门也能对下级单位发布指令要求，会破坏指挥命令的统一性。

一般来说，职能型结构对中小型组织有较广泛的适用性，职能型结构本身的不足之处也可以通过职务轮换、加强各产品的成本核算等方式予以弥补。处于发展初期或者外部环境比较稳定的组织采用简单明了的职能型结构不失为明智的选择。

3. 直线参谋型组织结构

直线参谋型组织结构(line-staff structure)试图将上述两种结构综合在一起，其特点是同时设置了两套系统：一套是依照直线指挥关系层层负责的垂直系统，另一套是按照职能分工关系设置的参谋系统。直线主管在其管辖范围内拥有对下属工作实行指挥命令、监督奖惩的职权；参谋部门的人员对下级机构和同级主管只有提供咨询建议和业务指导的权力，不能直接指挥和发布命令。

直线参谋型组织结构适应了管理职能分工的要求，使参谋部门分担了直线主管的管理工作，但又保证了命令统一，避免了政出多门、多头指挥造成的混乱。组织中的两套系统各司其职、各负其责，整个组织的运作稳定有序，效率较高。在计划经济时代，直线参谋型组织结构是我国国有企业运用最广泛的结构形式。直线参谋型结构的主要缺点是过于刻板、应变性较差，同时，参谋部门与直线部门间缺乏正式的沟通渠道，相互间的协调工作量较大，占用了上层主管的大量精力。这种组织结构比较适合于中型组织，但不太适合于参谋部门众多，又拥有多种产品系列的大型组织，如图 7—3 所示。

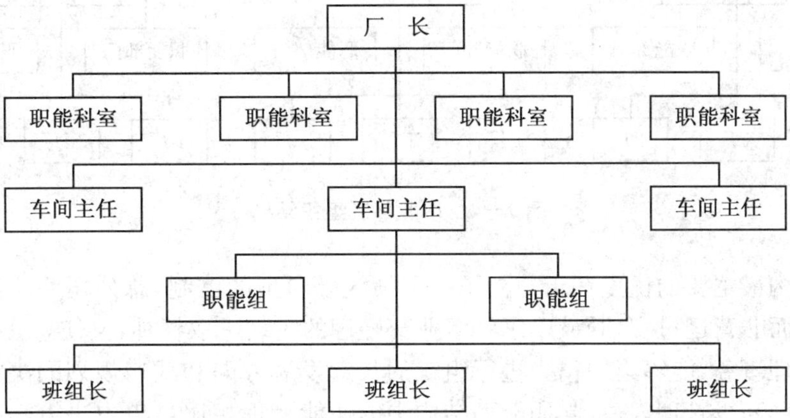

图 7—3　直线—职能型结构

以上三种组织结构尽管存在着明显的区别，但在制度安排上同属于集权型体制，经营决策权力集中于高层主管手中，各职能部门和直线部门都只具有执行权力，这是其共同的基本特点。

4. 事业部结构

美国通用汽车公司在 20 世纪 20 年代由其领导人斯隆①创立的事业部结构（divisional structure）是一种适合于大型组织的分权型组织结构形式。在总公司领导下设立的各个事业部相对独立地自主经营，各有自己的产品和经营范围，财务上独立核算。各事业部经理对事业部的经营绩效全面负责，拥有充分的运营决策权力，并直接向总裁报告工作。总公司向各事业部提供财务管理、法律咨询、人员培训、信息资料、广告宣传等方面的支持与服务，同时也作为外部监管者，协调与引导各事业部的活动与总公司的目标保持一致。概括地讲，在事业部结构中，公司总部为决策中心，事业部为利润中心，而事业部所属的生产单位为成本中心，整个组织的发展战略选择、经营运作方式、生产成本控制等权力与责任分散在不同的管理层中。

图 7—4 提供了一家公司的事业部结构，由图中可见事业部的设置具有很大的灵活性，可将按产品或按地区划分的事业部置于同一层次，完全视业务扩展的需要而定，不受教条限制，各事业部内部仍可包含职能部门分工和直线指挥链。

① 阿尔弗雷德·P.斯隆（1875～1966 年），1875 年 5 月 23 日出生于美国，1895 年毕业于麻省理工学院（他后来资助该学院成立了现在闻名世界的“斯隆管理学院”），获电子工程学士学位。他的一生几乎都是在汽车行业中度过的。他于 1918 年加盟杜兰特先生（别克汽车的创始人）领导的通用汽车公司。1923 年 5 月，继杜邦先生之后，斯隆成为通用汽车公司的总裁，之后，一直任通用汽车公司总裁、首席执行官、董事会主席至 20 世纪 50 年代。在他加入通用汽车公司时，公司正处于严重的危机之中，风雨飘摇，人们看不到公司的未来。在他领导通用汽车公司的几十年中，通用不但超越福特汽车公司成为世界上最大的汽车制造商和世界上最大的产业集团之一，而且成为美国经济的重要标志。他在汽车行业 50 多年的管理经验，不但使自己成为 20 世纪最伟大的企业家，成为职业经理人的榜样，而且，对管理理论的发展也做出了伟大的贡献。他对企业的组织结构、计划和战略、持续成长、财务成长以及领导的职能和作用的研究，对职业经理人概念和职能的首次提出，对现代管理理论的形成和发展产生了极大的影响。

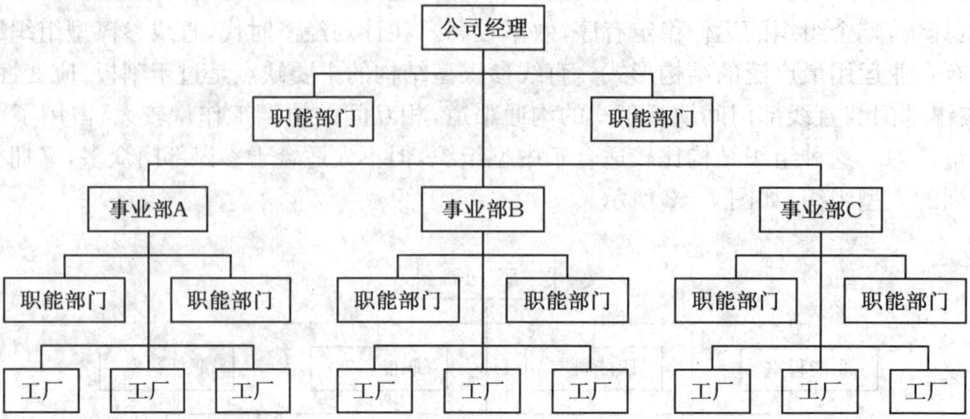

图 7—4 事业部制组织结构

事业部结构最主要的优点在于建立了一种绩效导向型的体制，总公司关注和考核各事业部的经营效果而非营运过程，既鼓励了各事业部经理的主动进取精神，又使总公司的高层主管摆脱了日常管理事务，能够集中精力进行组织的长远发展方向和战略规划的决策。事业部结构还有利于培养高级管理人才，与职能型结构中的职能经理相比，"集中决策、分散经营"使各事业部经理独当一面，在事业部的自主经营中广泛获取多方面的经验，独立承担取得经营业绩的责任培养了他们的全局观念，为其向高层经理发展提供了充分的锻炼机会。

对于一个经营活动涉及多个业务领域的企业来说，各事业部自主经营、独立核算便于考核、比较不同事业部的业绩与贡献，也便于及时依据市场的变化扩大或缩小某些事业部的规模，甚至增加新的事业部或撤销旧事业部都不致打乱整个公司的运作，企业经营更为灵活。

事业部结构的主要不足是各事业部自成体系，导致营销、财务等职能部门在各事业部的重复配置，增加了总的管理费用。如果事业部独立性过强，有摆脱总公司控制的倾向，也会削弱组织的整体实力，甚至出现"架空"总公司的情况，这也是某些公司对实行事业部制谨慎有加的主要原因。在实践中，总公司充分发挥规模大、实力雄厚的整体优势，控制可以让各事业部共享的资源并提供多方面的服务是弥补上述不足的有效途径。如有些公司成立"内部银行"调剂资金的使用，各事业部的利润及闲置资金暂时存入可获取利息，当需要时，又能以比外部银行更优惠的条件方便快捷地获得资金支持。有的公司设置强有力的研究开发部门，向各事业部提供开发新产品及提高产品质量、改善性能等方面的技术支持，某些技术创新成果可以运用于多种终端产品，使各相关事业部可以低成本地共享。有的公司向各事业部委派直接向总经理汇报的主管会计师，或利用总公司形象协助事业部开展公共关系活动，或统一开展广告宣传促销等活动帮助各事业部共享品牌资源，都有助于增加总公司的凝聚力。

对于规模特别大的组织，在总公司的最高管理层与各事业部之间增加一级管理机构，负责协调各事业部之间的活动，是一个可供考虑的制度安排，有人将其称为"超事业部"。

> 学生讨论：
>
> 请分析比较事业部制与直线职能制的联系和区别。

5. 矩阵式结构

职能型结构有利于发挥专业化优势，绩效导向的事业部结构有助于提高责任感，而两者又各有其不足。矩阵式结构（matrix structure）是一种力图扬两者之长而避两者之短的设计，图 7—5为某公司的矩阵式结构。

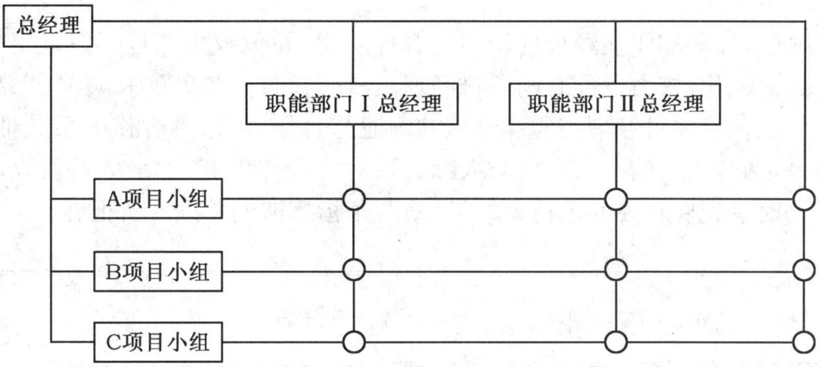

图 7—5　矩阵制组织结构

如图 7—5 所示，矩阵式结构在横向上设置职能部门来获得专业化分工的优势，而在纵向上依照工作任务的不同设置项目组。项目经理对项目实施的全过程及最终结果负责，并有权从各职能部门中抽调所需要的有关人员共同工作。对于生产制造类企业或者销售公司，在纵坐标上也可依不同的产品分组，由产品经理负责全部工作。如此纵、横两个系列结合，就形成了矩阵式结构。

矩阵式结构的特点是打破了传统的统一指挥原则，创设了双重指挥系统，使组织成员同时处于两个集体之中——他所从属的职能部门和他在其中工作的项目组，项目经理和职能经理都拥有指导工作的职权。显然，两个经理必须保持经常的沟通，并协调他们对有关共同员工的要求，才能使矩阵式结构有效地运作。从实现组织目标的角度来看，矩阵式结构既有助于各职能专家发挥其技术专长，促进各种专业资源在组织内不同项目或产品间的共享共用，同时又有助于职能专家、职能部门之间的横向沟通与协调，在共同完成同一项工作任务的合作中加深了解，明确各项职能在特定项目或产品的生产中所承担的责任，职能专家专业技能的进一步提高和长远发展则主要由职能部门负责。

在管理实践中采用矩阵式结构可以有临时性项目组或者设立长期固定机构两种选择。如果组织所进行的工作项目是不断变化的，各个项目所需要的职能专家和专业技术人员的数量、结构各不相同，项目组可以是临时的，不论几个月或几年只在项目的寿命周期内存在，各专业人员完成任务后仍旧回到其所属的职能部门中，有了新的任务时，再根据需要重新组建新的项目组。这样，组织内总是同时存在若干项目组，有的项目在进行之中，有的项目接近完成，有的项目可能正在筹备。那些对专业技能要求较高且工作任务有明显阶段性的组织比较适合这种形式，如专业科研机构、大企业的研究与发展部门、各类咨询公司、房地产公司等。有些组织，各专业部门之间有明显的区别，但又要求有相对固定的长期合作，永久性矩阵式结构往往能较好地满足要求。比如一所专业学院，在横向上设置不同的专业系所，但在纵向上按培养对象或工作任务的差别设置职责界限非常清晰的“项目”组，既能更好地共享学院的教学资源，又能相对独立地充分发展。

矩阵式结构最主要的缺点是有可能造成混乱，尤其是当纵、横两条指挥链上的经理在某些问题上不能达成共识和协调一致时，各自发出不同的指令会使项目组成员无所适从，此时不论是消极拖延、不执行指令或自行其是，都会造成混乱。此外，对于项目组成员的业绩考核、职称晋升与年度评价、薪酬标准等决策权在两个经理间如何分配，也会影响组织成员的行为取向。

在理论上，项目经理和职能经理处于同一管理层次，职位权力相近。但近年来，随着业绩考核与责任约束的强化，权力分配有向项目经理倾斜的趋向。在实践中，矩阵式结构的良好运作在很大程度上依赖于项目经理与职能经理的沟通与合作，但这种合作关系又难以完全用制度和规则来维系，两个经理的个人素质与人际关系对协调程度有明显影响，所以，当决定是否采用矩阵式结构时首先要对妥善地协调好纵、横两条指挥链的关系有所把握。

学生讨论：

就你所了解的组织或工作，指出矩阵制所适应的对象。

6. 网络型结构

当前我们正处在一个快速变化的时代，新技术的应用推广、新材料的采用、流行时尚的改变、国际竞争的加剧、新的市场机会，都要求企业迅速作出反应。网络型结构(network structure)便是在这样的背景下、在业务外包的基础上发展起来的新型结构形式。网络结构是企业自身只拥有人数很少的经理小组，但通过正式合同契约建立起一个企业间的关系网络，依靠其他组织的力量开展研究开发、生产制造、营销代理等各项业务、进行运营的结构形式。组织自身的核心小组主要致力于经营策划、制定政策并协调与各合同公司的关系，创建与维护良好的企业关系网络，要求每个人都有较高的独立工作能力和协调沟通能力。

典型的网络结构中(见图7—6)，组织的经理小组是网络的核心，虚线表示其与各专业公司的合同关系，方框中的外部机构按照合同履行其承担的职能。显而易见，精干、灵活的网络结构具有很大的应变能力和适应性，不需要大规模的设备投资，也没有庞大的员工队伍及相应的管理问题，不论是大型组织还是小型组织，都可以将精力集中于自己最有优势的专业领域，发展自身的核心能力，而将附加职能外包给其他公司。如某些经营个人消费品的公司，专注于设计和营销，将生产制造外包给劳动力成本低廉地区的制造商。有些出版公司专注于选题与组稿、编辑，而版面设计、印刷、装订、发行等业务都依靠外包完成。网络结构在灵活对外的同时也有助于减少内部运营成本。

一般来说，网络型结构的组织是通过对外部资源的整合来取得自身优势的，人数少、弹性大、应变快、内部管理简单是网络结构的突出特点。但是，网络成员单位都是独立法人，其间没有正式的资本所有关系和行政隶属关系，通过契约纽带和相互信任、互惠互利机制密切协作。因而，这类组织在核心能力和关键职能上具有控制力是整合外部资源的基础。例如卡西欧公司专注于设计、营销和装配，在生产设施和销售渠道方面很少投资。IBM公司20世纪80年代初在不到一年的时间内开发PC机成功，依靠的是微软提供软件、英特尔提供机芯，而微软和英特尔也借助PC机的推广迅速扩展了自己的市场。

网络结构的局限在于其管理当局难以保证对生产经营全过程的严密控制，存在着一定的经营风险，尤其是在契约意识、信守合同没有深入人心并成为基本行为准则的社会环境中，产品质量、每一经营环节的及时到位都存在失控的风险，而任何一个环节的失误都会对整个组织

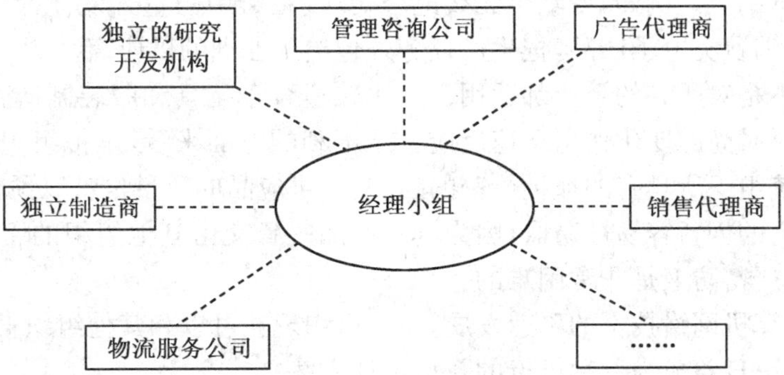

图 7—6 网络型结构

运作造成极大的危害。网络结构比较适合于服装、鞋帽、玩具、工艺品加工等受流行时尚影响大、市场变化快、竞争激烈的行业或抓住市场机会刚起步的小企业，并非对所有企业都普遍适用。当然，在诚信程度和法治水平较高的环境中，像美国埃默森无线电设备公司（Emerson Radio）这样的大型公司也能够成功地借助外部力量，只配备几百名员工就完成数千万美元的经营业绩。

（二）新型组织结构的设计形式

1. 团队结构

二十多年前，当沃尔沃、丰田等公司把团队引入它们的生产过程中时，曾引起轰动，成为新闻热点，因为当时没有几家公司能这样做。现在，团队已成为组织工作活动的最流行方式。所谓工作团队，就是指一种为了实现某一目标而由相互协作的个体组成的正式群体，当管理人员运用团队作为协调组织活动的主要方式时，其组织结构即为团队结构。这种结构形式的主要特点是打破部门界限，可以快速地组合、重组、解散，促进员工之间的合作，提高决策速度和工作绩效，使管理层有时间进行战略性思考。

在小型公司中，可以把团队结构作为整个组织形式。例如，有一家 30 人的市场营销公司，完全按团队来组织工作，团队对日常的大多数操作性问题和顾客负全部责任。在大型组织中，团队结构一般作为典型的职能结构的补充，这样，组织既能得到职能结构标准化的好处，提高运行效率，又能因团队的存在而增强组织的灵活性。例如，为提高基层员工的生产率，像摩托罗拉公司、惠普公司、施乐公司等这样的大型组织都广泛采用自我管理的团队结构。

2. 虚拟结构

虚拟组织是一种只有很小规模的核心组织，是以合同为基础，依靠其他商业职能组织进行制造、分销、营销或其他关键业务的经营活动的结构。这样做的目的是什么？它们追求的是最大的灵活性。这些虚拟组织创造了各种关系网络，管理人员如果认为别的公司在生产、配送、营销、服务等方面比自己更好，或成本更低，就可以把自己的有关业务出租给它们。

虚拟组织与官僚组织截然不同，官僚组织垂直管理层次较多，控制是通过所有权来实现的，研究开发工作主要在实验室中进行，生产环节在公司的下属工厂中完成，销售工作由公司自己的员工去做。为保证这些工作顺利进行，管理层不得不雇用大量的额外人员，包括会计人员、人力资源专家、律师等。与之相反，虚拟组织从组织外部寻找各种资源，来执行上述职能，而把精力集中在自己最擅长的业务上。对于大多数美国公司来说，这就意味着公司主要把精力集中在设计和营销上。例如,爱默生无线电公司,现在集中力量开发设计新型的电视机、录像机、音响及其他消费类电子产品,把生产任务外包给了亚洲的供应商。

虚拟组织并不是对所有的企业都适用。它比较适合于玩具和服装制造企业,它们需要相当大的灵活性以对时尚的变化作出迅速反应。从不利的方面来看,虚拟组织的管理当局对其制造活动缺乏传统组织所具有的那种严密的控制力,供应品的质量也难以预料。另外,虚拟组织所取得的设计上的创新容易被窃取,因为创新产品一旦交由其他组织的管理当局去组织生产,要对创新加以严密防卫是非常困难的。

今天,随着计算机网络技术的飞速发展,一个组织现在可以和其他组织直接进行相互联系和交流,使虚拟组织日益成为一种可行的新型设计方案。

3. 无边界组织

通用电气公司前总裁杰克·韦尔奇[①]创造了"无边界组织"这个词,用来描述他理想中的通用公司的形象。韦尔奇想把他的公司变成一个年销售额达600亿美元的"家庭式杂货店"。也就是说,尽管公司体积庞大,韦尔奇还是想减少公司内部的垂直界限和水平界限,消除公司与客户及供应商之间的外部障碍。无边界组织寻求的是减少指挥链,对控制跨度不加以限制,取消各种职能部门,代之以授权的团队。

现在,我们来看看无边界组织是个什么样子,想达到这种组织状态的公司采取了哪些有效行动。

第一,管理人员通过取消组织垂直界限而使组织扁平化,等级秩序作用降到最低限度,个人身份与头衔的地位也一落千丈。组织看上去更像一个粮仓筒而不是金字塔,最上层的谷粒和最下层的谷粒差别不大。通用电气公司用来取消垂直界限的做法有:引入跨等级团队(由高级主管、中层主管、基层主管和员工组成);让员工参与决策;360度绩效评估(员工的绩效由他的同事及其上、下级共同评定)。

第二,消除因职能部门的存在而形成的组织水平界限,以多功能团队取代职能部门,围绕公司的工作流程来组织活动。

第三,打破组织与客户之间的外在界限以及地理障碍,实行经营全球化的战略以及公司间的战略联盟,建立顾客与组织之间的固定联系。例如,可口可乐公司已把自己看作是一个全球性公司,而不是美国或亚特兰大的公司。

第四,我们认为,远程办公方式能模糊组织界线,如家室在清华大学而为深圳市一家公司从事新产品开发与设计的人,或在北京市为美国洛杉矶的一家公司从事市场调查分析的人。现在像这种在自己老板管辖地域之外为公司工作的人已屡见不鲜。

无边界组织能够得以正常运行的技术原因之一就是计算机网络化,这种工具使人们能超越组织内外的界限进行交流。例如,电子邮件使成百上千的员工可以同时分享信息,并使公司普通员工可以直接与高级主管进行交流。现在,组织间的网络使商品供应商可以及时查看经营自己商品的商店的存货情况。

---

① 杰克·韦尔奇,1935年11月19日生于马萨诸塞州萨兰姆市,1957年获得马萨诸塞州大学化学工程学士学位,1960年获得伊利诺伊大学化学工程博士学位。1960年加入通用电气(GE)塑胶事业部。1971年底,韦尔奇成为GE化学与冶金事业部总经理。1979年8月成为通用公司副董事长。1981年4月,年仅45岁的韦尔奇成为通用电气公司历史上最年轻的董事长和首席执行官。到1999年,通用电气实现了1 110亿美元的销售收入(世界第五)和107亿美元的盈利(全球第一),市值已位居世界第二。通用旗下有12个事业部在其各自的市场上数一数二,有9个事业部入选"《财富》500强"。

第三节　组织的层次化

一、组织的层次化和管理幅度

(一)企业组织结构中的管理幅度与管理层次

任何主管能够直接有效地指挥和监督的下属数量总是有限的。这个有效的直接领导下属的数量被称为管理幅度。同样,最高主管也需将担任的部分管理工作再委托给另一些人来协助进行,依此类推,直至受托人能直接安排和协调组织成员的具体业务活动。由此形成组织中最高主管到具体工作人员之间不同的管理层次。

一个组织的管理层次多少受到组织规模和管理幅度的影响。在管理幅度给定的条件下,管理层次和组织的规模大小成正比,组织规模越大,包括的成员数越多,其所需的管理层次就越多。在组织规模给定的条件下,管理层次和管理幅度成反比,每个主管所能直接控制的下属人数越多,所需的管理层次就越少。

任何企业在进行结构设计时,都必须考虑这样的问题,即每个主管人员直接指挥与监督的下属人数以多少为宜。一般来说,即使在同样获得成功的组织中,每位主管直接管辖的下属数量也不一定相同。有效管理幅度的大小受到管理者本身的素质与被管理者的工作内容、能力、工作环境与工作条件等诸多因素的影响,每个组织都必须根据自身的特点,来确定适当的管理幅度、相应的管理层次。

(二)宽、窄管理幅度(即扁平结构和高耸结构)的优缺点

管理层次与管理幅度的反比关系决定了两种基本的组织结构形态:扁平结构(flat structure)与高耸结构(tall structure)。扁平结构是指管理层次少而管理幅度大的一种组织结构形态。高耸结构是指管理层次多而管理幅度小的一种组织结构形态。二者的优缺点比较见表7—2。

表7—2　　扁平结构与高耸结构的优缺点比较

扁平结构	高耸结构
优　点	
1. 信息纵向传递速度快,密切了上下级关系 2. 管理费用低 3. 被管理者有较大的主动性、积极性和满足感	1. 管理严密 2. 分工明确 3. 上下级易于协调
缺　点	
1. 主管不能对下属进行充分有效的指导和监督 2. 上下级协调较差,同级间相互沟通困难	1. 影响信息传递速度,可能失真 2. 影响积极性 3. 容易使计划的控制工作复杂化

扁平结构与高耸结构各有利弊,一般而言,为了管理有效,应尽可能地减少管理层次。

(三)影响管理幅度大小的因素

影响管理幅度大小的因素主要有以下几个方面:

1. 工作能力

主管的综合能力、理解能力、表达能力强,则可以迅速地把问题的关键以及对下属的请示提出恰当的指导建议,并使下属明白理解,从而可以缩短与每一位下属接触所占用的时间。同

样，如果下属具备符合要求的能力，受到良好的系统培训，则可以在很多问题上根据自己对符合组织要求的主观理解去解决，从而可以减少向上司请示、占用上司时间的频率。这样，管理的幅度便可适当宽些。

2. 主管所处的管理层次

主管的工作在于决策和用人，处在管理系统中的不同层次，决策与用人的比重各不相同。决策的工作量越大，主管用于指导、协调下属的时间就越少。所以，越接近组织的高层次，主管人员的决策职能越重要，其管理幅度较中层和基层管理人员就越小。

3. 下属工作的相似性

下属从事的工作内容和性质相近，则对每个工作的指导和建议也大体相同。这种情况下，同一主管指挥和监督较多的下属是不会有什么问题和困难的。

4. 计划的完善程度

下属如果单纯地执行计划，且计划本身制订得非常详尽周到，下属对计划的目的和要求十分清楚，那么，主管对下属指导所需的时间就不多。反之，如果下属不仅要执行计划，而且要将计划进一步分解，或计划本身不完善，那么，对下属指导、解释的工作量就会相应增加，此时有效管理幅度就小得多。

5. 助手的配备情况

如果有关下属遇到的所有问题，不分轻重缓急，都需要主管去亲自处理，那么，必然会占去主管大量的时间，此时主管所能直接领导的下属数量就会受到一定限制。如果给主管配备了必要的助手，由助手去和下属进行一般的联络，并直接处理一些明显的次要问题，则可以大大减少主管的工作量，增加其管理幅度。

6. 信息手段的先进性

掌握信息是进行管理的前提。利用先进的技术去收集、处理、传输信息，不仅可帮助主管更早、更全面地了解下属的工作情况，从而及时地提出忠告和建议，而且可使下属更多地了解与自己工作有关的信息，从而更好地做好分内的事务。这显然有利于扩大主管的管理幅度。

7. 工作地点的相近性

不同下属的工作岗位在地理上的分散会增加下属与主管以及下属与下属之间的沟通困难，从而影响每个主管所能管理的直属部下的数量。

8. 环境的稳定性

组织环境是否稳定，会在很大程度上影响组织活动内容和政策的调整频度与幅度。环境变化越快，变化程度越大，组织中遇到的新问题越多，下属向上级的请示就越有必要、越经常；而此时上级能用于指导下属工作的时间和精力却越少，因为他必须花更多的时间去关注环境的变化，考虑应变的措施。因此，环境越不稳定，各层次主管人员的管理幅度就越受限制。

二、组织的层次化和分权

(一)职责与职权

职权，是指由于占据组织中的职位而拥有的权力；与职权相对应的是职责，是指担当组织职位而必须履行的责任。职权是履行职责的必要条件和手段；职责则是行使权力所要达到的目的和必须履行的义务。职权是构成组织结构的核心要素，是组织联系的主线，对于组织的合理构建与有效运行具有关键性作用。

管理者的职权有三种类型：(1)直线职权，即直线人员所拥有的决策指挥权；(2)参谋职权，即参谋人员所拥有的咨询权和专业指导权;(3)职能职权,即由参谋人员所执行的、由直线主管人员授予的决策与指挥权。

(二)直线与参谋

在组织中,直线与参谋是两类不同的职权关系。直线关系是一种指挥和命令的关系,授予直线人员的是决策和行动的权力;而参谋关系则是一种服务和协助的关系,授予参谋人员的是思考、筹划和建议的权力。正确处理直线和参谋的关系,充分发挥参谋人员的合理作用,是发挥组织中各方面力量协同作用的一项重要内容。

在工程项目管理中,项目经理—工长—班组长属于直线人员,他们所处的位置决定了他们对相应职权范围内的人、财、物拥有调度使用权,对项目目标的实现负有直接的领导责任;安全监督员、质量检查员等属于参谋人员,他们处于相对间接的位置,为实现项目基本目标协助直线人员工作。

从理论上讲,设置作为直线主管助手的参谋职务,不仅可以保证直线的统一指挥,而且能够适应复杂的管理活动对于多种专业知识的需求。然而,在实践中,直线与参谋的矛盾冲突往往是组织缺乏效率的重要原因之一。考察这些低效率的组织活动,通常会发现两种不同的倾向:要么保持了命令的统一性,但参谋作用不能充分发挥;要么参谋作用发挥失当,破坏了统一指挥的原则。这些矛盾的根源,有来自直线、参谋人员管理能力等素质的原因,但更主要的是来自认识方面的:对直线与参谋的关系知之甚少或认识不够,认为参谋人员提建议、下整改就是给自己找茬,因而抵触或整改不力。

要搞好直线与参谋的关系,首先要求明确直线与参谋的关系,分清双方的职权关系和存在价值,从而形成相互尊敬、相互配合的关系;其次,授予参谋人员必要的职能权力,以提高他们的积极性;最后,直线人员为参谋人员提供必要的信息条件,以便从参谋人员处获取有价值的支持。总之,处理好直线与参谋的矛盾关系,一方面要求参谋人员经常提醒自己"不要越权";另一方面也要求直线人员尊重参谋人员所拥有的专业知识,自觉支持他们的工作,取长补短。

(三)集权与分权

集权与分权是指职权在不同管理层之间的分配与授予。职权的集中和分散是一种趋向性,是一种相对的状态。组织中的权力较多地集中在组织的高层,即为集权;权力较多地下放给基层,则为分权。集权有利于组织实现统一指挥、协调工作和更为有效的控制;但另一方面,会加重上层领导者的负担,从而影响决策质量,并且,不利于调动下级的积极性。而分权的优缺点则正与集权相反。决定集权与分权的关键在于所集中或分散权力的类型与大小。高层管理者应重点控制计划、人事、财务等决策权;而将业务与日常管理权尽可能多地放给基层。应根据组织目标与环境、条件的需要正确决定集权与分权程度。现代管理中总的趋势是加强职权分权化。

三、组织的层次化和结构的有机化

(一)机械式组织

机械式组织(也称官僚行政组织)是综合使用传统设计原则的自然产物。具有高复杂性、高正规化和集权化的特点。坚持统一指挥的结果也就产生了一条正式的职权层级链,每个人只受一个上级的控制和监督。而保持小的管理跨度,并随着组织层次的提高缩小管理跨度,也就形成了一种高耸的、非人格化的结构。当组织高层与低层的距离日益扩大时,高层管理会增加规则条例。因为他们无法对低层次的活动通过直接监督进行控制并确保标准作业行为的贯彻,所以高层管理者要以规则条例来替代直接监督管理。

(二)有机式组织

有机式组织(也称适应性组织)则与机械式组织形成一种鲜明的对照:它是低复杂性、低正规化和分权化的。有机式组织是一种松散灵活的、具有高度适应性的形式;而机械式组织则是僵硬、稳定的。因为不具有标准化的工作和规则条例,所以有机式组织是一种松散的结构,能根据需要迅速地作出调整。有机式组织也进行劳动分工,但人们所做的工作并不是标准化的。员工多是职业化的,具有熟练的技巧,并经过训练能处理多种多样的问题。他们的教育已经将职业行为的标准灌输到他们体内,所以不需要多少正式的规则和直接监督。例如,给计算机工程师分配一项任务,就无须告诉他如何做事的程序。他对大多数的问题,都能够自行解决或通过征询同事后得到解决。这是依靠职业标准来指导他的行为。有机式组织保持低程度的集权化,就是为了使职业人员能对问题作出迅速的反应;另一方面也因为,人们并不能期望高层管理者拥有作出必要决策所需的各种技能。

四、组织变革的发展趋势

(一)分立化趋势

由于企业规模越来越大,市场竞争日益激烈,企业经营管理的难度越来越大,市场变化越来越快,因而,企业一方面希望通过不断扩大规模、提高实力;另一方面又在扩大规模的同时,化整为零,提高企业的灵活性。

(二)柔性化趋势

由于组织的外部环境日益复杂,市场变化越来越快,组织的战略目标也处在不断调整之中,因此对组织结构的要求是不能僵化,应保持高度的灵活性,能够根据市场环境的变化而实现自动调整,避免过于刚性而导致组织结构的僵化。

(三)学习型组织——未来成功企业的模型

学习是指组织成员对环境、竞争者和组织本身的各种情况分析、探索和交流的过程。与传统的学习意义不同,这时所指的“学习”不仅是指知识、信息的获取,更重要的是指提高自身能力以对变化的环境做出有效的应变。

学习型组织,就是组织中存在这种学习,并成为企业立身的一个基本原则的组织形式。它能认识环境、适应环境,进而能动地作用于环境。学习型组织的特征为:(1)人性是善良的,但并不是一成不变的;(2)成员之间的交流既是垂直指令式的,又是横向协商式的;(3)组织的战略是先导型的,思考问题的方式是系统的;(4)领导方式一般是民主参与式的;(5)组织分工强调扩大每个员工的工作,使其灵活丰富,组织利用经济、非经济两类因素激励实现组织目标,保证成员目标的一致性。

第四节　组织变革

组织变革是指组织管理人员主动对组织的原有状态进行改变,以适应外部环境变化,更好地实现组织目标的活动。这种变革的范围包括组织的各个方面,如组织行为、组织结构、组织制度、组织成员和组织文化等。

组织变革对组织生存和发展具有重大的影响作用。通过组织变革,组织的目标更加明确,组织成员的认可程度和满意程度都会得到提高,组织更加符合社会发展的要求;组织的任务更加明确;组织机构的管理效率提高;组织作出的决策更加合理、更加准确;组织更具有稳定性和适应性;组织的信息沟通渠道畅通无阻,信息传递更加准确;组织的自我更新能力增加。

一、组织变革的动因

(一)内部的原因

1. 组织目标的调整

组织的目标是组织前进的方向,目标的调整必然会引起组织的巨大变化。

2. 组织结构的改变

组织结构的改变主要指对组织现存的权责体系、分工模式、各个部门之间的相互关系进行调整,组织结构的调整本身应当是组织变革的内容。

3. 员工构成的变化

员工是组织中最为重要与活跃的因素。员工的构成改变,自然会引起组织的变革。如知识型员工的大量增加,他们将要求更多自主性的工作机会,因此必然要求组织的权责体系进行调整,需要更多地实行分权体制。

(二)外部的原因

1. 科学技术的进步

科学技术不仅是组织提高效率的工具,也是组织结构以及整个组织形成的基础。组织所依赖的技术发展,是形成组织变革的直接的推动力。

2. 外在竞争的压力变化

任何一个组织都面临着一定形式与程度的外部竞争,外部竞争压力的变化,导致组织发生变革。

(三)组织必须变革的征兆

从管理者的立场来看,组织在运行中出现以下现象,应当可以看作是对组织变革的一些提示:

(1)决策效率低,如不能及时决策或者决策频频失误。

(2)组织内部严重的信息沟通不畅,人际关系紧张,部门之间协调不够,无法形成一个有机的整体。

(3)组织的目标难以实现,特别是组织的职能难以发挥。

(4)组织僵化,严重缺乏创新。

二、组织变革的目标与内容

(一)组织变革的目标

组织变革的目标是促进组织的发展,因此,组织变革的目标应与组织发展的目标协调一致。组织变革应努力实现以下目标:

1. 提高组织适应环境的能力

适应环境是组织生存的前提。当组织的外部环境或内部环境发生了变化,组织也必须随之而变。但是这种变化不是盲目地跟随,不是急功近利地变革,而是在对环境变化作出正确认识的前提下,审时度势,认真思考后进行的。组织变革要通过建立健全组织运行机制,改造组织结构和流程来增加组织对环境的适应性。

2. 提高组织的工作绩效

通过组织变革提高组织的适应能力,仅仅是组织变革的基础目标。在提高适应能力的基础上,促进组织的自我创新能力,提高组织运作效率和效益,使组织不断发展壮大,这才是组织的最终目标。

3. 承担更多的社会责任

在现代社会中,单个组织的生存和发展从根本上来说取决于它同社会的关系。任何组织都不能只追求自身利益,而不顾社会责任。因此,每个组织所承担的社会责任,它所树立的社会形象,都成为组织运作的必要前提。组织的社会责任要求组织不断地进行调整与变革,这也是组织变革的最高目标。

(二)组织变革的内容

1. 结构变革

结构变革是对组织的构成要素、整体布局和运作方式所作的较大调整。结构所涉及的内容主要有:权力分配、结构调整、工作设计、绩效评估、报酬制度和控制系统设计等。

对于这些变革内容进行具体分析,能帮助我们更好地理解结构变革的内涵。第一,权力重新分配。结构变革首先要考虑的问题就是组织的集权与分权问题。组织所处的环境不同,组织发展的阶段不同,组织正规化程度,这些都会影响到组织的集权和分权的程度。因此,组织的管理者要根据形势的变化对组织权力进行重新分配。第二,结构再设计。它包括对结构要素的调整(如合并或增设部门、增减管理层次等)和整个结构的重新设计(如从直线制结构到直线职能制结构)以及组织整体的结构扩张(如通过兼并、收购、控股等方式扩张)或缩减(如通过卖出或取消分支机构等形式收缩)。第三,工作再设计。管理者可以通过重新设计职位体系、工作程序,修订职务说明书、丰富职务内容、实行弹性工作制等方式来变革组织结构。第四,绩效评估和奖励制度的改变。组织发展的不同阶段,对员工的要求会有很大差别,同时,员工的需要也会发生较大的变化,因此,管理者必须及时改变对员工的评价和奖励制度,以适应变化的需要。第五,控制系统的改变。组织的控制系统包括对财务、人力资源、生产过程、产品质量、投资计划等方面的控制。组织控制系统要随技术、市场、内部资源情况做出相应的调整。

2. 技术变革

一个组织的技术水平标志着该组织将投入转化为产出的能力。组织的技术变革是指管理人员通过改变从原料的投入到转变成为产品的整个过程所使用的技术,促使人们的工作内容、工作顺序、工艺程序的改变,以达到影响人的行为、提高工作绩效的目的。改变技术意味着运用各种新技术去提高工作效率,具体形式有设备更新和工艺流程的变革。不同类型的技术对组织结构和下级员工的工作行为会产生不同的影响,这些影响包括:(1)影响工作分工与工作内容;(2)影响下级的社会关系;(3)影响工作环境;(4)影响管理者所需要的技能;(5)影响工作的类型;(6)影响员工工资;(7)影响工作时间。因此,在考虑技术变革问题时,不仅要考虑新技术可能带来的效益,而且还要考虑新技术可能对组织结构和下级员工的行为带来的影响。

3. 人事变革

人事变革是管理者着重于改变人员的态度、价值观和需要的种类与层次,通过转变人员的工作态度促使人们修正自己的行为,从而达到改进工作绩效的目的。

人事变革是围绕人力资源进行的变革,具体包括组织变动和组织发展两部分内容。组织变动涉及人员流动、人员选择和人员培训;组织发展涉及人员的态度、观念、行为和关系的改变。一般来说,人事变革更加强调组织发展。人事变革的目的是努力创造一种良好的组织气氛，促进组织成员之间相互关系的改变，使组织中个人和群体更加有效地工作。

三、组织变革的过程

成功而有效的组织变革，通常需要经历解冻、变革、冻结三个有机联系的过程。

（一）解冻

由于任何一项组织变革都或多或少地会面临来自组织自身及其成员的一定程度的抵制，因此，组织变革过程需要有一个解冻阶段，作为实施变革的前奏。解冻阶段的主要任务是发现组织变革的动力，营造危机感，塑造出改革乃是大势所趋的气氛，并在采取措施克服变革阻力的同时具体描绘组织变革的蓝图，明确组织变革的目标和方向，以形成待实施的比较完善的组织变革方案。

（二）变革

变革或变动阶段的任务就是按照所拟订变革方案的要求，开展具体的组织变革运动或行动，以使组织从现有结构模式向目标模式转变。这是变革的实质性阶段，通常可以分为试验与推广两个步骤。这是因为组织变革的涉及面较为广泛，组织中的联系相当错综复杂，往往“牵一发而动全身”，这种状况使得组织变革方案在全面付诸实施之前，一般要先进行一定范围的典型试验，以便总结经验，修正进一步的变革方案。在试验取得初步成效后再进入大规模的全面实施阶段。还有另一个好处，那就是可以使一部分对变革尚有疑虑的人们，能在试验阶段便及早地看到或感觉到组织变革的潜在收益，从而有利于争取更多组织成员在思想和行动上支持所要进行的组织变革，并踊跃跻身于变革的行列，由此实现从变革观望者、反对者向变革的积极支持者和参与者转变。

（三）冻结

组织变革过程并不是在实施了变革行动后就宣告结束。涉及人的行为和态度的组织变革，从根本上说，只有在前面有个解冻阶段、后面又有个冻结阶段的条件下改革，才有可能真正地实现。现实中经常出现，组织变革行动发生之后，个人和组织都有一种回到原有习惯了的行为方式中的倾向。为了避免出现这种情况，变革的管理者就必须采取措施保证新的行为方式和组织形态能够不断地得到强化和巩固。这一强化和巩固的阶段可以视为一个冻结或者重新冻结的过程。缺乏这一冻结阶段，变革的成果就有可能退化消失，而且对组织及其成员也将只有短暂的影响。

四、组织变革的阻力及其管理

组织变革意味着打破原有状态，建立新的组织状态。面对变革，组织中的一些人必须放弃自己原有的观念和行为方式，以适应新的方式。因此，组织变革不可能一帆风顺，势必遇到来自各个方面的阻力。充分认识这些阻力，并设法排除阻力是保证组织变革取得成功的基本条件。

（一）组织变革阻力的来源

组织变革的阻力一般来自于以下几个方面：

1. 组织的惯性

随着组织年龄的增长，组织往往有保持其稳定性的倾向，这将促使其反对变革，使组织产生一种惯性。组织中的绝大多数人都是在昨天的组织中成长起来的，他们的期望和价值观都是在早期形成的。他们一般倾向于把昨天的经验强加于现在，把组织以前所发生的事看作是常规，对任何一种不合“常规”的事会持强烈的拒绝态度。这种变革阻力严重制约着组织变革。

2. 组织的保守倾向

国外学者对组织寿命周期的研究表明，所有组织除非它处于快速增长或内部动荡的时期，否则其年龄越长或越成熟，它就变得越保守。其原因是：第一，随着组织年龄的增长，组织内部建立起来的制度化的规则就越多。这些规则约束了组织对环境的反应，限制了组织变革。第二，随着组织年龄的增长，组织中具有创新精神的管理者将会被具有保守倾向的管理人员所取代，使组织失去了创新型人才。

3. 既得利益者的反对

组织变革会威胁到一些成员为取得现状所做的投资。这些人对现有体制所做的投资越多，他们反对变革的阻力就越大。因为，他们担心失去现有的地位、收入、权力和个人便利等。

4. 变革风险

组织变革将使已知的东西变成模糊不清并具有不确定性，导致变革风险。组织中的人都有理性避险的倾向，从而与组织变革发生抵触。

5. 对组织变革缺乏有效的保护

组织变革本身是一种社会发明，尤其是那些解决组织管理中的一般性问题的组织变革更是如此。但是，组织变革从来没有像技术创新那样得到严格的保护，是一种没有专利权的社会发明。一项组织创新成果可以被其他组织无偿使用，这使组织失去了创新的动力。

(二)克服变革阻力

在组织的变革中，克服阻力是相当重要的。如何克服阻力，主要注意以下几个方面的工作：

1. 做好变革的舆论准备工作

一些人对变革的抵触、观望，在相当程度上是对组织变革的不了解或者是误解产生的。对于组织的管理者来说，做好变革的舆论宣传与准备工作就必不可少。组织的管理者应当运用多种途径、多种形式宣传变革，提高对于组织变革的认识，特别是对组织变革目标与可能产生的效益的认识。消除人们的疑虑、恐惧或者是不安。通过宣传、教育，可以改变员工的态度。

2. 为组织成员提供参与变革的机会

组织的变革需要广大成员的参与。应当让组织的员工成为变革的动力，而不是变革的对象和阻力。因此，需要在最广泛的范围内动员成员积极地参与组织的变革，提高支持变革的积极性。组织的变革措施、方案都应当有广大的员工参与确定。

3. 平衡利益，注意特殊情况特殊处理

变革中不可避免地会带来一些人的利益损失。除了要做好这些利益受损的成员的思想工作之外，还应当注意利益的均衡，使变革中利益受损的人员减小到最低程度，受损的利益减小到最低程度。如在组织竞争上岗的变革中，就应当考虑为企业作出了巨大贡献，因为年龄原因而竞争力降低的老职工的利益保护，予以妥善的安置。

4. 变革过程做到公平、公开、公正

变革的过程是一个权益格局再调整的过程，因此对于这个过程应当坚持做到公平和公开。在公平、公开的前提下，变革就会受到人们的理解和支持。

5. 巩固变革的成果

变革是否得到人们的最终支持，最为重要的是看在变革之后，组织是否能获得更快的发展，是否能够获得更大的满足。因此，一项方向正确的变革，必须做好变革后的巩固工作。尽量缩短变革的不稳定阶段，使组织能够尽快地走上正轨。

从以上我们可以看出，减小变革阻力的方法是让有关人员共同参与变革的计划执行。有关专家的实践表明，全面参与或部分参与远比不让成员参与好。变革自始至终要有群众基础，因此，要减小变革的阻力，就应该与有关人员公开讨论变革的内容与执行方式，以减少他们内心的恐惧与不安，利于变革的顺利推进与实施。

(三)组织变革的管理

组织变革是如此重要而又繁杂，充满着不确定因素，对其进行有效的管理显然有助于变革的成功。

1.做变革的推动者

组织的变革需要有人发动和催化，那些带头变革并承担变革过程管理责任的人被称为变革推动者(change agent)。一个组织的最高管理层拥有对组织的控制权，由他们尤其是主要经营者扮演变革推动者的角色无疑是实施变革的有效力量。沈阳和光公司在创业之后发展很快，1996年顺利成为IBM和康柏(Compaq)在中国的总代理、经销各种电脑产品，其董事长兼总经理在公司销售额年增长率达200%的情况下意识到企业在快速发展中存在的隐患，他力排众议，坚持在咨询公司的指导下进行企业信息化的变革，尽管困难重重、各种思想激烈交锋，但在变革的过程中逐渐取得共识。和光公司的主动变革使企业打通了经营运作的中间环节，完成了由传统的商业流通企业向现代商业流通服务企业的转变，在外部环境变化时避免了“危险期”，走上了稳步发展的道路。由于企业的主要经营者与企业生死与共，并对变革的全部后果承担着责任，一般倾向于小心谨慎地推动渐进式的变革，被聘请来提供建议和帮助的外部咨询人员较多地倾向于更为剧烈的根本性变革。

2.SWOT分析法

SWOT分析法原本是战略管理过程中用于寻找和识别组织机会的分析技术，第四章已进行了描述，现将其借用于组织变革中。从组织的内部资源和外部环境两个方面来确定变革的方向和选择突破口有很好的适用性，在此仅作简单介绍。

S和W是指通过对组织拥有的内部资源进行分析来评价组织的优势和劣势，以便识别本组织有哪些与众不同的能力与长处，以及存在哪些方面的不足与局限。比如组织的资金状况如何？新产品开发是否成功？产品的质量水平怎样？组织的核心能力是什么？企业形象和公众评价如何？等等。

O和T是指在环境分析的基础之上评估有哪些可以挖掘的机会以及组织可能面临的威胁。环境分析一般可从宏观经济环境和行业背景两个层面着手。前者着重分析本组织所在的行业在产业结构中的地位，是属于蓬勃发展、潜力极大的新兴产业，还是逐步萎缩、日趋没落的淘汰产业？是属于扩张、增长阶段，还是属于收缩、调整阶段？后者着重分析本组织在行业中的相对地位，是技术先进、后劲十足的领头羊，还是设备陈旧、力不从心的落伍者？是具有潜力、雄心勃勃的挑战者，还是成熟稳健、维持经营的守望者？

SWOT是一种内外结合、动态进行的分析工具，它帮助我们在上述各个方面的不断变化中发现问题，通过对各因素的相互联系和互相影响进行深入分析来把握变化。事实上，环境的变化究竟给一个组织带来新的机遇还是构成新的威胁，不仅与组织能够控制的资源有关，还在很大程度上取决于组织文化的特点及其经营理念和行为方式，取决于组织如何应对变化，所以只有将四个方面结合起来分析，才能找到正确的道路。

3.TPC方法

组织变革的实施千头万绪，究竟如何进行？《掌握命运：通用电气的改革历程》一书介绍的TPC方法为我们提供了一个切实可行的操作程序。其中，T是指体现组织整体特征的硬件层面，P是指包括组织结构和规章制度的行政层面，C是指组织文化、行为方式等软性的文化层面。

在TPC方法中，变革是由组织的最高管理层由上向下推动的，最高主管依据自己的权限首先处理组织T层面的问题，进行战略目标或经营范畴的调整，如购并、撤资、资产重组或联合等。海尔集团在扩大洗衣机生产能力、调整产品结构时采取的重要行动就是兼并了青岛红星和广东爱德两个有一定基础的电器生产企业，这是高层主管以命令方式或通过谈判就可以达成的行动。

此后的第二步就是处理P层面的行政管理问题，包括设法避免和化解冲突赢得员工支持、任用新的管理者组成权力中心、扩大授权、压缩中间管理层、减少参谋人员、改变工资制度、制定新的绩效考核标准等，以促使组织迅速进入正常运作的轨道、取得实绩。如海尔在兼并红星电器公司后制定并实施了一系列新的规章制度，在三个月里就使其扭亏为盈，坚定了变革的信心。

C层面的企业文化与价值观念的变革与整合是循序渐进和较为长久的过程，是巩固变革成果、取得变革成功的关键所在。变革的领导者要在处理日常事务的行动中体现新的思想观念和行为方式，比如，鼓励全员参与管理，强化质量保证体系，将各类人员间的对话与提出合理化建议的活动制度化，建立新的共同价值观和行为规范等。这需要做大量耐心细致的工作并坚持不懈，缺失这个层面的根本转变，硬件层面和行政变革的成果也难以保证。如海尔集团认为盘活资产的关键在于盘活人，要以无形资产盘活有形资产，海尔先后兼并了十几个企业，都是在迅速恢复生产的同时就大力宣传海尔“敬业报国，追求卓越”的企业精神，在实际行动中体现认真负责、精益求精的文化价值观及行为规范，真正做到兼并一个，成活一个，发展一个。

复习题

1. 什么是组织、组织结构？
2. 什么是管理幅度？它与组织层次有何关系？其影响因素有哪些？
3. 组织结构有哪几种基本模式，各种模式有何优缺点？
4. 组织设计的任务是什么？设计时要考虑哪些因素的影响？应遵循哪些基本原则？
5. 什么是职务设计？职务设计的基本步骤及方法有哪些？
6. 你认为现在有些组织的管理层次过多是由什么原因造成的，并指出应如何改变。
7. 组织变革的阻力有哪些？你认为应如何减少这些阻力，以及这些阻力能否完全排除？

技能训练——分权的技巧

分权问题

最近一家公司的总裁感叹道：“我们对地方分权长期、坚定和近乎狂热的承诺，造成与产品相关的不同部门为争取客户而彼此竞争。结果造成一股有悖整体的力量和一种人人为我，却无我为人人的精神。”他还说：“表面上把企业分成较小的单位，应该能够鼓励地方的主动性和承担风险，事实上恰巧相反，部门分立与自治产生了更短期导向的管理者，他们比以前更受利润的影响。”

安排

建议在第二节后，进行一次课堂讨论(45 分钟)。

实施形式与要求

1. 每名学生在充分阅读的情况下，先分小组进行讨论，然后以班级为单位讨论。
2. 班级讨论结束后，每名学生把讨论结果以书面形式上交，教师评分之后存档。

分析思路与重点

1. 请运用所学知识，对该公司的职权关系进行分析，指出产生问题的原因。
2. 您认为该公司目前的状况应采取怎样的策略才能更好地解决问题?
3. 鉴于公司的现状，谈一谈组织的分权和扁平式组织的缺点。

案例分析

不同组织体系导致不同结果

甲公司是一家拥有 550 名员工、年销售额 1 000 多万元的大型技术产品公司。该公司管理较为规范，有健全的组织结构，按职能的不同设有相应的部门，各部门各司其职、各负其责，实行专业化分工。公司有详细的组织结构图和职务说明书，对员工实行严密的控制。

乙公司有员工 380 人，年销售额 700 万元，同样生产技术产品。乙公司强调部门之间的工作协调，遇到一些特殊项目或工作时，提倡直线业务人员与参谋人员之间的合作，充分发挥各类人员的聪明才智。为此，员工有较强的满足感。

现有一份存储器的生产合同，甲、乙两公司都想获得。甲公司的出价稍低于乙公司。但最终“花落谁家”，需两家公司先试生产 100 件样品才能确定。

在 100 件样品的生产过程中，甲、乙两家公司充分体现了各自不同组织体系带来的结果。乙公司在试生产中，发现接线板有一个设计错误，针对这一问题，公司授权技术部门，要求该部门的技术研究人员与样品生产人员一起共同研究解决方法，在大家共同努力下，修改了接线板的设计图纸，在征得对方认可后，试生产的 100 件样品全部通过了质量管理部门的检验。

甲公司生产的 100 件样品中有 10 件质量不合格，他们的做法是通过提高对员工严密控制的能力，在降低成本方面取得了显著的效果。虽然因返修不合格产品拖延了交货时间，但单位成本降低了 20%，最终赢得了存储器的生产合同。

乙公司在发现接线板设计错误时表现非凡，但在后来的常规业务活动中逐渐失去了竞争力。

(资料来源：http://www.thea.cn/zk_zl_379004－1.htm)

分析与思考：

1. 请分别指出甲、乙两公司采用的组织结构形式并说明其特点。
2. 你认为在进行组织结构设计时应考虑哪些因素，以及应遵循哪些原理。

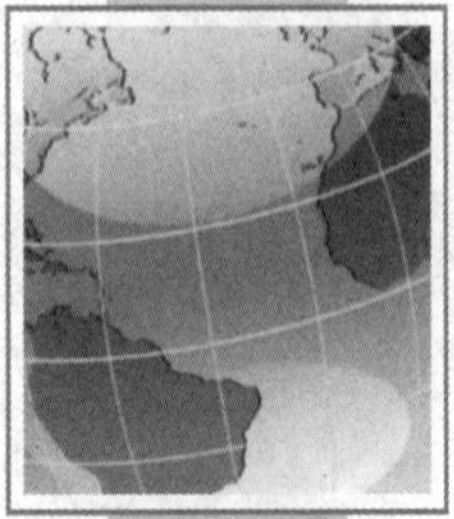

第八章 工作设计与人力资源开发

【学习目标】

1.了解工作设计的含义并说明三种基本方式的作用与区别；

2.描述工作时间安排的四种组合并说明其各自的优点与局限；

3.讨论工作设计和时间安排在知识经济时代的发展演变趋势，了解职业性向理论的观点与6种类型的特征；

4.比较配备管理人员时内部提拔与外部选聘两种途径的作用与限制条件；

5.掌握组织选聘和配备理想员工的一般方法和基本程序，说明企业一般从哪几个方面考察选聘对象的综合素质与能力结构；

6.了解业绩考评与职业培训的基本方式和意义。

【知识能力】

1.掌握配备管理人员时内部提拔与外部选聘两种途径的作用与限制条件；

2.掌握组织选聘和配备理想员工的一般方法和基本程序，说明企业一般从哪几个方面考察选聘对象的综合素质与能力结构。

【工作任务】

为一个你有一定了解的职位写出职务说明书并描述对任职资格和能力特点的要求。

【引导案例】

科宁公司的职前培训

美国科宁公司的新雇员常常一开始工作就感到十分沮丧，工作第一天往往杂乱无章、不知所措。公司认为，需要找出一种更好的途径帮助新雇员正确起步——去学习做什么、怎样做和为什么这样做，去了解公司的文化和信条。为此，他们制订了一整套职前教育体系，其目标是：降低职工主动辞职率，缩短新雇员学习和掌握本职工作的时间，在新雇员中培养一种对于公司的目标、原则、战略和对职工的期望的高度统一的认识，建立起一种对于公司及其外围团体的亲善、合作的态度。

下面是科宁公司职前教育的工作日程表：

——材料分发

在作出了录用决策之后，应及早下发职前教育材料：新雇员的主管人员领到一本《主管人指南》的小册子，新雇员领到《职前教育计划》。

——报到前

在此阶段，由主管人员与新雇员保持接触，帮助他们解决住房问题，并在同他们讨论之后，进行工作设计和草拟基本的目标管理清单。同时为新雇员准备好办公地点，一切就绪后，通知公司。最后，与新雇员约好下次会面的时间。

——第一天

在这重要的一天里，新雇员将与他们的主管人共进早餐，然后办理人事部门所要求的一系列手续。在这之后，他们要参加一个主题为“科宁公司与你”的讨论会并与讨论会主持人共进午餐。他们还要阅读为新雇员准备的《工作手册》，参观公司并被引见给他们各自的同事。

——第一周

在这周内，新雇员要与主管人、同事及专家进行一对一的面谈；学习在工作中做什么、怎么做和为什么做；回答《工作手册》中的问题；加入某一团体；参与并付诸实施主管人帮助制订的目标管理计划。

——第二周

新雇员开始承担正式任务。

——第三周和第四周

新雇员要参加一个社团的讨论会和关于新雇员福利的讨论会（他们的配偶可能也会应邀参加）。

——从第二个月到第五个月

在此期间，工作任务的密度和强度逐渐加大，新雇员的主管人员要对他们的工作进步情况每两周做一次检查，新雇员还要参加六次两小时的讨论会（有关质量和产量、技术、工作绩效管理和工作报酬计划、财务和战略、雇员关系、平等就业机会及各种社会变化）；新雇员还要回答《工作手册》及讨论会上的问题，并将答案交与主管人员检查。

——第六个月

新雇员已找到《工作手册》中问题的全部答案；他们和主管人员一起检查目标管理清单，参与工作绩效检查，他们获得了第一阶段职前教育结业证书，并着手做第二阶段职前教育计划。

——第七个月到第十五个月

在此期间要完成第二阶段职前教育、各分部门职前教育、各种专业培训、目标管理检查、工作绩效检查和工资检查。

（资料来源：http://wenku.baidu.com/view/738ea417482fb4daa48d4b0d.html）

思考：

（1）科宁公司职前教育体系的特点是什么？

（2）请参照科宁公司的做法为一家信息服务公司制订一个职前教育日程表。

我们将在这一章讨论与人力资源相关的一系列问题。

在现实生活中，任何一个组织的运作，都是由大量具体的工作任务组成，由一个个员工负责执行和完成，但这些任务并非杂乱无章地纠缠在一起，而是被精心地安排、落实到具有不同功能的部门和特定的工作岗位中。工作任务设计就是指组织职能中依照组织的技术要求、任务性质、工作人员的才能与特点有意识地设计出组织中的工作岗位及每个岗位的任务组合，以保证组织更有效率地运作。同时，根据工作任务组合的特点与要求，为每个岗位选择与聘任足以胜任的员工、开发和管理好人力资源便是不可缺少的工作。

第一节　工作任务设计与工作时间安排

组织中的工作任务是多种多样的，有些是经常重复并适合于标准化操作的常规性任务，有些则是变化较多、经常要面对新情况和新问题的非常规任务；有些任务需要多种技能才能完成，有些却只需要专而又专的单一技能；有些工作任务要求严格遵循固定程序，有些则给予执行人员选择工作方法的自由。多种多样的任务依照不同的方式组合在组织中的各个工作岗位上，本节中我们介绍工作任务设计的几种基本方式和可供选择的时间安排方案。

一、工作任务设计的几种基本方式

（一）专业化分工与岗位轮换

受古典劳动分工理论影响，早期的管理者都努力把工作任务设计得尽可能简化和高度专业化，分工越来越细，以提高每个岗位在单位劳动时间的产出效率。正如我们在前面曾提到的，最典型的情况便是生产流水线上的工作任务甚至可以被分解为只有几个标准动作的程度。如汽车总装线上某个工位的任务只是在汽车通过他面前的 3 分钟内拧紧 3 个固定位置的螺丝；而在手机装配线下游的某个工位，只是拿起一块芯片放入外壳中，试一下通话效果再将其固定就完成了；在银行业务的流水作业中，有些岗位的任务甚至只是审核某一类票据上的某几个栏目。在现代化大规模生产的条件下，分工细化和高度专业化除提高效率之外，另一个优点是便于检查考核和迅速发现问题，分清责任并及时进行纠正。因此，专业化分工在目前仍然作为工作任务设计的一个基本原则而被广泛运用。

然而，高度简化重复而又不了解其意义的工作容易使人产生逆反心理，对工作的厌烦必然导致质量和效率都下降，弥补这种缺陷的一种方式是进行岗位轮换。岗位轮换是指有计划地安排员工定期或不定期地轮流在不同的岗位或不同地点工作，以使员工的工作活动多样化，保持其新鲜感与好奇心来避免厌倦情绪。

在不同等级层次之间的纵向轮换意味着职位的升降，又伴随着薪酬待遇的改变，要考虑众多因素，操作上比较复杂。作为一种任务设计方式的岗位轮换主要是指在同一等级层次上的横向调整与变化。岗位轮换可以成为开发和培养管理人才的重要手段，在直线职位与参谋职位间的轮换以及在不同职能部门或不同产品部门间的轮换，为管理人员发挥和展示多方面的潜能创造了机会，使其有可能接受更富挑战性的工作，有更多的机会向经验丰富的员工学习，更全面地了解整个组织中错综复杂的活动是如何联系起来运作的，在实践中培养驾驭这些活动的技能，为其职务的升迁打好基础。海尔集团的人力资源开发在“人人是人才、赛马不相马”的思想指导下，建立了系列的赛马规则，包括三工转换、在位监控、届满轮流等制度，海尔内部人员的聘用采取竞争上岗的方式，空缺的职务都在公告栏统一公布、任何员工都可以参加应聘。海尔集团还规定管理人员在一定岗位上任期期满后，由集团根据总体发展目标并结合个人能力特长和发展需要，调到其他岗位上任职。届满轮流制度为海尔集团培养了一批多面手，为集团经营从白色家电向黑色家电的跨领域发展积累了人才资源。对于刚进入组织的新员工，岗位轮换是职业培训的有效手段。让新员工在见习期间，在多个不同岗位上各工作一段时间，尝试与各式各样的员工合作，在实践中观察、比较和选择最适合于自己发展的专业领域，是一种可供借鉴的做法。

岗位轮换拓宽了员工的工作范围，让他们有机会掌握更多的熟练技能，获得更多的感悟与体验，延伸了他们的人际交往半径，从而有助于加强组织的凝聚力。组织为员工提供较多变换工作岗位的机会将有助于培养具备多种技能、可较快适应不同工作岗位的员工队伍，当组织需要进行较大的变动与调整时，会更容易取得全体成员的支持与合作。

在我国的管理实践中，对一些拥有较大职权和控制关键职能的重要岗位实行任职人员的有计划轮换还是爱护干部、防止滥用职权、防范职务犯罪风险的重要手段。在 20 世纪末期的湛江走私案中，走私团伙用巨额贿赂从海关关长打开突破口，走私货物案值 110 多亿元，偷逃税款 62 亿元。随后的 2000 年 4 月，广东省对拱北、汕头、黄埔、江门 4 个直属海关的 11 名干部进行了岗位交流与调整。此外，对银行行长、基层营业处的会计主任、各地方法院的法官等职位实行的任职人员轮换大多取得了较好的效果。

但岗位轮换所受到的限制首先是培训费用的增加和短期内生产效率的下降，从而可能影响整个组织的经济效益。此外，在没有征询员工个人意见或不考虑员工原有经验和技能专长的情况下进行岗位轮换也容易带来负面效应，尤其是较高管理职位拥有较大的决策权和承担较多职责，贸然换上缺乏相应经验的人可能会导致较大范围的混乱。因而，岗位轮换一定要有周密的计划并且控制其涉及的范围，盲目的"换你没商量"并非明智之举。

(二)任务扩大化与工作丰富化

一种试图在不变换工作岗位的前提下增加工作多样性的尝试是扩大工作范围，也就是增加同一岗位所承担的任务数目。在一个工作日里完成的工作内容有所变化，自然有助于减少简单重复循环的频率，减轻枯燥乏味造成的压力。比如邮政局将传统上按照特快专递、普通信函、挂号信、印刷品、汇款、包裹等邮件性质的差别分门别类设置服务窗口、每个窗口只负责一种业务，改为设置多个综合服务窗口、每个窗口都提供全方位服务，就具有更多的灵活性，不但各岗位间的工作量可灵活调节、均衡分担，而且顾客也更加方便。不过假如增加的工作任务同样只是简单的机械重复，既不具有挑战性又没有什么意义，往往只会增加更多的厌烦，比如在流水线上由拧紧 3 个螺丝增加到拧紧 6 个螺丝就没有什么改善，甚至反而会降低效率和质量。此外要注意增加的任务量应保持在员工胜任愉快的限度之内，长期的超负荷工作使人疲惫不堪必然增加差错率。工作任务丰富化所增加的不是任务的数目而是深度。也就是说，丰富化的设计为员工们提供的任务不仅仅是执行命令，而是包括了一定限度的计划安排和评价自身工作的内容。丰富化的任务可以是一项完整活动的全过程，而不只是一个个孤立的环节，这就要求员工以更大的独立性和责任感去完成任务并进行自我评价以改进自己的工作成绩。美国花旗银行把它原来分割得极细而又机械单一的工作按客户的类型重新组合成能够直接与顾客交流且按照客户要求提供服务的岗位，员工从头到尾负责一笔完整的业务，并有责任采取措施解决顾客所提出的问题。变革的结果使员工和客户的满意度都有提高。试想一个公司的销售业务员要负责从寻找客户到签订合约、发送商品和收回货款的全部工作，与只负责其中一项工作并不断重复，你更愿意接受哪一种方式呢？什么样的设计安排能够让员工更有成就感、更有利于提高组织的经营业绩呢？

需要注意的是，工作任务丰富化有助于调动员工的积极性、减少工作失误和消极怠工，但对生产率的提高却并不一定有立竿见影的作用，一般长期效果较好。

(三)集体工作小组

上述各种工作任务设计的共同之处在于它们都是建立在个体工作方式的基础之上，一个岗位只由一个员工来承担全部任务，组织成员之间单线联系，这往往使管理者陷入大量的监督、考核、协调等日常事务中而无暇顾及更为重大的问题。集体工作小组是一种有别于传统方式的新设计，其基本特点就是以两个人以上的集体工作为基础来分配和组合工作任务。小组成员如何分工及在需要时进行轮换都由小组自行决定。与临时性任务小组不同的是，它以正式组织结构的形式而存在，具有很高的稳定性。具体的工作任务可以根据需要进行调整，小组的组合搭配却是固定的。制造企业中依工种分类的基层班组或者包含多个工种的设备维修小组、学校里的教研室、科研机构的实验室等都是这种有明确目标的协作集体。

依照工作任务的复杂性和自治程度的差异，集体工作小组可分为一般性的或自我管理式的两种类型。前者如医院里的药房、注射室的护士小组、工厂的保卫组等，工作较单纯，小组成员可相互顶岗；后者拥有更大的自主权，当小组的任务目标确定之后，组内的分工协作、时间安排、工作质量检查、绩效考核评价等均可自主决定，甚至可以自行挑选小组成员并在组内分配报酬。对于那些任务较复杂、需要多种技能配合而又难以精确划分界限的工作，自我管理工作小组是一种适用的选择，实践证明其对降低成本、提高效率有较明显的作用。在我国的实践中，生产班组或企业中的各种集体承包责任制便是类似的尝试。

虽然集体工作小组正在被越来越广泛地运用，但千万不要以为所有的小组都是高效率的，当小组内部缺乏相互信任和良好的沟通而又没有一个好领导时，其工作表现往往令人失望。一个集体工作小组要取得优秀的业绩和高效率，首先要有清晰的目标，小组成员不但清楚地了解自己要做什么、自己的工作对完成小组任务有何贡献，而且深信小组的任务目标是有意义的、有价值的。其次，小组成员的相互信任与友好合作是培养认同感和鼓励参与的基础。每个小组成员都了解其他成员的品德和能力，相信他们和自己一样努力能干，具有奉献精神，那么，在工作中发挥主动性和相互配合就不会有什么障碍。不善于合作的人往往会破坏小组的和谐气氛，而加强沟通、消除误解显然有助于增进友好合作。最后，一个热爱工作，善于与小组成员共享权力，能够有效地进行激励、提供指导的领导者是小组的灵魂。建立一套简单明了的绩效评估系统，及时反馈关于小组总体绩效和成员个人绩效的信息是鼓励进取精神、不断提高绩效水平的重要力量。集体工作小组为我们设计和组合工作任务打开了新的思路，但值得注意的问题是，小组规模要恰当，人员庞杂会削弱小组的优势。此外，如果组织中的培训、奖励、晋升和解雇都以小组为单位进行，将会产生什么影响，还是有待深入研究的问题。

二、工作时间安排

工作任务设计的另一个方面是工作时间的安排，由于工作任务的性质、工艺流程的要求、生产设备的特点、服务对象的差异、人力资源状况和外部环境变化等多种因素的影响，工作时间的安排也可以有多种多样的组合与选择，下面将分析不同的时间安排各自具有的优点与缺陷。

(一)固定工作时间

固定工作时间(fixed work time)是最传统和简单的方式，每天按照固定的时间表上下班，工作 7～8 小时。中华人民共和国成立以来，先后进行了三次大的工作时间和休假制度的调整。第一次是在 1960 年，在全国统一推行每天 8 小时工作制，改变以往各地 8～10 小时不一的工时制度；第二次是在 1994 年和 1995 年，对周工作时间进行了两次调整，先是将沿用已久的每周工作 48 小时改为 44 小时，紧接着又缩短为 40 小时，即现在执行的每周五天工作制；第三次是对全国休假制度的改革，1999 年将“五一”、“十一”法定休假日各增至 3 天，加上元旦和春节，使全国的法定节假日由原来的 7 天增加到 10 天。在我国政府机关、中小学校、各种社会性组织、大多数的工厂、医院，甚至银行、商店等服务型企业也都采取这样的方式。每天上午 8:00～12:00、下午 14:00～17:00 按部就班地工作是最常见的组合。

这种节奏固定的循环往复给人以安定感，符合一般人的作息节律且易被大多数人接受并习惯。在我国的原有体制下，各单位自成体系，工作地点与住宅区相距不远，中午回家吃饭并午休天经地义，更加促进了此种时间安排的普遍化。也有些企业，由于生产工艺不容许间断或提高设备利用率等原因，常有一日三班或两班的安排。

如果说在原有的计划经济体制下全国一盘棋，时间安排对组织效率没有太大影响，因而也容易被忽略，那么在“时间就是金钱”的当今社会，生活节奏加快、重视服务质量、关心时间效益的趋势向传统的时间安排提出了挑战。有些银行、邮局等服务型企业已经取消了午休，商店延长了营业时间，有些银行、零售店、超市已经实施了 365 天营业的方案，某些火车站、港口附近的服务企业开展了 24 小时营业的试点。此外，市场经济的发展、居住地与工作地点的分离、电费分时段计价等都会对工作时间的安排提出新的要求，应引起管理人员的充分重视。在 2003 年 3 月召开的全国人民代表大会期间，就有人大代表提出了缩短午休时间、实施和推广政府机关“朝九晚五”工作制、方便人民群众和外地人员办事的提案。此外，IT 技术的广泛运用也为某些企业的全天候运营提供了技术保证，如以国内电信运营商为主要客户的亚信公司在 2003 年春天 SARS 肆虐期间就借助于远程办公向客户承诺仍然保证提供“7×24 小时”的支持服务。

(二)弹性工作时间

弹性工作时间(flexible work time)是一种具有较多的灵活性，只确定员工每周工作的总时数，允许其在限定的范围内有一定的自由去调整、改换其工作时间安排的设计方式(见图 8－1)。

弹性时间	共同工作时间	午餐	共同工作时间	弹性时间

6:00　9:00　12:00　13:00　15:00　18:00

图 8－1　弹性工作时间的划分

如图 8－1 所示，在 6:00～18:00 长达 12 个小时的全部工作时间里，午餐前后的 9:00～15:00 是核心的共同工作时间，每位员工都必须到岗，通常也是业务比较繁忙的时段。而在早、晚各有一段的弹性时间里，员工们可以根据自己的情况和偏好作出调整，有更集中的安排。比如要送孩子上学的职业妇女可能会选择 8:00～16:00 的时间工作，而晚上要去参加业余学习的年轻人或许更愿意在 6:00～15:00 的时间里工作。有些组织甚至允许员工累积其超额工作时数，以便在他需要时调换一整个工作日。在某些任务导向型的企业中，甚至不规定统一的上下班时间，由员工自己依据完成工作的进度决定工作时间的调整。

这种让员工在工作时间的安排上有更多自主权的制度会产生什么效果呢？从已经采用弹性工作制的公司实践来看，首先，明显减少了拖拉、怠工现象，每个人都在努力尽快地完成自己的生产任务，设法保证在自己效率最高的时间段里工作，以便更自由地安排其余的时间。其次，这种设计使员工能更好地协调自己的工作、学习和生活节奏，有助于提高员工的满意度、减少缺勤率，从而提高整个组织的工作效率。

弹性工作时间最主要的缺点是增加了管理工作的难度，管理者需要仔细、周密地安排好弹性时间里的人员组合，以便保证工作均衡进行，不致发生混乱。同时，工作的计划和控制也面临更复杂的情况和更多的问题需谨慎地处理，对工作效果的考核需要增加新的指标，有可能会增加管理的成本费用。此外，弹性工作制适合于独立性较强的任务，那些与组织内外的其他人有很高关联度的工作不宜使用，如装配线上的操作工、办公室的接待人员和直接面向公众的服务岗位等。如果能够做到个人的工作时间是弹性的，而组织的整体工作却保持连续和均衡，无疑是一种更加理想的方式。

(三)工作日的调整

弹性工作时间着眼于调整一天中的工作时段，而工作日的调整则以一周的工作量为一个单元，延长每天的工作时间，将周工作日压缩到 4 天，称为“4－10 方案”，即每周工作 4 天，每天工作 10 小时。

从理论上来说，这种安排的首要作用是减少人们往返于上下班途中的时间和精力消耗，有了更多集中的自由时间来处理个人或家庭事务，发展业余爱好，因而对招聘员工有更大的吸引力。工作日的减少也相应减少了调试、维护和保养设备的工作量，有助于提高单位时间里的生产量。但这种方案对员工的体力和耐力都有较高的要求，而且几乎很难消除在快下班之前出现的注意力不集中和情绪烦躁不安的现象，也就是说10小时工作日的有效工作时间很难百分之百地保证。我国某城市的一家外商独资企业位于城市郊区的经济开发区内，在装配流水线上工作的20岁上下的青年人大多数与父母一起住在市区内，每天上下班途中平均要消耗4个小时左右。企业为此设计了每个工作日连续工作12小时，然后休息1个工作日再上班，每一条流水线有两个班次轮流工作的时间安排。

从实验的结果来看，这种方案在短期内受到了员工们的普遍欢迎，大家在上班时间里努力工作，很少有人缺勤或离职。然而往往在一年之后，开始有人抱怨长时间连续工作很疲劳，而且在一周之内，工作日与休息日两种完全不同的时间表使他们很难与家人协调好生活节奏，青年人的业余学习受到影响，那些承担较多家庭责任的职业妇女尤感困难。管理者们也发现，在安排和协调工作进度以及由于交货压力而需要加班加点时会遇到障碍。在一个长工作日中的作息时间实际上无法为员工提供挑选工作时间的自由，但这能够为那些希望做兼职工作的人提供可能与机会。此外，企业业务量不饱满或者处于生产淡季时，压缩一周中的工作天数而提高一天中的产量，将有利于降低成本；对于有多家连锁店的服务性企业，也可将位于不同地点连锁店的营业时间错开安排，在增加总服务时间的同时节省劳动成本，提高利用效率。

（四）非全日制工作与临时工

非全日制工作的设计意味着让员工选择在一个工作日里只工作半天或者数个小时，于是一个工作岗位就会为两个或更多的人提供工作机会，这对于那些不适合全日制工作的人无疑具有极大的吸引力，比如身体不够强壮或年龄偏大或家务负担较重的人员，还有那些需要业余兼职挣钱的学生。从管理的角度来看，在劳动力供应短缺的环境中，此种设计无疑可为组织带来更多可供挑选的熟练人员。在劳动力过剩时，让更多的人分享一份工作与收入不仅有助于缓解失业压力而且使人们更加珍惜工作机会。从心理和生理方面来看，一天中只有几小时的工作时间更有利于人们自始至终保持精力充沛的状态。不过，这种设计只有在住房制度、退休养老保险、医疗费用等基本生活保障都已经彻底社会化、商业化的条件下才有较好的可操作性和实际意义。

临时工是指组织为了某种需要而临时雇用的员工，他们与组织之间没有长期固定的聘用关系，组织不承诺保证其长期就业的责任。在我国的原有体制中，组织雇用临时工主要是为了绕过上级部门所确定的编制指标限制。而现在，市场的波动和环境的变化使许多具有用工自主权的组织倾向于在保持一支稳定精干的员工队伍之外，通过雇用临时工来满足在业务繁忙之时完成生产任务的需要，又避免了在经营出现低谷时需要裁员的麻烦。在一个非充分就业的环境中，组织招募临时人员没有什么困难，也不需太多代价，但却能明显提高对于外部环境的应变能力和组织的灵活性。

从员工个人角度考虑，一部分对个人自由和工作多样性要求强烈的人有可能主动选择这种有更多机会尝试各种工作的就业方式，一部分还没能获得固定职位的人或需要在业余时间里打零工的人也会将其作为一个培养技能的过渡性选择。然而，对于大多数人来说，临时工意味着缺乏保障和不稳定，而且在工资水平、养老与医疗保险等方面的待遇也远低于固定工的平均水平。即使是在全社会的保障体系比较健全和完整的国家里，数百万临时工们也更愿意选择全日制工作，只是难以获得理想的机会。

在复杂多变的现代社会里，正有越来越多的组织尝试建立"双轨"就业体系——一个固定的核心员工队伍再配上一支可很快扩大或缩小的临时工备用队伍。如美国20世纪90年代的劳动力队伍中约有25%的临时工，其绝对量还在以每年20%的速度增加，其运用范围也从一些技能要求较低的清洁工、搬运工、建筑工、机械操作工等工作向电脑程序员、网络工程师、会计师、律师、营销人员等职业领域扩展。在我国，大量进入城市的农民工或从边远落后地区进入经济较发达地区的民工构成了庞大的临时工队伍，近年来，城市职工队伍中的下岗分流人员也在不断增加。各类组织在开发利用这部分人力资源时，一定要对技能培训、工作质量保证体系和临时人员的责任感等问题有清醒的认识并采取有力的控制施，否则也许会给组织带来一些意料之外的麻烦。

随着电子通信技术的发展和互联网的普及，利用计算机设备和个人电脑实现家庭办公已成为一种新的富有吸引力的工作方式，它在为组织节省了办公用房的同时也为员工减少了用于交通的时间耗费，为员工更好地协调好工作与家庭生活的关系提供了条件。然而，组织的凝聚力、融洽的人际关系、员工们社会交往的要求会不会受到损害？员工们的提薪、晋职等是否会保持公平，组织的运作效率是否能持续提高这样一类问题，仍然需要在实践中寻找答案并给予妥善解决。

在实践中，分时段上下班是国内外大中城市为改善交通管理广泛采用的一项调整作息时间的措施，如杭州从2002年5月8日开始实行错时上下班，把原本全市统一的上班时间分成三种：杭州市、区直属机关、事业单位上午上班时间改为8:30；服务行业调整为9:00整；市、区中小学校春、冬季学生上午到校时间为8:00之前，下午放学时间为17:00之前，夏、秋季学生上午到校时间为7:30之前，下午放学时间为17:30之前。深圳市从2003年11月中旬开始，将政府机关的上下班时间改为上午9:00～12:00、下午14:00～18:00，与学校、企业错开，以减少车流量，缓解上下班高峰期的交通压力。温州市推行错时上下班制度后，基本缓解了该市上下班高峰时段堵车的矛盾，相当于节约了打通老城区主要道路所需要的20亿元。从2003年12月1日起，甘肃、河北等内陆省份的省直机关和事业单位也开始推行早上8:30上班的新作息制度，每天的工作时间也相应缩短了半个小时。

总之，在一个科学技术飞速发展、社会生活多元化、经济活动全球化、学习培训终身化的时代里，工作时间的安排和就业方式正涌现出许多新的模式，如何选择与设计需要从实际情况出发，权衡利弊、有所创新，既不拘泥于现有模式又能扬长补短，采取相应措施弥补不足之处。

第二节　员工的选聘与合理配置

在确定组织结构和工作任务的设计完成之后，为每个职位选聘与配备能够胜任工作并有发展潜力的员工是组织职能的重要任务，也是人力资源管理的基础性工作。因为一个组织的日常运作与预期目标最终是通过人的努力来实现的，员工队伍的素质与能力在很大程度上制约着组织的业绩与发展前景，聘任并保留优秀员工是一个组织取得成功的关键。20世纪90年代引人注目的成功企业微软公司认为，其首要任务就是发现和选聘最优秀的人才。

一、选聘与配备适合职务要求的组织成员

"德才兼备"是所有组织选聘工作人员的共同原则。不论今后在哪个职位从事何种类别的

具体工作，诚实、正直、守信、勤奋努力和富有责任感等优良品质都是做好本职工作、对组织有所贡献的必要条件，也是组织选聘工作人员时首先考察的重要方面。但品德良好的人仍然存在着个性差异，不同工作岗位对任职人员的专业技能、学识经验的要求也并非一致。因此，职位与人员的双向优化是人员配备的基本准则，即为每个岗位选配符合其工作要求的合适人员，让每个员工都在最能发挥其专长优势的岗位上工作，这就需要对两个方面都有准确的了解与把握。

（一）对应聘人员能力结构的一般要求

选聘与配备工作人员的基础是职务的要求。一份规范的职务说明书会清楚具体地指出一个职位的权力、责任、任务要求及与相关职位的关系，从而引申转化为对任职者的要求，指明在此职位上开展工作必须拥有的知识、能力、资格等基本条件，并作为选配人员的依据。而对应聘人所具备的能力和个性特征的考察分析与评价是人员配备工作的决定性方面。从完成工作任务的角度出发，组织对应聘人员的基本素质与工作能力可以从三个方面进行考察。

1. 文化知识与专业技术能力

文化知识主要与劳动者接受正规教育的程度有关。我国目前已基本普及了九年制义务教育，绝大多数人进入劳动队伍之时已具备了阅读、书写、数学计算等基础能力，但在21世纪，熟练运用电子计算机和通过互联网开展工作正在成为大多数工作岗位要求具备的基本技能。先进科学技术的广泛运用使越来越多的岗位需要学历水平更高的工作人员，那些知识面较广、文化修养较高的人往往能够较快地适应工作的变化，接受新的观念。专业技术能力是指掌握某个特殊的活动领域中的专门知识并理解该领域的活动过程、方法与程序，熟练使用该专业的工具和技巧的能力。不同的职业岗位要求具备一些特定的专业技术能力和专门知识。如办公自动化设备和电脑的普及要求所有的文职人员都能熟练地使用计算机；现代化工厂里操纵数控机床和运用各种复杂技术的岗位要求员工接受过专门的职业教育，具有进行复杂计算和使用图纸的能力；新闻媒体的记者、编辑要求对社会生活有敏锐的反应及较高的口头表达和写作能力；公路运输企业的员工要求具有熟练驾驶各种汽车的能力等。在实践中，一般可通过各种学历证明和技能等级证书来认定有关人员是否具备从事某一岗位工作的资格，必要时可辅以一定的现场考核，给予检验。在专业化分工不断深化的社会里，专业技术能力是选聘工作人员时首先考察的基本方面。

2. 合作精神与人际交往能力

合作精神是指一种时刻准备与他人一起努力工作，并且互相配合，关注共同的行动与成果的品质与心态。现代组织中的任何一个工作岗位都免不了要与上下左右的相关职位发生各种各样的工作联系，组织成员是否能愉快地工作并取得良好业绩，除了专业能力之外，还在很大程度上受其是否具有合作精神的影响。一个待人宽厚又乐于助人的员工，一个善于发现他人长处又能理解并接受与自己不同的观点意见的管理人员，能够使工作变得快乐并增加集体的凝聚力。而一个斤斤计较、自以为是的人往往成为群体中的不和谐因素，影响其他人的工作情绪，甚至降低工作的质量。

值得注意的是，有些人并非缺乏合作精神，只是不善于与人交往。这需要管理人员有意识地创造交往机会，并提供改善交往能力的训练，如怎样专心倾听他人的说话和清晰地表达自己的看法，如何用行动表现出自己的诚意等。对于那些直接以人为主要工作对象的岗位来说，口头表达和人际交往能力、说服他人与自己取得共识的能力更是尤为重要。如销售人员、人事管理、公共关系部门的工作人员、银行中的客户经理等，人际交往能力制约着他们的工作绩效，是需要重点考察的方面。在实践中，可以通过心理测试、面试中的交谈及其工作经历或他人的评价来了解把握，因为这种与人合作共事的能力必然会持续不断地体现在一个人的长期言行之中。

3. 善于学习、积极进取与筹划决策的才干

信息时代的到来使最出色的人也必须面对知识更新的挑战，只有善于学习新知识，总是保持着对新事物的好奇与敏感，自觉接受新思想、新观念，不断有更高的追求，积极进取的人，才具有事业发展的潜力。而故步自封、安于现状、企图以不变应万变的意识与心态，往往是一个成功运作的组织逐渐走向衰落的内在原因。

筹划决策才干主要是指从整体上把握一个组织和用全局观点分析、处理问题的系统思维能力。能够准确地了解与把握组织在社会大系统中的地位及与外部环境各方面的关系，并能认识到组织内部各个部门、各种职能之间相互依赖、相互制约的关系，无疑是对组织的发展方向和重大战略进行统筹规划和果断决策的基础。现代人经常面对各种各样的选择，分权化的组织更多地要求其成员在没有上级指示的情况下自主做出判断和决定，如果组织成员都具备对客观事实进行分析归纳、概括出明确概念，并通过逻辑推理来寻找内在联系，从而确定问题、采取行动的能力，组织的整体素质和运作效率必将大大提高。对于管理者，尤其是中、高层次的管理者来说，富有创造力，面对复杂的环境和前所未有的新情况、新问题有自己的独到见解，能够创造性地采取不同于传统习惯的解决方式，或者具有高瞻远瞩的气魄，能够敏锐地捕捉到他人意见的高明之处并从善如流，以组织的整体利益为重协调各方面关系，是一个优秀管理者最可贵的品质。在实践中，筹划决策的才干除了通过面试和试用一段时间的方式了解之外，主要通过对其过去业绩的考察来识别与判断。

(二)组织中不同层次工作职位对能力要求的差异

显然，上述三个方面的品格与能力在实际上是相互关联、难以截然分开的，不可能精确地划分某项工作或某个职位需要哪一方面的能力，可是又不可能要求每个组织成员都是全才。于是，区分各种能力对于组织中不同层次职位的相对重要性就有明显的现实意义。

一般来说，专业技术能力对于第一线的作业人员和基层管理者最为重要，是保证完成工作任务和提高组织效率的基本条件，但对于中、高层管理者，技术能力的重要性便相对减弱。中、高层管理者如果善于综合各方面专家的专长与智慧，有激励组织成员主动精神与博采众长的技巧，就可以有效地完成自己的工作。

同他人共事与合作的能力可以说对于所有的职位都是必要的，只不过其重要程度与这个职位是否需要进行频繁的个人接触有关。独立性强或者有严格精确的规范标准的工作与那些同人打交道的工作相比，后者对合作精神和人际交往能力有更高的要求。在一个组织中，中层管理者上下左右沟通协调的工作要占用其很多精力，良好的人事能力对于改善工作效果有明显的帮助。

高层管理人员承担着谋求组织生存与发展的重任，其统筹规划、果断决策的能力影响着组织的兴衰。假使一位高层主管在专业技术和人际交往方面并非出类拔萃，但其下属中有这方面的优秀人才，他仍能很好地管理一个组织。可是如果高层主管缺乏运筹帷幄、系统思维的能力，把握不准组织的发展方向，或在重大决策上失误，便有可能危及组织的生存。因此，在选聘和配备组织成员时，一定要根据职位的要求，侧重考察对其完成工作任务最重要的能力。

(三)某公司人力资源部经理的职务说明书示例

(一)隶属关系:直属于总经理

(二)所属部门:人力资源部

(三)工作职责:计划和执行人力资源开发管理制度、规定,规划人力资源需求,招聘新员工、负责员工的培训和绩效考评,薪资、社会保险、人事信息管理。

(四)主要工作任务:

1. 督促检查人力资源制度决策执行结果,提出改善措施,修订、完善人力资源相关规章。

2. 与劳动管理部门保持密切联系,及时了解政府人力资源方面的各项政策。

3. 编制年度人力资源计划,及时提出修正意见,协助各部门确定岗位定员,收集汇总岗位职责。

4. 进行人力市场调查,扩展人力资源渠道,拟定招聘广告,筛选、推荐应聘者,参与面试、甄选,向新员工介绍公司、安排体检、办理关系转递与合同签订手续;负责临时工的招用手续和日常管理。

5. 了解公司发展计划、目标,结合有关部门确定员工培训内容,制订培训方案,与各岗位员工经常沟通,考察外地员工工作状况。

6. 参加调解委员会工作,代表管理当局与工会建立相互配合、协助、依赖的关系。

7. 准备绩效考评方案,周密安排绩效考评步骤,抓好自我评估、主管评估、当面沟通等重要环节,准确把握尺寸,使之行之有效。

8. 分析薪资状况,提出薪资方案,准确执行薪资制度。

9. 制定员工社会保险制度,及员工社会保险转递、领取手续。

10. 妥善积累、保存人力资源信息、文件,提出分析报告。

11. 承办管理当局安排的其他事项。

(五)问题处理:指导、协调、探讨工作问题处理,涉及重大难题有向管理当局提出建议并执行决策的责任。

(六)人财责任:管辖人力资源主任、人力资源主管,分配调整岗位工作,检查个人责任执行状况;有对下属人员薪资、奖惩、合同签订提出建议的权力;按规定执行财务制度内的个人权限;有安排调配本部门所有房屋、物品的权力,并负有妥善保管之责任。

(七)工作接触:下属员工、各总监、各部门经理、劳动管理部门、工作有关人员。

(八)任职资格:大学本科以上管理专业学历,5年以上人力资源工作或管理经验。

从以上职位要求出发,在聘任人力资源部经理时,除了把握其专业知识与特长,观察其举止仪表、文化素养之外,还需要考察应聘对象的逻辑思维能力、理解表达能力、计划组织能力、合作与协调能力、领导能力、综合分析能力和进取心、责任感等,作为人力资源部经理,尤其要重点考察其观察人的敏锐眼光及对人的了解、判断能力,以便聘任后能很快独当一面地开展工作、承担责任。

二、员工的性格特点与职业类型

中国古代的用人之道中,早就提出了“因才适用”、“人尽其才”之类的通用原则,但在实践中如何区分各种各样不同类型员工的“才”,如何界定其最适合的“用”,却并没有一套完整的理论或具体的操作方法。在为每个工作岗位配备最优秀的员工、为每位员工寻找最合适岗位的双向选择与调整中怎样操作，基本上还停留在经验阶段，很大程度上依赖于主管人员的个人判断。美国著名的职业指导专家霍兰德提出的职业性向理论运用现代语言详细描述了不同人员的心理、性格、行为特征，并指出各种性格类型对应的职业类别，不仅可以作为招聘面试时的重要参考依据，而且为组织内部的员工配备、岗位调整、选拔提升提供了一种有效的选择路径。

(一)霍兰德职业性向理论的基本内容

霍兰德认为，每个人的性格和天赋决定着其职业性向。他根据劳动者的心理素质和择业倾向，将劳动者细分为特征各异的6种基本类型：实际型、探索型、艺术型、社会型、创业型、常规型。同时，他还指出每种类型劳动者适合于哪些具有某种共同性质的工作及主要的职业方向选择(见表8－1)，劳动者找到了与其自身类型相适宜的职业，其才能与积极性就有可能充分发挥。

表8－1　　职业性向与职业类型对应表

类型	劳动者特征	职业类型
实际型	1. 愿意使用工具从事操作性工作 2. 动手能力强，做事手脚灵活，动作协调 3. 偏好于具体任务，不善言辞，不善交际	主要指各类技术工作、农业工作，通常需要一定体力，需要运用工具或操作机器 主要职业：工程师、营养专家、建筑师、运动员、园艺工人、机械操作工、维修工、电工、司机、描图员、农民等
探索型	1. 思想家而非实干家，抽象思维能力强，求知欲强，肯动脑，善思考，不愿动手 2. 喜欢独立的和富有创造性的工作 3. 有学识才能，不善于领导他人	主要指科学研究和社会实验工作 主要职业：生物学家、化学家、生理学家、物理学家、心理学家等自然科学和社会科学方面的研究与开发人员、专家，化学、冶金、电子、电视、飞机等方面的工程师、技术人员
艺术型	1. 喜欢以各种艺术形式的创造来表现自己的才能，实现自身价值 2. 具有特殊艺术才能和个性 3. 有创造力，乐于创造新颖、与众不同的艺术成果，渴望表现自己的个性	主要指各类艺术创造工作 主要职业：广告管理人员、作家、广播员、室内装修人员、绘图师，音乐、舞蹈、戏剧等方面的演员、编导、教师，评论员，艺术家，服装、家具、珠宝等行业的设计师等
社会型	1. 乐于助人，喜欢从事教育工作 2. 喜欢参与解决人们共同关心的社会问题，渴望发挥自己的社会作用 3. 寻求亲近的人际关系	主要指各种直接为他人服务的工作，如医疗服务、教育服务、生活服务等 主要职业：教师、学校管理人员、保育员、行政人员、医护人员、社会工作人员、图书管理员、精神健康工作者、服务行业的管理人员和服务人员等
创业型	1. 追求权力和物质财富，具有领导才能 2. 喜欢竞争，敢冒险 3. 善交际，口才好	主要指那些组织与影响他人共同完成组织目标的工作 主要职业：房地产商、经理、企业家、政府官员、律师、金融家、零售商、人寿保险代理人、采购员等
常规型	1. 尊重权威，喜欢按计划办事，习惯接受他人指挥和领导 2. 不喜欢冒险和竞争，富有自我牺牲精神 3. 工作踏实，忠诚可靠	主要指各类与文件档案、图书资料、统计报表之类相关的各科室工作。 主要职业：会计师、出纳、银行职员、统计人员、秘书和文员、图书管理员、旅游外贸职员、邮递员、审计师等

事实上，大多数人并非只有一种职业性向。如果一个人具有的两种职业性向高度相关，那

他就会很容易选定一种职业。然而,如果某人的职业性向相距较远,比如同时具有探索性向和创业性向,那他在进行职业选择时就会面临较多犹豫不决的情况。一个拥有高学历并取得了一定成果的专业人才或许会在继续提高专业造诣、做一个术业有专攻的学者或科学家还是将已有成果商业化、做一个企业家之间反复斟酌,这是因为同时具备多种兴趣将驱使人们在各种不同的职业之间进行选择。一个人的职业性向越相似或相容性越强,则他在选择职业时所面临的内心冲突和犹豫就会越少。在实践中,假如一个人的职业岗位与他的职业性向存在较大差距,则会面临许多困惑,影响工作的成效。

(二)职业性向理论运用实例

广州的一家外资 IT 企业有一个困扰公司很长时间的问题:顾客对一线员工的投诉居高不下,但却始终没有找到有效的解决方法。2012 年 3 月,公司总经理要求新上任的人力资源部经理张先生在一个月内找到问题的原因:是员工素质问题还是领导方法问题?或者是管理制度问题?

在此之前,公司曾组织力量对销售部、售后服务部、咨询部共 300 多名直接服务顾客的一线员工进行了长达 12 个月的顾客满意度跟踪调查:针对每个员工,公司每个月联系 25 位顾客,请他们就所接受服务的质量打分,每个员工得到了 300 位顾客的评分。然而,公司在同一时期实行的是主管考评的绩效管理制度,将各部门主管对员工考核的评分记录与顾客评分对比分析发现了一个奇怪的现象:上级主管评分高的员工中,大部分的顾客评分都较低;相反,得到顾客较高评分的一线员工,大部分得到的上级主管评分都较低。为什么会出现这样的反差呢?

为了找到问题的答案,张先生在咨询公司的帮助下,采用职业性向测试工具和性格测试工具对每个员工进行测试,再进行一对一的面谈,试图把握每个员工的性格特点及其“霍兰德密码”,以便找到解决问题的路径。

测试的结果显示:在顾客评分较高的 121 位员工中,社会型的员工占 96%,创业型的员工占 89%;在上级主管评分较高的 130 位员工中,常规型的员工高达 98%。与此相映成趣的另一个现象是,这 300 多名员工分别由两个经理招聘录用,其职业性向类型如表 8－2 所示。

表 8－2　　招聘经理与员工类型对照表

员工类型 / 招聘经理	探索型	常规型	社会型	经理本人类型
张经理	99%	82%	56%	探索型
李经理	16%	68%	93%	社会型

显然,负责招聘的主管人员倾向于聘用与自己同类型的人,而常规型的人员尊重权威、愿意接受他人指挥又忠诚可靠,上级主管喜欢这样的下属,自然评分较高。社会型的员工注重人际关系,喜欢从事与人交往、合作、共同解决问题的工作,在工作中能够主动替他人着想,希望对方满意。创业型的员工善交际、口才好,对他人的思维和行为有影响力,这两类员工受到顾客的好评也在情理之中。从上述事实出发,张先生在自己的报告中提出了调整招聘制度和绩效管理制度的三条建议:

(1)绩效管理制度中摒弃主管考评指标,采用顾客满意度作为主要的业绩评估指标比较客观。

(2)在招聘直接为顾客服务的一线员工时,选择职业性向为社会型或创业型的人员。

(3)改革招聘程序,所有应聘人员都首先由人力资源中心进行测试,挑选出职业性向类型与职业岗位要求一致的候选人,再将这些候选人推荐给部门经理确定最后的人选。改革的结果初见成效,2012年下半年,这个公司一线员工中社会型和创业型员工的比例增加了26%,平均顾客评分亦大大提高。

三、选聘组织成员的途径

组织选聘与配备适合组织需要的员工和管理人员,主要采用外部选拔聘任、内部调整与提升两个基本途径。

(一)外部选拔聘任

当组织初建或业务发展、规模扩大时,需要从外部招聘员工;当组织现有管理人员不足以胜任工作或数量不足时,也需要从外部选聘优秀管理人才。较大规模的招聘可以直接与有关学校、就业服务机构联系或通过广告拓宽选聘范围。少量的特定职位选聘,也可通过管理协会、人才市场或组织内部成员推荐等方式进行。从节约成本费用的角度考虑,组织选聘人才大多首先着眼于本地区,除非那些要求特殊的高级技能,或大型组织的高级管理职位会将搜寻和选择的范围扩大到外地乃至全国。为了使外部选聘达到预想的效果,必须首先将待聘职位的性质、要求、工作环境的现状、组织发展前景及报酬和福利待遇等情况明确负责地告诉应聘者,以免出现工作后不满意又很快流走的现象。

外聘途径的主要优点是有广泛的人才来源,且能给组织带来不同于原有组织文化的新思想、新作风,增强组织的活力,尤其是高层主管职位外聘,有利于为组织的发展打开新思路,带来新观念。此外,慎重选择有丰富经验和较强工作能力的外聘者,可节省培训费用,有时还可避免由于提升机会不均而引起的内部不团结。在我国企业的实践中,招商银行发展信用卡业务、平安保险公司扩展业务领域都曾经成批引进"海外军团",以借鉴成功经验或增加国际化视野。

从组织外部招聘管理人员最大的缺点是有可能挫伤组织内部人员的积极性和进取精神。有些人对今后的提升失去信心,有些人认为外来者并非更能胜任工作而感到不公平,都有可能导致工作中的不合作和消极情绪。此外,选聘外来者难免较多受其学历、资历、推荐信等书面材料的影响,而对其实际能力了解不够深入,他们进入组织后又需要有一个与组织原有成员相互熟悉和磨合的过程,这些都有可能影响他们的实际工作绩效。在现实中,被称为"空降兵"的外聘职业经理并不一定总是能够带来明显的业绩增长也是屡见不鲜的现象。

(二)内部调整与提升

当组织内的工作职位由于结构变动或退休、调动等原因出现空缺时,也可通过组织内部人员的调整或提拔那些表现良好、有足够能力胜任工作的人来充实空缺的职位,或者将一些工作业绩优秀的管理人员提升到更高层次的职位,担负更重要的工作职责,再从下级人员中聘任新的管理者。内部调整与提升制度要求组织建立起完备的人员表现和工作能力的考核记录资料,并绘制相应的人才储备图,供选聘人员时参考。

与外部选聘相比,在组织内部调整和提升管理人员的主要优点是有助于激励组织成员努力上进。由于看到在职业道路上晋升的希望或者调换其他工作的机会,员工们将自觉地不断充实自身的知识并积极主动地工作,以取得优秀的业绩,从而使组织中充满积极进取的精神。此外,由于对组织成员有较深入的了解和业绩考核记录,这样就便于从长处和弱点两方面权衡比较，确定人选。内部人员熟悉组织的目标和日常运作程序，有利于较快进入角色开展工作，对于组织以前的培训投资也有了回报的机会。

然而，只是从内部搜寻空缺职位的人选受到组织人才资源的局限，选择余地较小。这一方面失去了从外部挑选优秀人才的机会，另一方面又可能将一些不称职的人提拔到力所不能及的职位，那些不能胜任工作的人员将在很长时间里对组织的工作绩效产生不良影响。此外，这种选聘途径最大的缺陷在于使组织趋向于封闭，有可能在潜移默化中助长因循守旧、固守原有模式的作风，或形成论资排辈的风气，对培养组织的创新精神不利。

（三）实际操作

从上述分析可见，选聘组织成员的两种途径各有利弊，在实践中要根据组织的规模、经营环境和现有人才储备情况慎重选择，合理配合使用。有许多组织在出现管理职位空缺时首先考虑组织现有人员的提升或调整，当人才资源不足时才从外部招聘，有助于保持组织运作的平稳。但当组织有重大战略调整或者大变革时，聘任高层管理人才往往首先考虑从外部招聘。

在我国的实践中，无论对内还是对外，透明、公开的招聘程序有助于招聘结果的客观、公正，有利于取得全体组织成员的认同和上岗后顺利开展工作。2002 年底，长江电力股份公司采取分级负责、逐级选聘的方式在内部公开招聘 175 个岗位的管理人员：第一批招聘股份公司本部部门负责人，第二批招聘公司下属各厂负责人、本部一般管理人员、两个会计核算中心人员，第三批为下属各厂一般管理人员。招聘过程中严格遵守资格审查、民主测评、初选面试、专家独立打分的程序，依分数高低择优录用。在第三批招聘中，依据前面的经验加重了民主测评的评价权重。结果是在 200 多位应聘者中录用了 163 人，空岗 12 个，在落选的 58 人中，有原电厂正、副处级干部 13 人，依照"有情安排、妥善分流、鼓励转岗、充实一线"的原则，顺利完成了交接过渡。长江电力股份公司的这次公开招聘既保证那些思想素质过硬、工作表现突出、努力钻研业务或对应聘岗位经验丰富的人才脱颖而出，又在全公司树立了岗位靠竞争、收入靠业绩的观念。

此外，相关研究表明，在选聘和配备工作人员的过程中，现有员工推荐是一种极为有效的方式。因为现有员工对组织内各职位的要求和被推荐者两方面都比较了解，能够较好地把握什么样的人更适合于待聘的职位，故在推荐前就已经进行了初步的筛选。由于人们往往把被推荐者的表现与他们的推荐人联系在一起，使现有员工从维护自己在组织中的声望考虑，会十分看重推荐质量，绝不推荐连自己都信不过的人。

四、人员选聘的一般方法

选聘符合职务要求的组织成员，包含着对于申请者今后工作成效的预测，评估其是否能达到组织所要求的标准，因而需要通过一定的程序和一些有效可信的方法来作出选择，以免错误地推辞了在今后工作中会有出色表现的申请者或者接受了在实际工作中业绩极差的申请者。在实践中，大多数组织的选聘过程都使用资格审查、笔试与面试、工作模拟测试三种基本方法。

（一）资格审查

几乎所有的组织都会首先要求应聘者填写一份申请表格，除姓名、地址、电话等基本情况外，主要包括个人的学历学位、工作经历、技能特长和已取得的成就，并附上相关的证明文件、推荐信函等资料。过去的经验和研究证明，对这些资料和事实进行核对是十分必要的工作。在假文凭、假证明到处泛滥的情况下，向发放文凭的学校或单位查证，能很快核实其真伪。近年来，我国许多高等院校都建立了毕业文凭电子查询系统，可以方便、准确地查证学位、学历、毕业年限、所学专业等基本资料。但向申请者的原工作单位查询其行为表现,大多只具有参考意义。一方面,出于各种考虑,大多数人对于已经离开本组织的人会尽量多说好话而不愿指出其不足;另一方面,个人的好恶偏见也影响到评价的客观公正,所以对于申请者是否具备任职于某个职位的资格,还是经过核实的正式文件资料比较有价值。

在实践中,对于任职资格除了通用的一般条件外,还应该依据工作岗位的不同提出具体要求。如某公司作为国内优秀的INTERNET系统集成商和软件开发商,主要业务是面向电信、电力、交通等行业推进信息化建设。该公司在招聘技术人员时,除了全部要求计算机及相关专业本科以上学历外,其项目开发经理职位要求有3年以上项目开发及开发管理经验,熟悉B/S体系结构,协调组织能力强,有面向对象的实际开发经验。其设计工程师职位则要求有较强的分析问题和解决问题能力,熟悉主流操作系统、高级开发语言、大型数据库,有面向对象的设计经验、了解JAVA、CORBA技术。系统管理工程师职位则要求两年以上UNIX系统管理经验及TCP/IP网络经验,熟悉WINDOWS NT网络系统的规划和管理,能够熟练管理与维护基于NT平台的Netscape Massage Server,熟悉CISCO网络设备及LINUX系统者优先。其余如界面工程师、安装程序工程师、质量控制工程师、技术写作工程师的任职资格各有不同的侧重。

当应聘人数较多时,可以在审查应聘者的个人资料是否与拟聘职位的要求相符后,设计一些简单的、只要求回答"是"或"否"的简答题,利用电话的方式在几分钟之内删除掉明显缺少一个或数个必备条件的不合格者,不需要全部留到面谈时花费较长时间核实了解。

表8—3 **技术人员应聘登记表**

(填表时间:________年____月____日)

应聘岗位(可复选):

1. 技术开发部:□部门经理 □部门副经理 □系统工程师
□高级开发工程师 □开发工程师
2. 产品开发部:□部门经理 □部门副经理 □系统工程师
□高级设计工程师 □设计工程师
3. 品质保障部:□部门经理 □质量控制工程师 □测试工程师
4. 网络管理部:□部门经理 □网络管理工程师

承诺:我承诺下面所填写的资料是完全真实的。如果被证明其中有虚假成分,我愿意承担完全责任。

承诺人签字:____________

基本情况:

1. 姓名:____________ 2. 性别:____________ 3. 出生年月:____________
4. 民族:____________ 5. 健康状况:_________ 6. 毕业学校:____________
7. 专业:____________ 8. 学历:____________ 9. 英语水平:____________
10. 教育类别:□统分 □自费 □委培 □自考 □成教 □其他
11. 联系电话(移动):

工作(学习)经历:

起止时间 单位(学校)名称 岗位(专业)名称

1. ____
2. ____
3. ____
4. ____

接受过的正式培训:

起止时间 培训地点 证书情况

1. ____
2. ____
3. ____

续表

技术情况：

擅长的编程语言：□JAVA □C □C++ □PB □VB □DELPHI
□汇编 □其他：

擅长的操作系统：□WINDOWS NT □UNIX □NETWARE
□LINUX □其他：

擅长的其他技术：□TCP/IP 技术 □CORBA 技术 □中间件技术
□组件技术 □网络技术 □HTML/JAVASCRIPT □其他：

开发经验：□单机版开发 □小型系统开发 □中型系统开发
□大型系统开发 □C/S 结构开发 □B/S 结构开发 □其他：

设计经验：□需求分析 □概要设计 □详细设计 □测试大纲
□用户手册 □其他：

项目管理经验：□有 □无

技术工作经验：

项目名称	担任角色	工作内容	使用技术	起止时间
1.				
2.				
3.				
4.				
5.				

薪金要求：

____

____

(二)笔试与面试

笔试在第二次世界大战之后被广泛运用于人员选聘过程，一般包括智商、悟性、专业、兴趣爱好等方面的内容，以测定申请者的记忆、思考和观察复杂事物进行推理与判断的能力，以及现有专业技能的水平和今后发展的潜力。有人收集了充分的证据说明，关于智商能力、空间和机械能力、认知准确性和运动能力的测试，对于工业组织中半熟练和非熟练的操作工作只有中等程度的有效性，而智商测试能很好地帮助判断申请人是否适合做一个管理者。

事实上，目前已经开发出包括个性心理、推理判断、情感智商、领导能力、意志力等方面的专用测试题库供招聘方选用。尽管不断有人怀疑笔试的分数与实际工作业绩之间的相关程度究竟有多高，"高分低能"现象也确实存在，但由于人员选聘失误给组织带来的损失愈来愈大，许多组织仍然愿意运用笔试的方法，甚至不惜花费较多的时间和费用为特定的职位定向设计专门的测试题。

面试是指待聘职位的上一级主管、技术专家或人事部门的专职人员与申请者会面谈话，以对其素质与能力获得直观的综合评价。如果面试者有较丰富的经验，在面试前经过精心设计与安排，坚持按照要考察的方向提问，将能够有效地预测申请者的任职绩效。但是如果只是非正式地随意提一些目的不太明确、主题多变的问题，就不能获得有价值的信息。为了避免面试者的先入之见或其他因素影响到评价的公正性，使面试更为可信与有效，有关专家综合已有研究成果，提出如下建议：(1)对所有应聘者设计一些固定的问题；(2)取得有关应聘职位工作要求的详细信息；(3)尽可能减少对应聘者履历、测试成绩等方面的事前认识；(4)多提那些要求应聘者对实际做法给予详尽描述的行为问题，比如举一个例子说明你是如何学会一项具体技能的，或者请描述你在受到挫折时是如何采取行动、行动的结果怎样；(5)面试中做好笔记并采用标准的评价格式；(6)保证提问的数量和一定的面试时间，避免因时间过短而导致不准确的判断与评价。

在面试中，事先准备的问题不要过长，以免出现理解上的偏差，但却应该具有开放性、扩展性，使申请人有较多的发挥空间并成为叙述者，面试人则有更多的机会在倾听中观察和判断申请者思考问题的深度、是否有独立见解及实际能力高低。在面试中，提问不是要“难倒”申请人，而是给其创造展示自己的机会，一个人真实的素质和能力充分展现了，评价和判断才会更准确，认识到这一点会帮助我们通过“巧妙”的问题提高面试的质量。一般来说，面试对于判断应聘者的应变能力、思维能力、灵活性和个性特点、人事技巧方面有较明显的效果。有学者以应聘我国某饮料集团公司客户经理的 34 名应届大学本科毕业生为样本，对面试的构思效度进行实证研究的结果显示，面试评价与应聘者所参加过的社会工作有密切关系，与个性测试中的开放尝试、外向性以及责任意识有一定关系，但与应聘者的认知能力、学习成绩等背景因素无关。假如应聘者在面试中表现出的人际交往、合作协调等能力和笔试中体现的认知能力、学习能力共同制约着今后的工作绩效，则笔试与面试两种方法的有机组合更能提高选拔的准确性和效用。

在实践中，宝洁、强生等大型跨国公司每年在所在国家招聘大学毕业生时往往对应聘者进行多达 7～8 轮的笔试和面试，才能在众多的求职者中筛选出它们认为符合本企业要求的人才。在这个筛选的过程中，它们往往并不特别在意应聘者的专业背景，注重的是这些求职者的综合素质和发展潜能。

(三)工作模拟测试

上述两种方法虽然有助于加深对申请者的了解，但仍难以把握和确认他在将来工作中的实际能力，弥补这一不足的方法是进行工作模拟测试。管理层应运用职务分析的资料，确定某项职务所需要的知识、技术和能力，仔细选择与今后职务相近的工作环境和担任该职务需要完成的核心任务，提供机会让申请者在完成任务的过程中展现其工作潜力，考察其真实的行为方式和工作绩效，而不仅仅是了解他怎样想和怎样说。在实践中，让申请者在被正式聘用之前有一段试用期或者在某一职位暂时空缺时代理职务以及安排他担任某位经验丰富员工的助手等都是切实可行的方法。

另一种适合于评估申请者管理能力的方法是由部门主管、基层管理者和专业心理学者共同组成测试小组，模拟将来工作中可能面对的各类问题，精心设计一些进行经营决策、调整组织结构、处理冲突事件、协调人际关系或者主持小组讨论，制定工作计划等具体情境，让申请者身临其境地进行 3～4 天的测试，来观察与评估他的工作能力与未来的工作绩效。有许多研究资料证明了这个方法的有效性，不论是对常规的或较复杂的作业职务，还是对各种管理职务，工作模拟测试都能比别的方法更好地帮助人们判断申请者的真实行为是否符合未来职务的要求。尽管使用这种模拟测试方法需要较高的费用，但与因用人失当而带来的损失相比，还是值得的，尤其是对组织内重要岗位和中高层管理职务的聘任就更有意义。

第三节　员工考评、培训与职业发展

经过审慎选择的申请者进入组织并承担了相应职务之后，不论是他自己还是管理当局都会十分关注他的实际能力与工作业绩。人们已经认识到，为组织成员提供学习、培训的条件，将员工的职业前途与组织的长远发展结合起来筹划是非常有益的方法，一个公司如果能够帮助员工所在的部门取得成功、团队的业绩不断上升、员工个人的成绩得到肯定，公司就能成功地留住需要的人才，最大限度地发挥每一个员工的潜能。而对员工的考评是进行培训、员工自我开发、合理配置工作职位、晋升、提薪和奖励的重要依据和基础。

一、员工考评

员工考评是指建立起一套明确的、可以衡量的标准，定期对每位员工已经完成的工作状况进行客观公正的考核与评价并及时反馈相关信息，使员工本人和管理部门都清楚了解其工作能力是否与职务的要求相符、其工作业绩对组织的贡献及其在哪些方面有待提高和改善，从而确定员工的培训和发展方向，不断开发其潜能的工作。

(一)态度考评

员工考评一般包括态度考评、能力考评、业绩考评三个方面。态度考评首先是考核评价其纪律性与责任心，这是成为一名合格员工的基本条件，如按时上下班、遵守规章制度、工作认真负责等。其次是主动性与积极性，在实际工作中观察员工在遇到特殊情况或意外事件时，是否能在职务范围以外主动协助他人完成对组织有益的工作，或者超过岗位要求的标准自觉地改善自身工作。

(二)能力考评

能力考评可以从基本能力和经验能力两个方面进行，基本能力是指那些完成工作任务所需要的一些共同的能力素质，如知识、技能、体力、文字表达、沟通协调等，基本能力是可以通过学习和训练得到提高的。但基本能力很强却对从事的工作完全陌生、经验不足同样难以完成工作任务，对本职工作的熟悉程度及实际工作经验的积累称为经验能力，如对实际问题的理解、分析、判断，对工作进度的计划、安排，对组织成员的指导、建议等，两者结合构成了员工的实际能力。显然，态度和能力共同制约着员工的工作业绩，工作业绩是员工的努力程度、工作能力和实际成果的综合反映，业绩考评也就成为员工考评的主体部分。

(三)业绩考评

业绩考评的内容包括两部分，一是直接的可量化的绩效成果，二是反应能力的可衡量的绩效特征。组织内不同类别工作的考核要素应有所区别，如开发类工作重点考核项目进度与质量，营销类工作重点考核销售额及市场潜力，专业类工作重点考核工作目标的达成情况，事务类工作重点考核日常工作的数量和质量等，业绩考核的主要指标要力求简化、重点突出，具有较高的可衡量性，便于评价比较。通常那些可衡量的工作目标数量、比率等可在考核前由考核双方共同确认标准，而如产品质量等客观指标可以由相关职能部门提出明确、规范的标准数据。在实践中，德、勤、能、绩四个方面是我国企业广泛使用的通用标准。

为了保证考评结果的公正性，在设计考评制度时就要充分考虑到考评的效度与信度，效度是指结果确实能够准确反映工作绩效的真实水平，信度指不同的考核者对同一工作绩效的考核结果能够保持一致性，因为考评结果包含了考核者做出的规范性评价意见。

业绩考评可由员工本人和管理部门两方面进行，运用评分表并描述关键事件和工作行为是常用的基本方法。由管理部门统一印制说明工作状况的表格，列出如工作的数量、质量、出勤和主要工作行为等因素，由个人和评估者分别依据统一规则打分(见表8—4)。

表 8—4　　工作评估表

评分＼项目 员工	完成任务数量	工作质量	出勤	工作行为	人际关系
甲					
乙					
丙					

说明：

(1)各项目可分别依据杰出、优秀、完全合格、需要改进、不满意五个等级评为5、4、3、2、1分。

(2)根据工作的任务与性质，可选择、设计不同的考评项目，或设计更具体、细致的评估表，分人评估后再综合。

同时，对于工作中有较大影响的行为或事项实事求是地予以记录，再在这些实证材料的基础上进行深入分析和横向比较，排序并寻找其中的差距。如果组织内的员工曾参与制定本职位的具体工作目标，那么这些目标是否实现、完成得如何就是业绩考评的依据，如果是便于考核的量化指标，则效果更好，更易于使员工本人与评估者达成共识。

业绩考评的正式结论应该告诉每一位员工，并妥善保存。大多数人不仅能够接受公正客观、不带偏见的评价，也能正视自己需要改进的方面并愿意作出努力。只有整个组织充满着正直和积极进取的气氛，才算是真正发挥了业绩考评的作用。尽管有相当多的组织将业绩考评作为支付工资奖酬的依据，但它的真正意义却在于为员工的培训和职业发展计划提供可靠的资料积累和科学依据。

二、员工培训

随着知识经济时代的到来，知识、技术、技能的更新速度越来越快，企业的竞争力更多地来源于比其他企业更快学习的能力，员工素质的提高成为企业竞争力的基础。因而，许多企业把员工的能力开发和培训工作当作企业发展的一项战略措施来抓，在公司的年度工作计划乃至中长期计划中都将员工培训作为重要事项做出安排。依据培训的目的与对象不同，可分为新员工的岗前培训、一般员工的在职培训、管理人员的晋升培训等。

(一)岗前培训

岗前培训是由人力资源部门对新招聘员工或组织成员进入新的工作职位之前进行的短期培训，其内容除了介绍公司的发展历史、现实状况、组织结构、业务流程、管理制度和进行服饰、举止、用餐、沟通礼仪等基本行为规范的训练之外，主要是帮助新员工掌握岗位工作要求和操作技能，树立责任感和企业意识，逐渐被周围的同事所接受，并与新的工作集体相融合从而胜任工作。岗前培训有助于新成员了解组织的宗旨、运作程序与规则，熟悉本职工作的目标和岗位要求，这有利于增进对组织文化的认同，消除由于陌生而产生的顾虑，以便尽快进入角色。有的组织也采取拜托资历较老的成员帮助新员工进入和熟悉岗位或者是师傅带徒弟、一对一传授技能经验等更为灵活的方式，成功的岗前培训可以降低不良工作行为的发生率。

(二)在职培训

不论对于组织还是个人，更重要的是实际工作能力的持续提高，在职培训是指对企业员工在本公司工作期间进行的、旨在全面提高工作能力和综合素质的培训。在职培训一般包括岗位培训、脱产培训和模拟仿真等多种形式。

岗位培训适合员工学习和提高技术技能，包括有计划地让员工轮流在需要不同技能的岗位上工作的轮换方式和跟随一个或数个经验丰富的前辈，在其指导下逐步掌握新技能的教练方式。岗位培训有助于员工在提高技能的同时增强对各种工作相互关系的认识和对组织整体活动的把握，但需要精心计划安排，以免影响组织的生产效率。

脱产培训是指与具体工作岗位相分离，旨在提高员工素质的系统培训，比如专题讲座、观摩录像、模拟练习等方式。专题讲座有很强的针对性，有助于员工们拓展视野、接受新观念和把握专业领域的发展前沿。观摩录像可以清晰地看到某些技术操作的细节，直接、生动、可多次重复是其他方法难以替代的。模拟工作环境或实际问题的练习主要用于培养处理人际关系和解决问题等管理技巧，如案例分析、情境角色、决策讨论等。

仿真培训是指模仿真实的工作条件建设专门的培训试验室或人工环境，使用与工作场地相同的设备与技术，严格按照真实的情境来学习和训练如何处理工作中的实际问题。这种方法使培训效果与实际需要相吻合，又避免了对现实作业的干扰，不仅可以高效率地训练操作性技能，对于一些特殊的领域还有助于节省费用、减少危险。如宇航员、深海潜水员、各种运输工具的驾驶员等，仿真培训正在越来越多的工作中广泛应用。

近年来，迅速发展的计算机仿真技术可以用更少的费用成本十分逼真地模拟实际工作环境甚至在电脑上模拟操作，成为学习掌握新技术的有效方法，如数字化人体技术可以帮助实习医生在计算机上模拟解剖人体甚至模拟动手术，提高其动手能力和熟练程度以减少实际操作中的失误和风险。

(三)晋升培训

管理人员的晋升培训主要着眼于其改善现有工作状况和创新能力的提高，为将来晋升职位、在更高层次上开展工作、承担更多的责任做好准备。通过学习新知识、接受新观念，或改善人际关系技巧的训练，在帮助管理人员清醒地认识和充分了解其工作环境的基础上，重点培养其系统思考、战略决策的全局观念和前瞻性思维，培养团队合作意识、强化领导能力和沟通技巧，形成科学的管理思想、掌握先进的管理技术。

对管理人员的晋升培训除了一般的授课、讨论、实践之外，还可要求他们定期提交书面工作报告，报告内容除了常规的工作总结外，尤其要强调对现有工作的各种改善性建议或者针对某一具体问题的专案报告等，报告应由主管审阅以了解其关注的问题及思维和表达能力的进步，合理的建议或有价值的新思路应转给有关部门论证落实。此外，不定期的随机测试考核或主管的直接面谈有助于更深入地了解培训对象的工作绩效和培训成果。对于有良好发展潜力的管理人员，在其取得一定成绩后，适时地调整其工作职位是保持工作的激情和广泛积累经验的有效途径。

三、员工的职业发展

“让员工和企业一起成长”是一个全新的理念，人们已经认识到，只有员工的个人目标和组织的目标协调一致，员工的职业发展与企业成长的需要相适应，企业保持长期持续的发展才有了坚实的基础。因而，现代企业的人力资源管理已经从制订人力资源规划，选聘和配备工作人员，培训并帮助他们不断更新知识、提高技能，进一步扩展到帮助员工制订职业发展规划，促使他们在个人的全部职业历程中保持较高的绩效水平，创造条件在职业发展的阶梯上不断攀升等更广阔的范围。

一般来说，对员工职业发展的管理包括协调企业目标与员工个人目标、与员工一起制订职业发展计划、帮助员工实现职业发展计划等工作内容。

(一)协调企业目标与员工个人目标

企业依照组织目前的工作需要和今后发展的战略目标制订的人力资源规划是员工职业发展的前提,一张组织内部的职务结构图可以系统地反映人力资源配备状况,为员工选择和确定自己的职业发展提供切实可行的路径。

企业通过广泛有效的沟通使员工了解并认同企业目标,认识到企业目标的实现是个人职业发展的前提,以及两者在利益上的一致性,对于协调好组织目标与个人职业目标是必要的工作。

(二)制订职业发展计划

事实上,员工职业发展道路的选择还受到其个人的职业兴趣、价值取向和能力特点的影响,人力资源部门从招聘开始就应该有意识地了解和把握其个性化的职业追求,跟踪考察其能力与专长,为其制订切实可行的职业发展计划提供指导。

企业为员工提供职业指导有四条基本途径:(1)由管理人员对其下属适合从事哪些类型的工作提出有价值的建议,并帮助他分析晋升及调动的可能性;(2)企业外请专家为员工进行职业发展咨询,有针对性地提供参考方案;(3)提供进行能力和个人特质测试的各种工具,鼓励员工通过自测把握自己的职业倾向;(4)及时反馈绩效考评和培训成果的信息数据,创造充分讨论、平等协商的组织气氛。

一般来说,由部门主管、人力资源专家与员工一起根据组织发展需要和个人特点共同制订的职业发展计划比单独从个人角度出发的计划有更多的可行性。

(三)实现职业发展计划

实现员工的职业发展计划需要员工个人和组织的共同努力,企业帮助员工实现其职业发展计划有许多具体工作可做。

首先,企业在招聘时就要注意了解应聘者的职业追求,真实地介绍企业情况和今后可能的发展机会,以免造成误解或存有不切实际的期望。其次,在工作期间提供多样化、多层次的学习培训,使员工胜任愉快、获得成就感的满足,鼓励员工自己进行各种形式的业余学习,进一步提高能力和素质。组织尽量创造条件实施阶段性的工作轮换,帮助员工在一次次新工作的尝试中了解自己的职业性向,客观地认识自己的优点与不足,明确努力方向。再次,企业建立科学合理的绩效考评、晋升调动制度,保证员工公平竞争的机会是从制度层面为员工的职业发展打开通道。

从员工个人的角度来看,首先,审慎地选择自己的第一份工作、尽最大努力干得出色、让自己和主管都满意是一个良好的开端。其次,了解企业文化对员工的要求,展现与组织要求吻合的个人形象、获得他人的认同、建立情感联系是职业发展的必要基础。再次,充分发挥自己的才能、在工作中主动为上级主管分担任务和责任、提出中肯的建议以体现自身价值都会为自己的职业发展创造机会。最后,当组织需要的时候乐于转换工作的职能领域或其他地理区域,愿意接受横向变换的安排是扁平化时代职业发展的另一种形式。

哈罗德·孔茨曾说过:"认识自己是最困难的事情之一。"工作业绩考评和技能培训有助于组织成员理性地确认自己的长处与不足,制定发展优点、改掉缺点的个人职业计划,从而使组织成员的职业目标与组织的成长和人才规划相协调。当管理者扮演着顾问与导师的角色,关注和鼓励员工的职业发展时,考评与培训会成为他们共同的工作,强调的是共同的目标,员工的职业前途与组织的长远发展紧密相连。

复习题

1. 什么是岗位轮换？它对组织的运作有何影响作用？
2. 任务扩大化与工作丰富化有何区别？你更愿意选择哪种方式？为什么？
3. 一个集体工作小组要取得良好的工作效率需要哪些条件？
4. 何谓弹性工作制？其主要优点是什么？你认为它是否适合我国的情况？
5. 非全日制工作与临时工是相同的概念吗？如果你是一个企业经营者，会雇用临时工吗？为什么？

讨论及思考题

1. 假如你是一个组织的人力资源部门主管，将如何选聘员工？为什么？
2. 配备组织成员的两条基本途径各有何优点与局限？你比较倾向于采取何种方式？为什么？
3. 假如你到一个企业应聘，会关心一些什么问题？你会提出什么样的要求？
4. 运用学过的知识为自己制订一个职业发展计划，说明你将怎样实现它。
5. 有的组织并不重视对员工的工作业绩考评和培训，认为这对组织没有什么用处，说说你的看法。

案例分析

公开招聘与职业经理市场

根据国家“全面实行企业经营管理者聘任制，加速企业经营管理者的市场化配置”的精神，中共广州市委组织部、广州市经济委员会、广州市人事局于2002年上半年联合举行面向全国公开招聘广州市工业系统国有企业高级经营管理人员的活动。包括广州本田、珠江啤酒、珠江钢琴、广州钢铁集团在内的27家知名企业拿出了包括集团副总、三总师（总工程师、总会计师、总经济师）及集团二级企业老总、副总共61个核心领导职位参与招聘。广州钢铁集团有限公司组织部副部长梁美莲表示：我们要求应聘的人年轻一点，最好是在大中型企业或者外资企业从事财务管理工作5年以上。当然，如果是武钢、宝钢的人过来，我们更欢迎。梁美莲的话在一定程度上代表了参加招聘企业的期望，广州轻工集团、浪奇等企业为这次招聘的职位设置了年薪20万元的薪酬标准。

此次公开招聘有现场报名和网上报名两种方式，在公开报名的一个月中，点击招聘网页的人数超过3.5万人，来自全国29个城市和海外共444位报名者中，来自国有企业的占47.8%，理工类人才超过报名总人数的40%，管理及金融类人才分别占20%强。3月23日，444位报名者全部参加了精心准备的笔试。负责本次公开招聘命题工作的浙江大学管理学院副院长王重鸣博士介绍说：命题组13位成员全部是博士，其中一半以上是副教授。我们在命题前走访了19家广州企业集团的负责人，了解他们面临的问题和要求，然后从题库中针对这次考试的要求量体裁衣地选择试题。我们希望能选拔出具有国际视野和优秀管理素质的人才。

20天后，有221人参加了为期两天的面试，这些人的平均年龄只有36.6岁，其中最年轻的才27岁。面试共有5个问题，从应试者的项目运作、风险决策、团队协调、开拓创新、业务管理、综合素质、表达等方面进行了综合考察。选拔的规则是笔试成绩与面试成绩各占50%，每个职位的前两名应聘者入围，入围者在接受用人企业和人事部门的组织考察后，最终确定一名正式人选。

到7月28日，人才中心分两批公布了共37名入选者的名单，包括2名女士，2名“海归派”的入选者平均年龄不到38岁，入选人员中年龄最大的49岁，年龄最小的仅31岁。从地域分布看，广东省外的人士有13位，占1/3强。

经公开招聘入选的人员将由各企业的董事会按照规定程序进行聘任，上任后还将试用一年，试用期期间享受该企业相应职位的待遇。具体的聘任方式、聘任期限、工资、福利待遇由企业自主决定。同时，人才中心将参与相关国有企业的跟踪管理考核，如果在任期内考核不合格，这批公开招聘的经营管理人员有三个去向：由原聘任的企业安排合适的工作、人才中心另外推荐其他企业、自谋职业。

然而，企业高层管理人员的选择和配置并非只有公开招聘一种途径。事实上，目前跨国公司的 CEO 90%以上是通过专业的人才开发公司获得的，有些跨国公司即使是在企业内部选拔和调整高层管理人员，也是通过人才公司来考察和协调的。人才公司专业规范的运作模式、对经过筛选的对象进行长时间的跟踪考察、能够全面评价考察对象的能力和特点、长期积累了大量人才资源数据等长处相对于时间过程较短、基本上一次敲定的公开招聘有明显的优势。

长期以来，我国都是沿用传统的人事管理方式，实行由各级政府和组织部门直接任命国有企业的经营管理人员、用考察和选拔政府官员的方式配备国有企业经理的制度。但真正的企业家是在市场中成长起来的，企业家的素质和能力是在市场的风雨和摔打中提高、强化的。实践证明，不论个人的能力特点还是人生的职业目标，企业家与政府官员都存在明显差异，用选拔政府官员的方式培养企业家效果不理想。随着国有企业进一步深化改革、全面建立现代企业制度和职业经理人队伍的成长壮大，国有企业的经营管理人才实现市场化配置是一个必然趋势。

中国人才交流学会秘书长陈军说，今后的国有企业高层管理人员配备将有几种方式：组织人事部门公开招聘、企业董事会依法选择招聘经营者、企业委托中介机构专业人才公司招聘等。与之相应，建立起规范、高效的职业经理人和企业家人才市场，并不断完善就是必要的前提条件，实行“年薪＋股权＋期权”的报酬机制，把企业的利益和经营绩效与管理人员的个人收入联系在一起将是职业经理人制度的另一项重要内容。

（资料来源：《21 世纪经济报道》，2002 年 8 月 26 日，记者孙莹、于保平）

分析与思考：

1. 根据上述材料说明，广州市为什么要公开招聘国有企业的高级经营管理人员，此次招聘有何特点，你是否赞成广州市的做法。

2. 你从上述材料中获取了什么信息？它对你的人生道路将会有何影响？

3. 你认为企业的经营管理人员如何配备才最为有效，以及在实践中怎样才能避免发生“外来的和尚好念经”或“墙内开花墙外香”的偏差。

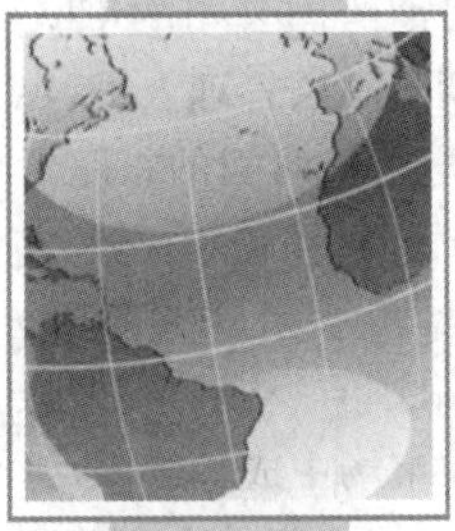

第九章
领　导

【学习目标】

1.了解领导的概念、特征、领导力及领导与管理的关系；

2.了解四种领导理论假设；

3.理解几种主要的领导理论及方式。

【知识能力】

能口述几种主要的领导理论及方式。

【工作任务】

运用领导方格理论和生命周期理论分析几个不同企业较理想的领导方式。

【引导案例】

领导者的烦恼

美国参议院的一次会议上，参议院劳森说：“当今政府部门遇到的麻烦是，我们有许多领取高薪的行政管理者，但领导者太少了。领导者是天生的，不是任何管理开发培训项目能够造就出来的。我们应该做的事就是为政府挑选高素质的领导人才，这些人具有良好的个人特性，如智慧、活力、魄力、创造力、热情、忠诚、自信心、与人共处的能力、鼓舞下属信心的能力等。”

另一位参议院肯特接着发言：“个人素质和特性对于政治领导人是至关重要的。然而，在政府部门中，我们需要的领导者是：既关心工作任务，又关心人。许多研究领导行为的学者已经把这些说清楚了。”

劳森申辩说：“我不管这学者说什么、它们对领导者有什么了解，我们政府各部门长期苦于缺乏各级领导。我要求政府做一些事情，以保证各行政岗位上都有领导者。”

（资料来源：http://wenku.baidu.com/view/573b5d030740be1e650e9a3e.html）

思考：

(1)你在何种程度上赞同劳森的观点？

(2)对于肯特的发言，你有什么看法？

第一节　领导的本质

一、领导的含义

现代社会的大生产是建立在整体化、综合化和科学化的基础上的，表现为形成一个规模巨大，变化加速，各领域既自成系统，又共同组成一个巨大的社会系统。系统之间存在着广泛的交叉关联和十分复杂的交叉效应。社会系统中的任何一个部分出现问题，往往牵一发而动全身，从而对当前各个领域和社会的未来产生巨大影响。大规模的组织和活动是任何领导者凭个人掌握的知识和经验所不能包办得了的，必须进行群体协作，实行科学领导。这就是规模庞大、结构复杂的社会活动对领导学的呼唤。因此，现代领导工作，必须顺应社会发展的趋势，从经验上升到科学，以系统的领导理论为指导，才能适应现代社会活动。为此，就需要建立和研究一门科学——领导。

(一)领导的概念

领导是管理过程中的一项重要活动，同时它也是管理的基本职能之一。随着时代的进步与社会的发展，人们对领导从不同角度、不同层次做了多维度的界定。

有的强调领导是一种指挥和影响他人的程序。如美国管理学者阿克利斯认为，领导即有效的管理；美国组织行为学家海曼和施考特所下的定义是：领导是一项程序，使人在选择目标及达成目标上接受指挥、导向及影响。

有的是从领导活动所涉及的过程角度来阐述这一现象的。如美国著名的企业领导学家华伦·本尼斯认为，领导是促使一位下属按照所要求的方式活动的过程；美国领导学专家约翰·科特所下的定义是：领导指的是有助于引导和动员人们的行为和思想的过程。

有的是从个人的品质特征、行为方式以及对他人的影响来描述这一活动的。如 K.泰维斯认为领导是一种说服他人热心于追求一定目标的能力；科·扬认为，领导是一种统治形式，其下属或多或少地愿意接受另一个人的指挥或控制；R.特纳认为，领导是影响人们自动为完成群体目标而努力的一种行为；R.坦南鲍姆、R.威斯勒和F.麻沙瑞克的定义是领导是在某种情况下，通过信息沟通过程所实行出来的一种为了达成某个目标或某些目标的人际影响力。①

由此可知，不同的人由于研究的目的不同，对领导的认识及定义也有所区别。综合以上认识并结合大多数人的看法，我们认为：领导是指领导者在一定的环境下，为实现既定目标，对被领导者进行指挥与统驭的行为过程，即指领导活动。领导是一种多层次、多领域的立体现象，可以从不同的视角进行不同的分类。按领导的权力基础分类，有正式领导和非正式领导；按领导活动的层级分类，有高层领导、中层领导和基层领导；按领导活动领域分类，可以把领导分为政治领导、行政领导和业务领导等。另外，作为名词的领导是指领导者。

(二)领导的三要素

领导的三要素也称领导生态，是指领导活动与过程中以发生、发展和产生的各种条件组合而成的领导综合状况。它表现为领导成为一种活动过程，即由领导者、下属和领导环境三部分组成的活动过程。

1. 领导者

领导者是领导活动得以开展的最重要的主体条件，也是在对领导生态的分析中，要着重解剖的要素。领导者是承担领导职责，为实现组织目标而计划、组织、控制、沟通信息和委派工作这一实施领导过程的人。同时也是领导活动的核心和领导过程得以顺利进行的最重要的主体条件。领导者可分为个体领导者与集体领导者两大类。通常意义上的领导者或领导人，如以行政级别划分的司长、局长、处长，以管理权限划分的董事长、总经理、经理，以管理范围划分的厂长、校长、院长等都是指领导个体。领导团体就是通常所说的领导班子，是由同一组织内任职的领导者个体所组成的领导集体。一般由主要领导人负责和统率，由一般领导人充当班子成员。例如，总理就是国务院最高领导者，而各个部长、国务委员就是国务院的成员。总经理就是企业最高领导者，而各部门经理就是企业高层管理集团的成员。

---

① 卢盛忠：《管理心理学》(第 2 版)，浙江教育出版社 1998 年版，第 266 页。

2. 下属

下属是领导者这一概念产生意义的前提，当然也是领导活动得以发生的基础。由此可见，下属是领导活动不可缺少的因素，是与领导者相对而生的一个概念。没有领导者，就没有下属；没有下属，也就没有领导者。下属的典型特征就是被支配性，即领导者发出指令、控制组织内各个体的具体行为；而下属是接受命令、完成管理者意志的组织成员。但在实际工作过程中，下属并不是单纯意义上的被支配者，下属与领导者之间的互动和沟通构成了组织活动的基本内容。第一，领导对象的存在是领导者存在及发挥作用的必要条件。没有了下属，也就没有了领导。第二，领导者与下属的关系不是恒定不变的，根据组织内外部环境的不断变化，领导者与下属的关系也会随之进行必要调整，以适应组织生存的需要。因而，今天的下属可能就是明天的领导者，而今天的领导者也可能变为明天的下属。此外，在工作过程中，可能会出现由于下属能力出众、威信较高，威胁并取代实际领导人而对组织产生实际的控制作用。

3. 领导环境

领导环境，是指与领导活动及领导过程直接关联的各种社会因素，包括政治、经济、文化、教育、科技、传统、习俗等因素。领导活动或领导过程不是凭空产生的，它是依附于特定环境和因素存在的，根据前人不断的实践和探索，我们可以把领导环境根据不同标准分为多种类型，比如非正式组织与正式组织，组织内部环境与组织外部环境等类型。换个角度说，领导活动的成效如何，一是取决于领导者自身的素质，即内因；二是取决于领导环境，即外因。对于一个领导者来说，一方面要重视自身素质的提高，另一方面要重视领导环境的协调与配合，使之达到最佳平衡状态。

领导的三要素构成了两对基本关系，即领导者与下属之间的关系和领导者与领导环境之间的关系。只有协调好这两个关系，才能达到有效而深入的管理，同时，这也是领导生态所讲求的三要素互动过程的完整体现。

二、领导与管理

领导与管理是日常工作中时刻进行的工作，两者之间既有联系又有区别。把握良好的领导技巧，在管理过程中进行巧妙运用，从而形成适合组织内外部环境，并符合个人管理风格的领导艺术。

（一）区别

领导与管理的主要区别在于两者在狭义上具有本质的差异性。两者的区别主要表现为在研究对象和表现形态上不同。管理包括计划、组织、领导、控制四项基本活动，而领导只是四项基本管理活动中的一项重要活动和步骤，因此在研究的界定和对象上有着区别。此外，在表现形态上，领导者与管理者也是不同的。管理者是被组织任命的，而领导者可以是任命的，也可以是从群体中产生出来的。在理想状态下，所有的管理者都应该是领导者，不过在现实条件下居于管理地位的管理者并不一定都具备其他管理才能，因此管理者并不都处在领导地位上。

（二）联系

领导与管理在实际工作中有着千丝万缕的联系。首先，领导是“超脱”的管理。美国管理学家赫伯特·西蒙提出“管理即决策”，在做出组织决策之前，管理者应该站在社会发展和企业未来的基础上，立足于现有条件，以发展的眼光做出大方向上的权威决策，为组织的发展定下长远目标并不断细化完成。其次，领导是高层次的、战略性的管理。管理者在其管理过程中为了达到既定的长远目标，需要在管理过程中不断收集各种信息，从而力求做出最优化决策。这表现为管理者在领导部属向既定目标不断努力的过程中，不断细化总体决策和运用领导技巧，站在全局的角度平衡各部门利益，最终达到既定目标。

三、领导的作用

（一）指挥作用

要领导组织有效运行起来，就离不开指挥，即运用领导艺术以推动组织业务，减少无效耗费的功能。从逻辑上看，指挥起源于计划与组织，因为每一个组织从一开始就必须有一个计划来确定其目标，然后必须建立一种适合于实现其目标的组织结构，接下来组织所要进行的工作就是使组织真正运转起来。组织管理中的指挥就是使组织成员的各项活动得到保证。法国管理学家法约尔认为，管理人员依靠其指挥能力，将尽可能地从他的下级那里获得上乘的表现。淘汰无工作能力的人是领导者“艰巨的不可推卸的职责”，没有任何原则与规章可为他的这一职责作辩护。

（二）协调作用

指挥主要涉及的是管理人员与下级人员之间的关系，然而在领导过程中领导所要完成的任务还有很多，因此，协调就成为管理活动不可缺少的部分，其目的在于“让组织成员团结一致，使组织的活动和努力得到统一与和谐”。这种和谐与统一只有通过组织内部有效的信息沟通才能实现，而会议则为这种信息沟通提供了有效的途径，因为管理人员定期召开的会议为问题、进程、计划等方面的交换意见提供了场所，它是交流情况与保持团结的简便手段。所以，法约尔认为，召开会议是保证统一领导的一个十分有效的方法，他强调首脑必须经常了解企业的全部活动。

（三）激励作用

领导者在领导过程中，不仅要保证组织目标的最终实现，而且要影响被领导者对组织目标的认识及其态度和行为，使潜在的人力资源得到最大限度的发挥，调动组织全体成员的积极性、主动性和创造性，从而提高被领导者接受和执行目标的自觉性，激发被领导者实现组织目标的热情，提高被领导者的行为效率。另外，领导者还要采用绩效考核、业务评估、年终奖金等手段产生组织内部的激励功能。

第二节 领导的权力基础

一个领导者能够影响别人并不表明他就能够计划、组织和控制。对领导者来讲，权力是很重要的，一方面不仅可以大大提高领导者的影响力，使领导者的管理意图和管理观念深入到组织的每一个角落，从而从源头上保证组织目标的实现；另一方面，权力是控制组织内部成员按照要求行事的主要手段，领导者必须使用权力控制组织内部各项资源的合理分配，既保证公平公正，又保证起到必要的激励作用。此外，领导者在拥有和使用权力的过程中，如果只注重权力而不注重自身影响力的培养，也很难得到组织成员的认同与追随，更难获得有效的领导。

一、权力的含义

在考察组织形式时，我们可以看到，无论何种类型的组织，都有其上下等级结构，组织成员在行为上都有一致性，隐藏在这种等级和一致性后面的本质因素就是权力。权力是组织的本质特征，组织之所以是组织而不是松散的人的结合体，就是因为组织中的成员拥有权力。从政府公共管理到企业的生产经营管理，到学校的教学管理，再到军队的军事管理，凡是有组织的活动，都存在着权力问题。所以，考察组织必须研究权力。

在社会生活中，不同领域的学者针对权力有着不同的界定。在法律意义上，我们把权力理解为具有正当性、合法性、可强制执行的主张，即以某种正当的、合法的理由要求或吁请承认人、主张者对某物的占有，或要求返还某物或要求承认某种事实(行为)的法律效果。可以把权力理解为自由，即法律允许的自由、有限制，但受到法律保护的自由，每一个真正的自由：包括权力主体的意志自由和行动自由，主体在行使权力时不受法律上的干涉，主体做或不做某种行为不受他人的强迫。

在管理学中，我们把权力理解为了达到组织目标所拥有的影响、指挥别人行动的能力。权力表现为组织成员之间的一种组织关系。在组织结构中的上下层次关系中，包含着相应的权力分配关系，在组织结构中的横向分工机构中，也包含着同一权力层次的分割。任何组织结构系统必然存在着相应的权力系统，它由组织正式授予管理者，并受组织规章的保护。它包括：法定权、强制权和奖赏权。权利是由社会赋予个人的职务、地位、权力等构成的，有很强的职位特性。这种资格往往属于组织中占据管理者地位的人，只有在某些特殊情况下，非管理者才能在某个时间段上具有这种资格。因此，权力与特定的个体没有必然的联系，它只同职务相联系。权力是管理者实施领导行为的基本条件。没有组织内部的权力，管理者将无法有效地影响和控制下属，实施真正的领导。

二、权力的使用

正确使用权力是达到组织目标的必要条件，在运用权力的过程中将会涉及各方面利益关系，为了平衡各方利益，顺利达成组织目标，管理者会使用各种管理手段来控制组织的运行状态，使工作在可控状态下不断向目标前进。正确、有效地运用权力，要注意以下三个方面。

(一)权力的运用与监督

管理者在行使权力的过程中，既要保证在授权范围内，管理者能够独立自主地运用自身权力达到目标，又要对权力进行全面、科学的制约以保证正确、正当地行使权力。在管理实践中，要通过合理的权力配置，清晰的权力界定，严密的制度体系，来实现独立用权与权力制衡的有机结合。第一，正确地在组织中分配权力，要根据现阶段组织目标的整体要求以及各部门、各人员职能、任务，科学合理地分配权力。使各自都拥有完成任务或目标所必需的足够的权力。第二，在权力运用过程中，上级不要越级指挥，也不要干预下级职权范围内的工作。上级运用最终控制权来剥夺下级的职权会极大地打击下属的工作积极性，并增大下属的惰性，将管理和运行的责任不断上移，最后出现除最高管理者之外，实际工作无人负责的状况。第三，在强调自主用权的同时，还必须有必要的权力制衡。通过科学、明确的制度规范体系来保证权力的分配和实施。订立明确的权责制度的关键在于建立必要的权力制衡体制，将权限明晰化，真正落到实处。必要时有必要将权力进行分解，仿效三权分立模式将决策权、指挥权和监督权作适当的分离，会有效约束组织内部权力滥用的问题。如在现代企业制度中，董事会行使决策权，经理行使指挥权，而由监事会行使监督权。第四，权力运用过程中要处理好利益关联因素。对决策可能给决策者带来潜在或现实利益的情况要实行制约或回避制度。此外，监督权行使者要同决策、执行无利害关系，必须建立相关的法律、制度体系，按照法定程度和制度，由法定的机构或主体来实施，最终现实权力制衡。

(二)权力的合理利用

权力的合理利用表现为管理者为了组织的整体利益作出全盘性决策,而不是为了一己私利而滥用权力。

首先,权力的使用要同民主建设相结合,做到艺术性地放权。管理者在运用权力的过程中,要充分尊重下级,发挥他们的主动性、创造性,支持各种形式的民主管理。这样不是削弱管理者的权力效力,而是在强化管理者的权力效力。因为这样做会使下级获得认同感、参与感、满足感,下属会认同管理者的人格魅力,从而会更加自觉自愿地服从和配合,产生更大的权力效果。虽然,权力运用的过程基本上是强制的过程。一般会产生诸如消极对抗、逆反心理等副作用。如果在权力运用过程中,坚持做深入细致的思想政治工作,就会更好地获得下级的认可与支持,消除由权力强制性带来的副作用,使权力运用取得更好的效果。

此外,运用权力应同管理者言传身教相结合。管理者运用权力的过程,是带领组织成员共同奋斗的过程。管理者自身的任何率先垂范都是非常重要的,这样会赢得下级的敬佩和信从。与此同时,正确处理相关人员的职权关系,树立不偏听偏信的形象也是管理者的重要工作。在实际管理工作中,职权关系或职权冲突是职权运用中的突出矛盾。如果处理不当,就会引起职权运用系统的混乱,将严重危及职权运用及其效果。

(三)合理奖惩是运用权力的有效手段

奖励与惩罚是以权威为基础的,而权威又是权力的表现形式。如果没有权力,也就没有奖惩。同时,奖惩的过程又能强化权力。因此,权力是实施奖惩的条件,奖惩又是强化权力的手段。赏罚分明,就能激励更多的人追随管理者,努力作出贡献,从而产生显著的权威强化效应;而惩罚违规者,"惩一儆百",会使更多的人不敢向组织纪律和管理者的权威挑战,同样产生显著的权威强化效应。有效地运用奖惩手段是管理者增强自身权威的重要途径。管理者在运用权力进行奖惩时,必须破除"大锅饭"观念,如果不能奖优罚劣或奖惩没有力度,就不会在被管理者中造成一定的刺激作用,很难收到预期效果。奖惩中要以事实为根据,针对奖惩对象及组织成员的心理,选择合理的奖惩形式,最大限度地引起被管理者的重视,以放大奖惩效应,令奖惩对象和其他人员心服口服。

第三节 领导方式及其理论

一、人性假设理论

人是在管理活动中最为能动的因素,同时也是最难以管理和控制的因素。在组织的管理过程中,管理能级越高,其下属的数量越多,需要沟通和激励的情况也就越多。由此可见,管理的本质是平衡与协调。平衡的中心在于利益,协调的中心在于人员。因此,管理的价值就体现于管理的人性观之中。所谓管理人性观,是指组织中的管理者对组织成员本性的基本假设、估计与认识,是管理中最基本的价值观,决定该组织的基本管理方针与政策。

从管理理论的发展进程来看,管理人性观的演进也经历了以下四个阶段。

(一)经济人假设

"经济人"(economical man)的假设从一种享乐主义的哲学观点出发,认为人的一切行为都是为了最大限度地满足自己的私利。人都要争取最大的经济利益,工作是为了获得经济报酬。这是在管理理论形成初期、以科学管理理论为代表的对人的看法,它是由美国著名心理学家、麻省理工学院教授道格拉斯·麦格雷戈提出的。1960年麦格雷戈在其著作《企业的人性面》一书中提出了两种对立的管理理论：X理论和Y理论。他主张X理论，反对Y理论。而X理论就是对"经济人"假设的概括。X理论的基本观点如下：

(1)多数人天生是懒惰的，他们都尽可能逃避工作。

(2)多数人都没有雄心大志，不愿负任何责任，而心甘情愿受别人的指导。

(3)多数人的个人目标都是与组织的目标相矛盾的，必须用强制、惩罚的办法，才能迫使他们为达到组织的目标而工作。

(4)多数人干工作都是为了满足基本的生理需要和安全需要，因此，只有金钱和地位才能鼓励他们努力工作。

(5)人大致可以分为两类，多数人都是符合于上述设想的人，另一类是能够自己鼓励自己、能够克制感情冲动的人，这些人应负起管理的责任。

基于"经济人"的假设，必然会采取相应的管理举措。这些措施可归纳为以下三个方面：首先，管理工作的重点是在提高生产率、完成生产任务方面，人的感情和道义因为同工作无关而不受重视。简而言之，即重视完成任务，而不考虑人的感情。这种管理模式后来被称为任务管理模式。其次，认为管理工作只是少数人的事，与广大工人群众无关，工人的主要任务只是听从管理者的指挥。最后，主要用金钱来刺激工人生产的积极性，同时对消极怠工者采用严厉的惩罚措施。只注重人的基本需要的满足，把金钱当作主要的激励工具，把惩罚当作重要的管理手段，对人的管理可以形象地表述为"胡萝卜加大棒"的管理方式。

"经济人"的假设，X理论把多数人看成是天生懒惰的，它把人划分为多数的被管理者和少数的管理者，代表了资本主义向垄断资本过渡早期阶段的管理，现在发达国家，一般都认为X理论已经过时，但在个别中小企业中还能看到实行X理论的制度和方法。

(二)社会人假设

"社会人"(social man)，又译为"社交人"。"社会人"的假设认为，人们在工作中得到的物质利益，对于调动人们的生产积极性只有着次要意义，人们最重视在工作中与周围的人友好相处。以行为科学学派的美国组织行为学家梅奥为代表，梅奥通过其著名的霍桑试验得出了人是"社会人"的结论。社会人性观认为：人是社会的人，人有情感与社会交往、人际关系的需要，良好的人际关系对于调动人的生产积极性具有决定性的作用。

1933年梅奥出版《工业文明中的问题》一书，总结了霍桑实验以及其他实验的结果。"社会人"的假设认为人与人之间的关系在调动人的积极性方面起决定性作用。正是从这种观点出发，梅奥提出了他的"人群关系"理论。"经济人"假设，认为金钱是刺激积极性的唯一动力。而通过霍桑实验证明，人是"社会人"。影响人的生产积极性的因素，除物质条件外，还有社会、心理因素。管理人员不应只注意完成生产任务，而应把注意的重点放在关心人、满足人的需要上。此外，生产效率的提高和降低主要取决于职工的"士气"，而士气则取决于家庭和社会生活，以及企业中人与人之间的关系。管理人员不能只注意指挥、监督、计划、控制和组织等，而更应重视职工之间的关系，培养和形成职工的归属感和整体感。最后，传统管理只注意"正式群体"问题，诸如组织结构、职权划分、规章制度等。霍桑实验还注意到存在着某种"非正式群体"。这种无形的组织有其特殊的规范，影响群体成员的行为。在实行奖励时，提倡集体的奖励制度，而不主张个人奖励制度。在了解人们合乎逻辑行为的同时，还需了解不合乎逻辑的行为，要善于倾听和沟通职工的意见，不应只限于制定计划、组织工序、检验产品，而应在职工与上级之间起联络人的作用，要做到既要倾听职工的意见和了解职工的思想感情，又要向上级呼吁、反映，使正式组织的经济需要与非正式组织的社会需要取得平衡。

(三)自我实现人假设

"自我实现的人"(self-actualizing man)的概念是美国心理学家马斯洛提出来的。马斯洛认为，人类需要的最高层次就是自我实现。人除了物质性与社会性的需要外，还有自我实现的需要，追求自我充实与发展，希望能够充分发挥自己的潜能，这就要求组织在对其成员进行管理的过程中提供机会，使员工能发挥能力，满足自我实现的心理需要，能最好地将组织目标与个人目标结合起来。马斯洛提出的自我实现的需要是与他的人性观密切相关的，在他的心目中，最理想的人就是"自我实现的人"。他通过对社会知名人士和一些大学生的调查，认为"自我实现的人"应具有15种特征。概括地说，这种人具有敏锐的观察力、思想高度集中、有创造性、不受环境偶然因素的影响、只跟少数志趣相投的人来往、喜欢独居，等等。但马斯洛也承认，在现实中这种人是极少数。多数人所以不能达到"自我实现的人"的水平，是因为受到社会环境的束缚，没有为其自我实现创造适当的条件。

此外，美国组织心理学教授阿基里斯(Argyrols)提出了从不成熟到成熟的理论。他认为健康的人是从不成熟向成熟发展的一个过程。这种成熟是一个自然发展的过程，但只有少数人能达到完全的成熟。这是因为周围环境、管理制度等限制了人的发展。

实际上，阿基里斯的不成熟—成熟理论与马斯洛的"自我实现"理论有同样的含义。成熟过程就是自我实现的过程。人之所以不能达到完全成熟，不能充分自我实现，都是由于受到环境条件的限制。麦格雷戈总结并归结了马斯洛和阿基里斯的观点，结合管理问题，提出了Y理论。Y理论是与X理论根本对立的，其基本内容如下：

(1)一般人都是勤奋的，如果环境条件有利，工作如同游戏或休息一样自然。

(2)控制和惩罚不是实现组织目标的唯一方法。人们在执行任务中能够自我指导和自我控制。

(3)在正常情况下，一般人不仅会接受责任，而且会主动寻求责任。

(4)在人群中广泛存在着高度的想像力、智谋和解决组织中问题的创造性。

(5)在现代工业条件下，一般人的潜力只利用了一部分。

Y理论实际是"自我实现的人"的假设在组织管理上的概括。根据"自我实现人假设"，能够对组织的管理采取不同于"经济人假设"和"社会人假设"的管理措施。从"自我实现人假设"出发，管理者的主要职能既不是生产的指导者，也不是人际关系的调节者，而只是一个中介者。管理者职能变为如何为发挥人的才智创造适宜的条件，减少和消除职工自我实现过程中所遇到的障碍。此外，管理制度也应随着员工自我实现的目标而改变，它应保证职工能充分地表露自己的才能，达到自己所希望的成就。美国管理学家麦格雷戈等认为，对人的奖励可划分为两大类：外在奖励和内在奖励。外在奖励是指物质和荣誉，而内在奖励是指人们在工作中能获得知识，增长才干，充分发挥自己的潜力等。只有内在奖励才能满足人的自尊和自我实现的需要，从而极大地调动职工的积极性。正如麦格雷戈所说："管理的任务只是在于创造一个适当的环境，即允许和鼓励每一位职工都能从工作中得到'内在奖励'的环境。"①

(四)复杂人假设

"复杂人假设"是20世纪60年代末70年代初提出的假设，这是由于长期的研究证明，无论是"经济人假设"、"社会人假设"，还是"自我实现人假设"，虽然各有其合理性的一面，但并不

① 周三多主编：《管理学——原理与方法》(第四版)，高等教育出版社2005年版，第220页。

适用于一切人，因为人是很复杂的，不仅因人而异，而且一个人本身在不同的年龄、不同的时间和不同的地点会有不同的表现，人的需要和潜力，随着年龄的增长、知识的增加、地位的改变，以及人与人之间关系的变化而各不相同。根据“复杂人”的假设，学者们提出了一种新的管理理论，即应变理论（contingent theory）。“应变”是指应根据具体情况，采取适当的管理措施。由于它既不同于X理论，也不同于Y理论，有人把他称为超Y理论，或称为复杂人性观。其基本观点是：每个人的需要结构各不相同，同一个人在不同的场景与时间中，需要也会随之发生变化。人性是复杂的，需要权变对待，具体分析。复杂人性观的观点实质上体现了人本主义的管理思想，即以人为本，以员工为企业的根本和中心，体现出了现代管理的基本价值观。

“复杂人假设”理论的主要含义如下：

(1)人的需要是不同的，而且这些需要随着人的发展和生活条件的变化而改变。每个人的需要都各不相同，需要的层次也因人而异。

(2)人在同一时间内有多种需要和动机，它们会发生相互作用并结合为统一的整体，形成错综复杂的动机模式。例如，两个人都想得到高额奖金，但他们的动机可能很不相同。一个可能是要改善家庭的生活条件，另一个可能把高额奖金看成是达到技术熟练的标志。

(3)人在组织中的工作和生活条件是不断变化的，因此会不断产生新的需要和动机。组织内个体在生活的某一特定时期，动机模式的形成是内部需要和外界环境相互作用的结果。

管理人性观的看法直接或间接地影响着管理者的管理思想，而且会反映在具体的管理方法与管理手段上。从“复杂人假设”提出的应变理论，要求根据具体的人的不同情况，灵活地采取不同的管理措施，要因人而异、因地制宜进行管理。应变理论现已贯穿到西方管理实践的领域之中，并从这一理论观点出发进行了大量具体的研究工作。例如，企业组织的性质不同，职工工作的固定性也会不同，因此，有的企业需要采取较固定的组织形式，有的企业则需要有较灵活的组织结构。企业领导人的工作作风也随着企业的情况而有所不同。在企业任务不明确、工作混乱的情况下，需要采用较严格的管理措施，才能使生产秩序走上正轨。反之，如果企业的任务清楚、分工明确，则可以更多地采取授权形式，使下级可以充分发挥自己的能动性。此外，根据应变理论，要求管理人员要善于观察职工之间的个别差异，根据具体情况采取灵活多变的管理方法。

西方管理学中从“经济人”、“社会人”、“自我实现的人”和“复杂人”四个理论假设，不仅能使我们了解管理中关于人性观点的演变过程，而且促使我们思考，即如何看待我们企业中的职工，并以此来确定我国企业管理的原则。这是一个有待于我们深入研究的重要问题。

二、领导方式的一般分类

所谓领导，有两个方面的含义：一是领导的能力，二是领导的方式。领导是企业精神面貌的综合体现，正确的领导方式是公司生存的基石，是企业获取成功的关键。在组织生活中，普遍存在以下三种领导方式，即专制式领导方式、民主式领导方式和放任式领导方式。

（一）专制式领导方式

专制式领导方式指由管理者个人意志决定一切组织内部活动，靠命令推动实施计划，并对下属实行严格的监督和控制，对不符合管理者意志的任何人、任何事都坚决采取措施进行惩罚。这种方式的优点是决策迅速，命令统一，责任清楚，效率较高，可以保证在较短时间内迅速实现管理目标。缺点是由于管理者管理方式单一、不容人情可能使被管理者产生消极抵抗心理，从而不能适时掌握组织内外部环境的各种信息，最终容易导致决策失误。

(二)民主式领导方式

民主式领导方式指由管理者与下属民主协商,共同决策,共同组织实施,并实行由下属自我控制。民主式领导方式的实质是合理放权的领导方式,这种方式的优点是能最大限度地调动下属积极性,使关系融洽,凝聚力增强,并减少决策的失误。缺点是不适应紧急情况下的管理,而且管理成果见效慢。因而,在实际管理活动中,管理者与被管理者之间常常使用“民主集中制”的方式分享决策权,从而达到效率与效果兼顾的目的。

(三)放任式领导方式

放任式领导方式是指管理者对组织管理过程中的决策和实施放任不管,完全交由下属自由处置。这种方式的优点在于可以充分发挥下属的作用;缺点是放弃领导,极易造成失控。就实际工作而言,民主型领导方式效果最好,专断型方式次之,放任型方式效果最差。但是,上述结论不能绝对化,必须根据管理目标、任务、环境、条件,以及管理者自身因素灵活选择领导方式。最适应的领导方式才是最好的领导方式。

三、领导理论

管理的成功与否,归根结底在于人的积极性能否得到充分发挥。而影响人的积极性的因素又有很多,如人际关系与群体行为、个体的价值观和个性差异、管理工作和劳动报酬,以及组织结构等。但其中最为重要的因素还是领导行为是否有效,而领导行为又是领导理论的直接体现。研究成果表明,由于领导者用于行使权力和发挥领导作用的方式不同,将导致产生不同的组织环境与气氛,这在很大程度上影响着组织成员的工作积极性和整个组织的绩效。

(一)领导特质理论

特性理论是研究领导者的个性,以期预测什么样的人当领导最合适。特性研究的途径是一种最古老的研究途径,已有许多心理学家对此进行了长期的探索。根据他们对领导特性的来源所作的不同解释,我们可以把特性理论分为:传统特性理论和现代特性理论。

1. 传统特性理论

这种理论认为领导者的特性是生而具有的,生而不具有这种领导特性的人就不能当领导。为了寻求天生的领导者,为了尽早发现那些生来就注定当领导的人,许多心理学家对社会上成功的和不成功的领导者进行了深入调查,试图找出天才的领导者所具有的个体特性。但通过几十年研究和实践,许多人对传统特性研究提出了种种异议,各国心理学家所提出的天才领导者的个人特性范围广泛,但这些特性之间不但相关性不大,而且常常互相矛盾。例如有人认为领导者应该属于黏液质,具有理智冷静的头脑;有人则认为领导者应该属于多血质,具有热情灵活等特点。此外,在研究领导者与被领导者、成功的领导者与不成功的领导者的差别时发现,他们的特性之间只存在量的差别,没有质的差别,而且在社会上,许多具有天才领导特性的人实际上并没有当领导。

由于在传统的特性研究中出现了上述种种问题,使许多心理学家逐渐认识到在领导特性问题的研究中,遗传决定论的观点是错误的,应该抛弃这种唯心主义的观点。

2. 现代特性理论

现代人认为领导是一种动态的过程,领导者的特性和品质是在实践中形成的,可以通过训练和培养加以造就。为了满足实际工作需要,选择领导要有明确的标准,培训领导要有具体的方向,考核领导要有严格的指标。各国心理学家分别根据本国的具体条件,研究领导者应该具备的个人特性,并提出了合格的领导者应该具备的特性条件。例如,美国企业界提出企业家应该具有的条件为：合作精神、决策才能、组织能力、精于授权、善于应变、强力沟通、发散思维、关心下属、精通业务、善于交友、热情友好等 11 个方面。

(二)领导行为理论

继领导者特质研究之后，领导者行为研究逐渐成为领导研究的主流。其盛行时期为 20 世纪 40～60 年代，领导行为理论企图从领导者的行为方式来探讨有效的领导模式，了解和把握领导的基本条件，并进行统计规划，从而掌握有效领导的行为规律，以便加强对优秀领导者、管理者的培养训练。

1. 双中心论

双中心论是由 1945 年美国俄亥俄州立大学研究工商企业的斯多基尔和沙特尔提出的领导行为理论，他们通过一项范围广泛的关于领导问题的调查，列举了多种影响领导行为的因素，通过筛选，最后概括为“抓组织”、“关心人”两大类。“抓组织”是指领导者在明确组织职责和关系的前提下，进行组织形式和沟通途径设计，最终确定工作目标而进行的工作；“关心人”是指领导者同员工之间互信互动，领导倾听和关心下属，下属尊重并理解领导在互动过程中所表现出来的行为。概括起来讲，“抓组织”是以工作为中心，“关心人”是以人际关系为中心。

按照这两类内容，他们设计了“领导行为描述问卷”。问卷中“抓组织”和“关心人”两类都列出了 15 个问题，分别调查。根据调查结果，发现领导行为是两类行为的具体结合。因此，领导的行为可以用两度空间的“四分图”来表示，参见图 9－1。

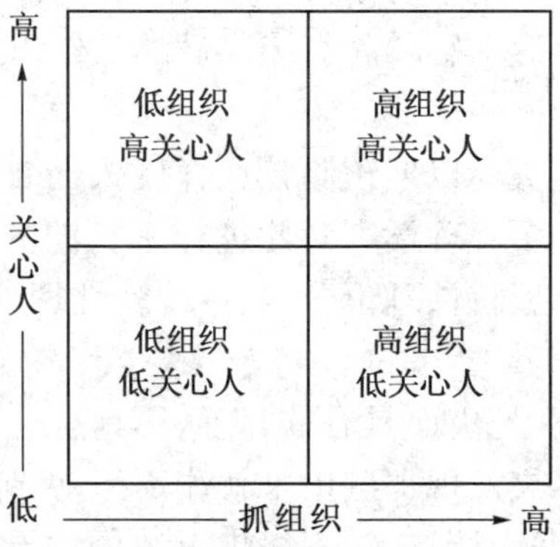

图 9－1 领导行为四分图①

这个四分图是以两个角度考察领导行为的首次尝试，从图中可以看出，领导行为可分为四种情况。属于低关心高组织的领导人，最关心的是工作任务；高关心而低组织的领导人重视互相信任和互相尊重的气氛；低组织低关心人的领导者，对组织对人都不关心，因此这种领导方式效果差；高组织高关心人的领导者，对工作对人都比较关心，当然，这种领导方式效果好。

2. 管理方格理论

在领导四分图的基础上，美国得克萨斯大学的布莱克和莫顿于 1964 年就企业中的领导方式提出了领导方格图。这是一张 9 等分的方格图，横坐标表示领导者对生产的关心程度，纵坐标表示领导者对人的关心程度。在坐标图上由 1 到 9 划分为 9 个格，整个表格共有 81 个小方格。每个小方格表示“关心生产”和“关心人”这两个基本因素相结合的一个领导方式，参见图 9－2。

---

① 张德主编：《组织行为学》(第二版)，高等教育出版社 2004 年版，第 244 页。

根据领导者对生产的关心程度和对职工的关心程度，在图上寻找代表其领导行为类型的交叉点，从而进行领导者评价。比如某个领导者关心人的程度很低，而关心工作的程度高达9，这样二者的交叉点就是9.1，他就是9.1型的领导者。管理方格图列出了五种基本类型的领导方式，并对每种领导方式的行为特征给以描述。

1.1型：虚弱型领导。这种类型的领导者对人对工作都不关心，这种只以最小的代价来完成工作的态度只会导致失败。

9.1型：任务第一型领导。这类领导者高度关心生产和效率，而不关心人，对下属讲究服从而限制其才智和进取精神的发挥。

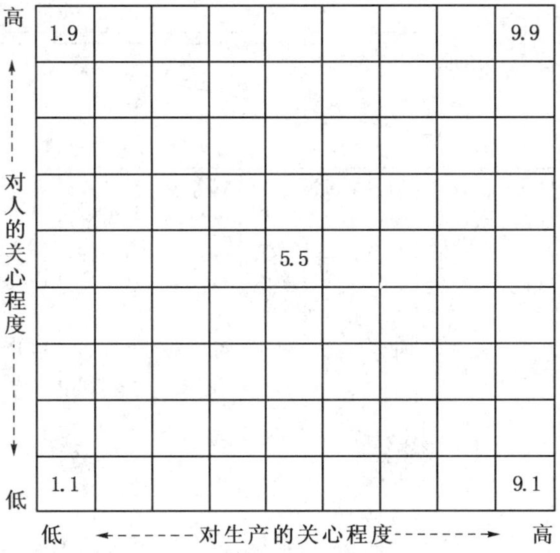

图9—2　管理方格图[①]

1.9型：俱乐部型领导。这类领导者只关心人而不关心工作或生产成果，对下属一味姑息迁就。

5.5型：中间型领导。这种领导者对人的关心度和对生产的关心度保持正常状态。但是安于工作现状，较难发扬下属的创造精神。

9.9型：协调型领导，也称战斗集体型。这种领导者既关心生产和工作又关心人，通过协调和综合各种活动，促进工作和生产的发展，鼓舞士气，使大家和谐相处并发扬集体主义精神。

3. 连续统一体理论

连续统一体理论是美国著名企业管理学家罗伯特·坦南鲍姆和美国行为科学家沃伦·斯密特于1958年提出的。该理论认为在独裁和民主两个极端之间存在着一系列的领导行为方式，构成一个连续带。一切领导方式都是随着环境因素的变化而变化的，领导方式的选择不是只能从独裁和民主两者之中进行选择，而是按客观需要将两者结合起来运用。在管理连续统一体图（见图9—3）上标明了一系列民主程度不同的领导方式，有效的领导方式就是能在特定的时间和条件下选择所需要的领导行为。

这种领导行为的连续带模式的最左边，是以领导者为中心的个人决策，并向下属宣布所做

① 周三多主编：《管理学——原理与方法》（第四版），高等教育出版社2005年版，第206页。

的决定。随着连续带向右边移动，下属的权力随之增加。由此可见，右边的领导人称为以下属为中心的领导者。

坦南鲍姆等人认为，一个领导者在选择其领导方式之前，应从实际出发，考虑领导者的“能力”和下属的“能力”。一个领导者的“能力”，主要看他的经历、知识、经验和价值观等因素有多大影响；下属的“能力”，主要是指他们对承担决策任务的愿望，能有效地处理问题，对组织的目标有足够的认识等行为。一般来讲，当领导者认为他的下属有才干，能够独立地处理好问题，就可以采用以下属为中心的领导行为，即采用较为民主的领导方式。反之，如果领导者认为其下级无能，就可以采用以上级为中心的领导行为，即强制性的领导方法。

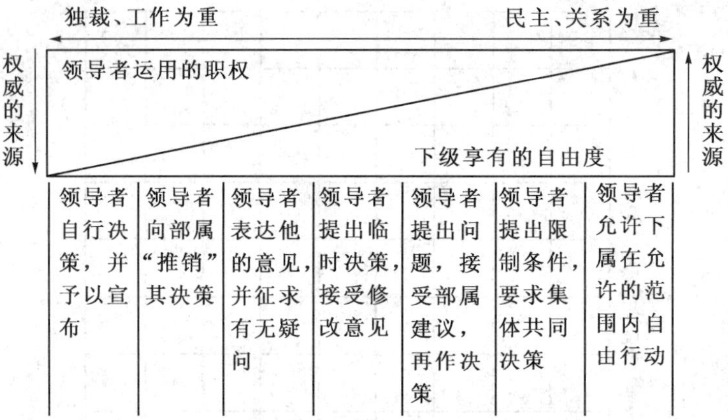

图 9—3　管理连续统一体①

(三)领导权变理论

20 世纪 60 年代之后，领导科学的研究方向从领导者的特质和行为逐步转变为权变理论，因为领导成果的优劣不仅取决于领导者的特质和行为，而且也取决于领导者所处的组织内外部的环境，因而认为有效的领导是由领导者、被领导者和客观环境条件三者共同决定的。权变领导理论的共同特点，在于认为领导是一个动态的管理过程，各种管理行为都是基于领导人的自身特质条件和现实环境相互作用的结果。因此，在管理过程中要同时考虑领导者个人特质与情境特征在领导现象中的重要性，并探讨两者的搭配与领导者有效性之间的关系。

1. 菲德勒权变理论

美国管理学家菲德勒(Fiedler)研究了关系导向型和任务导向型领导风格，然后通过一份名为“你最不喜欢的同事”(LPC，Least Preferred Co-worker)的问卷来调查测试领导者的领导风格，参见图 9—4。

如果领导者在问卷回答中，对其最不喜欢的同事能给以正面评价，即被认为对人宽容、体谅，提倡人与人之间关系友好，是关系导向型领导；如果对其最不喜欢的同事评价很差，则被认为是惯于命令和控制，是任务导向型领导。菲德勒提出的决定领导方式有效性的环境因素主要有以下三种：

(1)上下级关系。指领导者受到下级拥戴和追随的程度，这个程度越高，领导者的个人魅力越强，下级对领导者越信任，从而使得领导者的权力和影响力越大。

(2)任务结构。领导者对工作任务进行明确的规定，使工作任务明确、工作的质量变得更

① 卢盛忠主编：《管理心理学》(第二版)，浙江教育出版社 1998 年版，第 291 页。

易控制，每个组织成员的工作职责也容易界定。

(3)职位权力。领导者拥有对组织成员的控制力是由组织的职位直接赋予的，一个明确具有相当高职位的领导者更容易得到他人的追随和尊重。

菲德勒将三种情境因素组合成八种情况，从而形成了菲德勒权变模型，参见图 9—5。当三种条件都具备或基本具备，是有利的领导情境(情境 1、2、3)；三种条件都不具备，是不利的领导情境(情境 8)。在有利和不利两种情况下，采用“任务导向型”的领导方式，效果较好；对处于中间状态的情境(情境 4、5、6、7)，则采用“关系导向型”的领导方式效果较好。

快乐——	8	7	6	5	4	3	2	1	——不快乐
友善——	8	7	6	5	4	3	2	1	——不友善
拒绝——	1	2	3	4	5	6	7	8	——接纳
有益——	8	7	6	5	4	3	2	1	——无益
不热情——	1	2	3	4	5	6	7	8	——热情
紧张——	1	2	3	4	5	6	7	8	——轻松
疏远——	1	2	3	4	5	6	7	8	——亲密
冷漠——	1	2	3	4	5	6	7	8	——热心
合作——	8	7	6	5	4	3	2	1	——不合作
助人——	8	7	6	5	4	3	2	1	——敌意
无聊——	1	2	3	4	5	6	7	8	——有趣
好争——	1	2	3	4	5	6	7	8	——融洽
自信——	8	7	6	5	4	3	2	1	——犹豫
高效——	8	7	6	5	4	3	2	1	——低效
郁闷——	1	2	3	4	5	6	7	8	——开朗
开放——	8	7	6	5	4	3	2	1	——防备

图 9—4 菲德勒 LPC 问卷①

2. 领导生命周期理论

领导生命周期理论是由美国管理学者卡曼(A. K. Kaman)首先提出，后由两位美国管理学者赫西(Paul Hersey)和布兰查德(Kenneth Blanchard)发展的一种流传较广的领导行为的情境理论。这一理论是把美国俄亥俄州立大学的“领导行为四分图”与阿基里斯的不成熟—成熟理论结合起来，创造了三度空间领导效率模型。该理论认为有效领导行为应该把工作行为、关系行为和被领导者的成熟度结合起来考虑。

领导生命周期理论运用了与管理方格图相类似的分类，将领导行为分为工作行为和关系行为两方面，又将这两方面分为高、低两种情况，从而得出了四种特定的领导行为，即命令、说服、参与和授权。

命令(高工作—低关系)：由领导者采用单向沟通方式对工作进行角色分类，在工作过程中强调指导性行为，告知组织成员做什么、如何做，在何时、何地去完成不同的任务。

① 周三多主编：《管理学——原理与方法》(第四版)，复旦大学出版社 2005 年版，第 458 页。

说服(高工作—高关系):领导者重视双向的沟通,在工作中既提供指导性行为,又提供支持性行为。除开向下属布置任务外,还与下属共同商讨工作如何进行等问题。

参与(低工作—高关系):领导者主要进行沟通和协调,工作上表现为与下属共同进行决策而极少进行命令。

授权(低工作—低关系):领导者授权鼓励下属自主做好工作,对工作几乎不提供支持或指导。

上下级关系	好				差			
任务结构	明确		不明确		明确		不明确	
职位权力	强	弱	强	弱	强	弱	强	弱
情境类型	1	2	3	4	5	6	7	8
领导所处的环境	有利			中间状态				不利
有效的领导方式	任务型			关系型				任务型

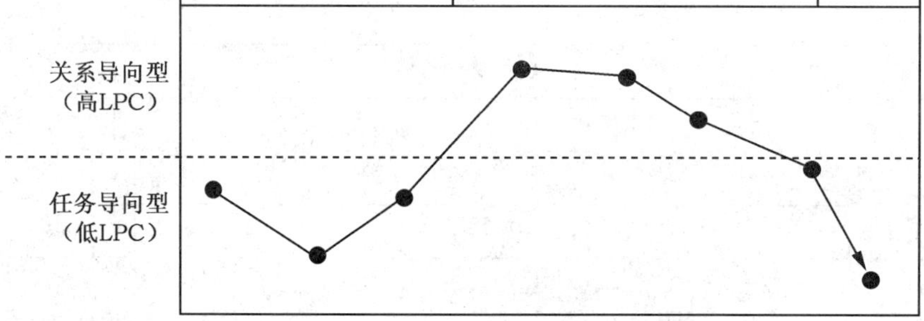

图 9—5 菲德勒权变模型①

赫西和布兰查德又引入了下属的成熟度概念,将其定义为:人们有意愿和能力完成某项特定任务的程度。它一般受责任心、成就感、工作经验、受教育程度等影响。

他们将下属的成熟度由“不成熟—成熟”划分为下列四个等级:

R1:人们不能也不愿负责任去做任何事,他们既无能力也无自信。

R2:人们不能胜任但是愿意承担必要的工作任务。他们有能力,但暂时缺乏合适的技能。

R3:人们能够做但是不愿意听从领导的指示。

R4:人们既能胜任也愿意完成对他们要求的任务。

根据领导生命周期理论,不同的工作方式都能在一定环境内发挥其最大功用,而不能绝对认为“高工作—高关系”的领导一定有效,而“低工作—低关系”的领导一定无效,因为还应考虑“下属的成熟度”这一重要因素,在工作中要把关心工作、关心人和下属成熟度三者结合起来考虑,只有领导方式与其下属的“成熟度”相适应,才能产生较好的领导效果,这三者的相互关系参见图 9—6。

R1 阶段——第一象限:当下属成熟度较低时,下属需要比较明确的指示,因而应采取“高工作”、“低关系”的命令式领导方式,沟通方式以下达工作命令为主。

R2 阶段——第二象限:当下属成熟度逐渐提高,就开始需要“高工作”与“高关系”并重的

① 周三多主编:《管理学——原理与方法》(第四版),复旦大学出版社 2005 年版,第 459 页。

领导模式，高工作行为用以补偿下属技能和经验的不足，而高关系行为则能够尽量使下属愿意按照领导者的意图行事。这种领导方式下，除了必要的命令之外，主要通过说服、感情沟通、相互支持来完成工作任务。

R3 阶段——第三象限：当下属成熟度有较大提高时，就会产生激励的问题，可采用“低工作—高关系”的领导方式，即参与式领导方式，让下属参加讨论，注重双向的思想沟通，由领导与下属共同作出决定。

R4 阶段——第四象限：当下属相当成熟时，于是可采用“低工作”、“低关系”型即授权的领导方式，赋予下属较多的权力，领导只须抓住主要的决策和监督工作。

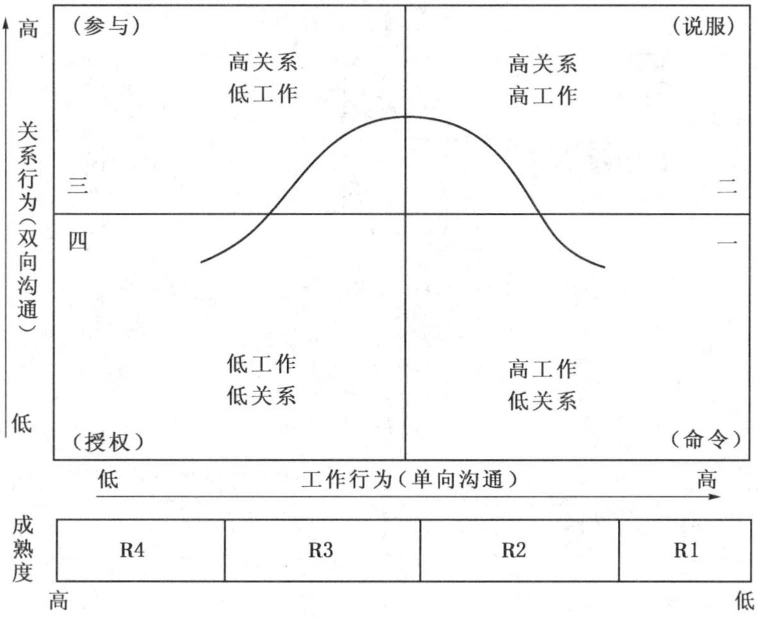

图 9—6　领导生命周期理论①

根据领导生命周期理论，对于不成熟的、未经训练的下属，应给予更多的管理；对成熟、负责的员工，组建有弹性的组织，实施较为宽松的控制和一般的监督，就能发挥其潜力。领导者应根据下属的能力、动机，而改变自己的行为和领导方式，即随着下属成熟度的改变，相应调整其领导行为。当下属成熟度提高时，领导者不仅要能够不断减少对下属工作的控制，而且也要减少关系行为。

3. 路径—目标理论

路径—目标模式是由加拿大多伦多大学教授咿凡斯于 1968 年提出，然后由其同事豪斯教授补充和发展而成的。该理论的基本要点是要求领导者在工作之初要对下属说明工作任务的要求，帮助下属排除实现目标的障碍从而完成组织目标，并且在实现目标的过程，针对下属的需要来设置激励措施和机会，满足下属的需要和成长发展的机会，最终达到最佳的激励效果。

路径—目标理论（见图 9—7），除了工作还考虑了组织环境因素。认为有四种领导方式可供同一领导者在不同的环境下选择使用。这四种领导方式是：

(1)指令型。领导者发布指示，明确告诉下属做什么、怎么做。完全由领导作出决策，下属

---

① 周三多主编：《管理学》，高等教育出版社 2000 年版，第 210 页。

职工不参与。

(2)支持型。领导者关心下属,平等待人,善于倾听员工各种诉求,但是不太注意通过工作使人满意。

(3)成就导向型。领导者向下属提出挑战性的目标,希望下属最大限度地发挥潜力,并相信他们能达到目标。而且不断制定新的目标,使下属经常处于被激励的状态。

(4)参与型。领导者在做决策时注意征求下属的意见,认真考虑和接受下属的建议。

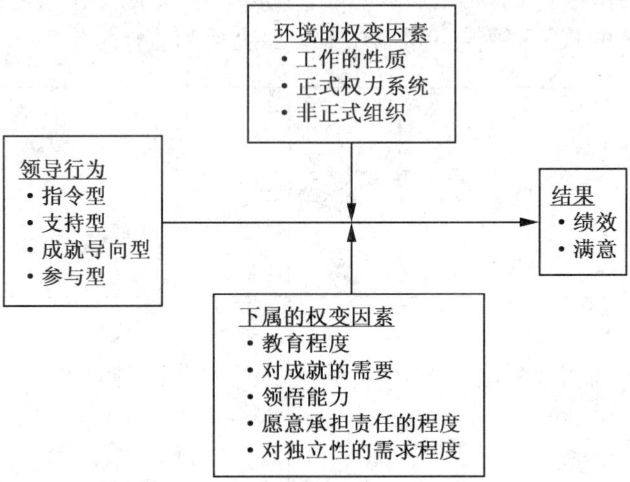

图 9—7　路径—目标理论①

此外,领导者为了达到满意的绩效结果,必须考虑"环境的权变因素"和"下属的权变因素"两方面因素对工作过程的影响:

(1)下属的权变因素。员工的教育程度、领悟能力、对独立的需求、对成就的需求等因素均属于此类。

(2)环境的权变因素。其中包括工作性质、权力结构、工作小组的情况等。如果工作任务模糊不清,职工无所适从时,他们希望有"高工作"型的领导,帮助下级作出明确的规定和安排;而对于日常性的工作,目标和达到目标的途径都很明确,这时就希望"高关系"型的领导。领导者对下级较多的体贴和创造好的心理环境,将会起到较好的领导效果。

4. 情景领导理论

美国管理学者赫西和布兰查德的情境领导理论(situational leadship theory)是近年来领导科学的最新进展,为古老的领导话题提供了新的解决思路,受到工商界、学术界的广泛关注。情景领导理论的基本假设与逻辑结构认为:

(1)领导的效能取决于下属(或雇员)接纳领导者的程度。无论领导者的领导风格如何、领导行为如何,其效果最终是由下属的现实行为决定的。

(2)领导者所处的情境是随着下属的工作能力和意愿水平而变化的。下属的技能、能力与意愿水平是非均质的、多样化的;下属不愿意工作,往往是因为他们缺乏必要的技能和能力,或缺乏自信心和安全感。

(3)领导者应对下属的特征给予更多的关注和重视,根据下属的具体特征,确定适宜的领导风格。例如,对于能力不足或缺乏自信的下属和对于技术熟练、工作能力强而且充满自信心

① 孙彤主编:《组织行为学教程》,高等教育出版社 2000 年版,第 247 页。

的下属采取不同的领导风格。

因此,这一理论是一个重视下属的权变理论,重视下属,具体表现为体察下属的成熟度。成熟度是对下属特征的一个度量。赫塞和布兰查德将其定义为:个体对自己的直接行为负责的能力和意愿。它包括两个要素,首先是工作成熟度,包括一个人的知识和技能。工作成熟度高的下属得到良好的教育和培训,拥有足够的知识和能力,经验丰富,能够不需要他人指导而独立完成工作任务。此外是心理成熟度,指一个人做某事的意愿和动机。心理成熟度高的下属自信心强,工作积极主动。他们不需要太多的外部激励,而主要靠内部动机的激励。

根据组织的发展和个体成员的成熟度,情景领导理论将下属的成熟度划分为由低到高的四个成长阶段:

第一阶段:下属缺乏执行某项任务的技能和能力,不胜任工作;而且,他们又不情愿去执行任务,缺乏自信心和积极性。

第二阶段:下属目前还缺乏完成工作任务所需的技能和能力,但他们愿意执行必要的工作任务,具有积极性。

第三阶段:下属有较高的工作技能和较强的工作能力,但他们却不愿意干领导希望他们做的工作。

第四阶段:下属既有能力又有很强烈的工作意愿。

与菲德勒的分析方法基本相同。在分析领导风格时赫西和布兰查德也从两个维度来进行考察:任务行为和关系行为。不同的是,情景领导理论认为每一维度可以有高低之分,并可以组合成四种具体的领导风格。

第一,指导(telling, 高任务—低关系)。领导者制定所有决策,为下属确定角色,告诉下属应该干什么、怎么干以及何时何地去干。

第二,推销(selling, 高任务—高关系)。领导者既作为一个指导者(权威型风格,或以任务为中心)出现,又作为一个支持者出现(支持型风格,或以员工为中心)。作为指导者,领导者制定所有决策,为下属确定角色,指导下属的行为;作为支持者,领导者对下属的要求不超过其力所能及的范围,愿意向下属解释自己的决策,公平、友好地对待下属并帮助下属解决个人问题,在下属很好地完成任务时给予赞赏和表扬。

第三,参与(participating,民主式或参与式风格,低任务—高关系)。领导者允许下属讨论组织的政策,并且鼓励他们参与重要决策;不仅允许他们讨论现在的工作,而且允许他们讨论将来的工作;鼓励下属参与群体活动。在上述活动中,领导者的主要角色是提供便利条件和沟通。一般认为,有效的员工参与可以减少人与人之间的敌意、挫折、攻击和悲哀,创造良好的群体感觉,提高工作满意度和士气。

第四,授权(delegating,低任务—低关系)。领导者为下属设立挑战性的目标,并显示对他们的信任,允许他们在一定范围内独立地进行决策甚至确定自己的工作内容;领导者提供极少的指导或支持。

随着下属成熟水平的不断提高,领导者可以减少对下属活动的控制,而且还可以减少关系行为。在员工成长的第一阶段,下属需要得到明确而具体的指导。在第二阶段,领导者需要采取高任务—高关系行为;高任务行为能够弥补下属能力的欠缺,高关系行为能够使下属在心理上"领会"领导者的意图,或者说能够给下属提高技能和能力的愿望以更大的激励。在第三阶段,领导者运用支持性、非指导性的参与风格,能够有效地满足下属的参与欲望,消除其现实的挫折感,从而对下属提供更强的内在激励。在第四个阶段,领导者无须做太多的事情,因为下属既愿意又有能力完成工作任务。

四、领导理论的发展

领导理论随着全球经济的发展而越来越受到各国科研人员的重视。权变理论弥补了行为理论的不足,充分考虑领导者、被领导者、工作任务等要素中各种偶然性变量对领导行为和效能的影响。但权变理论还没有穷尽对所有重要因素的研究,尤其是仍然没有在新的理论框架内细致分析领导者素质这一要素。另外,它所探讨的领导模式主要是过分理性化的、寻求平衡的交易型模式,而魅力型领导以及人们更深层心理特征对领导方式的影响则还没有被深入考虑。这正是最新的领导理论所力求突破的地方,而且涌现出了诸如对领导归因心理、领导魅力理论、自我领导与超级领导、团队领导等新理论和新方法。

(一)领导的归因理论

归因理论主要由美国心理学家米契尔(Mitchell)提出,是指在管理活动中,领导人对工作效果不佳的下属或者组织进行分析和判断,找出现象与本质之间的内在联系,根据对后进下级行为表现及所处环境的观察,做出归因的分析与判断(连接关系 1);再据归因结果,做出相应的管理行为反应(连接关系 2),见图 9—8。

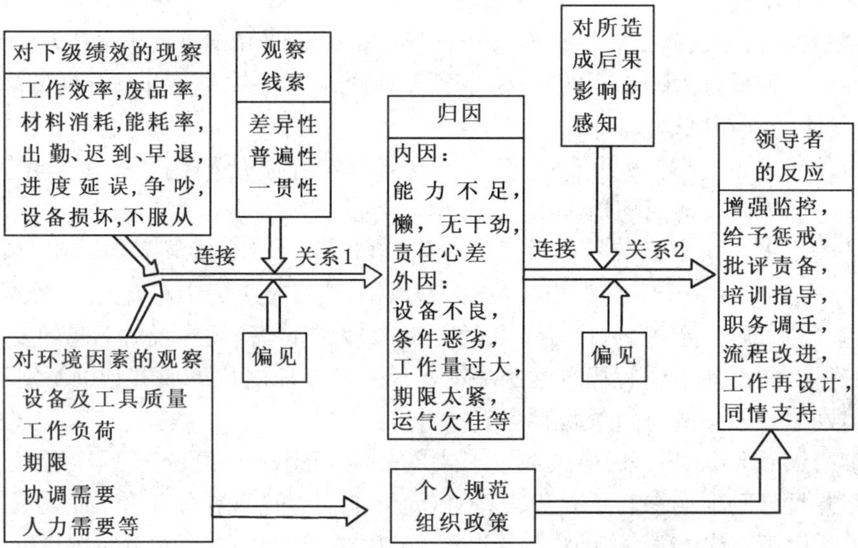

图 9—8 领导归因理论基本模型[①]

领导归因理论模型认为,领导归因过程中存在着先后两种连接关系(分别称为"关联 1"与"关联 2")。首先,在"关联 1"中,领导者首先观察下级本身的表现,再观察环境中的有关因素,在诊断后进下级问题的原因时,才会做出归因判断,认为失误源于内因(如偷懒、没本事等)或源于外因(如任务过于艰巨、运气不佳等)。但在此归因过程中还有两个因素影响了领导者的判断过程:其一观察线索,即领导者要考虑所见到的下级行为是否具有差异性、普遍性和一贯性。其二是领导者的个人偏见,若上下级关系密切,双方的归因容易相同;若关系疏远,上下级之间的归因就大相径庭了。

---

① 卢盛忠主编:《管理心理学》(第二版),浙江教育出版社 1998 年版,第 300 页。

在关联2中，归因导致相应的行为反应。如果领导把问题归因于下级懒惰，就会对下属进行批评、惩戒、训斥；如果归因于能力差，则会对下属进行培训和指导。在这过程中也有两个关键因素在起作用：其一是对后果严重性的分析，认为后果严重、影响巨大的，多会给予惩戒；如以为影响轻微，无关大局的，则反应常是过分温和宽容。其二依旧是领导者的偏见，如领导者反应多半着重改变下级的行为而较少重视改变环境，因为前者主要是下级自身的责任，后者则需领导者花力气。

若领导者能准确归因，并正确反应，对症下药，自然能化解组织内部的各类问题。但要做到如此，必须尽量消除偏见，以便能作出客观正确的归因。

(二)领导魅力理论

对魅力型领导者进行系统研究并形成领导魅力理论的是加拿大麦克基尔大学的康格(Conger)和卡纳果(Kanugo)。根据魅力型领导理论，有魅力的领导者区别于无魅力的领导者的特征在于以下方面：

(1)无魅力的领导者力求维持现状，而魅力型领导者则努力改变现状。

(2)无魅力的领导者设置的目标前瞻性较低，而魅力型领导者则设置相当长时间的远景目标。

(3)无魅力的领导者信心不足，魅力型领导者对自己的判断力和能力充满信心。

(4)无魅力的领导者往往缺乏应有的表述能力，魅力型领导者能言简意赅地说明自己的方法和目标，并很快获得认同。

(5)无魅力的领导者往往表现出遵循现有的行为规范，而魅力型领导者则会采取一些非常规的行为，当使用这些手段获得成功后，就会引起下级的惊讶和赞叹。

(6)无魅力的领导者缺乏对环境变化的敏感性，魅力型领导者对环境的变化非常敏感，随时能采取措施改变现状。

(7)无魅力的领导者只依靠职位权力来进行管理，而有魅力的领导者往往依靠个人的专长权力和参照权力进行管理。

多数学者认为有魅力的领导行为可以通过训练来获得。因此，针对魅力制订了培训计划，通过扮演魅力型领导者的角色来获得对魅力领导的认识和体会，从而影响自己的管理决策和管理方式。但这种模拟训练更多地是在形式上进行训练，领导者魅力的实质在于思维深刻、具有远见卓识，这是人们很难在短时期内学到的。

(三)自我领导与超级领导

自我领导与超级领导是由两位美国学者查理·曼茨和亨利·西姆提出的一种新的领导模式。所谓“自我领导”，顾名思义，就是自己领导自己，即下属如果有了自我控制的能力，就能够以一种负责任的方式来迎接挑战。根据管理学家的定义，“自我领导”是一个注重能用来发挥自我影响的行为和想法的策略集合。所谓“超级领导”，就是领导者带领下属去领导他们自己。“超级领导”适用于那些有责任领导他人的管理者。员工应用自我观察的行为技巧、自我设定目标、暗示管理、自我回报、自我批评等自我激励、自我导向的方式来使自己实现工作目标。自我领导是在超级领导的支持下成长起来的，超级领导能积极释放下属的能力，将自我领导视为组织文化的基本部分，并用一系列正面观点来看待员工，给员工以表率和示范，经常与员工沟通，鼓励员工的自我期望，回报员工自我领导的进步，见图9—9。

“自我领导”有两类策略。第一类是注重有效的行为和行动，即以行为为中心的策略，对下属领导自己去完成一些困难而又必须完成的任务十分有帮助，包括自定目标、自我提示、自我检查、自我排练。第二类是注重有效的思想和情感，即以认知为中心的策略，认知策略主要是关于下属如何建构自己建设性的管理思维模式，然后通过它来影响行为。这种策略又分为两个部分：一部分是考察如何利用来自任务本身的快乐和自然回报来形成有关的建设性的思想和感受；另一部分则通过信念、自我暗示和想象等方法来形成建设性思维。

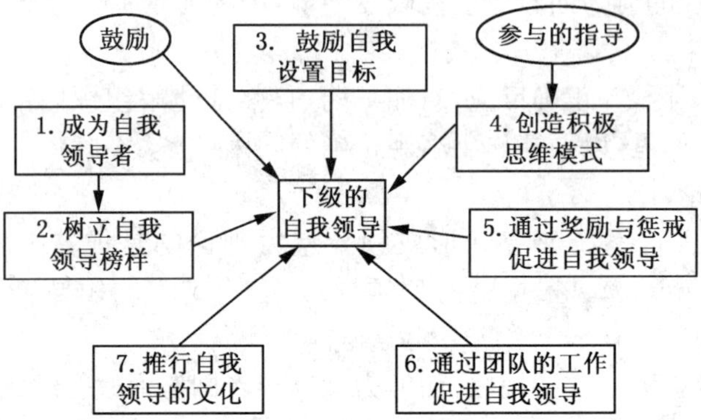

图 9—9　自我领导与超级领导的七个步骤①

"超级领导"要通过一系列程序来带领下属领导他们自己。首先在开始时进行示范，然后引导下属参与，最后逐渐发展为自我领导。要带动下属实现自我领导，"超级领导者"要注意任务的自然属性，如工作的丰富性、问题的结构是否清楚、解决的方案是否为下属接受等，还要注意时间的充裕性和下属发展的重要性。"超级领导者"促使下属向"自我领导"转化的关键是使下属从依赖外部管理的依赖型向独立型转变。

(四)团队领导

团队领导表现为有效的团队协作，它不等于个体活动的简单累加或整合，还需要各个成员履行各自的功能，以实现有效的同步的产出。团队与群体之间的区别主要表现为，团队有共同的有价值的目标；成员间相互协调保持密切的沟通交流；成员的工作过程的相互依赖，并具有各自特定的任务和职责、与作业相关的知识、应对变化的适应性策略。

对于队员的团队协作技能的训练不像专业技能，可以通过传统的训练来完成，它是自然产生的、程序性的，是队员彼此协助配合以团队的组织形式来完成作业时所得到的。团队协作技能的发展是超出传统训练所及的范围的，因此，团队领导就承担起了训练队员的团队协作技能的职责。而传统的领导理论关注领导者如何影响被领导者、激励下属、建立对下属的约束机制等，如论述领导及其下属的特质，领导行为对于群体、组织绩效的作用。因此，团队领导是情境性的，团队领导者应该做的是为了保证团队有效性，情境要求其做的。无论这些活动以何种行为模式表现出来，只要能有效实现团队目标就构成了领导。这种职能领导观不单注意到了领导者本身的特点，还强调了领导—情境之间的对应关系。

团队发展分为四个阶段：阶段一，个体通过社会化过程形成对自我社会地位的认识，掌握人际交往技能，了解团队目标并形成统一认识；阶段二，个体通过实际工作，掌握了作业技能和自我管理技能；阶段三，上升到互动层次，队员通过角色关系的讨论，掌握职责任务和交往模式；阶段四，进一步上升到团队水平，随着团队协作网络的完善，队员能彼此协调，应对环境的突然变化。

---

① 卢盛忠主编：《管理心理学》(第二版)，浙江教育出版社 1998 年版，第 306 页。

五、领导艺术

领导和被领导者均由人构成，而人的道德、情操、智商、能力又千差万别，作为既矛盾又统一的领导和被领导双方，要让运作状态处于最佳，既没有可供严格遵循的公式框架，也不能完全没有规则地取决于领导的意志和行政命令。关键是在一个被广泛接受的框架内，切实掌握领导方法，恰如其分地掌握好分寸，发挥领导艺术，以获取最佳的效果。

（一）领导艺术概述

领导艺术主要有两方面内容：一方面在使用权力的过程中，使下属自动自发地进行工作，而不是被在权力的迫使下劳动；另一方面是对于下属管理要合理放权，既能提高下属的积极性，又能降低高层管理压力。领导是一种方法，更是一门艺术，需要不断地顺势而为，不断创新。领导艺术是管理学的研究重点，特别在当今中国的市场环境下，企业的生死存亡都和领导层是否得力密切相关。对于一个亏损企业，领导班子的更换往往使企业起死回生。

中国特色的领导艺术是中国传统的权术和御心术与西方现代领导心理理论相结合，发挥人的主观能动性，使效益、效率都同步提高。领导艺术是指领导者具有创造性的领导才能、技巧、艺术和方法，在履行领导职能时，恰当分工、协调管理、提高工作有效性、拓展联系等可塑性较大的方面能够体现得很明显。领导是一门艺术。虽然我们可以学习其中的一些原则和基本方法，但是这就如同有了砖石未必能够盖得起大楼一样，更不用说辉煌、雄伟或雅致的建筑。

（二）用人和用权的艺术

领导者的成功在于能够引导人充分思考，以智慧推动下属与合作者的活动。下属和合作者的活动实际就是在领导过程中用人和用权的艺术问题。对于用权而言，其艺术性表现在以下几个方面：健全责任制，实行目标管理。在大中型企业，建立健全企业内部经济责任制，层层分解指标，完成企业目标，是用权的重要艺术；建立和健全以生产调度指挥系统为主干线的生产指挥系统。建立和健全生产调度制度，是用权的极为重要的方面；慎重决策，灵活指挥。企业的决策过程是比较复杂的过程，要经过上下多次讨论。但是企业的生产指挥要灵活、有效、快速，不耽误时机，保证生产的顺利进行；抓住信息，抓住反馈。指挥中要及时掌握信息，抓住反馈资料，及时发现问题，及时采取措施；亲自动手，亲临现场。领导者要亲临现场，才能掌握第一手材料，才能根据实际情况进行指挥。

对于用人而言，领导艺术表现在大权独揽，小权分散，办中有决，不离原则。领导者要把小权授予大家，从事务中摆脱出来；分工明确，权责相称，有职有权；良好的命令要具备完整、明确、可行三个要素；合理分工、责任落实。能分派给一个人完成的工作和任务，决不分派给两个人去完成；分给集体的工作要明确负责人，坚持抓头头，由头头抓工作；工作的难度应该比承担工作的人平时表现的能力大些，使其有紧迫感，完成后有成就感；工作内容要合理调配。单调的工作由大家分担，或经常加以调换，或搭配成复杂工作。事务性工作要与技术性工作适当搭配，使人知道甜中有苦，并学到技术。孤独性工作要经常调换，避免把个人从人群中分开，要满足工作中的社交欲望；利用头衔和身份，如重要工作由负责人挂帅、直接听取下属的汇报、鼓励下属克服工作中困难等。

（三）决策艺术

管理即决策，决策是保证最终结果能够完成组织目标的重要保证，如果在工作开展前期就作出错误决策，不论后期如何补救都很难获得良好效果。但在决策过程中，如何结合组织内外部环境和组织内部人员心理状态，因势利导地进行决策就是一门艺术性工作。决策艺术的基本要点在于以下几个方面：慢条斯理和雷厉风行相结合。制定决策时慢条斯理，认真调查，详细比较，摸清真情，搞明关键，为下决心创造条件；实行决策雷厉风行，勇往直前，不达目的决不罢休；弄清实质，抓住要害。分析问题要全面而系统，在把握了事情的本质后，抓住事物的主要矛盾，重点解决；多谋善断，集思广益。领导在进行决策过程中，为了收集足够的信息，就应该采用民主集中制的原则进行决策，这样，既保证了效率，又保证了效果，美国决策理论学派创始人西蒙认为，决策的关键是时机和信息。孙子兵法说，知己知彼，百战不殆；以变应变，抓住时机。现代社会瞬息万变的市场情况让每一个领导者都要把相当大的精力放在信息把握和时机的选择上，时机一方面指市场的状况，另一方面也指内部管理因势利导，利用恰当时机推行管理工作。

（四）人际关系艺术

领导的核心在人，企业在不同时期领导方式是不同的，因此领导的关键就在于对人性充分的认识和把握。认真分析企业员工组成的文化背景、企业员工的心态状况、企业每个员工的价值观念，是用人和处理人际关系的关键。在考虑好这三大问题在组织内部的情况之后，领导者就可以找出一条适合组织的人性化管理模式。

许多中小企业在建立时，盲目地引进了一些大企业的管理模式，没有具体地去分析考虑员工组成等因素，因此导致管理效能低下，不得不从制度管理退化成人治；而更多的企业在获得一定发展后，又不能及时提升自己的领导，导致企业长期无法获得升级，这两种现象在企业管理中普遍存在，严重制约了中小企业的生存与发展。所以我们必须认识到，领导是一个变量，不同的企业、企业不同发展时期乃至企业生存大环境的改变，都将对企业的领导产生影响。兵无常势，水无常形，相机而动，企业才能立于不败之地。

总之，一个企业的成功最终都是领导的成功，这既依靠领导者的个人素质，也依靠具体的管理方法。人治的企业成败在用人，风险相对增高；而法制的企业重点在管理方式的建立和维护，风险相对减少。客观上看，在企业发展的初期，人治往往效率更高，发展速度也更快，这是许多中小企业人治特征明显的根本原因。管理并不绝对否定人治的因素，但人治是阶段性的，从人治到法制的转型，是企业走向正规化、长治久安的必然选择。

企业的领导者不能只依靠自己手中的权力，还必须取得同事和下属的信任和合作。有些新踏上领导岗位的人，往往只会自己埋头苦干，不善于争取别人的信任和合作；也有个别人只想利用手中的权力来使副手和下属慑服，而较少考虑如何取得他们的支持和友谊。其实，领导者和被领导者之间的关系不应当只是一种刻板的和冷漠的上下级关系，而应当建立起真诚合作的同志关系。

复习题

1.管理人性观经历了哪几个演变阶段？

2.什么是领导？组织中常见的领导方式有哪些？

3.简述领导的权力生命周期理论。

4.简述领导魅力理论。

5.简述非德勒权变理论。

案例分析

ABC公司领导类型调查

ABC公司是一家中等规模的汽车配件生产集团。最近，公司对其三个重要部门经理进行了一次有关领导类型的调查。

一、安西尔

安西尔对他本部门的产出感到自豪。他总是强调对生产过程、出产量控制的必要性，坚持下属人员必须很好地理解生产指令以得到迅速、完整、准确的反馈。安西尔遇到小问题时，会放手交给下级去处理，当问题很严重时，则委派几个有能力的下属人员去解决问题。通常情况下，他只是大致规定下属人员的工作方针、完成怎样的报告及完成期限。安西尔认为只有这样才能导致更好的合作，避免重复工作。

安西尔认为对下属人员采取敬而远之的态度对一个经理来说是最好的行为方式，所谓的"亲密无间"会松懈纪律。

安西尔说，在管理中的最大问题是下级不愿意接受责任。他谈到，他的下属人员可以有机会做许多事情，但他们并不是很努力地去做。

他表示不能理解以前他的下属人员如何能与一个毫无能力的前任经理相处，他说，他的上司对他们现在的工作运转情况非常满意。

二、鲍勃

鲍勃认为每个员工都有人权，他偏重于管理者有义务和责任去满足员工需要的学说，他说他常为员工做一些小事，如给员工两张下月在伽利略城举行的艺术展览的入场券。他认为，每张门票才15美元，但对员工及其妻子来说却远远超过15美元。这种方式也是对员工过去几个月工作的肯定。

鲍勃说，他每天都要到工厂去一趟，与至少25%的员工进行交谈。鲍勃不愿意为难别人，他认为安西尔的管理方式过于死板，安西尔的员工也许并不那么满意，但除了忍耐别无他法。

鲍勃说，他已经意识到管理中有不利因素，但大多是由于生产压力造成的。他的想法是以一个友好、粗线条的管理方式对待员工。他承认尽管在生产率上不如其他单位，但他相信他的雇员有高度的忠诚与士气，并坚信他们会因他的开明领导而努力工作。

三、查理

查理说他面临的基本问题是与其他部门的职责分工不清。他认为不论是否属于他们的任务都安排在他的部门，似乎上级并不清楚这些工作应该由谁做。

查理承认他没有提出异议，他说这样做会使其他部门的经理产生反感。他们把查理看成朋友，而查理却不这样认为。

查理说过去在不平等的分工会议上，他感到很窘迫，但现在适应了，其他部门的领导也不以为然了。

查理认为纪律就是使每个员工不停地工作，预测各种问题的发生。他认为一个好的管理者并没有时间像鲍勃那样握紧每一个员工的手，告诉他们正在从事一项伟大的工作。他相信如果一个经理声称为了决定将来的提薪与晋职而对员工的工作进行考核，那么，员工则会更多地考虑他们自己，由此就会产生很多问题。

他主张，一旦给一个员工分配了工作，就让他以自己的方式去做，取消工作检查。他相信大多数员工知道自己的工作该做得怎样。

如果说存在问题，那就是他的工作范围和职责在生产过程中发生的混淆。查理的确想过，让公司领导听听他对某些工作的意见。然而，他并不能保证这样做不会引起风波而使形势有所改变。他说他正在考虑这些问题。

(资料来源 http://yingyu.100xuexi.com/view/specdata/20100902/F458646F—.html)

分析与思考：

1. 你认为这三个部门经理各采取了什么领导方式，并预测这些模式各将产生什么结果。
2. 是否每一种领导方式在特定的环境下都有效？为什么？

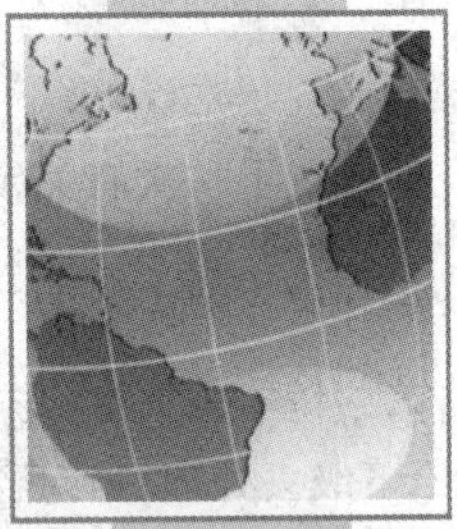

第十章 激 励

【学习目标】

1.了解激励的含义、作用,明确激励过程的基本模式;

2.掌握内容型激励理论、过程型激励理论以及综合激励理论的主要观点;

3.理解激励的原则及方式。

【知识能力】

能明确区分不同的激励理论,基本掌握激励的原则及方式。

【工作任务】

综合运用三种不同的激励理论,分析不同企业或企业不同阶段的合理的激励方式。

【引导案例】

新方案能否有效激励员工?

上月底的公司办公会议上,总经理宣布:由于销售部经理遇车祸,由原公司办公室主任王新华接任销售部经理。

公司销售部有24位员工,其中有10位销售员,公司在全国的销售工作主要由他们负责,所以,抓好销售员是关键。现在的问题是如何抓?

以前,销售员的奖金与完成的销售量是挂钩的,但差距不大,而且浮动工资也是平均分配。据此,王经理推出了奖金、浮动工资与完成的销售量挂钩的试行方案,实施奖金向销售员倾斜的政策,销售员的奖金是一般员工的200%。方案的要点有三:(1)销售定额为38台/月;(2)完成指标得全奖,少卖一台扣奖金的20%,达不到34台/月扣全奖;(3)连续半年完成指标,向上浮动一级工资,连续半年完不成指标,下浮一级工资。

方案一经宣布,员工一片哗然,但王经理坚持实施这一方案。他向销售员解释说是试行,有些问题可在实施中不断修改和完善。但王经理心想:就得采取强硬措施,好好管一管,不然他们怎么会拼命干活?这个方案一定会刺激销售业绩提高的。

(资料来源:http://zhidao.baidu.com/question/154279606.html)

思考:

(1)你认为王经理对销售员的看法属于人性的四种假设中的哪一种,并说明理由。

(2)你认为王经理的方案能否有效地激励销售员,并说明理由。

(3)如果你是王经理,该如何做?

第一节 概 述

激励是管理过程中的核心问题,它贯串于组织成员、组织群体和组织领导三方的管理行为与心理活动之中。为了有效地实现既定的目标，不仅个体需要激励，而且群体、领导者和组织都需要激励。即需要自我激励，更需要来自他人、群体、领导和组织方面的激励。本章首先要讨论激励的概念、过程和激励理论的分类，并在此基础上集中阐述这几类激励理论及其应用。

一、激励的含义与作用

（一）激励的含义

激励有鼓励激发的含义，在“管理学”范畴内，它被界定为激发人的动机，诱导人的行为，使其发挥内在潜力，为实现所追求目标而努力的过程。这也就是人们通常所说的调动和发挥组织成员积极性的过程。激励的本质就是激发人的动机的过程。而所谓的动机，就是引起、维持并且指引某种行为去实现一定目标的主观原因。因此，要理解激励的本质，也即激发动机的过程，就必须了解影响动机形成和发展的三个问题：第一，什么因素引起人的行为；第二，什么因素指引着行为朝向目标前进；第三，这种行为如何得以坚持下去或最后终止。在工作过程中如果能正确回答上述三个问题，就能深刻而全面地理解成员的实际工作行为。

在现实中，影响人的工作行为表现的因素是多种多样的。人的能力就是一个非常重要的因素，因为它反映了一个人以前所受过的训练和教育、过去所积累的知识经验以及先天的素质。此外，工作表现的优劣也受诸如技术设备等客观条件的制约。但是，不管其他条件如何，激励总是决定人的工作行为表现的首要因素。

（二）激励的作用

企业首先是人的集合体，企业的生产经营活动是靠人来进行的，企业经营的各种要素是在主动参与经营的人的利用下才发挥作用的，企业管理既是对人的管理，也是通过人而进行的管理。因此，管理人员对下属进行激励，就是管理人员使下属的需求和愿望得到某种程度的满足，并引导下属积极地按组织所需要的方式行动。只有使参与企业活动的人始终保持旺盛的士气、高昂的热情，企业经营才能实现较好的绩效。许多企业当出现生产、经营不善时总是首先想到和埋怨设备与工艺的落后，殊不知其企业内的人力资源有如此巨大的潜力未被挖掘。如果他们能把注意力放在运用激励手段以开发人力资源上，那么在同样的设备和工艺条件下，必将取得巨大的成果。美国杜邦公司的厂长曾给工人写感谢信，并下车间同工人亲切握手。这种激励犹如一根火柴，能够点燃员工内心的创造欲，并将释放出巨大的能量。另外，一句温馨的问候，一次别开生面的安全总结，一次寓教于乐的安全知识培训都是有效的激励形式。政之所兴，在于顺民心。归根结底，最有效的激励是员工的自觉参与，因为，享受创造与参与的快乐，才是激励的最高境界。

二、激励过程

（一）人的行为产生原因

动机是指推动人去从事某种活动，指引活动去满足一定需要的意图和信念。由此可见，动机是行为的直接原因。一般而言，需要和动机有相似的含义，但需要是人的积极性的基础和根源，动机是推动人们活动的直接原因。当人的需要具有某种特定的目标时，需要才转化为动机。举个例子来说，一个人在沙漠中口渴难忍，这表明他有饮水的强烈需要。如果周围没有水源，并不能促使他进行目的明确的活动，只有当他发现眼前有一片绿洲时，才会促使他向水源走去。此外，动机和目的这两个概念也需要区别开来。目的是人的活动所要达到的结果，动机则是推动人的活动去达到目的的心理活动。有时，人们的目的相同，但是推动他们达到目的的动机可能很不相同。

一般来说，当人产生某种需要而又未得到满足时，会产生一种不安和紧张的心理状态。在遇到能够满足需要的目标时，这种紧张的心理状态就转化为动机，推动人们去从事某种活动，向目标前进。当人达到目标时，紧张的心理状态就会消除，需要得到满足。这时，人又会产生新的需要，这是一个不断循环往复的过程，使人不断地向新的目标前进，这就是需要、动机和行动关系模型，见图 10—1。

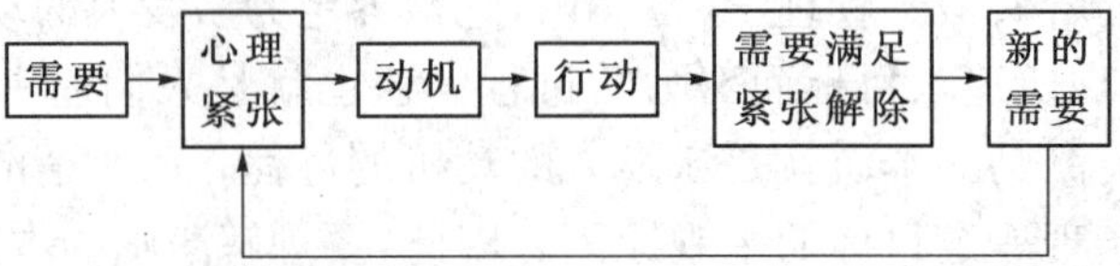

图 10—1　需要、动机和行动的相互关系模型①

在了解了需要和动机的基本概念以后，我们要进一步研究如何根据人的需要，激发人的动机的各种激励理论。这些理论多数都是国外心理学家的研究结果。一方面，这些研究都是在资本主义社会条件下进行的，激发工人的工作动机、调动工人生产积极性的最终目的，总是为企业主创造更多的剩余价值。另一方面，这些研究也在不同程度上反映了人类心理的共同规律。因此，我们在研究这些理论时，必须吸取我国传统哲学思想，创造适应我国国情的有中国特色的激励模式。

(二)激励过程的基本模式

心理学的研究表明，人的动机是由他所体验到的某种未满足的需要或未达到的目标所引起的。这种需要或目标，既可以是生理或物质上的，也可以是心理或精神上的需要。在现实情景中，人的需要往往不只有一种，而是会同时存在多种需要。这些需要的强弱也随时会发生变化。在任何时候，一个人的行为动机总是由其全部需要结构中最重要、最强烈的优势需要所支配、决定的。人的一切行为都是由其当时的优势需要引发，朝着满足这种优势需要的目标努力的。这种努力的结果又作为新的刺激，从而在反馈过程中调整人的需要结构，指导人的下一个新的行为。这就是所谓的激励过程，也称动机—行为过程，其基本模式如图 10—2 所示。

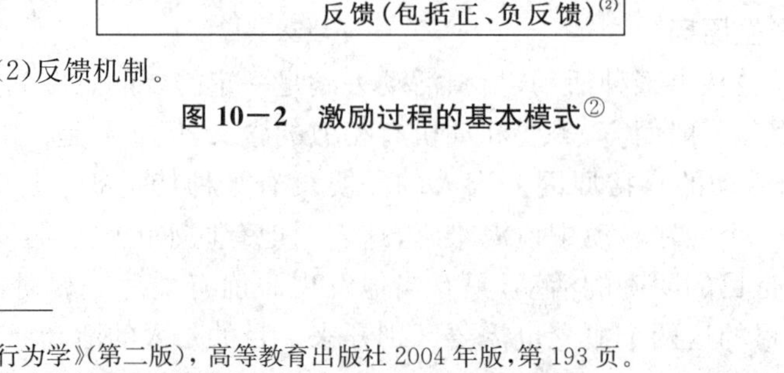

注:(1)优势需要;(2)反馈机制。

图 10—2　激励过程的基本模式②

---

① 张德主编:《组织行为学》(第二版)，高等教育出版社 2004 年版，第 193 页。
② 孙彤主编:《组织行为学教程》，高等教育出版社 2000 年版，第 222 页。

三、内容型激励理论

内容型激励理论也被称为需要型激励理论，它是根据激励过程基本模式，从人的需要出发，试图解释是什么因素引起、维持并且指引某种行为去实现目标这类问题。需要型理论基本上都认为人的行为动机是由需要引起的，了解人的需要尤其是优势需要是激励的出发点。因此，这一类理论的中心任务就是了解职工的各种需要，确定这些需要的主次顺序和结构，确定导致最大激励的员工需求并给予刺激。相对而言，它是从静态的角度探讨激励问题的激励理论。属于需要型激励理论的主要有马斯洛的需要层次论、赫兹伯格的“双因素”理论和麦克利兰的成就需要理论。

(一)需要层次理论

美国人本主义心理学家马斯洛的需要层次理论，是提出最早、影响最大的一种激励理论。1943 年，马斯洛在《人类动机理论》一文中首次提出了需要层次论，并在其名著《动机与人格》中作了进一步阐述。马斯洛的理论最初只在心理学界有影响，直到 1960 年著名管理学家麦格雷戈出版《企业的人性面》一书，系统介绍了需要层次论之后，才开始引起管理学界的广泛重视，进而流传世界各国。

马斯洛认为，人的基本需要可以归纳为生理、安全、交往、尊重和自我实现五类需要，它们是由低到高逐级形成和发展起来的。人类行为由上述五大类需要所驱动，而这些需要又是分层次、由低级到高级发展并依次提高的。马斯洛还认为，若优势需要长期得不到满足，则会引起人的一系列无理行为或个性的缺陷，如图 10—3所示。

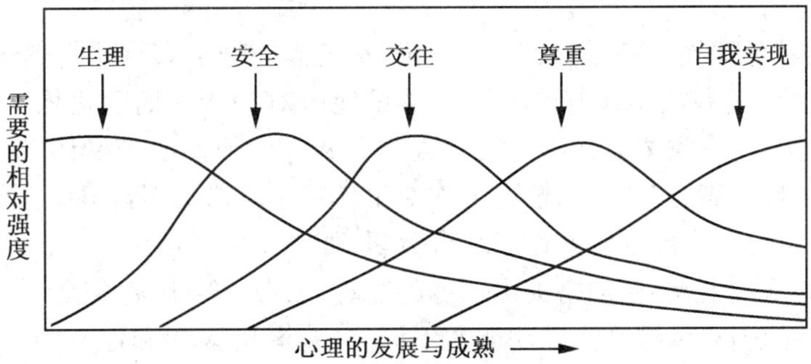

图 10—3　需要层次理论[①]

1. 生理的需要

这是人类生存所必需的，因而也是最基本的需要。这类需要包括对食物、水、空气、睡眠与休息和性等方面的需要。

2. 安全的需要

这是指人们寻求保护自己免受生理与心理上侵害的一类需要。诸如，人们都希望自己身体健康，喜欢安全的、有秩序的、可以预测的环境，要求有稳定的职业并有生活保障，愿做较习惯或熟悉的事，等等。

3. 交往的需要

有时也称友爱或归属的需要，包括对人际交往、对某集体或家庭的依赖、同志的友谊和异

① 孙彤主编:《组织行为学教程》，高等教育出版社 2000 年版，第 224 页。

性的爱情等方面的需要。

4. 尊重的需要

人们需要自尊，也需要为别人所尊重。社会上多数人都希望自己有稳固的社会地位，希望获得事业的成功、得到他人的好评，希望自己具备各种能力和知识等。这些都是尊重需要的具体表现。

5. 自我实现的需要

这是一种要求发挥自身的潜能、实现自己的理想和抱负的需要。它与尊重需要有所区别，尊重指要得到别人的重视，在社会里有地位。而自我实现则是更高一层的需要，是要使自己成为理想的人、完成与自己最大能力相称的工作、成就一番事业的需要。在中文里，它类似于“志向”和“抱负”的意思。

一般来说，在一定时间内，对人来说有些需要较重要或较强烈，而另一些需要则可能较不重要或较微弱。若一个人的所有需要都相对未满足时，则其中的生理需要就是支配人们行为的优势需要，而其他四类需要只是作为陪衬而存在。一旦饥、渴、睡眠等生理需要获得适度满足后，较高一级的安全需要就会显得相对突出并成为支配行为的新的优势需要。马斯洛认为，已满足的需要不再具有激励作用，只有未满足的需要才具有激励作用。因此，任何奖励要做到奖人所需才会起到预期效果。显然，如果某种奖励措施是指引人们去满足他们已经满足了的需要，那么它肯定不会起到预期的效果。试想如果人们通过刻苦工作其合理需要仍然长期得不到满足，那么他们肯定想方设法调离原工作单位，否则就会出现消极对抗行为，例如怠工、请愿、罢工等，久而久之，这些人的正常个性也会歪曲，最终造成组织机体的破坏和工作效能的大幅下降。

（二）双因素理论

“激励—保健因素”理论，简称“双因素”理论，是美国心理学家赫兹伯格于 1959 年提出的。20 世纪 50 年代后期，赫兹伯格及其同事在匹兹堡地区对一些工商业机构中的 200 多位工程师和会计师进行了工作满意感方面的访问调查。在调查中他们要求受访者详细回答诸如“什么情况下你对工作特别满意”、“什么情况下你对工作特别不满意”等问题。赫兹伯格等将这种调查的结果，按满意与不满意的因素作了综合分析，如图 10－4 所示。

在上述调查的基础上，赫兹伯格提出了他的“双因素”理论，其基本观点可归纳如下。企业中影响人的积极性的因素可按其激励功能的不同，分为激励因素和保健因素两大类。激励因素指那些可以使人得到满意和激励的因素，保健因素指那些能预防职工产生不满和消极情绪的因素。

在调查中发现，在工作中人们感到满意和不满意的因素是很不相同的。人们感到满意的因素往往与工作本身的特点和工作内容有关，如成就、赏识、工作本身的特点、责任感、提升和发展等因素。这类因素对职工能产生直接的激励作用，因而称之为激励因素。人们感到不满意的因素则往往与工作环境或外部因素有关，如公司政策与行政管理、监督、与主管领导的关系、工作的物质条件、薪金、与同事的关系、个人或家庭因素、与下属的关系、地位以及工作安全保障等。这一类因素如果缺少就会引起不满和消极情绪，如果改进，则能预防和消除职工的不满，但不能直接起激励作用，因而称这类因素为保健因素。

正因为激励因素和保健因素在激励功能上的这种差别，赫兹伯格认为，调动人的积极性主要应从激励因素，即从内部、从工作本身来调动人的内在积极性，使人们对工作产生感情。在他看来，改善保健因素不能直接对人产生激励，即使有作用也只会暂时提高工作满意和激励水平，其效果是十分有限的。例如，提高工资可能会提高职工的满意感和积极性，但这种效果只能维持在一个短时期内。相反,改进工作本身的特征、使人能从中体验到成就感、责任感并因此得到别人的赏识等内在激励因素,则能产生更大、更持久的激励效果。

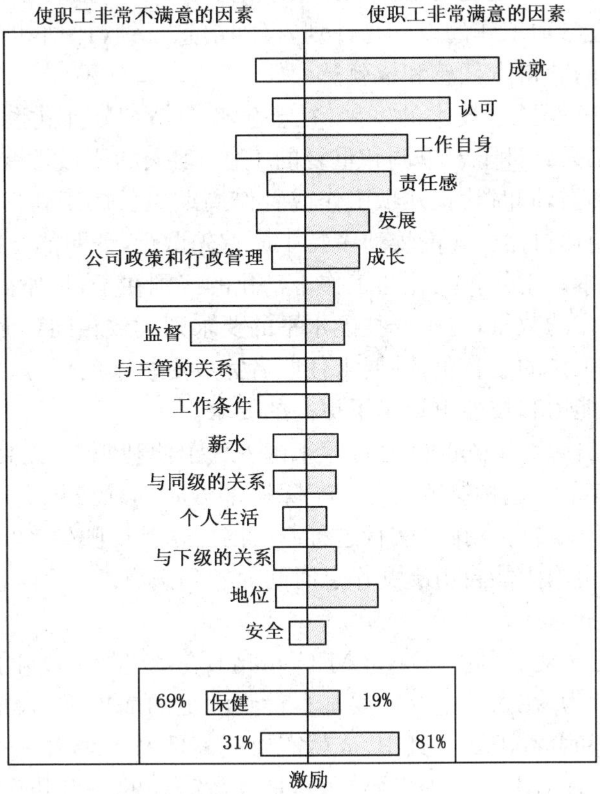

图 10—4 满意与不满意因素的比较①

基于上述调查结果和分析,赫兹伯格进一步提出:传统的"满意—不满意"观念,即认为满意的对立面是不满意的观点是不确切的。满意的对立面应该是没有满意,而不是不满意;不满意的对立面应该是没有不满意,而不是满意,如图 10—5 所示。这种劳动组织要让工人有机会参加工作的计划和设计,得到信息反馈,估价和修正自己的工作,使工人对工作本身产生兴趣,获得责任感和成就感。

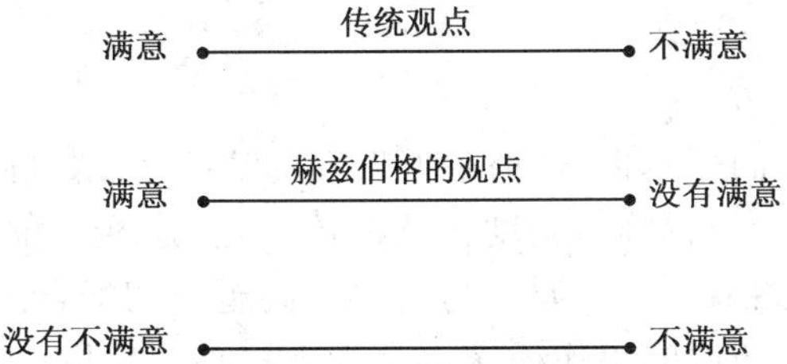

图 10—5 工作满意度②

---

① 卢盛忠主编:《管理心理学》(第二版),浙江教育出版社 1998 年版,第 143 页。
② 孙彤主编:《组织行为学教程》,高等教育出版社 2000 年版,第 233 页。

在企业管理实践过程中，许多管理者运用双因素理论创造了新的管理方法，比较突出的有以下三个方面：

(1)工作丰富化。工作丰富化是根据双因素理论提出的一种新的劳动组织形式。这种劳动组织要让工人有机会参加工作的设计与计划，得到信息反馈，评估和修正自己的工作，使工人对工作本身产生兴趣，获得责任感和成就感。

(2)工作扩大化。随着科学技术的发展，社会生产向精细专业化和高度自动化的方向发展。但随之而来的是工人终日干着单调和重复的工作，工人的积极性受到挫伤。工作扩大化是让工人增加工作的种类，同时承担几项工作或者作周期更长的工作，以增加对工作的兴趣。这种工作方式在美国商业机器公司的埃迪考特工厂首先试行，证明能激发职工的情绪，提高工作积极性，降低生产成本。工作扩大化与工作丰富化的区别在于，工作扩大化是扩大工作的水平负荷，即增加同类工作的数量，对工作技能水平的要求则大致相同。而工作丰富化是从纵向扩大工作范围，即扩大工作的垂直负荷，要求任职者完成更复杂的任务、负更大的责任、有更多的自主性，因而对他的能力和技能也提出了更高的要求。

(3)弹性工作时间。弹性工作时间是近年来国外为了便利职工、提高职工的工作情绪而实行的一种组织制度的变革。这种制度规定职工除一部分时间须按规定时间上班外，其余时间在一定范围内可以让职工自行安排。实行这种制度的公司都反映生产率提高、差错减少、缺勤和迟到显著降低，职工也因为能自由支配作息时间而感到满意。

(三)成就需要理论

美国心理学家大卫·麦克利兰(David McClelland)在20世纪50年代，从另一个角度提出了工作激励理论。他认为，在人的生存需要基本得到满足的前提下，人最主要的需要有三种，即成就需要、权力需要和合群需要。其中，成就需要的高低对一个人、一个企业的发展和成长起着特别重要的作用。他对上述三种需要，尤其是成就需要的特点和作用，做了长期的研究，因此，他的理论通常被称为成就需要理论。

1. 成就需要

麦克利兰将成就需要定义为根据适当的标准，追求卓越、争取成功的一种内驱力。成就需要是麦氏理论的核心概念。成就需要强烈的人一般具有以下特征：喜欢那些能发挥其独立解决问题能力的工作环境；强烈要求对其工作有明确的和不断的反馈；既敢于冒险，又能以现实的态度对待冒险行为。成就需要强烈的人往往具有高度的内在工作动机，事业心特别强，外在的激励对其的作用相对较小。只要能提供合适的工作环境，使他们充分发挥自己的能力，他们就会感到莫大的幸福。

2. 合群需要

也称情谊需要，是指人们寻求他人的接纳和友谊的欲望。合群需要强烈的人一般具有这样几个特征，即渴望获得他人的赞同，高度服从群体规范，忠实可靠。职工的合群需要对生产效率会产生间接的影响。如果在一个要求与人协作甚至密切配合的工作岗位上安排了一位具有高度合群需要的人，那么他们的工作效率将会大大提高。这样，如果在一个相对独立的工作岗位上安置一位合群需要较低的职工，可能比较合适。

3. 权力需要

它是指影响和控制别人的一种欲望或驱力。权力需要较强的人喜欢对事务的控制，喜欢竞争且能取得较高社会地位的工作，常常追求影响和控制别人。在威严和受尊敬两者之间，他们更愿取前者而舍后者。

麦克利兰认为，相对于其他两类需要，权力需要是决定管理者取得成功的最重要因素。有许多研究表明，在一定的组织环境中，尤其在规模较大的企业或组织机构中，领导人的权力欲强正是有效管理的必要条件。问题的解决靠的是碰巧或外界的帮助，他们会感到不满足。

三种需要类型不同的组织成员，其行为模式和思维方式都是不同的，其主要特征见表10－1。

表10－1　　三种需要类型者的思维及行为特征

需要类型	典型的思维特征	典型的行为特征
成就型	1. 经常琢磨如何把事情做好，超过别人 2. 经常想干一些与众不同、独特的事情 3. 经常想要达到或超过某个高标准 4. 经常考虑个人事业的前途、发展等问题	1. 愿意做冒险程度适中的事情 2. 树立的目标虽比较实际，但具有一定难度 3. 想方设法了解自己的工作成绩和进展 4. 做事积极、主动，力求创新 5. 更愿与专家而非朋友共事
权力型	1. 经常想采取果断而有力的行动 2. 经常考虑别人或给别人提供支持和忠告 3. 经常考虑如何提高自己对别人的影响力，乃至控制整个局面的能力 4. 经常考虑某人行动的后果、别人的评价及反映 5. 经常评价自己的社会地位、声望和名誉	1. 参与组织的决策制定 2. 收集和炫耀带有较高地位标志的物品 3. 通过说服、帮助或支持来影响他人 4. 追求官位 5. 千方百计收集、掌握并运用那些能控制别人的材料和信息
合群型	1. 经常考虑如何与别人建立和保持深厚而牢固的友谊 2. 经常考虑如何取悦别人 3. 视集体活动为社交的好机会 4. 经常担心别人与自己闹矛盾	1. 广交朋友 2. 常与人谈知心话，常给人写信或打电话 3. 更愿意与人共处而非孤身一人 4. 更愿意与朋友而非专家共事 5. 喜欢获得别人的表扬 6. 经常附和或迎合别人，自己需要的同时也愿给人以同情和安慰

四、过程型激励理论

过程型激励理论是在内容型激励理论的基础上发展而来的。它从激励的起点分析未满足的需要，到满足需要达到激励的终点为止的过程来探讨、分析组织成员的行为产生、行为导向、行为维持与终止等问题。与需要型激励理论不同，过程型激励理论基本上都采用动态、系统的分析方法来研究激励问题。其主要任务在于找出对行为起决定作用的某些关键因素，弄清它们之间的相互关系，并在此基础上预测或控制人的行为。

（一）期望理论

美国心理学家弗鲁姆在1964年提出了期望理论，该理论在同年出版的《工作与激励》一书中用下列公式进行表示：

$$动机水平=效价\times期望$$

动机水平也称激励程度，是指调动一个人积极性、激发人内部潜力的强度。效价是指达到目标对于满足个人需要的价值。期望是指一个人根据经验，判断一定的行为能够导致某种结果和满足需要的概率。通过公式可以了解到，假如一个人把目标的价值看得越大，估计能实现的概率越高，那么激发的动机就越强烈，焕发的内部力量也就越大。根据期望理论，我们把人的期望构建为如图10－6所示的模式。

个人努力 → 个人成绩 → 组织奖励 → 个人需要

图 10-6　人的期望模式[①]

弗鲁姆认为，根据人的期望模式，为了有效地激发职工的生产动机，需要正确处理好以下三种关系：

(1)努力与结果的关系。人总希望通过努力去达到预想的结果。如果他认为达到目标的期望概率很高，就会有信心、有决心，就会激发出强大的力量。但如果他认为目标高不可攀、可望而不可即，或者是目标太低、唾手可得，就会鼓不起干劲，失去内部的动力。可见，努力与结果取决于个体对目标的期望概率。它是个体对目标的一种主观估价，受到认知、态度、信仰等个性倾向的影响，此外还受到个人的社会地位、别人对他的期望等社会因素的影响。

(2)结果与奖励的关系。人总是期望在达到预期的成绩后能得到适当的合理的奖励，如果只讲工作和奉献，没有行之有效的物质或精神奖励进行强化，人们被激发起来的内部力量会随着时间的推移而逐渐消退。

(3)奖励与个人需要的关系。人总希望奖励能满足个人的需要，如生理需要、尊重需要、自我实现需要等。由于人与人之间在个体上存在着差别，反映在需要上也有明显的个体差异。因此对同一种奖励，不同的人所体验到的效价不同，它所具有的吸引力也不同。为了提高奖励的效价，使它对职工具有强大的吸引力，弗鲁姆认为要根据人们的需要，采取多种形式的奖励，才能最大限度地挖掘人的潜力，提高生产效率。

(二)公平理论

美国心理学家亚当斯(Adams)根据社会心理学中的认知失调理论，在 1963 年侧重于研究利益分配的合理性、公平性对职工生产积极性和工作态度的影响的一种激励理论，即公平理论。

亚当斯认为，职工的工作态度和生产积极性不仅受其所得的实际收入的影响，而且还受其所得收入与自己的劳动之比，即相对报酬的影响；职工不仅会将自己相对报酬与他人的相对报酬进行横向比较，还会把自己现在付出的相对报酬与过去付出的相对报酬进行纵向比较。比较的结果，若两种比值是相等的，就会产生公平感；若两种比值不相等，则产生不公平感。比较公式如下：

(1)横向比较：

$$\frac{\text{自己所得}}{\text{自己的付出}} : \frac{\text{他人所得}}{\text{他人的付出}}$$

(2)纵向比较：

$$\frac{\text{自己现在所得}}{\text{自己现在付出}} : \frac{\text{自己过去所得}}{\text{自己过去付出}}$$

根据公平理论，当人们面临不公平，他们在心理上将会产生紧张、不安和不平衡，在行为或心理上将会设法采取如下措施以减少自己心理上的不公平感。

(1)自我解释，即从心理上用认识机制降低不公平感。例如，改变对自己或他人的付出与所得量的判断，因为原先的判断可能是一种偏见。

(2)改变比较或参照的对象，以获得主观上的公平感。例如，改变参照的对象。

① 卢盛忠主编：《管理心理学》(第二版)，浙江教育出版社 1998 年版，第 147 页。

(3)采取一定的行为,给比较对象施加影响以改变其实际付出或所得。如干扰别人的工作,制造人际矛盾,使其消磨更多的时间和精力,以增加其付出量。

(4)采取一定的行为,实际改变自己的付出或所得。如减少付出量或者设法提高所得量,发牢骚,给领导施加压力增加工资等。

(5)摆脱目前的分配关系。例如,要求调离工作单位,选择一个收入更高、条件更好的工作等。

显然,正如亚当斯指出的,究竟采取何种方式消除不公平感是因人而异的。多数人会按寻求对自己最大的积极后果或所得的同时,最小化自己的努力和付出。人们较愿改变自己的参照对象,而较不愿意改变对自己付出与所得的评价。最后,假如人们所选择的比较对象是长期固定的,那么他们不会轻易地靠改变比较对象来降低不公平感。

由此可见,由于人的个性特点及所面临的具体问题性质的不同,奖励分配的不公平对人们心理与行为的影响是不相同的。在总体上,不公平的分配与奖励对当事人的影响是消极多于积极。

五、行为矫正型理论

行为矫正理论也被称为强化理论,它是由美国心理学家斯金纳(Skinner)通过动物实验的结果提出的激励理论。斯金纳首先只是将强化理论用于训练动物上,后来,斯金纳又将强化理论进一步发展,用于人的学习上,发明了程序教学法和教学机。他强调在学习中应遵循小步子和及时反馈的原则,将大问题分成许多小问题,循序渐进;他还将编好的教学程序放在机器里对人进行教学,收到了很好的效果。现在,强化理论被广泛地应用在激励和人的行为矫正上。

(一)行为矫正理论的内容

斯金纳认为,无论是人还是动物,为了达到某种目的,都会采取一定的行为,这种行为将作用于环境,当行为的结果对他或它有利时,这种行为就会重复出现,当行为的结果不利时,这种行为就会减弱或消失。这就是环境对行为强化的结果。在管理实践中,常用的强化手段有积极强化、消极强化、惩罚和消退四种类型。

1. 积极强化

积极强化也称为正强化,指对某种行为给予肯定和奖励,以增加其重复出现的可能的方法。正强化不仅包括发给奖金;此外,对成绩的认可、表扬、改善人际关系、提升、安排担任挑战性工作、给予学习和成长的机会等,都能起到正强化的作用。

2. 消极强化

消极强化也称为负强化,管理人员使用这一手段的目的也是为了鼓励良好的行为。但与积极强化不同,它所使用的是一种撤除消极行为后果的方式。负强化的办法也有很多,如批评、处分、降级等,有时不给予奖励或少给奖励也是一种负强化。

3. 惩罚

惩罚是指当某种行为出现后给予某种带有强制性、威胁性的不利后果,以期减少这种行为出现的可能性或消除该行为的方法。

4. 消退

消退也称衰减,指撤销对某种行为的积极强化,以终止该行为或降低该行为出现的可能性的方法。

不同的强化形式所起的作用是不一样的。有的只要给予强化刺激,反应很快,立竿见影,但刺激消失，行为马上消失，例如连续强化和固定比例强化。有的虽然不如前者反应快，但刺激消失行为却不马上消失，如变动时间间隔强化和变动比例强化。虽然每种强化方式所引起的效果不是绝对的，但却说明我们在进行强化时，不仅要注意强化的刺激内容，也要注意强化的方式。

(二)行为矫正理论的应用

强化理论强调外部因素或环境刺激对行为的影响，对于人的内在因素和主观能动性对环境的反作用关注较少。强化理论的一些具体应用原则可以归纳为下面几个方面：

1. 强化措施要因人而异

人们的年龄、性别、职业和文化水平不同，人生需要就不同，强化方式也不一样。对一部分人有效的强化方式，对另一部分人不一定有效。

2. 分阶段、分步骤设立目标

在激励组织成员时，不仅要设立一个切实可行的总目标，而且要将总目标分成许多小目标、小步骤。完成每个小目标都及时给予强化，这样易于实现目标，而且通过不断的激励可以增强信心。如果目标一次定得太高，会使人感到不易达到或者说能够达到的期望很小，因此很难充分调动他为达到目标而做出努力的积极性。

3. 及时反馈

通过组织制度和信息途径，及时将工作结果告诉行动者。无论结果好与坏，对行为都具有强化的作用。好的结果能鼓舞人心，继续努力；坏的结果能促使其分析原因，及时纠正。特别是在劳动竞赛中公布相互之间的进度和成绩，能起到很好的激励作用。因此抓好信息反馈是激励和改变行为的重要环节。

六、综合激励理论

美国心理学家波特(Porter)和劳勒(Lawler)以期望理论为基础导出了更完备的激励模式，较好地说明了整个激励过程。他们以工作绩效为核心，对与绩效有关的许多因素进行了一系列相关性研究，并在此基础上提出了综合激励模型(见图 10—7)，其中，实线箭头表示因素间的因果关系，虚线箭头则表示反馈回路。

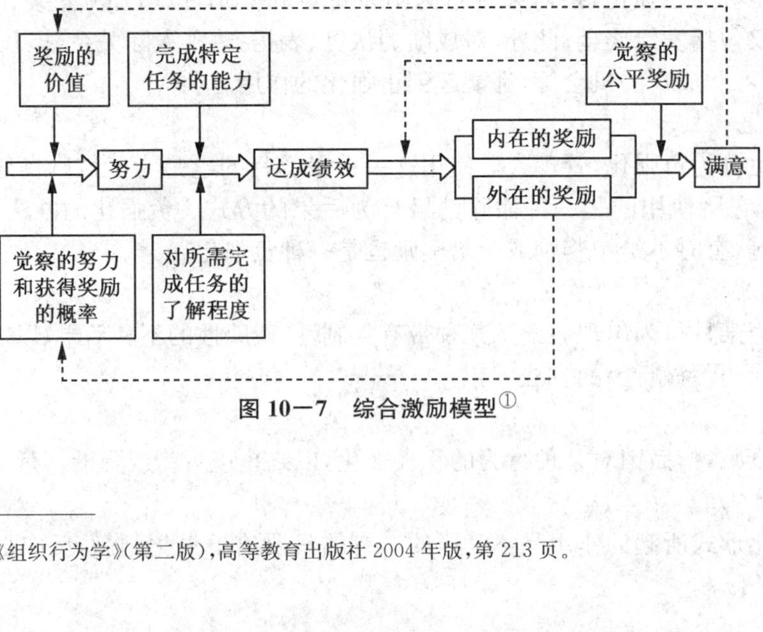

图 10—7 综合激励模型[①]

① 张德主编：《组织行为学》(第二版)，高等教育出版社 2004 年版，第 213 页。

根据综合激励理论，可以得出这样的结论：首先，如果人们确切知道，他有把握完成任务或者过去曾经完成的话，他将乐意做出努力。其次，奖励要以绩效为前提，不是先有奖励后有绩效，而是必须先完成组织任务才能导致精神的、物质的奖励。当职工看到他们的奖励与成绩很少有关系时，这样的奖励将不能成为提高绩效的刺激物。而且，激励措施是否会满意，取决于受激励者认为获得的报偿是否公平。最后，根据综合激励理论，工作的实际绩效取决于能力的大小、努力程度以及对所需完成任务理解的深度。

综合激励理论可以为管理者如何改进对下级的激励，提供一个系统的思考模型。要想有效地激励下级，首先应明确地为他们设置目标，即向他们讲清期望他们做到什么、达到什么绩效水准；并进而明确宣布达到此要求后，他们的个人目标将能得到怎样的满足。为了提高奖酬在下级心目中的效价，应进行需要摸底，使奖酬确能投其所好。此外，为了帮助下级达到绩效标准，要注意给他指导并提供培训，以增进他的能力；同时要帮助他克服实现绩效标准中所遇到的困难，提供必要的工作便利与条件，创造有利的工作环境。另外，还应明确交代好领导的意图、期望与要求。这将不仅有利于他工作任务的完成，而且可增强他对完成任务的信心。综合激励理论是告诉我们激励并不是简单的因果关系，为了形成"奖励目标—努力—绩效—奖励—满意"以及从满意反馈回努力这样的良性循环，要对奖励的内容、奖励制度、组织分工、目标导向行动的设置、管理水平、公平的考核和领导作风等综合性的因素进行考虑。

第二节 激励的原则和方式

一、激励的原则

根据对激励理论的介绍，激励就是通过影响职工个人需要的实现来提高他们工作的积极性、引导他们在企业经营中的各项行为的过程。在了解了激励理论的含义后，摆在我们面前的任务就是如何有效运用激励理论，使之适应不同时期组织发展的需要。现实工作中，激励工作主要是围绕需要实现及其特点的识别，根据需要类型和特点的不同来影响组织成员的行为。激励的原则主要有三个方面：物质利益原则、公平原则和差异化原则。

（一）物质利益原则

在激励过程中的物质利益原则，是指按照客观经济规律的要求，运用经济手段调节各方面的经济关系，以提高企业经济效益和社会效益的管理方法。在实际工作中，使用的物质利益激励手段有税收、价格、利息、工资、奖金、罚款、经济责任和经济合同等。运用这些经济手段，调节各方面的经济关系，有利于调动各级组织和广大群众的积极性，有利于提高工作效率和效益。

在市场经济下，由于物质利益原则得到充分认同，等价交换观念深入人心，人们会自觉不自觉地遵循着等价交换的原则，在理直气壮地追求自己的合法利益的同时，随着物质需求不断增长，社会上一些人可能会简单地为了满足个人欲望去追求物质利益，而逐渐开始丧失理想与信念，甚至异化为物质的奴隶。结果，正如马克思当年预言的那样，"人的尊严变成了交换价值"、"人和人之间除了赤裸裸的利害关系，除了冷酷无情的'现金交易'，就再也没有任何别的联系了"。因此，正如胡锦涛总书记在新时期保持共产党员先进性专题报告会上指出的，要"努力探索使广大党员长期受教育、永葆先进性的长效机制"。而激励机制建设又是一项制度化、规范化、长久性的东西。用制度的形式把激励的正面成果固定下来,建立起保持先进性的长效机制。贯彻物质利益原则,使各级组织和个人从经济利益上关心自己的工作成果,积极主动地开展各项经济活动,实现管理目标。各种经济手段的使用,都有一定的环境和条件要求,在使用过程中,要对经济环境和经济条件进行分析,不能硬性规定,不能机械搬用。

(二)公平原则

在激励过程中的公平原则是指在激励过程中,不仅要考虑组织成员获得绝对报酬量,而且也要关系组织成员获得报酬的相对量。公平原则提出的基本观点是客观存在的,但公平本身却是一个相当复杂的系统性问题,需要我们注意以下四个方面:

1. 它与个人的主观判断有关

无论是自己的或他人的投入和报酬都是个人感觉,而一般人总是对自己的投入估计过高,对别人的投入估计过低。统一组织成员的价值观就成为实现公平激励原则的首要工作之一。

2. 它与个人所持的公平标准有关

公平标准有的是看贡献率,有的看需要率、平均率。例如,有人认为助学金应改为奖学金才合理,有人认为应平均分配才公平,也有人认为按经济困难程度分配才适当。因此,做出适当的总体标准是实现公平激励原则的现实基础。

3. 它与绩效的评定有关

组织主张按绩效付酬,并且各人之间应相对均衡。但如何评定绩效?是以工作成果的数量和质量,还是按工作中的努力程度和付出的劳动量,还是按工作的复杂、困难程度,或者按工作能力、技能、资历和学历?不同的评定办法会得到不同的结果。虽然最好是按工作成果的数量和质量,用明确、客观、易于核实的标准来度量,但这在实际工作中往往难以做到,有时不得不采用其他方法。公平激励原则的细化,表现在绩效评价的权重和评估两个方面,合理确定两者的关系和比例是正确激励的第一要务。

4. 它与评定人有关

绩效由谁来评定,是领导者评定还是群众评定或自我评定,不同的评定人会得出不同的结果。由于同一组织内往往不是由同一个人评定,因此会出现松紧不一、回避矛盾、姑息迁就、抱有成见等现象。做好公平激励原则就是要求组织的领导者正确处理上下级关系,全面评价下属工作和人品,为组织创造公平的竞争环境。

总而言之,以组织的总体为核心,把握好处理事务的原则和尺度,做到不偏不倚就会使人不会产生不公平的感觉,而且也不会觉得自己多拿了报酬,从而主动多做些工作。

(三)差异化原则

激励的差异化原则是指由于人与人之间的价值取向是存在着差异,同一种激励手段对全部组织成员不能起到最好的激励效果,而是应该根据员工需要层次和成熟度,选择合适的激励方式,使激励效果最大化。

心理学的研究表明,如果一个人反复得到相同的奖励,那么这种奖励对他的刺激作用将会逐渐减少,这一现象也符合边际效应递减的规律。激励的目的是为了提高员工工作的积极性。影响员工工作积极性的主要因素有:工作性质、领导行为、个人发展、人际关系、报酬福利和工作环境,而且这些因素对于不同企业所产生影响的排序也不同(见表10—2)。

表 10—2　　不同因素对不同类型企业的影响力排序①

国外企业	国有企业	中外合资企业
成就	公平与发展	成就与认可
认可	认可	企业发展
工作吸引力	工作条件	工作激励
责任	报酬	人际关系
发展	人际关系	基本需求
报酬	领导作风	福利报酬
基本需求	自主	

由此可见,企业要根据不同的类型和特点制定激励制度,而且在制定激励机制时一定要考虑到个体差异:例如女性员工相对而言对报酬更为看重,而男性则更注重企业和自身的发展;在年龄方面也有差异,一般 20～30 岁之间的员工自主意识比较强,对工作条件等各方面要求比较高,因此“跳槽”现象较为严重,而 31～45 岁之间的员工则因为家庭等原因比较安于现状,相对比较稳定;在文化方面,有较高学历的人一般更注重自我价值的实现,既包括物质利益方面的,但他们更看重的是精神方面的满足,例如工作环境、工作兴趣、工作条件等,这是因为他们在基本需求能够得到保障的基础上追求精神层次的满足,而学历相对较低的人则首先注重的是基本需求的满足;在职务方面,管理人员和一般员工之间的需求也有不同。因此,企业在制定激励机制时一定要考虑到企业的特点和员工的个体差异,这样才能收到最大的激励效果。

二、激励的方式

如果说管理是一门艺术,那么激励就是这门艺术的核心。企业最终的竞争力来自员工,在“以人为本”的经营时代,只有不断创造出新的激励模式,才能够保证企业在经营中不断创新,并把这种创新转化成新的竞争力,在残酷的竞争中后来居上,从优秀走向卓越。激励手段有很多种,除了最常见的是薪酬和晋升之外,授权是一种激励,分权是一种激励,谈话也是一种激励。但归结起来激励的方式一共有三大类型,即物质激励、精神激励和情感激励。

(一)物质激励

物质激励是指通过物质刺激的手段,鼓励职工工作。它的主要表现形式有正激励,如发放工资、奖金、津贴、福利等;负激励,如罚款等。物质需要是人类的第一需要,是人们从事一切社会活动的基本动因。所以,物质激励是激励的主要模式,也是目前我国企业内部使用得非常普遍的一种激励模式。在激励方式中会涉及一个直观的问题:传统企业凭什么留住人才? 市场经济里有一条规则:物质为先。在空间还是金钱、精神还是物质的选择中,大部分人都会选择物质第一,因为事实如此。因此各级领导在设计激励手段时绝不能回避这个问题,必须给那些技术人员提供经得起市场考验的薪酬,这是一切措施的基础,否则无从谈起。

随着我国改革开放的深入发展和市场经济的逐步确立,“金钱是万能的”思想在相当一部分人的头脑中滋长起来,有些企业经营者也一味地认为只有奖金发足了才能调动职工的积极性。但在实践中,不少单位在使用物质激励的过程中,耗费不少,而预期的目的并未达到,职工

① 周三多主编:《管理学——原理与方法》(第四版),复旦大学出版社 2005 年版,第 521 页。

的积极性不高，反倒贻误了组织发展的契机。例如有些企业在物质激励中为了避免矛盾实行不偏不倚的原则，极大地抹杀了员工的积极性，因为这种平均主义的分配方法非常不利于培养员工的创新精神。平均等于无激励，在激励方式上，现代企业强调的是个人激励、团队激励和组织激励的有机结合。在激励的时间效应上，把对知识型员工的短期激励和长期激励结合起来，强调激励手段对员工的长期正效应。在激励报酬设计上，企业应该突破传统的事后奖酬模式，转变为从价值创造、价值评价、价值分配的事前、事中、事后三个环节出发，设计奖酬机制。

（二）精神激励

在一次与敌军作战时，拿破仑遭遇到顽强的抵抗，不仅队伍损失惨重，自己也因一时不慎掉入泥潭，弄得满身是泥，狼狈不堪，形势十分危险。可拿破仑对这些却浑然不顾，抱着无论如何也要打赢这场战斗的坚定信念，爬出泥潭大吼一声，"冲啊！"他手下的士兵见到他那副滑稽模样，忍不住哈哈大笑，但同时也被拿破仑的乐观自信所鼓舞。一时间，战士们群情激昂、奋勇当先，终于取得了战斗的最后胜利。

绩效＝能力×激励

一个人的工作成绩决定于其个人能力和激励水平两个因素的合成量。在能力一定的情况下，激励水平的高低将决定其工作成绩的大小。而企业的激励机制是否对员工产生了影响，取决于激励政策是否能满足员工的需要。其中，精神激励是十分重要的激励手段，它通过满足员工的自尊、自我发展和自我实现的需要，在较高层次上调动员工的工作积极性，其激励深度大，效果维持时间长。精神激励主要有目标激励、荣誉激励、参与激励、感情激励。从这个故事中，我们应该受到这样的启发：无论在任何危急的困境中，都应保持乐观积极的态度。管理者的自信可以感染员工。没有乐观自信的态度也直接影响到一场交易的成败。企业管理者如果能够成功地激励每个员工"舍生忘死"进而"前赴后继"，那么该企业就会战无不胜，攻无不克。

参与激励，重在建立员工参与管理、提出合理化建议的制度和职工持股制度，提高员工的主人翁参与意识，让每个员工在企业里有"安其天下，舍我其谁"的使命感。管理者不能仅仅告诉员工怎么干，而且是要激发员工产生一定的抱负，并朝目标勇往直前。设置适当的目标、激发人的主观能动性、达到调动人的积极性的目的称为目标激励。设置的目标要合理、可行，要设置总目标与阶段性目标，采取"大目标，小步子"的办法。管理者要想激励他人的自我责任感，就必须让员工感到你在身体力行。也就是说，在一些场合，你要做到主动进取而非被动反应。管理者必须明确自己的权力范围，有在逆境中爬起来继续朝目标努力的精神，而不是陷入绝望。

（三）情感激励

情感激励，也称关心激励，这种激励不是以物质利益或精神激励为刺激工具，而是通过建立一种人与人之间和谐、友好的感情关系，以调动工作积极性的激励方法。情感激励是一种人情味很浓的管理方法。这种方法的最大特点在于关心人、爱护人、帮助人、尊重人，使被管理者处处感到自己受到重视和尊重。情感激励在实际中有着非常广泛的应用价值。组织的发展趋势是向着知识密集、文化层次相对较高的社会系统不断前进；同时，组织成员对于尊重的需要、关心的需要就更为强烈。要调动他们的工作积极性，激发其工作热情，离开情感激励难以达到目的。在我国当前的组织管理活动中，重视规章制度建设，轻视情感激励的弊端比较突出。不少高层和中层管理者成天忙于开会，制定各种形式的规章制度，以至于乐此不疲而目中无人。更有甚者，少数高层管理者拒绝与广大员工接触，不深入实际去了解他们的问题和需要，把自己和员工隔离开来，企图依靠手中的权力和各种限制性措施，达到压服员工的目的。显然，这种管理是一种“钦差大臣式”的管理，是很难有什么高效率、高积极性的。邓小平同志曾经明确指出：“所谓管理得好，主要是做好人的工作。衡量领导者工作好坏的标准，主要不是看开了几个会，制定了多少文件和制度，而是要特别注意调动员工的积极性。在管理活动中，实施情感激励，需要各级领导者做许多踏踏实实的具体工作，要把员工的生活福利和需要时刻放在心上，及时了解他们在各个方面的情况，并努力创造条件加以解决。

三、不同层次的激励方式

在激励方式上，现代企业强调的是物质激励、精神激励和情感激励的有机结合。在激励的时间效应上，把对组织成员的短期激励和长期激励结合起来，强调激励手段对员工的长期正效应。在激励报酬设计上，许多企业已经突破了传统的事后奖酬模式，转变为从价值创造、价值评价、价值分配的事前、事中、事后三个环节出发设计奖酬机制。这么多的激励方式中，会涉及不同的激励层次，即职工、管理人员和组织群体。如何针对不同层次的特点和需要，采取有针对性的激励方式和方法，是摆在管理者面前的一个重要问题。

（一）面向职工的激励

一线职工的物质水平相对于其他职位而言一般比较低，从马斯洛需要层次理论而言，他们的需要还处于生存需要、安全需要和交往需要这三大基本层次。因此，采用物质激励、改善人际环境和工作环境会更有效地产生激励效果。从企业利益的角度考虑，生产工人一般从事的是简单劳动，工作的技术含量比较低，相对来说创造的价值较低，并且对于这部分员工人力市场的劳动力供应充足，所以对于他们采用物质激励不仅更有效、适用，而且还很经济、节约成本，公司按照他们工作的完成情况给予物质奖励即可。对于企业内部的工作环境，管理者应尽量营造一个温馨、团结的氛围，使每一个员工能以放松的心态面对日常工作，从而愉快地工作。

（二）面向管理人员的激励

具有较高学历的技术人员和管理人员，考虑到高层次的技术人员和管理人员是企业价值的重要创造者和企业的核心力量，同时这些员工一般来说在经济上都已经达到了一定的水平，如果采取的还仅仅是奖金或者增加工资的方式，就很难进一步提高此类员工的工作积极性。这类员工在基本的物质方面得到满足之后，对内在的精神方面的自我实现需求就更加突出。而且对于技术、管理型员工，企业迫切希望能将他们长期地留下来为企业服务，因此，公司除继续提供高工资外，还应该增加福利待遇，如低租金的公寓、各种福利保险、创造宽松的工作环境等，同时还应提供培训的机会。及时了解他们希望得到的奖励，并尽量给予满足。公司除尽量提供优厚的物质待遇外，还应该注重在精神上给予激励，如设置优秀员工奖、提供晋升的机会、授予更重要的工作以进一步给员工挑战自我的机会等。

（三）面向群体的激励

群体激励是个人在群体活动中受群体关系的影响所形成的激励。在一个人人进取向上和充满温情的群体中，个人会受到群体力量的激励而不甘落后，从众一致，积极苦干。创造“爱”的气氛、“美”的环境，真正把企业办成“职工之家”，职工就会感到离开群体将会丧失自己的社会性，甚至难以生存。日本企业家盛田昭夫说过：“企业家最重要的任务是在于培育职工之间的健康关系，在公司中产生一种大家族的整体观念。”①这种在企业内部创造友好合作与互相帮助的群体文化氛围到了 20 世纪 70 年代以后就被称为“团队精神”或“团队文化”，驱使着每

---

① 王伟：《世界伟人传记丛书》，北京妇女儿童出版社 2002 年版，第 69 页。

个职工自强不息，进而对企业产生信赖感、归宿感和责任感。美国管理学家哈默指出，群体激励是一个伟大的创造，是现代企业管理的基础，是重新构建公司的一个基本出发点，具有强大的生命力。

群体是由一个个的个体所组成，两者之间的关系是相互依存、相互作用、相互影响的。个体在群体中能够按照群体的规范调控自己的行为，实现新选择和定向，群体的舆论、评价、责任、荣誉感会促使个体将自己的言行与群体中其他成员的言行进行比较，表现出较高的自我控制和自我教育能力，从而促使整个群体的认知、情感和行为倾向的高度统一。个体的从众行为是指在群体影响下放弃个人意见，与群体成员保持一致的社会心理行为，而服从效应则能够潜移默化地将群体中良好的思想观念、道德品质和行为方式融合于个体之中。因此，群体激励与个体激励是相互作用的，必须同时注重两者的激励，方能收到良好的激励效果。

复习题

1. 简述需要、动机和行动的相互关系。
2. 简述双因素理论。
3. 简述行为矫正型理论的主要内容。
4. 激励的原则和方式有哪些？

案例分析

员工的忧虑与困惑

李强已在智宏软件开发公司工作了6年。在这期间，他工作勤恳负责，技术能力强，多次受到公司的表扬，领导很赏识他，并赋予他更多的工作和责任，几年内他从普通的程序员晋升到了资深的系统分析员。虽然工资不是很高，住房也不宽敞，但他对自己所在的公司还是比较满意的，并经常被工作中的创造性要求所激励。公司经理经常在外来的客户面前赞扬他："李强是我们公司的技术骨干，是一个具有创新能力的人才……"

去年7月份，公司有申报职称指标，李强属于有条件申报之列，但名额却给了一个学历比他低、工作业绩平平的老同志。他想问问领导，谁知领导却先来找他："李强，你年轻，机会有的是。"

最近李强在和同事们的聊天中了解到他所在的部门新聘用了一位刚从大学毕业的程序分析员，但工资仅比他少50元。尽管李强平时是个不太计较的人，但对此还是感到迷惑不解，甚至很生气，他觉得这里可能有什么问题。

在这之后的一天下午，李强找到了人力资源部宫主任，询问此事是不是真的。宫主任说："李强，我们现在非常需要增加一名程序分析员，而程序分析员在人才市场上很紧俏，为使公司能吸引合格人才，我们不得不提供较高的起薪。为了公司的整体利益，请你理解。"李强问能否相应提高他的工资。宫主任回答："你的工作表现很好，领导很赏识你，我相信到时会给你提薪的。"李强向宫主任说了声"知道了"便离开了办公室。他开始为自己在公司的前途感到忧虑。

（资料来源：http://www.examw.com/glzx/anli/178852）

分析与思考：

1. 用双因素理论解释李强的忧虑与困惑。
2. 谈一谈企业应如何做才能更好地、有效地激励员工。

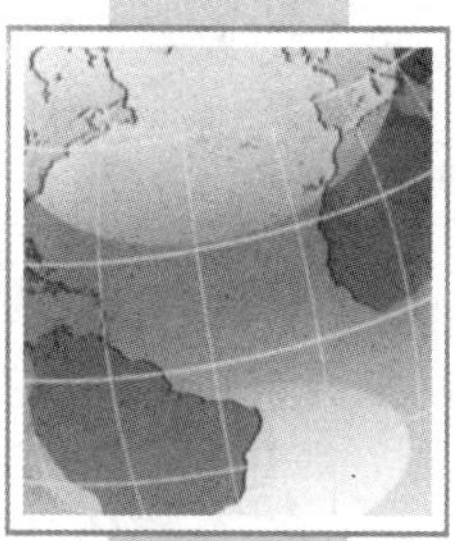

第十一章
沟　通

【学习目标】

1.了解沟通的重要性及沟通原理与过程，明确沟通的相关理论要点；
2.明确组织内部有效沟通的含义和重要性以及阻碍有效沟通的具体障碍；
3.理解组织冲突的原因与类型，以及相关的解决方法。

【知识能力】

能正确区分不同的沟通类型，会综合运用各种沟通方式进行沟通。

【工作任务】

试着就某一议题与相关不同人员进行沟通。

【引导案例】

员工为什么不“听话”

一天早上，青年工人小李上班迟到了几分钟，被他的科长见到了，科长很生气，就怒气冲冲地说：“我们科内就数你最不卖力，每一次迟到、早退都有你的份，如果你再这样，你干脆不用来上班了。”小李听完科长的话，无名火三丈高，对科长回敬道：“你算老几？不过一个小小的科长，你管好自己行了，别在我面前指手画脚，我可不吃你这一套。”接着，两个人大吵起来。

这时，经理闻讯赶来，马上制止了这场吵闹。临走时，他拍拍小李的肩膀说：“请你午休时到我办公室来一趟。”

中午，小李来到经理办公室，经理亲自为他搬来一把椅子，倒了一杯茶，请他坐下来慢慢谈。原以为要挨一顿批评的小李，看到经理态度和蔼，脸色开始好转了，聊了一会儿家常后，经理问小李：“你为什么和科长吵架？”

“他一直看不惯我。”小李把心里话全倒出来了：“平时我工作手脚快，别人没干好，我就干好了，他又讲我工作不认真。我有电工技术特长，希望他在安排工作时考虑一下，他不但不支持，反而常常讽刺我。”

“那么，今天上午你为什么迟到呢？”经理温和地问道。

小李的脸顿时红起来了，不好意思地说：“昨晚与朋友看电影，睡觉晚了一点，早上起不来。”

“这样说来，今天上午的争吵是你不对？”经理严肃地说。

“是的，是我不对，我迟到了应该批评。如果换成别人批评我，我一定会虚心接受的，但我就是不买科长的账。”小李轻声地说。

“好吧，”经理站起来轻轻地拍小李的肩，说，“你无故迟到是不对的，要正确地对待科长的意见，不要太计较他的态度，科长那里我会找他谈谈，请他注意一下工作方法。另外，我们准备研究一下，争取把你这样一些有专门技术的工人调到能发挥专长的岗位上去。如果想通了，不妨找科长承认错误。”

小李走出经理办公室时，心情十分舒畅。第二天吃午饭时，他还有意和科长一起吃饭，承认了自己的错误，以后的工作也明显积极认真起来了。

（资料来源：胡君辰，《现代实用管理心理学》，上海科学技术出版社1992年版，第235页）

思考：

案例中的小李为什么就“不买科长的账”，却又十分“听”经理的话呢？

第一节　沟通的原理

一、沟通及其重要性

沟通的目的在于每一个组织中的成员进行情感性的而非任务性的相互交流的需要，而信息交流恰恰是沟通的最基本的目的。在工作之余，人们常常谈谈时尚、天气、物价等个人感兴趣的问题。虽然这种沟通同组织绩效没有直接联系，但它却影响组织成员之间的情感关系，良好的组织氛围与工作环境要植根于良好的组织成员沟通。显然，重视并改善组织内部成员的沟通状况，可以对组织绩效产生极大的促进作用。

（一）沟通的含义

在管理学中，沟通指人、群体、组织之间传递信息并达到共同理解的过程。共同理解并不意味着要完全同意，而是说人们必须对所传递信息的含义有相对准确的理解。由于群体、组织之间的沟通最终要通过人际沟通来实现，所以在组织管理工作中最为常见的也是人际沟通，它也是最基本的沟通模式，因此本章所阐述的沟通行为都是指人际沟通。

沟通不是机械或电子设备之间的信息传输，它的自身特点在于：第一，沟通不仅是信息交流，而且融入了个人情感。它是思想、价值观和态度的交流；第二，沟通需要使用为人熟知的方式来传达信息，例如使用文字和语言；第三，沟通双方的心理因素在沟通过程中起着重要的影响作用，沟通是双方彼此了解对方的动机和目的，而沟通的结果将影响和改变人的行为，同时也会在沟通中出现人所特有的心理障碍。

（二）沟通的重要性

沟通把个体、群体和组织串联起来，形成一个相互联系的有机整体。有人甚至认为，国家、社会、种族发生冲突的主要原因是沟通问题，即“人类最大的失败在于不能获得他人的帮助及了解”。美国的一些调查说明，企业管理人员在沟通方面所花的时间占工作时间的50%～90%。可见，沟通在人的日常生活和社会关系中起着重要的作用。

对于组织管理而言，沟通的目的在于使组织中的每个成员都能够运用恰当的方法，在一个合适的时间将信息完整地传递给其他成员，从而形成一个有效的双向信息传递系统，实现管理者对组织的监控反馈，以及组织目标的实现。具体而言，沟通的重要性表现在以下三个方面：

1. 沟通是准确决策的基础

准确决策是组织正常运转的前提，决策要解决组织做什么、怎么做、谁来做的一系列问题。关于这三个问题的提出、原因的分析，还是各种方案的选择比较，都必须依据所掌握的组织内部、外界环境因素，即信息来做决策，而决策的失误往往是由于信息的不完整而匆忙做出结论。在组织的竞争中，主动权就意味着比竞争对手先掌握了更完备的信息，当然就能获得竞争优势。“知彼知己，百战不殆”，说的就是信息的重要性，而要获得完备的信息，就必须保证沟通的有效性。

2. 沟通是进行有效控制的基础

组织成员由于职责不同、处境不同、个人利益和知识经验各异，因而对某些问题、某一措施的认识和态度都有差异，这一差异最终会表现在组织成员的具体工作之中，进而影响组织活动的效果。适度的分歧与矛盾能使组织自我更新发展，但过大的分歧会危及组织的存在，导致组织的分裂或解体。因此，为了使人们达成共识、理解并执行组织的决定，就必须通过充分、有效的沟通，它是控制组织成员实现组织目标的首要手段。通过交换意见、统一思想、明确任务并协作行动以完成组织目标。

3. 沟通是建立良好组织氛围的基础

沟通是组织成员表达情绪、表达利益诉求的重要手段，同时也是组织成员之间，特别是上下级之间建立良好人际关系的关键，在工作中，明确告诉员工做什么，如何做，没有达到目标如何改进，能够调动员工的积极性。对于具体目标的设置、工作的持续反馈、标准行为的强化都要通过沟通来实现。沟通所带来的组织内部经验传递、学习提高，也是一种激励手段。此外，沟通可以满足员工的社交需要，通过表达自己的挫折感和满足感，增进了解，达到默契，使人际关系趋于融洽。沟通为员工提供了一种释放感情和压力的情绪表达机制，组织内部的人际关系，主要取决于沟通的水平、态度和方式。领导者深入基层，关心群众疾苦，虚心征求意见，就是沟通的一种方式。所以沟通是领导者的一项重要任务，是形成良好人际关系的关键。

二、沟通的要素

沟通是发送和接收信息的过程，其中包含四个要素，即信息源、信息、通道和接受者。在沟通过程中它们的关系是，信息首先被编码为便于传递的信号，然后通过通道传送给接受者，由接受者将收到的信号解码为信息，并做出反馈，这样，信息的意义就由信息源传给了接受者。

（一）信息源

信息源即信息发送者，他把信息进行编码从而开始传递给接受者。同时，被编码的信息受到信息源自身条件技能、态度、知识和社会文化系统四个条件的影响。首先，成功的沟通还要求一个人的听、说、读以及逻辑推理技能。例如，作家能够成功地把信息传递给读者，这依赖于作家的写作技巧。其次，个体的态度影响着行为。人们对许多事情有自己预先定型的想法，这些想法影响着我们的沟通。另外，我们关于某一问题的知识影响着我们要传递的信息。任何人都无法传递自己不知道的东西，如果信息源在某一问题上的知识极为广博，则接受者也可能不理解传递的信息。最后，与态度影响行为类似，我们在社会文化系统中所持的观点和见解也影响着行为。信仰和价值观也影响着沟通的双方。

（二）信息

从哲学的角度来看，事物在运动中发出一定的信号，这些能够被其他事物所感知、表征该事物特征的信号即为该事物向其他事物所传递的信息。信息是在信息源和接受者之间发送、传输、接受的内容。在信息沟通过程中，无论使用什么样的支持性装置来传递信息，信息本身都会出现失真现象。人们传递的信息实际上是经过信息源编码的物理产品。当人们说话时，说出的话是信息；写作的时候，写出的内容是信息；绘画的时候，图画是信息；做手势的时候，手的动作、面部表情是信息。人们用来传递意义的编码和信号群、信息本身的内容，以及信息源对编码和内容的选择与安排所作的决策，都影响着信息。

(三)接受者

接受者是信息指向的个体。但在信息被接收之前,必须先将其中包含的符号翻译成接受者可以理解的概念和形式,这就是对信息的解码。与信息源相同,接受者同样受到自身的技能、态度、知识和社会文化系统的限制。信息源应该善于写或说,接受者则应善于读或听,而且二者均应具备逻辑推理能力。另外,接受者的态度及其文化背景也会导致理解的差异,使所传递的信息失真。

(四)通道

通道是由信息源进行选择传送信息的媒介物。比如,口头交流的通道是空气,书面交流的通道是纸张。传递一个具体的信息可以选择多种通道,但不同的通道有不同的传递效果。比如邀请别人参加舞会可以口头表达也可书面表达,但两种表达方式的效果是不一样的。在组织中,不同的信息通道适用于不同的信息。如果大厦着火,使用备忘录方式传递这一信息显然极不合适。对于一些重要事件,如员工的绩效评估,管理者可能希望运用多种信息通道,如在口头评估之后再发出一封总结信。这种方式减少了信息失真的潜在可能性,增强了信息传递的效果。

三、沟通的过程

沟通过程也称交流过程或意见沟通,所谓沟通是人与人之间传达思想和交流情报、信息的过程。传达的工具不仅限于语言、文字、符号,也包括姿态和行为。最简单的沟通是将信息从一个人传向另一个人。根据信息传递的过程,我们把传递信息的人称为信息源,他将信息通过某一通道传递给接受者,最终得到信息反馈。其中,在沟通过程中还有噪声这一重要的组成部分。如图 11—1 所示。

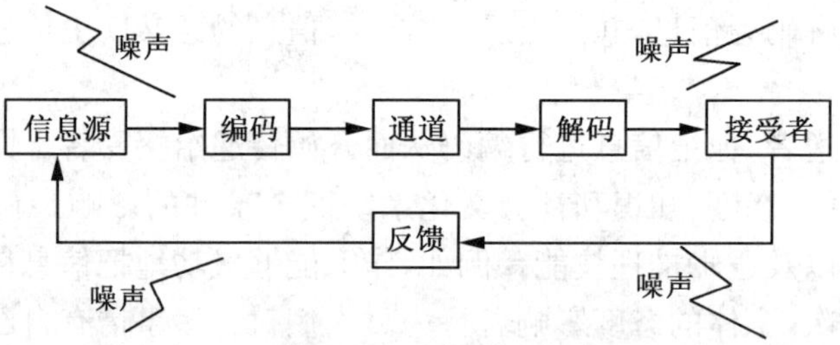

图 11—1 信息沟通过程[①]

第一步,信息的拥有者,即“信息源”产生了传递信息的需要,并发出信息,如向其他成员提出问题,或向群体提出求助信号,等等。信息源首先需要确定信息的内容,然后确定怎样把信息进行“编码”,编码的选择也会涉及传递媒介的选择,这些媒介有文字、面谈和电话交谈等形式,从而组合成为能够被“接受者”接受并理解的形式,如将信息翻译成语句、信号或肢体语言等。

第二步,信息源发出的信息进入连接信息源和接受者的“通道”。实质上,这个通道就是信息的载体或媒介。例如,两人对面交谈时,通道就是气流,谈话的方式不同,也可能是以电话线、信件或便条等作为媒介。当然,通道也可能以人为媒介。例如,部长要向办事员下达命令可能得经过局长、处长等环节,此时局长和处长就成了通道的组成部分。

---

① 张德主编:《组织行为学》(第二版),高等教育出版社 2004 年版,第 268 页。

第三步，信息通过解码到达接受者。接受者对信息的理解或解释叫做信息的“解码”，诚然，理想的沟通情况是接受者完整地得到了信息并正确地加以理解，但是在组织生活中确因为各种“噪音”而对信息本身产生影响。只有当信息源发出的信息被接受者接收并理解时，沟通才能建立起来，在此之前的运作过程只能认为是传递过程，而非沟通过程。例如，两人打电话，碰上线路出毛病，甲对乙说话，可乙却没有反应，只是一声高于一声地喊“喂”，很明显他没听清甲在说什么。在这种情况下，只是甲在传递信息，这个信息并未被接收，更谈不上沟通。

第四步，信息源从接受者那里得到是否被接收和理解的反应称为“反馈”。反馈改变了沟通方向，原来的信息源成了接受者，原来的接受者成了信息源。因此，在一个沟通过程中会有许多这样发讯者和受讯者互相改变角色的循环往复。

在沟通过程中，“噪声”是一个值得注意的因素。在图 11－1 中，噪声所在的位置表明，它可以在沟通过程的任何一点上存在。实质上，噪声就是妨碍信息顺利传递的原因。噪声可以是内部噪声，如说话人或发声者的声音过低，也可以是外部噪声，如同事在邻近高声喧哗，都可能在沟通的任一环节上造成信息失真。

第二节　沟通的类型

一、按沟通方向分类

沟通是由正式组织系统的渠道进行的沟通，它按信息的流向分类，包括上行沟通、下行沟通、横向沟通和斜向沟通。

(一)上行沟通

上行沟通是指自下而上的沟通，即下属向上级反映情况、问题，提出要求和建议等。上行沟通是管理者从下属人员中得到信息的重要渠道，可以使上级及时得到所发出的命令、指示的反馈信息，掌握下级的执行情况。是上级修正指令和制定新的决策的依据；自下而上的沟通也保证了下级能及时地反映自己的需求、愿望和态度，或提出合理化建议和批评。有时管理者对来自下属人员的信息注意不够，对他们的诉求了解不够，就会出现管理者难以推行管理决策，达到组织目的的情况。

(二)下行沟通

下行沟通是指自上而下的沟通，即管理者将命令传递给下属。研究表明，下行沟通有如下功能：下达工作指示、了解任务的主次关系、为下属提供有关资料、反馈工作绩效、为下级阐明组织目标。此外，下行沟通还可以协调组织各层次之间的活动，进而增强各层次之间的相互理解和联系。下行沟通的不足之处在于，容易形成一种权力气氛，从而对下属人员是一种额外负担。此外，逐级传递信息会有曲解、误解和搁置现象，这些信息失真现象伴随沟通所涉及人数的增加而增加，从而会影响到组织的整体控制。

(三)横向沟通

横向沟通是指在组织结构中处于同一层次的个人和群体之间进行的沟通。法约尔提出的“跳板原则”(见图 11－2)就指这种横向沟通。图 11－2 中 B—L、C—M、D—N 等即属于横向沟通层次。自上而下的命令与自下而上的报告属于下行沟通与上行沟通的范畴，但两者会因为人员和管理阶层的不同，引起信息的失真。横向沟通可以克服信息传递的延误，因为信息有了互相参照的样本，从而在一定程度上也会避免信息的失真。

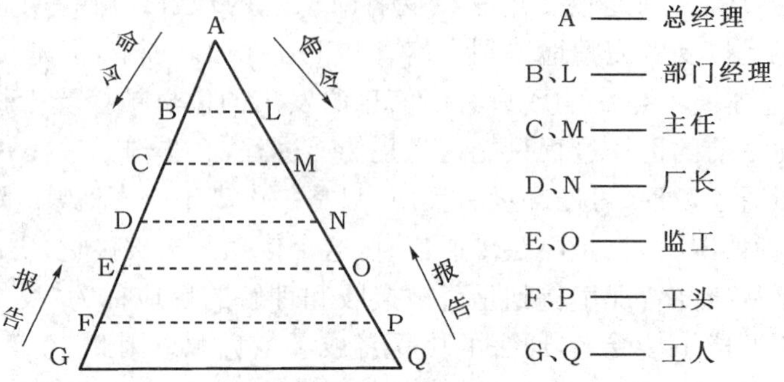

图 11－2　跳板原则①

（四）斜向沟通

斜向沟通指组织内非属同一层次的个人和群体之间的沟通。具有职能职权的职能部门经常进行斜向沟通，斜向沟通主要是交流业务活动中的各种信息，以便进行指导和协调。进行斜向沟通要注意处理好与对方上级直线领导的关系，以免造成误解和混乱。

二、按沟通方法分类

按照沟通方法分类，信息沟通可以分为书面沟通、口头沟通、非语言沟通和电子沟通四大类。

（一）书面沟通

书面沟通是指运用文字在纸质材料上进行记录或绘制信息的过程，较为常用的是公文、报告、书信、便条和通告等形式。书面沟通具有清晰性和准确性的特点，不容易在传递过程中被歪曲，而且可以永久保留。接收者可以根据自己的时间和速度详细阅读以求理解；但书面沟通反馈困难，难以及时了解受讯者的译码是否正确。在不同的情况下可以选择不同的书面沟通方式，此外，书面沟通需要从细节中表现出其正式性。比如，印刷体比手写体要显得更郑重，称呼和署名也要讲究中国传统文化和礼仪规范。

（二）口头沟通

口头沟通是借助于口头语言进行沟通的过程。它包含正式、非正式的面谈；正式、非正式的会议；各种电话等。口头沟通优点在于发讯者能立即得到反馈，了解所传达的信息是否被正确理解，是一种效率高、亲切实在的双向沟通，它使得参加沟通的双方同时既是发讯者又是受讯者。但口头沟通的缺点是没有书面沟通准备得充分，也没有信息交流的记录，事后难以查证。

（三）非语言沟通

非语言沟通是指通过身体动作、说话的语音语调、肢体语言等方式来传递信息的过程。书面沟通与口头沟通都是使用文字或语言来进行信息交流，但属于非语言的声调、音量、手势、体语、颜色、沉默、触摸、时间、信号和实物等也能传递信息。其中肢体语言指的是身体的姿态、面部表情等。颜色是指脸部的色调，如发紫、发青等。沉默就是不说明、不表示，这也传递着某种信息。信号指的是火警、下班钟声之类。实物是工作对象，它也能传递信息。非语言沟通的优点在于能弥补语言沟通过程中不能被明显表述的含义和深意，并蕴涵着为人处事的人生哲学。

---

① 单凤儒编著：《管理学基础》，高等教育出版社 2000 年版，第 241 页。

但非语言沟通的缺点在于容易引起组织成员的误解和曲解，引起不必要的争执和矛盾，因此非语言沟通要和语言沟通，即书面沟通和口头沟通结合运用。

(四)电子沟通

电子沟通指的是使用网络技术进行实时的信息传递过程。进入新世纪以来，电子网络逐步成为人与人之间沟通的重要渠道，短信沟通、电子邮件、网络聊天等电子沟通渠道将信息实时传递到世界各地，使人们真正体会到天涯若比邻的感觉。电子沟通的优点在于它是一种效率高、实时性的沟通和交流，不仅可以通过电子媒介听见声音，而且还可以看到图像，得到视觉和听觉的双重信息。但其缺点在于缺乏人性化的体验，肢体语言、触摸等信息几乎为零，不利于人们建立感情。

三、按组织系统分类

按照沟通组织系统划分，信息沟通可以分为正式沟通和非正式沟通两大类。

(一)正式沟通

正式沟通是通过组织制定的渠道进行信息交流的传递过程。比如，组织规定在一定期限内召开工作会议、定期或不定期进行书面汇报、上级指令按照组织系统层次逐级向下传达、下级情况按照组织系统层次逐级向上反馈等沟通过程，都属于正式沟通。

(二)非正式沟通

群体中的某些信息往往是通过非正式渠道传播的，最具代表性的当属小道消息的流传方式和过程。在对小道消息的传播进行了研究后，发现非正式沟通有四种传播的方式，如图11—3所示。

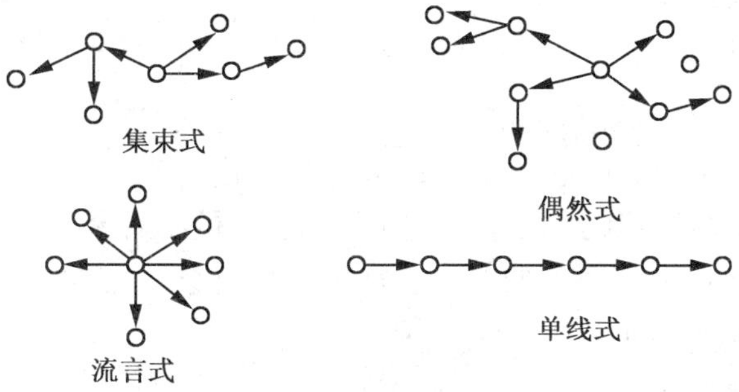

图11—3 小道消息传播网络[①]

集束式是把小道消息有选择地告诉被信息源选择过的接受者，因此，又称葡萄藤式沟通系统；偶然式是按偶然的机会传播小道消息；流言式是一个人主动把小道消息传播给其他人；单线式是通过一连串的人把消息传播给最终的接受者。在组织生活中，小道消息传播的最普通形式是集束式。

例如，总经理准备邀请12名高级经理到郊外野营，在发出请帖之前，小道消息已经传播出去。据调查，12名被邀请的高级经理在被邀请之前几乎全部知道了这个消息，而在未被邀请的地位较低的经理中，只有两个知道这个消息，而这两个人之所以能够知道，还是因为传播消息者误认为这两个人也在被邀请之列。这一事例以及其他许多事例表明，小道消息的传播者往往只把消息告诉经过选择的对象，即按集束式传播消息。

① 孙彤主编：《组织行为学教程》，高等教育出版社2000年版，第124页。

在群体中，传播小道消息的往往是固定人群，他们喜欢发布内幕新闻，而余下的人经常不是通过正常渠道，而是从这些人得知组织中将要发生的事情。关于小道消息的传播存在着不同的观点。有的学者认为，传播小道消息是散布流言蜚语，会影响组织的正常运转和控制，应严加禁止；也有的学者认为，通过非正式沟通渠道散布小道消息，如果善加利用和引导，也能在企业中起到积极的作用。总体而言，非正式沟通是在组织生活中客观存在而又无处不在的现象，正视并管理非正式沟通越来越成为组织管理的重要内容，如果管理者善于运用正式组织对非正式组织进行控制和管理，自然，非正式沟通也能受到相应制约，从而为实现组织的目标服务。

四、按沟通网络系统分类

按照沟通网络系统划分，信息沟通可以分为链式、星式、Y 链式、圆周式和全通道式五大类（见图 11－4）。

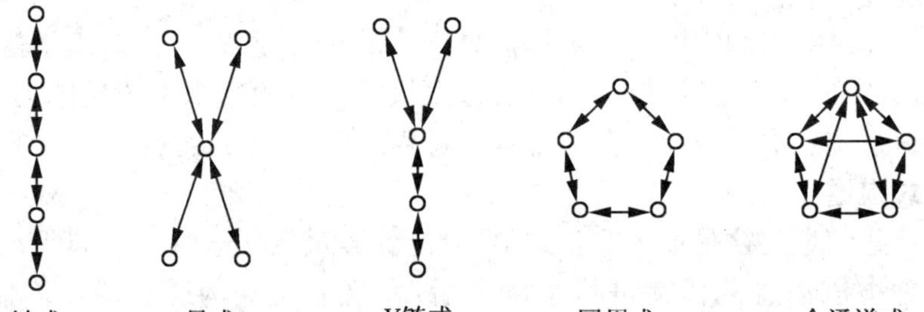

图 11－4　五种沟通网络[①]

(一)链式

链式沟通方式指组织中的成员只能与内部某些特定人员进行沟通，信息经过一对一的模式进行传播。在链式沟通方式中，虽然成员的满意度较高，但由于对信息难以控制和修正，表现为缺乏明确的领导和指挥。因此，虽然沟通速度最快，但不容易形成一致意见，形成良好的组织氛围，较难培养组织的凝聚力和向心力。从组织绩效来看，链式沟通在完成简单任务或复杂任务时，绩效都属于中等水平。

(二)星式

星式沟通方式的特点在于在沟通网络中，处于中间的成员是组织的领导者，他对信息有全面的掌控权，所有信息都是由领导者直接传递给接受者，具有效率高、速度快、失真小的优点。但在星式沟通方式中，组织成员之间缺少沟通，这将直接导致成员的满意度降低。如果面对简单任务，并且每个组织成员都乐于接受领导的控制和指挥，那么就会得到较好的效果，但由于缺少成员间相互沟通，面对复杂任务时就会显得力不从心。

(三)Y 链式

Y 链式沟通方式同星式沟通方式很相近，唯一的区别在于还有更高级别的领导者存在于沟通网络之中。因此，Y 链式沟通方式兼有星式和链式的优缺点，虽然沟通速度快，但容易导致信息失真，加大领导者与群众之间的距离感，不利于营造良好的组织氛围。

---

① 张德主编：《组织行为学》(第二版)，高等教育出版社 2004 年版，第 271 页。

(四)圆周式

圆周式沟通方式与链式非常相近,唯一的区别在于首尾两人有相互沟通联系的渠道,因而具有正确性高、速度快、有明确领导者的优点。同样,圆周式沟通方式也容易导致士气低落、工作效率低下的问题。因此,在解决一些简单问题的时候,圆周式沟通方式优于星式沟通模式。

(五)全通道式

全通道式沟通方式中,所有人都可以与其他任何人进行沟通和交流,从而形成组织成员满意度极大提高的状况。因为,组织成员间的相互作用是处理复杂工作的基础,所以,非常适合于完成复杂任务。但其缺点在于采用全通道式沟通模式会导致领导不明确,沟通和集中速度慢,效率较低的情况,所以全通道式沟通方式不适宜处理简单工作。

表 11—1　　五种沟通网络影响效果评价

沟通网络 工作影响	星式	Y 链式	链式	圆周式	全通道式
领导确定性	高	高	中等	低	低
成员满意度	低	低	中等	中等	高
对复杂工作的适应性	低	低	中等	中等	高
对简单工作的适应性	高	高	中等	中等	中等

第三节　有效沟通的障碍

一、沟通障碍与有效沟通

在许多组织中,组织领导者和组织成员之间建起了厚厚一堵墙,阻碍了他们之间的沟通交流,也阻碍了企业效率的提高和团队凝聚力、合作力的形成。一项调查表明,现代企业的领导者,70%的时间都是用在沟通上,例如开会、谈判、做报告等。但是,在企业中 70%的问题又都是由于沟通障碍引起的,企业经营中往往由于员工与领导者缺乏有效的沟通,而引起常见的效率低下问题。另外,企业的执行力差、领导力不高等问题,归根结底也与沟通不力有很大关系。

(一)沟通障碍

合理的组织机构有利于管理过程中的信息沟通。但是,如果组织机构过于庞大,中间层次太多,那么,信息从最高决策传递到下属单位不仅容易产生信息的失真,而且还会浪费大量时间,影响信息的及时性。同时,自上而下的信息沟通,如果中间层次过多,同样也浪费时间,影响效率。据统计,如果某一信息在高层管理者那里的正确性是 100%,等传达到信息的最终接受者那里,可能只有 20%是正确的。

在进行这种信息沟通时,各级主管部门都会花时间把接收到的信息自行甄别、层层过滤,然后根据自己的理解和本部门利益需求将信息上传下达。此外,在甄选过程中,还掺杂了大量的主观因素,尤其是当发送的信息涉及传递者本身时,往往会由于心理方面的原因,造成信息失真。这种情况也会使信息的提供者畏而却步,不愿提供关键的信息。因此,如果组织机构臃肿,机构设置不合理,各部门之间职责不清,分工不明,形成多头领导,或因人设事,人浮于事,就会给沟通双方造成一定的心理压力,影响沟通的进行。

(二)有效沟通

正如美国学者韦恩·佩思所说:“沟通是人们和组织得以生存的手段,当人缺乏与生活抗争的能力时，最大的根源往往在于他们经常缺乏适当的信息，不充分吸取组织的信息，除了本身的努力之外，很大程度在于他们是否拥有重要的信息和完成工作的技巧，而这些信息和技能的获得，又取决于在技能学习和信息传递过程中的沟通的质量。"因此，充分有效的沟通是一个组织提高效率、增强竞争力的关键。

有效的沟通能够消除人际冲突，使人们在情感上相互依靠，在价值观上高度统一，在现实问题上清晰明朗。有效的沟通最终将改变人们之间的信息阻隔现象，激励士气，增强团队的向心力和凝聚力。因此有经验的领导者会通过有效沟通，防患于未然，为组织团队建设打下良好的人际基础。

二、影响有效沟通的障碍因素

我们懂得了沟通的要素、方式及沟通网络等问题，并不能保证使组织中的信息沟通得以顺利有效地实现，达到资料齐全、上下通气、行动协调、关系融洽的理想境界。因为在实际沟通中，常常存在诸多障碍影响沟通的效能，甚至使沟通无法进行。因此，必须了解沟通过程中存在的各种障碍，并加以改善。

(一)个人因素部分

1. 选择性知觉因素

心理因素的差异在一定情况下都会引起沟通障碍，这就是我们在个体心理和行为中所说的"选择性知觉"。在沟通过程中，接受者会根据自己的需要、动机、经验、背景及其他个人特点有选择地去看或去听信息。解码的时候，接受者还会把自己的兴趣和期望带进信息之中。如果一名面试主考认为女职员总是把家庭放在事业之上，则会在面对女性求职者时都认为她们将会把事业放在第二位，无论求职者是否真有这样的想法。有时候，我们不是看到事实，而是对我们所看到的事务通过选择性知觉进行解释并称之为事实。

知识、经验的差异会带来沟通障碍，如果信息发送者和接受者水平相距太大，在发送者看来简单的内容，接受者却感到无法理解，就产生"对牛弹琴"的情况。如果双方没有"共同的经验区"，发送者和接受者也难以对同一信息的含义取得相同理解。此外，许多人都有一种抗拒那些不符合自己习惯或经验的信息的倾向。在接受一个信息时，凡符合自己需要、与自身利益关系密切的，就很容易接受；而会损害自己利益的，就可能听而不闻。以上例子都说明了在信息沟通过程中，由于个体差异，很容易带上主观成分，因而也有意无意地歪曲了所传递的信息。此外，个体经验差异对信息沟通也有影响。在现实生活中，人们往往会凭经验办事。一个经验丰富的人往往会对信息沟通做通盘考虑，谨慎细心；而一个初出茅庐者往往会不知所措。特点是信息沟通的双方往往依据经验上的大体理解去处理信息，使彼此理解的差距拉大，形成沟通的障碍。

2. 情绪因素

在接收信息时，接受者的感觉也会影响到他对信息的解释。不同的情绪感受会使个体对同一信息的解释截然不同。极端的情绪体验，如狂喜或悲痛，都可能阻碍有效的沟通。这种状态常常使我们无法进行客观而理性的思维活动，代之以情绪性的判断。同样，不同的情绪类型的人也会影响沟通结果，情绪稳定、镇静自若的人在沟通中容易理解对方信息，情绪急躁的人对信息理解容易片面，有时甚至未等对方讲完，就按捺不住，先在心里下了结论。

(二)人际关系因素部分

1. 信任度因素

有效的信息沟通要以相互信任为前提，这样，才能使向上反映的情况得到重视，向下传达的决策迅速实施。管理者在进行信息沟通时，应该不带成见地听取意见，鼓励下级充分阐明自己的见解，这样才能做到思想和感情上的真正沟通，才能接收到全面可靠的情报，才能作出明智的判断与决策。如果信息发送者在接受者心目中形象不好、信誉不佳，那么接受者就会对信息存有成见、不予重视。所谓"不可信的信息"，就是不相信这些信息是真实的，而其原因往往是对信息发送者不信任。

2. 畏惧感因素

畏惧感以及个人心理品质也会造成沟通障碍。在管理实践中，信息沟通的成败主要取决于上级与上级、领导与员工之间的全面有效的合作。但在很多情况下，这些合作往往会因下属的恐惧心理以及沟通双方的个人心理品质而形成障碍。一方面，如果主管过分威严，给人造成难以接近的印象，或者管理人员缺乏必要的同情心，不愿体恤下情，都容易造成下级人员的恐惧心理，影响信息沟通的正常进行。另一方面，不良的心理品质也是造成沟通障碍的因素。

(三)结构因素部分

1. 组织结构因素

组织结构设计没有充分考虑信息有效沟通的问题，沟通渠道不明确、要求不合理，如有些岗位的管理者有明确的职责和任务，但不明确自己需要哪些信息以及得到信息的渠道，这会使信息交流处于自发、无组织、低效率状态。此外，组织气氛也会影响信息沟通，与相互提防、猜疑的组织相比，在关系融洽、开诚布公、相互信赖的组织中，信息沟通的有效性要强得多。

2. 过滤因素

过滤指发送者有意操纵信息，以使信息显得对接受者更为有利。比如，一名管理者告诉上级的信息都是上级想听到的东西，这名管理者就是在过滤信息。当信息向上传递给高层经营人员时，下属常常压缩或整合这些信息。在进行整合时，个人的兴趣和自己对重要内容的认识也加入到信息之中，并因而导致了过滤。在组织中，不同的成员对信息有不同的看法，所选择的侧重点也不相同。很多组织成员只关心与其物质利益有关的信息，而不关心组织目标、管理决策等方面的信息，这也就造成了信息沟通的障碍。

此外，地位差异和利害冲突也会形成"过滤"。一般人在接受信息时不仅判断信息，而且判断信息源。信息源的层次越高，越倾向于接受。另外，地位高的人对地位低的人沟通是无所顾忌的，而下级对上级沟通则不然。这就使领导者不容易得到充分、真实的信息。特别是领导者不愿听取不同意见时，必然堵塞言路，使下级保持沉默。如果存在利害冲突，信息传达者往往会按自己的观点去"过滤"，甚至有意过滤的主要决定因素是组织结构中的层级数目。组织纵向上的层级越多，过滤的机会就越多。

(四)技术因素部分

1. 语言因素

同样的词汇对不同的人来说含义是不一样的。词汇的意义不存在于词汇中，而存在于我们这些使用者中。年龄、教育和文化背景是这方面的三个最主要因素，它们影响着一个人的语言风格以及他对词汇的界定。在一个组织中，员工常常来自于不同的背景，有着不同的说话风格。另外，部门的分化使得专业人员发展了各自的行话和技术用语。在大型组织中，成员分布的地域也十分分散，而每个地区的员工都使用该地特有的术语或习惯用语。

纵向等级的存在同样造成了语言问题。比如，像诱因和配额这样的词汇，对不同的管理层有着不同的含义。高层管理者常常把它们作为需要，而下级管理者则把它们理解为操纵和控制，并由此而产生不满。又如，用语言文字表达思想、描述事物时，不可避免地会产生语义障碍。一词多义，一语多义，理解的可变度可以很大，形成模棱两可含糊不清的情况；由于语音复杂，口齿不清或使用对方不懂的方言土话、专业术语等，也会引起误解，影响沟通。

有时虽然运用同一种语言，但在语言的使用上却并不一致。如果我们能知道每个人如何修饰语言，就会极大地减少沟通障碍。问题在于，组织中的成员常常意识不到他所接触的其他人与自己的语言风格不同，发送者自认为自己使用的词汇或术语与接受者使用的相同。但这往往是不正确的，而且导致了不少沟通问题。随着经济全球化的发展，管理者必然要和不同国家、不同文化背景的人们一起工作。这样，因为语言及其相关的文化背景形成的沟通障碍也会增多。

2. 地理障碍

组织规模庞大，地理位置分散，相距较远或地形复杂，都会引起沟通困难。随着交通条件、信息技术的发展，这一方面的难度在下降，但仍然缺乏面对面的直接沟通。

三、有效沟通的实现

信息的生命在于传递。因此，要有效地管理信息沟通，必须在信息传递上下功夫。在信息传递过程中，运用好以下几个原则，能够起到事半功倍的作用。

(一)效率与效果兼顾原则

在组织内部传递信息，要求在单位时间内传递的信息数量不仅要多，而且要迅速及时。一条很有价值的信息，如果传递速度过慢，就可能变得毫无价值，就质量而言，就是要消除信息传递中的种种干扰，保持信息的真实性；就效益而言，要求在较短的时间内，花较少的费用，传递尽可能多的信息。在信息传递中，做到事先认真准备。正确理解、确切表述沟通内容，沟通者首先自己要对沟通的内容有正确、清晰的理解，对沟通要解决的问题、要达到的目的要清楚，还要尽可能让被沟通者也清楚。沟通的内容要言之有物，针对性强，语意确切，尽量通俗化、具体化和数量化，不要模棱两可，切忌空话、套话和废话。

(二)互信交流原则

沟通双方的互相信任程度，对改善沟通效果有重要的影响，如果接收方对发信者不信任，就会抵制其发出的信息；如果发信者对接收方不信任，也会不自觉地减少信息量，甚至拒绝发送信息。对管理者来说，对沟通富有诚意，取得、保持并提高下属对自己的信任，对改善沟通效果尤为重要。失信于人，就会导致沟通失灵。另一方面，价值的大小却因人而异，同一信息对不同的人价值不同。因此，要注意信息传递的目标，确保信息的效用。要研究不同对象的不同需要，追踪信息接受者的视线所向，保证信息传递的质量，减少无效劳动。此外，在提高信息传递的针对性时，也要注意信息的适用范围，考虑到信息的保密度，防止信息大面积扩散、泛滥，给员工造成不必要的心理负担，影响团队士气。

(三)控制信息数量原则

在管理过程中，由于分级主管部门的角色不同，每个团体成员所考虑的问题不同，因此，在信息传递时，要适当注意信息数量的控制，应该让下级知道的信息必须尽快传递，适用范围有限的信息则力求保密。但要防止两种倾向：一是信息过分保密的倾向。同行各企业、各部门或同班组的员工之间相互保密，妨碍了彼此了解和相互协调。有些本应共有的信息材料，由于人为地保密，没有向下级部门及时传达，从而使信息阻塞，出现了无端猜疑，影响了个人社会需求的满足。二是随意扩散信息的倾向。在传递信息时，不考虑信息的保密程度，不选择信息传递的对象，将所收集的信息随意扩散，导致信息混乱。对于管理者来说，也要注意信息的审查与清理，不能将所有信息全部捅到会议上，增加会议负担，引起心理疲劳。总之，这两种倾向都会导致不利于组织的谣言和小道消息，影响了团队士气、组织团结和工作效率。

（四）多方沟通原则

经理们选择良好的沟通方式，结果55％的经理认为直接听口头汇报最好，37％的人喜欢下去检查，18％喜欢定期会议，25％喜欢下面写汇报。另外一项调查是询问经理在传达重要政策时认为哪种沟通最有效，在调查的55人之中，选择召开会议作口头说明的有44人，亲自接见重要工作人员的有27人，在管理公报上宣布政策的有16人，在内部备忘录上说明政策的有14人，通过电话系统说明政策的仅有1人。这些都说明倾向于面对面的直接沟通、双向沟通和口头沟通者居多。因此，在组织生活中应提倡直接沟通、双向沟通和平行沟通，提高组织沟通效率和效果。多方沟通是在一个组织中处于同一或不同层次的部门、单位、个人之间的相互沟通，它是减少部门矛盾和冲突的重要措施。有些领导者为显示自己的重要性而忙于充当仲裁者的角色，这是极不明智的。领导的重要工作是协调，但是这种协调主要是目标、计划的协调，而不是日常活动的协调。日常的协调应尽量通过有效的平行沟通来实现。

在某些特殊情况下可以使用直接沟通命令的方式。比如，第一，为了迅速处理管理中的重大问题；第二，由于上级主管部门官气严重，会妨碍时效；第三，时效性特别强的信息需要立即向决策者汇报；第四，涉及个人隐私，需要保密的材料等。有些企业设立总经理接待日、总经理信箱就是为了减轻沟通者的心理压力，以便对信息传递进行控制。对于向下沟通渠道来说，有些管理者往往坚持把信息直接送达需要的部门，并实行“反馈”制度。对于非正式沟通，也应实施有效的控制，因为虽然在一些情况下，非正式沟通往往能够达到正式沟通难以达到的效果，但是，它也可能成为散布谣言和小道消息的渠道，产生副作用。对信息沟通的控制是一门管理艺术，也是改善经营管理的重要一环。管理者要提高管理水平，必须做好信息沟通的控制和管理。

（五）信息反馈原则

信息反馈是确保信息准确性的一条可靠途径。这种反馈要求是双向的，即下级主管部门经常给上级领导提供信息，同时接受上级领导的信息查询；上级领导也要经常向下级提供信息，同时对下级提供的信息进行反馈，从而形成一种信息环流。一般来说，无论什么信息，在加工处理后，都要做出反馈，只是方式不同。有实际价值的信息可以进行决策，采取行动；没有实际价值或暂时用不上的信息必须及时答复，加以反馈。一条简单有效的控制办法是把信息加工处理的情况定期反馈给信息提供者。这样做，一方面可以提高针对性，减少信息提供部门的盲目性；另一方面可以加强信息发送者和接收者之间的心理沟通，提高团队士气，调动员工参与管理的积极性。

第四节 组织冲突及其管理

一、组织冲突的原因与类型

冲突是一个行为主体为谋求自身利益而与其他行为主体之间的对立、对抗和斗争。它普遍存在于社会关系的各个领域，是人类社会关系的一个组成部分。组织冲突是冲突的一个特定形态，组织冲突通过组织冲突行为显现出来，并随着组织冲突行为的动态演变而升级。它是企业组织内部或外部某些关系难以协调而导致的矛盾激化和行为对抗。因此,组织冲突行为的动态演变性使其成为冲突管理控制中最复杂、最难以把握的关键元素,对组织冲突的研究将有助于深入了解冲突的本质及其发展趋势,为管理者控制组织冲突和解决组织冲突提供思路和方法。

(一)组织冲突的概念

组织成员相互间的交往根植于工作与生活的环境,因而形成了人与人、群体与群体间的关系。但在组织生活中常常会产生意见分歧、争论、冲突和对抗,使彼此间的关系出现紧张状态,我们把这类状态统称为组织冲突。实质上,组织冲突是指两个或两个以上的社会单元在目标上互不相容或互相排斥,从而产生心理上的或行为上的矛盾。组织冲突的产生不仅会使个体体验到一种过分紧张的情绪,而且还会影响正常的群体活动与组织秩序,对管理产生重大的影响。在管理学中,组织冲突包括群体内个人与个人之间的冲突,也包括群体与群体之间的冲突。

冲突和竞争不同。冲突源于目标不同而产生了矛盾,而竞争则意味着向同一个目标努力,不需要发生势不两立的争夺。例如在企业里,工人只要工作好,都能得到奖励,互相之间不发生直接矛盾,这就是竞争。如果只选其中做得最好的一个人升职,那么就意味着,如果甲做好了,乙的升职的机会就要减少,这时二人之间就很可能发生冲突。冲突和竞争虽然不一样,但二者是有密切联系的,上述例子就表明激烈的竞争可能导致冲突。实质上,如果双方都能从他们的竞争结果中获益,那么竞争就不太可能变为冲突。竞争和冲突的区别在于一方所采取的行动是否会影响另一方目标的实现。这种区别表明,要想防止竞争演化为冲突,有效的管理策略是消除共同介入的机会。

(二)组织冲突的原因

引起组织冲突的原因主要有三大方面,即沟通因素、结构因素和个人行为因素。

1. 沟通因素

大多数组织冲突可以归咎于组织沟通不良。完善的沟通可以让接受者对信息源发出的信息完全得到毫无差错的理解。但在实际工作中完善沟通几乎不存在,由于这一因素的影响,在沟通过程中有许多误解。由不成功沟通引起的冲突所产生的影响力不同于本质目标对立的冲突,但它仍然有着强大的影响力。

2. 结构因素

一是组织规模的大小。组织行为学家罗宾斯总结了有关冲突和组织规模之间关系的研究,发现一致的结果是组织规模越大,冲突也越大。原因可能是规模越大,分工越多,层次越多,因此信息在传递过程中越易歪曲。

二是成员参与管理的范围。一般认为,上级邀请下级参与管理可以满足下级受尊重的需要,因此可以融洽员工之间的关系,下级参与越多,冲突也会越少。但有关研究表明,下级参与管理程度越高,其冲突水平也越高。原因是参与者越多,其个体差异也越大。此外,仅仅参与管理并不等于所提建议必被采纳,如建议不被采纳,下级无权把自己的想法付诸实施反而会影响组织内部的成员关系。由于扩大参与所引起的冲突并非都是有害的,如果这种冲突可以增加群体的绩效,则应该予以鼓励。

三是直线组织与外围组织的矛盾。冲突的经常性来源是组织中直线组织和外围组织之间的矛盾。直线机构的工作直接关系到组织的核心业务活动。比如,在工矿企业,生产部门是直线机构;在商业单位,市场销售部门是直线机构。外围组织的工作是辅助直线组织更好运作核心业务的，比如研发部门、公关部门、人事部门等。由于直线组织和外围组织的职能不同、目标不同、成员的价值观和背景不同，因此它们之间常有冲突。例如，直线组织更加关心经营，而外围组织则不直接参与主营核心业务活动；直线组织成员强烈地认为自己是组织的一员，外围组织成员则更倾向于地把自己归到一个专家群体，而不是组织中的一员，所以直线组织成员往往对组织很忠诚，而外围组织成员则时常对组织的事务提出批评；直线组织成员关心的是日常工作，外围组织成员则更关心长远的问题。

四是资源分配不均衡引发的矛盾。在使用组织的资源上，群体之间往往发生冲突。如果有足够的资金和其他资源，冲突不会产生。但组织往往又不能有如此丰富的资源。因此，各群体之间为了资源的分配往往产生冲突，导致协作的不良。例如，如果组织奖励制度是以一方多得，而另一方必然少得的方式发放，就很容易引起在个人、群体和组织之间产生巨大的冲突。

3. 个人行为因素

组织成员的价值观或知觉方式所表现出来的个体行为差异也是冲突的来源之一。如果管理者的价值观比较传统，那么，这样的管理观念强加给年轻人必然引起冲突。同样，管理者如果喜欢以某种固定模式看待组织成员，那么他这种知觉方式也会引起与组织内持不同思维模式者的挑战和冲突。另外，还有某些人喜欢无事生非，寻衅闹事。研究表明，那些好冲突的个人具有一些特质，独断专行的人爱扩大事态以攻击别人；自尊心弱的人容易感到别人的威胁而先发制人。无论独断专行还是自卑的人，都感到需要“自我防卫”而主动与他人发生冲突，管理者也应该针对不同情况做好充分准备和预案。

（三）组织冲突的类型

常见的组织冲突来源于组织沟通因素、结构因素和个人行为因素三大因素。组织冲突会在不同的层次上发生，如个体心理冲突、组织人际关系冲突、不同部门利益冲突等，其中，组织内的正式组织与非正式组织之间、直线与外围之间，以及委员会内部之间的冲突最为典型。

1. 正式组织与非正式组织之间的冲突

根据霍桑试验的结论，正式组织与非正式组织之间在组织内部交叉混合在一起，而且人们在心理上所存在的非理性因素的作用，非正式组织必然要对正式组织的活动产生影响。正式组织是组织设计工作的结果，是经由管理者通过正式的筹划，并借助组织图和职务说明书等文件予以明确规定的。它具有严密的组织结构，主要表现在指挥链、职权与责任的关系以及功能作用。正式组织具有三个基本特征，即目的性、正规性和稳定性。非正式组织是未经正式筹划而由人们在交往中自发形成的一种个人关系和社会关系的网络。在非正式组织中，成员之间的关系是一种自然的人际关系，他们不是经由刻意的安排，而是由于日常接触、感情交融、情趣相投或价值取向相近而发生联系。与正式组织相对应，非正式组织的基本特征是：自发性、内聚性和不稳定性。正面的影响可以满足员工在友谊、兴趣、归属、自我表现的合作精神，自觉地帮助维持正常的工作和生活秩序。但如果非正式组织的目标与正式组织相冲突，就会对正式组织的工作产生负面影响，非正式组织可能会认为达到目标的工作会导致成员间的不合，从而抵制这些竞争。

2. 直线与外围之间的冲突

组织中的管理人员是以直线主管或外围主管两类不同身份出现的，现实中这两类人员之间的矛盾往往是组织缺乏效率的重要原因。直线关系是一种指挥和命令的关系，具有决策和行动的权力，而外围关系则应当是一种服务和协调的关系，具有思考、筹划和建议的权力。实际工作中，保证命令的统一性往往会忽视外围作用的发挥，然而外围人员发挥失当又会破坏统一指挥的原则。这将使直线和参谋有可能相互指责、互相推诿责任。

3. 委员会内部之间的冲突

委员会是集体工作的一种形式，它起到了汇聚各种信息、加强人员交流、协调部门关系等重要作用。委员会是一个集体，每个成员都有发言的权力，而这些成员既代表了不同的利益集团、利益部门，也代表了个人的行为目标。在资源一定的条件下，成员之间的利益很难取得一致。而一旦某个利益代表未能得到支持，他将会被动执行或拒绝执行委员会的统一行动，导致组织效率的下降。因此，委员会必须充分考虑各方利益，其协调的结果必然是各方势力妥协、折中的结果，这势必会影响决策的质量和效率。

二、组织冲突的管理

对组织的冲突进行管理不是一件容易的事，这需要基于具体的组织情境，以及有关的个体及其工作任务的性质为组织确定一个最佳冲突水平，从而进行组织冲突的有效管理。在这些方面，需要管理者有一定的创造性。

(一)正确对待组织中的冲突

20 世纪 40 年代之前，大多数人认为组织冲突是有害无益的，组织冲突的存在被认为是管理不善的结果。根据这一传统的观点，在管理过程中应当避免冲突。随着管理学的不断深入研究，管理学家们改变了对它的看法。组织冲突被认为是任何组织都不可避免的，且往往是保证高绩效所必需的。当然不否认它有时是有害的，但更重要的是有些冲突非常有益。冲突可以促使寻求新的策略和方针，克服停滞和自满情绪。因此，冲突应该加以适当地处理而不是消除。

正确对待和处理冲突，首先要根据组织的状况选择一个减少冲突的策略，将组织冲突控制在一个合适的水平。当然，在需要冲突达成管理目的的时候，管理者也可以有目的地引起冲突。在需要有创建性的讨论场合，就需要挑起冲突。冲突本身并无好坏之分，只有从绩效的角度，才能判别冲突的价值。图 11－5 表明，在任何情况下都有一个最佳冲突水平存在。冲突水平如果过高，可能导致混乱。相反，冲突水平过低，则导致缺乏创新意识的停滞和低绩效。

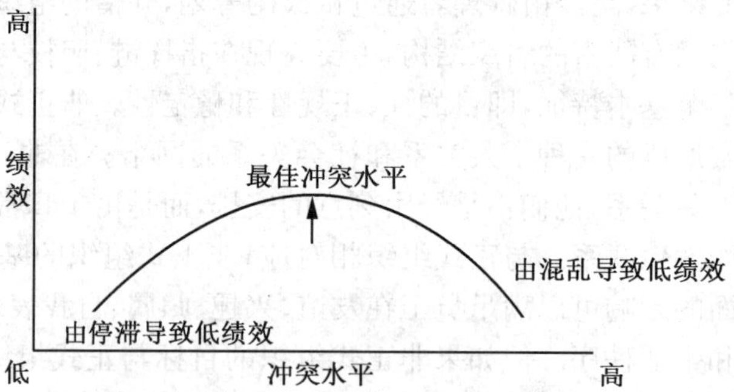

图 11－5　冲突和绩效的关系[①]

从管理哲学的高度超越冲突，建立积极的冲突观，走理性与非理性相结合的冲突管理道路。突破和超越本身意味着创新。创新是整个社会进步的必然选择，对于传统的管理思想不能解决的问题，冲突管理创新是唯一的选择。我国受传统的反冲突价值观及传统管理行为的

① 单凤儒编著：《管理学基础》(第二版)，高等教育出版社 2000 年版，第 239 页。

巨大历史惯性影响，使得许多人要么简单地将冲突管理新思维的产生当作是纯理论的推导或概括的结果，要么将冲突管理思想的创新片面地理解为对传统管理思想的全盘否定，是思想上的标新立异。这种对冲突管理思想创新的认识，极不利于冲突管理创新的实践。冲突管理创新是对冲突管理实践过程中的成功经验加以总结和提高。它不是标新立异，也不是完全否定传统，而是在既有的传统基础上，保持合理的成分，消除和改变其中不科学的成分，融入符合当前时代发展需求的因素。在新的冲突管理思想指导下，管理者不再单纯地凭借经验和依据惯例处理冲突；冲突管理者将摆脱某种单一思维模式的束缚，以科学的态度和发展的眼光对待冲突。同时，冲突主体将改变过去被动地位，以积极的态度对待冲突。冲突不再只是双方关系不融洽或利益等对立的具体表现，冲突所暴露出的冲突双方之间的不协调，为双方的发展与自我完善提供了机会。冲突双方积极参与到冲突管理过程中，努力实现自我管理，就会成为真正的冲突管理参与者与实施者。管理者与冲突主体的关系通过冲突管理的实施得到进一步强化，更加融洽和谐、荣辱与共、休戚相关，与企业的发展紧密地结合在一起。

(二)组织冲突的管理方式

1. 减少组织冲突的策略

第一，设置组织目标。设置恰当的组织目标，使对立双方都可以通过完成既定组织目标获得相应利益，从而可以使对立的双方减弱冲突。此时，双方的精力共同集中于目标的实现而无暇顾及原有矛盾，达到缓解互相之间的对立情绪。但在组织实际管理过程中，这种策略实施起来不大容易，还应该和其他管理手段结合起来使用。

第二，运用行政手段。首先，改变组织结构来减少人员间冲突。如把爱闹事的人调出去。此外，增设综合领导以平衡关系。例如，生产部和销售部之间存在冲突，一个可供选择的方法是，让它们都接受同一个既懂生产又懂销售的高级经理的领导，这个经理就起到了协调的作用。最后，向上级申诉并接受仲裁也是处理组织冲突的经常方法。但申诉的问题在于败诉的一方未必轻易接受仲裁。所以在工作中还需注意安抚败诉的一方，推动双方进一步携手合作。

第三，改变空间管理模式。美国学者托马斯(Thomas)和他的同事们提出的两维冲突空间模式能够比较全面地反映组织冲突过程中组织成员所持的心态和采取的行动，因而可以较为全面地反映人的冲突行为(见图 11—6)。

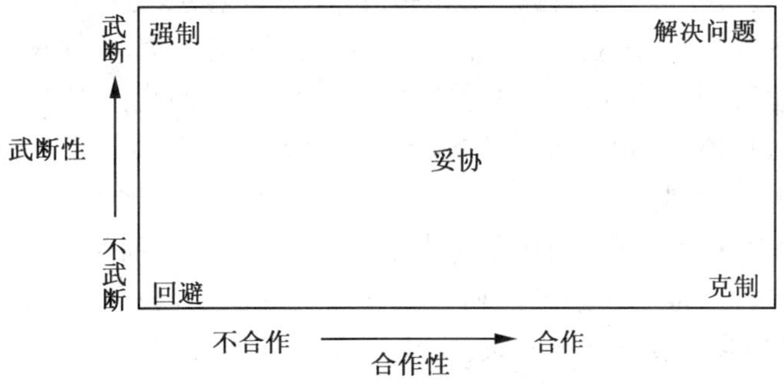

图 11—6　两维冲突空间模式[①]

图 11—6 中的横坐标表示“合作”的程度。这里的“合作”是指满足他人的利益。纵坐标表示“武断”的程度。所谓“武断”是指满足自己的利益。在这两维模式里，有五种处理冲突的策

① 卢盛忠主编：《管理心理学》(第二版)，浙江教育出版社 1998 年版，第 244 页。

略，即强制、回避、妥协、克制和解决问题。

强制：这是不合作，而且武断。即个人利益至上，他人利益可以牺牲。

回避：合作与武断都很低，对目标达成后获得的利益没有任何兴趣。

妥协：两个维度都取中间程度，寻找一种权宜的可被接受的解决方法，双方为了达到目标都需做出一些让步。

克制：合作精神很高而武断程度低，牺牲自己的利益去满足他人的利益。

解决问题：对于自己和他人的利益都给予高度关注。双方通过坦率、真诚的交谈，决定共享资源。

总的来说，有的处理方式比较有效，但是，每种方式确实也有最适合的情境。在竞争情况紧急和与公司利益关系巨大的问题上，适宜采用强制的管理方法；对于与双方利益都息息相关、需要集思广益的时候，就需要运用解决问题的管理方法；对于为了使复杂的事情得到暂时平息、对方权力与自己相当时，最好采用妥协的管理方法；而在他人可以更有效解决问题，或认识到自己已经无法从中获益时，适宜采用回避的管理方法；为了树立良好声誉，或发现自己已经失误的时候，最好采用克制的管理方法。

2. 引起组织冲突的策略

对于任何组织环境而言都存在一个最适宜的冲突水平，在许多情况下需要有一定程度的冲突存在，以使效率得到提高。如果发现人员流动率低，缺乏新思想和竞争意识，对改变进行阻挠等情况时，管理人员就需要挑起冲突。关于如何引起冲突，有以下几种方法：

第一，委任开明的管理者。反对意见往往被高度专制的管理者所压制，因此，选派开明的管理者可以在一定程度上改善这种现象。第二，鼓励适度的正当竞争。使用工资、奖金等手段，对个人和集体进行激励，这样可以增进适当的竞争，从而导致积极意义的冲突。第三，调动人员改善组织环境。变换班组成员、调动人事及改变沟通路线，都可以在组织中引起冲突。重新编组后，新成员的价值观和思维方式也可能对群体原来的陈规陋习形成挑战。

3. 我国企业组织冲突的管理对策

我国已成为世界经济大国，与之相适应的是国内企业组织正在蓬勃发展。但我国传统管理模式和思想与现代企业文化之间的冲突与摩擦已经体现在组织冲突的管理对策之中。正确把握组织目标、结合传统中国哲学进行组织冲突管理成为当务之急。

第一，树立积极的冲突管理观念。突破传统的冲突管理观念，树立积极的冲突观是需要管理者综合使用理性化管理和感性化管理，控制好组织内部的冲突。组织的理性化管理主要指依靠规章制度、纪律、权威和标准化管理措施等硬化手段达到管理目的。感性化管理则注重员工的情感和个性发展等非理性因素在管理中的作用。组织行为理论研究表明，当企业生产力水平较低下时，其行为管理的有效做法不是人情味十足的诱导，而是以非人性化为主的"防范管理"手段来管理。由此，根据我国国情和企业管理实际需要，我国企业组织冲突管理的理性与非理性统一，虽因企业性质不同而异，但主要还在于在加强理性化管理的同时，增加感性化管理的成分，二者的统一以硬性管理为主、软性管理为辅。

第二，建立以市场为导向的弹性组织结构。弹性组织结构指企业内部组织结构能够随着工作任务、企业技术特性、企业所处的内外部环境的变化而变化，从而最大限度地发挥企业能动性的组织结构。我国大部分企业组织都是沿袭西方组织设计模式，其特征是追求组织功能效应，以任务为中心强调组织结构的稳定性。这样的企业组织结构，在我国计划经济体制中得到了行政职能强化。企业组织的管理机构与上级政府机构相对应，上下一致，并且实行统一模式，几十年不变，企业组织的行政职能突出，经济职能弱化，组织稳定一直被作为企业管理的典范。这种组织结构暴露出许多先天缺陷，即在组织设计中忽略了人的能动性和重要性，缺乏应变功能和预测功能。它是企业组织冲突形成和演化的一个重要原因，也是组织冲突激化的催化剂和阻碍冲突管理创新的结构阻力。创新性的弹性组织结构是介于稳定的组织结构与无固定结构的临时性组织之间、将二者有机结合起来的一种组织形式。这种弹性结构具有应变功能和预测功能，动中有静，灵活多变，能从根本上消除产生及激化冲突的结构根源，而且也能应付变化无常的冲突问题。

第三，建立全方位的信息疏通渠道。大多数企业冲突是因为缺乏有效的沟通而产生的，而其中疏通沟通渠道至关重要。要使整个组织成为一个全方位信息传递交流的关系渠道，每个成员都应成为该渠道中的一个结点，同时减少信息传递的间接层次，弱化等级观念，增强沟通双方的心理接受程度。这样，冲突管理就具备了一个良好的环境，冲突数量将大大减少，冲突管理的效率也将得到极大的提高。

当冲突发生时，冲突双方之间的沟通，可以避免对对方能力特点等错误的认识，是一种有效管理冲突的方法。但冲突双方之间的沟通必须是有限制的，采取以下策略可以有效解决冲突初期的问题：减少双方的直接接触；缩短解决问题会议的间隔时间；降低问题表达的正规性；限制过去先例的应用。以上策略可以有效防止冲突失控并避免各方强化自己的立场。如发生冲突时，双方之间的频繁接触只会强化各自所持的对对方的否定看法，所以初期要减少双方的直接接触。

第四，建立企业战略联盟。解决或减少企业之间破坏性冲突，对于发挥企业优势、提高市场竞争力乃至于增强我国国力具有重要的现实意义。因此，建立企业之间的战略联盟具有重要的战略价值。企业战略联盟是一个加盟其中的各企业具有共同目标、发挥各自优势、共同分担费用成本、分享共同优势所带来利益的临时性组织。加盟企业在相互发生关系时，只关心企业与联盟项目相关的经营问题，不干涉成员企业的其他经营或非经营事宜，极大限度地减少了企业间冲突发生的可能。所以，通过建立联盟组织，不仅可以实现企业在竞争中共赢的目的，而且能较合理地将冲突的能量转化为共同发展的动能。

复习题

1. 什么是沟通？其重要性表现在哪几个方面？
2. 简述沟通的过程。
3. 在你周围存在着哪些沟通障碍？其产生的原因有哪些？如何应对？
4. 实现有效沟通应遵循哪些原则？
5. 如何管理组织中的冲突问题？

案例分析

案例一

请阅读下面的一段对话：

美国老板：完成这份报告要花费多少时间？

希腊员工：我不知道完成这份报告需要多少时间。

美国老板：你是最有资格提出时间期限的人。

希腊员工:10 天吧。

美国老板:你同意在 15 天内完成这份报告吗?

希腊员工:没有作声(认为是命令)。

15 天过后——

美国老板:你的报告呢?

希腊员工:明天完成(实际上需要 30 天才能完成)。

美国老板:你可是同意今天完成报告的。

第二天,希腊员工递交了辞职书。

(资料来源:http://wenku.baidu.com/view/c2a3a6e9856a561252d36f81.html)

分析与思考:请从沟通的角度分析美国老板和希腊员工对话,说明希腊员工辞职的原因并提出建议。

案例二

某公司新来的销售员小王正在向销售经理发牢骚:"张经理,我可不愿意跟着老郑搞销售了,他一点也不照顾我,有时星期天也拖我去找客户谈生意,我跟着他一个月,几乎没学到任何本领。他的性格与我不合。我请求你替我换一下工作。"

(资料来源:http://doc.mbalib.com/view/fa7b9eb4927956e958be2ea947490414.html)

分析与思考:如果你是销售部经理,你并不打算给小王更换工作,你会用什么样的方式处理这种冲突?

案例三:博恩应如何摆脱困境

哲克公司是一家大型电信公司的分部。博恩原为乐雷通信公司的部门经理,跳槽到哲克公司,担任新的生产负责人,其手下有三个部门经理,都具有在公司工作 20 年以上的经验,他们认为,哲克公司正在从一家富有效率的公司陷入糟糕的业绩之中。

博恩从与其中一名经理的谈话中了解到公司的某项规定:任何机器损坏后,部门经理或助理必须在 15 分钟内向生产经理汇报,这使他们感到不快。他们觉得,上级不给工人自己修好机器的机会,损坏报告被送到生产经理的办公室。助理还告诉博恩,只要某位工人有 5 份报告记录,就必须离开这台机器,并遭到降薪的处罚。博恩面临的一个主要问题是,生产部只有大约 40%的维修计划予以完成。在与人事董事魏特进行正式谈话的过程中,博恩还了解到维修部的工作效率只有 30%。魏特说,维修工人为了迫使公司提高他们的薪水,不久前发起了一次消极怠工的活动。魏特告诉博恩,维修工人为了洗澡,还经常早退一个小时。

维修部的经理是一步一步从公司晋升到目前这个职务的,他从中学一毕业就在哲克公司工作,迄今已有 25 年了,他对"低效率"的解释是,缺乏称职的维修工,人事部门给他送去的人不胜任这个工厂的机器维修工作。他又没有时间培训新工人,就把这个责任推给其他刚干一段时间工作的工人。

博恩进入哲克公司两个月后,公司在当地的公园举行了一次年度野餐会。大多数员工和他们的家属都参加了。博恩看见了魏特,就递给他一杯啤酒。接下来是他们的谈话:

魏特:嗨,博恩,有时间吗?

博恩:有啊,什么事?

魏特:唔,我和你的上司,你知道的,也是我非常熟的人,谈过话的,是聊公司的事,不用记录的。

博恩:是吗?

魏特:他告诉我,公司的管理方式是"蘑菇式"的——把他们蒙在鼓里,喂一大堆肥料。他说,除非你自己透露出来,否则没有人知道你被解雇了。我们甚至听说,门卫都不认识你是谁。

博恩:是,我猜是这么回事儿。

魏特:这个头儿说,他都干十年了,从来没有人表扬他的业绩。他的业绩只体现在支票上,没有人指出他的长处和缺点。

博恩:是啊,我猜是这样。但我不完全肯定。你知道,我在这里只干了几个月。

魏特:我知道,可是听说,工程部新来的头儿汤克已工作了三个月,还没有跟造纸机部门的任何人说过话,也没被介绍过。

博恩:你认为有多少人感到了蘑菇式的管理方式?

魏特：不知道，博恩，但我认为，如果你想要这地方待下去，就应该去找答案。

（资料来源：http://wenku.baidu.com/view/573b5d030740be1e650e9a3e.html）

分析与思考：

1. 博恩刚来哲克公司，你认为他应该和哪些人交流或谈话。

2. 博恩应该如何处理维修部的经理？

3. 博恩与魏特谈话之后，你认为他可以采取什么步骤。他们的谈话反映了公司一些什么情况？公司存在什么沟通障碍？在此情形下，公司的正式沟通渠道网络起了什么作用？

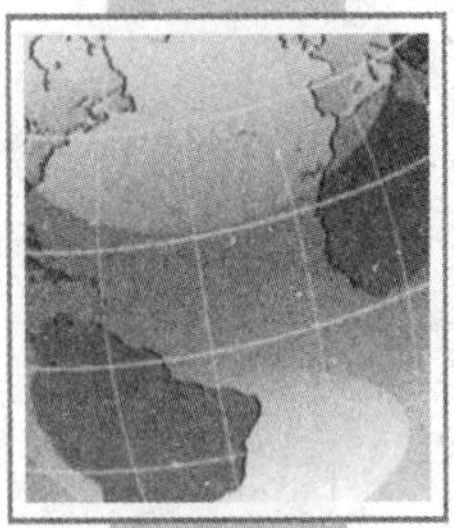

第十二章 控　制

【学习目标】

1.了解控制的含义、特点,明确控制的几种基本类型;
2.掌握控制的基本过程、主要技术与方法;
3.掌握常用的控制方法。

【知识能力】

掌握主要的控制类型。

【工作任务】

能综合运用相关控制方法来进行具体控制。

【引导案例】

扁鹊的医术

魏文王问名医扁鹊:"你们家兄弟三人,都精于医术,到底哪一位医术最好呢?"扁鹊曰:"长兄最好,中兄次之,我最差。"文王吃惊地问:"你的名气最大,为何反而长兄医术最高呢?"扁鹊惭愧地说:"我扁鹊治病,是治病于病情严重之时。一般人都看到我在经脉上穿针管来放血、在皮肤上敷药等大手术,所以以为我的医术高明,名气因此响遍全国。我中兄治病,是治病于病情初起之时。一般人以为他只能治轻微的小病,所以他的名气只及于本里。而我长兄治病,是治病于病情发作之前。由于一般人不知道他事先能铲除病因,所以觉得他水平一般,但在医学专家看来他水平最高。"管理如同医生看病,治标不能忘固本。许多企业强调重视管理,而现实中却存在"头疼医头、脚疼医脚"的管理误区,造成"重结果轻过程"的现象比比皆是。

(资料来源:http://wenku.baidu.com/view/b4fde8e949649b6648d747b4.html)

思考:(1)分析这则故事给你在管理思维上的启示。

(2)你认为应如何防止企业进入管理误区?

第一节　控制的目标与类型

一、控制的含义与重要性

在组织活动过程中,无论在制定决策时考虑得多严密,都会因为组织内外部环境的不断变化而发生组织行为与既定目标间的偏移,处理各种意外、随时使组织内部环境与外部环境相适应是管理者的重要日常工作之一,这种日常工作就被称为控制。计划和控制常常密不可分地交织在一起,计划规定控制的范围,另外,控制过程中获得的反馈也时常作为制定和完善计划的必要条件和因素。计划一般是阶段性的,而控制则是连续性的,它所涉及的是在可以允许的范围内维持组织的正常活动，确保既定目标的实现，以及通过有效的反馈渠道获取信息，对现有计划进行不断完善和修改。

(一)控制的含义

管理学中的控制，是指组织在动态的环境中为保证组织目标的实现而采取的各种检查和纠偏等一系列活动或过程。控制既可理解为一系列的检查、调整活动，即控制活动，也可理解为检查和纠偏的过程，即控制过程。

控制一般包括以下五个基本要素：

(1)控制的目标体系。任何控制活动都是有目标的组织活动，控制的目标在于要保证组织目标的实现。因此，控制目标的确定应以组织目标为依据，要与组织目标体系相协调，建立控制的目标体系。

(2)控制的主体。控制需要依靠组织成员实施和完成，组织中承担控制工作的管理者及其相应的职能部门就构成控制的主体。一般中低层管理者从事的主要是例行的、程序性的控制，高层管理者从事的主要是例外的、非程序性的控制。

(3)控制的对象。控制的对象是组织的总体活动。控制行为应对组织整体进行把握，把组织的内外部各种资源、组织内各层次各部门、组织日常工作的各阶段各环节都纳入控制的对象，进行统一调配，最终完成组织目标。

(4)控制的手段。控制的手段主要包括控制机构、控制方法两大方面。组织的控制机构从纵向看可分为各个不同管理层次的控制，从横向看可分为各种不同性质的专业控制。控制工作应注重采用先进的控制方法和手段，以不断提高控制工作的效率和效果。

(5)控制的反馈系统。控制过程是通过信息的传输和反馈得以实现的，管理者将控制信息和命令输入到组织的受控部分，受控部分也有反馈信息返送到管理者，形成闭合回路。控制正是根据反馈信息才能比较、纠正和调整它发出的控制信息，从而实现工作的不断更新和有效控制的目的。

(二)控制的重要性

控制是管理四大职能之一，与计划、组织和领导职能有着密切的关系。因此，控制是贯穿于管理全过程的一项重要职能。其重要性表现在以下三个方面：

1. 控制是使组织适应环境的重要保证

如果市场供求条件永不变化，每年都以同样的费用取得同样性质和数量的资源，同时又能以同样的价格向同样的客户销售同样品种和数量的产品，那么，企业管理者和工人便可以使用相同的技术和方法进行管理和生产。如果是这样的话，不仅是控制工作，甚至管理的计划职能都将成为完全多余的工作。事实上，这样的静态环境是不存在的，企业所面对的市场环境无时无刻不在发生着变化。面对规模庞大、人员众多、工作复杂的现代组织，要使组织的各项活动达到协调一致，管理者就必须依赖于控制手段监督管理的全过程。

2. 控制是分权管理的重要手段

企业经营达到一定规模后，时间与精力的限制要求他分派一部分管理事务给下属，不可避免地要用间接的方式来组织和指挥全体员工的工作。下属们也会因为同样的原因，再委托其他人帮助自己进行管理，由此就形成了企业管理层次。为了使下属能有效地完成管理事务，高能级的管理者必然要赋予下属相应的管理权限。因此，任何企业的管理权限都制度化或非制度化地分散在各个管理部门和层次。企业分权程度越高，控制就越有必要，每个层次的主管都必须定期或非定期地检查直接下属的工作，以保证授予他们的权力得到正确的利用，保证利用这些权力组织的业务活动符合计划与企业目的的要求。计划、组织、领导工作的开展都要以控制为基本手段,离开了控制工作,各项工作就可能流于形式,难以达到实效。控制要以计划、组织和领导职能为基础。如果没有控制,没有为此而建立的相应控制系统,管理人员就不能检查下级的工作情况,即使出现权力不负责任的滥用,或活动不符合计划要求等其他情况,管理人员也无法发现,更无法采取及时的纠正行动。

3. 控制是防范能力差异影响的重要方法

企业在制定了全面完善的计划,内外部环境在相对稳定的情况下,经营活动的控制也仍然是必要的。计划的实现要求每个员工的工作要严格按计划的要求来执行。然而,由于组织成员在不同的时空工作,他们的认识能力不同,对计划要求的理解可能发生差异。此外,假设每个员工都能完全正确地理解计划的要求,但由于工作能力的差异也会导致其实际工作与计划要求不符。某个环节失误会对整个组织活动造成冲击。因此,加强对这些成员能力差异的了解并对组织活动进行控制是非常必要的。

控制工作起着执行和完成计划的保障作用,以及在管理过程中产生新的计划、新的目标和新的控制标准的作用。通过控制工作,了解偏差和纠正计划。任何组织、任何活动都需要进行控制。因为由于主客观原因,计划在执行过程中可能出现偏差。另一方面,控制工作的重要性还表现在管理的五个职能中它所处的地位及其相互关系。控制工作还处于管理的全过程,它不仅可以维持其他职能的正常活动,而且在必要时还可以采取纠正偏差的行动来影响其他职能的活动。通过纠正偏差的行动,控制工作与其他职能紧密结合在一起,使管理过程形成一个相对封闭的系统。

二、控制的目标与特点

(一)控制的目标

管理者进行控制的根本目的在于保证组织活动的开展能够与预定的组织目标和计划协调一致,保证组织目标的最终实现。其主要表现有两种,即限制偏差的积累和适应环境的变化。控制是按照既定组织目标和标准,对组织活动进行监督、测量,发现偏差并分析原因,采取相应有效的措施使组织活动符合既定要求的过程。计划和环境因素的影响,使得计划在执行过程中难免会与预定目标发生偏离,管理者必须处理各种意外的情况,使组织行动与计划和环境变化相适应,这就是控制的任务和目标。

(二)控制的特点

1. 整体性

管理控制是组织全体成员的职责,完成计划是组织全体成员共同的责任,参与控制是全体成员的共同任务,因此,管理控制具有整体性的特点。由于控制的对象是组织的各方面,因此又包括了两层含义:一是管理控制是组织全体成员的职责;二是控制的对象是组织的各方面。

2. 动态性

组织的外部环境及内部条件随时都在发生变化,因此控制标准和方法不可能固定不变。因而,管理控制具有动态性的特点。管理控制的动态性特征可以提高控制的适应性和有效性,针对不同时段的外在环境和组织内部需求,因地制宜地制定不同的控制制度和措施来达到组织目标。

3. 人本性

管理控制的各项工作都是对组织成员进行控制,并由组织成员执行各项控制措施,这里就体现出管理控制的人本性。人本控制的含义是尊重人、完善人。在运用组织成员完成控制措施的过程中，要以人为本，在保证组织目标完成的前提下，尽量帮助员工完善自我，达到自我实现的目标。

4. 工具性

管理控制是提高职工工作能力的重要手段，因而体现出管理控制的工具性。控制不仅是监督的过程，更重要的是对组织成员的工作过程进行指导和帮助，同时，控制的过程也是完善工作流程、提高工作效果、融洽人员关系的重要手段之一。

三、控制的基本类型

(一)按控制信息获取的方式和时点分

根据信息获取的方式和时间的不同，可以将控制划分为前馈控制、现场控制、反馈控制三类。

1. 前馈控制

前馈控制是在企业生产经营活动开始之前进行的控制，它是对未来可能出现的结果进行的预防性控制。主管人员运用上一控制循环中所产生的经验教训，对可能出现的结果进行预测，随后，将其同计划的要求进行比较，在必要时调整计划或控制影响因素，以确保目标的实现。因此，这种控制需要及时和准确的信息并进行仔细和反复的预测，把预测和预期目标相比较，并促进计划的修订。控制的内容包括检查资源的筹备情况和预测其利用效果两个方面。

前馈控制属于一种预防性控制，它的工作重点并不是控制工作的结果，而是提前采取各种预防性措施，包括对投入资源的控制，以防止工作过程中可能出现的偏差，其目的是防止问题的发生而不是当问题出现时再补救。为了保证经营过程的顺利进行，管理人员必须在经营开始以前就检查组织是否已经或能够筹措到符合计划要求的各类资源。如果检查的结果是资源的数和量都无法得到保证，那么就必须修改企业的活动计划和目标，改变企业产品加工的方式或内容。此外，还需检查已经筹措到的资源经过加工转换后是否符合组织的需要。如果预测的结果符合企业需要，那么企业活动就可以按原定的程序进行；如果不符合，则需要改变企业经营的运行过程及其投入。前馈控制较之反馈控制而言，其主要优越性在于：克服了反馈控制中因时间滞后而带来的缺陷，使主管人员能够及时预见到工作过程中可能出现的偏差，并采取预防措施以杜绝偏差的产生。

2. 现场控制

现场控制是指是指企业经营过程开始以后，对活动中的人和事进行指导和监督，即主管人员在现场对正在进行的活动给予指导与监督，以保证组织的各项活动按计划进行。主管人员越早知道业务活动与计划的不一致，就可以越快地采取纠偏措施，可以在发生重大问题之前及时纠正。现场控制是组织控制工作的基础，是组织的基层管理人员主要采用的控制方法。如企业中生产制造过程的进度控制、对生产工人正在加工的产品进行的抽检等，都属于现场控制的范畴。

现场控制的主要工作内容包括两个方面：第一，指导下属以正确的方法进行工作。指导工作、培养能力是每一个管理者的重要职责。现场监督可以使管理者有机会当面解释工作的要领和技巧，纠正下属错误的作业方法与过程，从而可以提高他们的工作能力。第二，保证计划的执行和目标的实现。通过现场控制，可以使管理者随时发现下属在活动中与计划要求相偏离的现象，从而可以将问题消灭在萌芽状态，或者避免已经产生的问题对企业不利影响的扩散。要保证现场控制的有效性，首先要授予主管人员相应的权力，使他们能够用经济或非经济的手段对下属施加影响。第二，要切实把组织的计划、目标、战略、政策、规范和制度等落实到基层，以便使基层工作的控制标准更为明确和具体。最后，要重视主管人员的个人素质、工作作风、指导的表达方式等对下属的影响。

3. 反馈控制

反馈控制是指在一个时期的生产经营活动已经结束以后，对本期的资源利用状况及其结果进行总结。即主管人员将工作的执行结果与控制标准相比较，从中发现已经出现或即将出现的偏差，在分析偏差产生原因的基础上，采取纠偏措施，以防止偏差的进一步发展或今后再度发生。由于这种控制是在经营过程结束以后进行的，属于事后控制，它的工作重点是对事物发生后的结果进行分析，并采取纠偏措施。由于工作结果既定，反馈控制主要对下一工作过程施加影响。

反馈控制主要包括财务分析、成本分析、质量分析以及职工成绩评定等内容。如企业对成本报表进行分析，从中分析在生产制造过程中各种资源消耗的状况；对企业的产成品进行抽检，分析产品在设计、制造过程中的缺陷；对组织成员的工作成效进行考评，从中分析组织成员在工作中及在能力和素质上存在的问题等。然后，在下一过程进行改进，这些都属于反馈控制的范畴。反馈控制与其他控制方法相比存在的最大缺陷是时间的滞后性。这是因为反馈控制属事后控制，在进行纠偏时，实际情况已发生变化，从而降低了控制的有效性。反馈控制虽然存在着时间滞后的缺陷，但由于现在组织中的很多活动尚无法进行准确的预测，无法进行预防性控制，反馈控制仍然在组织中被大量采用。

(二)按问题的重要性和影响程度分

根据问题的重要性和影响程度的不同，可以将控制划分为战略控制、绩效控制、任务控制三类。

1. 战略控制

战略控制主要是指在企业经营战略的实施过程中，检查企业为达到目标所进行的各项活动的进展情况，评价实施企业战略后的企业绩效，把它与既定的战略目标与绩效标准相比较，发现战略差距，分析产生偏差的原因，纠正偏差，使企业战略的实施更好地与企业当前所处的内外环境、企业目标协调一致，使企业战略得以实现。

在战略实施的控制系统中有三个基本的控制系统，即战略控制系统、业务控制系统和作业控制系统。战略控制系统是以企业高层领导为主体，它关注的是与外部环境有关的因素和企业内部的绩效。业务控制系统是指企业的主要下属单位，包括战略经营单位和职能部门两个层次，它所关注的是企业下属单位在实现构成企业战略的各部分策略及中期计划目标的工作绩效，检查是否达到了企业战略为他们规定的目标。业务控制由企业总经理和下属单位的负责人进行。作业控制是对具体负责作业的工作人员的日常活动的控制，它所关注的是员工履行规定的职责和完成作业目标的绩效，作业控制由各级层主管人员进行。

企业经营战略的控制在战略管理中的作用主要表现在这样三个方面：第一，企业经营战略实施的控制是企业战略管理的重要环节，它能保证企业战略的有效实施。战略控制的好坏将直接影响企业战略决策实施的效果好坏与效率高低，因此企业战略实施的控制处于战略决策的执行地位。第二，企业经营战略实施的控制能力与效率的高低又是战略决策的一个重要制约因素，它决定了企业战略行为能力的大小。企业战略实施的控制能力强，控制效率高，企业高层管理者就可以做出较为大胆的、风险较大的战略决策。第三，企业经营战略实施的控制与评价可为战略决策提供重要的反馈，帮助战略决策者明确决策合理合适的部分，对于提高战略决策的适应性和水平具有重要作用。

2. 绩效控制

绩效控制属于绩效管理的一部分，它要求领导对员工的绩效计划执行情况进行监督与控制，同时对原有绩效计划予以修正和完善。绩效控制包括设立企业行为识别规范管理的目标、衡量绩效的标准、评估预计改进措施三大方面。

在绩效控制的规划阶段就应该确定管理目标与衡量绩效的标准。企业形象整体工程的战略目标比较容易确定，企业营运的常规效益目标为企业形象实施目标提供了坐标系。企业营运的效益标准可以根据企业年度的损益平衡状况，企业形象实施目标的衡量标准可由销售额的变化、企业知名度、好评度的定量调查数据与企业业绩的进步提供。考核评估在绩效控制中的作用不可低估，考核的制度化和评估的标准化使它成为一种高效的调节方式。考核评估可以发现问题、解决问题，提出改进措施，不断完善企业行为识别的行为规范管理。与考核评估紧密相连的奖惩制度，也是一种理想的调节杠杆。

绩效控制的原则运用到推行组织工作上，大大提高了组织工作的效率。组织成员不仅注意到在企业行为识别规范下如何行动，还着眼于谋求预期效果，使组织行为与组织整体战略相统一。在企业实施绩效控制过程中，个人的事业心在完成既定目标中加强了，而且都能从中获得一种荣誉感与满足，这在无形中增强了企业的向心力与凝聚力。

3. 任务控制

任务控制是一套与日常考核紧密结合，以便客观公正地考核每位员工工作效率的绩效管理制度。任务控制的实施，使得组织内部工作在基层获得充分量化分析的保障，每一道流程都有统计数据的保障，每一个环节都获得监督和控制，真正做到了“事前有计划、事中有控制、事后有考核”，有效避免了由于人为原因或主观因素造成的工作效率低下、任务管理失控等问题，从而实现精细化管理，促进了团队整体素质的提升。

（三）按控制的内容分

根据控制的内容不同，可以将控制划分为预算控制、质量控制、人事管理控制、库存控制和进度控制五类。

1. 预算控制

预算控制是以货币或实物数量来对组织工作进行计划和控制，它不仅是计划的具体化，而且为控制提供了明确的控制标准，更有利于控制工作的开展。预算的种类很多，一般可分为以下几种类型：收支预算，是指以货币表示预算期内组织的收入和费用支出的计划；实物预算，是指以实物量为计量单位的预算方法，主要是以时间、空间占用，原材料消耗，产品产量等为预算的单位；投资预算，是指对特定投资项目支出所做的预算，主要是对固定资产投资项目的预算；现金预算，是指对未来一定时期内的现金收入和支出进行预测，并据此衡量资金的使用情况；总预算，是指由组织中各种预算综合而成的组织在未来一定时期内的综合预算，它能够较全面地反映组织在预算期内的资产、负债和权益状况，反映预计的经营成果，揭示组织目标的进展情况。

2. 质量控制

质量控制是指组织在工作过程中，为保证最终目标保质保量地完成，而专门针对质量进行的控制活动。对产品质量特性按一定尺度、技术参数或技术经济指标规定必须达到的水平就形成了质量标准。质量控制就是以这些技术依据为衡量标准来检验产品质量的。质量控制包含以下几个重要方面：

质量要求——对产品、过程或体系的固有特性的要求。

质量方针——最高管理者正式发布的与质量有关的组织总的意图和方向。

质量目标——与质量有关的，所追求的或作为目的的事物。

质量策划——致力于设定目标，规定必要的过程和相关资源以实现目标。

质量控制——致力于达到质量要求。

质量保证——致力于对达到质量要求提供信任。

质量改进——提高有效性和效率。

3. 人事管理控制

人事管理控制主要集中在组织内部人力资源的管理上。具体包括组织人员比例的控制和对组织成员公正的考核两大方面。要对管理人员和一般人员在工作中的成绩、能力和态度进行系统的、周期性的客观公正考核、评价和分析鉴定，即进行业绩评估。这既有利于激励原来表现好的员工继续保持和发扬下去，也有利于原来表现差的员工向着好的方向转化和发展。

4. 库存控制

在现代企业经营管理理论中，库存控制包括：对仓储货物的收发、结存等活动的有效控制，其目的是为保证仓储货物完好无损，确保生产经营活动正常进行；准确的物料分类记录；明确的图表，显示仓储货物在数量和品质方面的状况；准确的存放位置，以及部门和订单归属等信息。

在以上内容的基础上，企业还应该围绕各种各样的库存数据来进行经营，而要实现这种经营，则必须建立起良好的管理流程和体系，这也是库存控制的重点内容。这里提出的库存系统，是指用来监控库存水平、确定应维持的库存水平、决定库存补充的时间及订购量大小的整套制度和控制手段。在企业进行库存管理、使其实现标准化的过程中，首先要设定如下的基本原则，即在需求增加时，以小于需求量增长的比例增加库存量；反之，当需求量减少时，以低于需求量减少的速度降低库存。

5. 进度控制

进度控制是指监视和测量工作的实际进展，若发现实施过程偏离了原有计划，就要找出原因并采取行动，使项目回到计划的轨道上来。简单地说，进度控制就是比较实际状态和计划之间的差异，并依据差异做出必要的调整以使项目向有利于目标达成的方向发展。进度控制包括相互影响的三个环节：第一，进度计划是进度控制的基础。计划确定了组织未来努力的方向和奋斗目标，它是经过仔细分析后综合形成的对未来的构思，又是当前行动的准则。一个完善的计划可以使失败的概率降至最低，以最大限度地保证在预期的期限内取得预期的效果。第二，进度控制通过项目的动态监控实现。进度控制随着项目的进行而不断进行，是一个动态过程，也是一个循环进行的过程。从项目开始，实际进度就进入了运行的轨迹，也就是计划进入了执行的轨迹。第三，对比分析并采取必要的措施是进度控制的关键。当实际进度与进度计划不一致时，应分析偏差的原因，采取措施并调整计划，从而使实际与计划在新的起点上重合，并尽量使项目按调整后的计划继续进行。

第二节　控制的过程

一、确立标准

控制标准是控制过程中对实际工作进行检查的衡量尺度，是实施控制的必要条件，是检查和衡量工作及其结果的规范。因此，确定控制标准是控制过程的首要环节。没有一套完整的标准，衡量绩效或纠正偏差就失去了客观依据。

(一)控制标准的分类

控制标准按照是否能够精确计量，一般可分为定量标准和定性标准两大类。

1. 定量标准

定量标准指能够通过一定形式的计量方式得出准确的单位计算结果的标准。在管理过程中定量标准是控制标准的主要表现形式，可以很方便地对工作过程和结果进行度量和比较。

定量标准主要分为三大类：第一，实物标准。它是以实物为计量单位的标准。主要用于在投入和产出方面可用实物计量的场合，反映定量的工作成果。实物标准是计划工作的常用指标，也是控制的基本标准。第二，财务标准，也称为价值标准，是指以货币为计量单位的标准，主要反映组织在各项活动中的资金效益方面的成果。第三，时间标准，是指以时间为计量单位的标准，反映组织在各项活动中的时间利用方面的成果。

定量标准的建立主要依靠各种统计手段在工作中的综合运用，统计分析是以分析反映企业经营在历史上各个时期状况的数据为基础，为未来活动建立的标准。这些数据可能来自本企业的历史统计，也可能来自其他企业的经验。据此建立的标准，可能是历史数据，也可能是工作预测平均数。利用本企业的历史统计资料为某项工作确定标准，具有简便易行的好处。但是，据此制定的工作标准可能低于同行业的领先水平，甚至低于平均水平。在这种条件下，即使企业的各项工作都达到了标准的要求，也可能造成劳动生产率低下、成本高昂、竞争能力劣于竞争对手等情况。为了克服这种局限性，在根据历史统计数据制定未来工作标准时，应充分考虑行业的平均水平。

2. 定性标准

定性标准是指难以用计量单位直接计量的标准。这类标准主要用于有关服务质量、组织形象、组织成员的工作表现等软指标，虽然它们一般能够作出定性描述，但是难以定量化。尽管如此，为了使定性标准便于掌握和控制，有时也应尽可能地采用可度量的方法。为了让定性标准有可操作性，在组织生活中常常运用建立评估标准来解决此类问题。

评估标准是通过对工作情况进行客观的定量分析来进行的。比如，工人操作标准是管理者在工作的各项动作和要素客观分析的基础上，最终经过确定的标准作业方法；劳动时间定额是利用秒表测定的受过训练的普通工人，以正常速度按照标准操作方法所需要的平均时间。但有时并不是所有工作的质量和成果都能用统计数据来表示，也不是所有的企业活动都保存着历史统计数据。对于新从事的工作，或对于统计资料缺乏的工作，可以根据管理人员的经验、判断和评估来建立标准。利用这种方法建立工作标准时，要注意利用各方面管理人员的知识和经验，综合大家的判断，给出一个相对先进合理的标准。

美国著名的麦当劳公司在经营上奉行“质量、服务、清洁、价值”的宗旨，为体现其宗旨，公司制定的工作标准是：95%以上的顾客进餐馆后 3 分钟内，服务员必须迎上前去接待顾客；事先准备好的汉堡包必须在 5 分钟内热好供应顾客；服务员必须在就餐人离开后 5 分钟内把餐桌打扫干净等。如此一来，对服务质量的控制也就有了明确的标准。

(二)确定控制标准应注意的问题

1. 明确控制对象

经营活动的成果是需要控制的重点对象，要保证企业取得预期的结果，必须在成果最终形成以前进行控制，纠正与预期成果的要求不相符的活动。控制工作的初始动机就是要促进企业有效地取得预期的活动结果。因此,需要分析影响企业经营成果的各种因素并把它们列为需要控制的对象。

分析企业需要的结果可以从盈利性、市场占有率等多个角度来进行。确定了企业活动需要的结果类型后,要对它们加以明确的、尽可能定量的描述。其中,影响企业在一定时期经营成果的主要因素有以下三个方面:

第一,组织环境和发展趋势计划。对制定组织计划时所依据的环境进行全范围控制,做出各种情况下的准备预案。

第二,资源投入。投入的资源不仅会在数量和质量上影响经营活动并影响最终的物质产品,而且其取得费用会影响生产成本。因此。必须对资源投入进行控制,使之在数量、质量以及价格等方面符合预期要求。

第三,组织活动。企业员工的工作质量是决定经营成果的重要因素,因此,必须使企业员工的活动符合计划和预期结果的要求。为此,必须建立员工的工作规范和成果检验标准,以便对他们的活动进行控制。

2. 明确控制重点

组织活动的计划内容和活动状况是细微和复杂的,控制工作既不可能也无必要对整个计划和活动的细枝末节都来确定标准,加以控制,而只要找出关键点就可以了。企业将会在影响经营成果的众多因素中选择若干关键环节作为重点控制对象,一般来说,对于实现各级目标有重大影响的因素和环节,就是要加以控制的关键点。在控制过程中,对关键点必须确定相应的控制标准。

通用电器公司在分析影响和反映企业绩效的众多因素的基础上,选择了对企业经营成败起决定作用的八个方面,并为它们建立了相应的控制标准。这八个方面包括获利能力、市场地位、生产率、产品领导地位、人员发展、员工态度、公共责任、短期目标与长期目标的平衡。

3. 建立标准体系

标准能够量化的必须量化,以便于有明确的衡量尺度。对于定性标准也应尽可能地采用间接度量的方法。标准是用来评价实现一定目标过程中拥有的标准和尺度。而标准中的指标体系是一系列指标的构成体,这些指标之间存在有机的联系并相互作用,指标体系通过揭示这种联系和相互作用的规律来反映系统的结构状况,考察系统结构的稳定性和应变能力,辨明系统功能和效益的演变动向和发展趋势,最终达到对系统进行有效控制的目的。依据组织目的以及指标选取的范围,可以将评价指标体系分为综合指标体系和单项指标体系。单项指标体系只针对研究对象的某一方面进行评价,所选择的指标也只限于与这一方面相关的因素,其功能是评价企业的局部竞争力。综合指标体系针对研究对象的全部领域进行评价,所选择的指标涉及企业的各个方面,其功能是评价企业的整体竞争力。

二、衡量绩效

衡量工作成效是指控制过程中将实际工作情况与预先确定的控制标准进行比较,找出实际业绩与控制标准之间的差异,以便于找出组织目标与计划在实施中的问题,对实际工作做出正确的评估。为此,要求管理者及时掌握反映偏差是否产生,并能判定其严重程度的信息。用既定标准对实际工作成效和进度进行检查、衡量和比较。实际衡量绩效工作中通过调查、汇报、统计、分析等,比较全面确切地了解实际的工作进展情况,掌握计划的执行进度。此外,找出实际工作与控制标准之间的差异,以便于找出组织目标和计划在实施中的问题,为纠正偏差、改进工作以及管理者评价和奖励下级提供依据。

为了能够及时、准确地提供反映偏差的信息，同时又符合控制工作在其他方面的要求，管理者在衡量工作成绩的过程中应注意以下几个问题。

（一）检测标准的合理性

衡量工作成效是以预定的标准为依据的。但利用预先制定的标准去检查各部门在各个阶段的工作，这本身也是对标准的客观性和有效性进行检验的过程。检验标准的合理性，是要分析标准执行过程的情况能否取得符合组织的要求。

由于组织各部门各种工作都有着不同的性质和要求，因此采用有效的控制标准作为衡量手段和方法，同时也要根据各自不同的特点，采用适宜的方式重视对各级主管人员工作成效的衡量与评价。组织中的各级主管人员既是计划的执行者，同时也是计划的制定者和监督者。他们的工作成效与组织目标实现有着更为直接的关系。因此，对各级主管人员的控制必须要有系统的观点，要制定各种可行的标准，既要对主管人员的工作成效做出客观的衡量与评价，也要对他们的个人品质和工作能力做出客观的衡量与评价。

衡量成效的目的既是对计划执行过程的一个客观反馈，也要求能够对计划执行过程中的问题做出客观反映。管理者不仅应该能够通过衡量成效发现已经存在的问题，还应具有超前的意识，善于发现隐藏的、未来可能发生的问题，以便于及时采取措施，避免计划执行过程中偏差的出现。由于企业中许多类型的活动难以用精确的手段和方法加以衡量，建立标准也就相对困难。因此，企业可能会选择一些易于衡量，但并不反映控制对象特征的标准。

（二）确定衡量频度和建立信息管理系统

控制过多或不足都会影响控制的有效性。它不仅体现在控制对象和标准数目的选择上，而且表现在对同一标准的衡量次数或频度上。组织活动的性质决定了衡量频度的高低。对组织工作过于频繁地衡量，不仅会增加控制的费用，而且可能引起有关人员的不满，从而影响他们的工作情绪；但检查和衡量的次数过少，则可能使许多重大的偏差不能及时发现，从而不能及时采取措施。

负有控制责任的管理人员只有及时掌握反映实际工作与预期工作绩效之间偏差的信息，才能迅速采取有效的纠正措施，但并不是所有衡量绩效的工作都由管理者亲力亲为，有时需要借助专职的检测人员。因此，管理者所接受的信息通常是零乱而孤立的，难免混杂着一些不准确的信息。因此，应该建立有效的信息管理网络，通过分类、比较、判断、加工，提高信息的真实性和清晰度，同时将杂乱的信息变成有序的、系统的、彼此紧密联系的信息，并使反映实际工作情况的信息适时地传递给适当的管理人员。建立这样的信息管理系统，不仅更有利于保证预定计划的实施，而且能防止基层工作人员把衡量和控制视作上级检查工作、进行惩罚的手段，从而避免产生抵触情绪。

三、纠正偏差

利用科学的方法，依据客观的标准，通过对工作绩效的衡量，可以发现计划执行中出现的偏差。偏差是指执行计划的实际情况与计划或标准不一致。通过差异分析，在查明问题原因的基础上，找出解决问题的办法，采取纠偏措施，使组织的活动回到预定轨道上来。当察觉到偏差发生后，进行差异分析，从而纠正偏差就是组织的主要工作了。所谓差异分析，就是首先要确定偏差的性质和类型。偏差的产生，可能是在执行任务过程中由于工作失误而造成的，也可能是由于原有计划不周而导致的。必须对这两类不同性质的偏差做出准确的判断，以便采取相应的纠偏措施。

纠正偏差就是在此基础上,分析偏差产生的原因,制定并实施必要的纠正措施。这项工作使得控制过程得以完整,并将控制与管理的其他职能相互联结。通过纠偏,使组织计划得以遵循,组织机构和人事安排得到调整,领导活动更加完善。在深入分析偏差产生的原因的基础上,管理者要根据不同的原因采取不同的措施。

(一)改进工作方法

达不到原定的控制标准,工作方法不当是重要原因之一。如以生产为中心的企业,生产技术是生产过程中的重要因素,在很多情况下偏差来自于技术上的原因,为此就要采取技术措施,及时处理生产中出现的技术问题。为改进工作应再次确认 5W1H 的内容,即 What(做什么)、Why(为什么做)、Who(为谁做)、Where(在哪里做)、When(何时做)、How(如何做)并将其标准化,然后进行有关标准的准备及传达,实施教育培训,最后建立保证严格遵守标准的质量责任制,以保证改进工作的实现。

(二)改进领导方法

控制职能与组织、领导职能是相互影响的。组织方面的问题主要有两种:一是计划制定好之后,组织实施方面的工作没有做好;二是控制工作本身的组织体系不完善,不能对已产生的偏差加以及时的跟踪与分析。在这两种情况下,都应改进组织工作,如调整组织机构、调整责权利关系、改进分工协作体系等。偏差也可能是由于执行人员能力不足或积极性不高而导致的,这就需要通过改进领导方式和提高领导艺术来纠正偏差。

高层领导应该确定和展开组织的价值观,以及长短期发展方向及绩效目标,考虑如何在绩效目标中均衡地考虑顾客及其他相关方的利益;如何向全体员工、主要的供方和合作伙伴沟通组织的价值观、发展方向和目标;如何确保双向沟通等组织的一些重要问题。此外,高层领导要创造有利于授权、主动参与、创新和快速反应的环境,促进组织学习和员工学习的环境,遵守法律法规的环境。

(三)调整计划或标准

组织对自身的行为活动提出目标与计划,作出决议、安排,为自身的运行指明方向,计划职能就是要事先决定做什么,怎样去做,为谁去做,何时去做和由谁去做。制定计划时,必须充分考虑执行计划的主要因素如资金、劳动力、技术水平等素质的状况。由于原有计划安排不当可能导致偏差较大;也可能是由于内外环境的变化,使原有计划与现实状况之间产生了较大的偏差。对于这两者而言都要对原有计划加以适当调整。需要注意的是,调整计划不是任意地变动计划,这种调整不能偏离组织总的发展目标,调整计划归根到底还是为了实现组织目标。

第三节　控制方法和原则

一、常用的控制方法

控制的对象是组织的一系列活动,其主要内容是对组织中的人、财、物三大方面的运作状况进行有效控制,以最优效率达到组织目标。在企业实际管理中有多种控制方法,管理人员除了利用现场巡视、监督或分析下属依循组织路线传送的工作报告等手段进行控制外,还经常借助预算控制、生产控制和其他控制方法来进行控制活动。

(一)预算控制

预算控制是一种控制机制和制度化的程序，是实施资金集中管理的有效保证，是企业生产经营活动有序进行的重要保证，是企业进行监督、控制、审计、考核的基本依据。企业的全面预算控制是对生产经营各个环节实施预算的编制、分析、考核，把企业生产经营活动中所有的资金收支均纳入严格的预算管理之中。组织的预算应以资产为纽带，实行分级预算。母公司应侧重搞好投资、融资预算，以资本经营预算为主，实行资金的统一筹划，集中管理；子公司则以生产经营预算为主，加强成本费用和资金流量预算。组织预算一经确定，就应成为组织生产经营活动的依据，不得随意更改。而组织资金预算则是企业全面预算的核心，包括年度、月度预算。年度资金预算是测算年度内公司资金的流入、流出规模。根据规模可以确定公司的融资、投资的政策。而月度预算则比较接近实际，能较准确地反映每月的资金流量情况，据此，也可以具体地调整融资、投资计划。

不同企业，由于生产活动的特点不同，预算表中的项目会有所不同，但一般来说，预算内容要涉及以下几个方面：

1. 收入预算

收入预算是指以货币单位表示的组织的收入和费用支出计划。组织的收入预算是组织支出预算和盈利预算的基础，是从财务角度计划和预测未来活动的成果以及为取得这些成果所需付出的费用。由于收入主要来源于产品销售，因此收入预算的主要内容是销售预算。销售预算是在销售预测的基础上编制的，通过分析企业过去的销售情况、目前和未来的市场需求特点及其发展趋势，比较竞争对手和本企业的经营实力，确定企业在未来时期内为了实现目标利润必须达到的销售水平，在工作中应尽可能考虑到可能有的各方面的收入，并准确地估计各项收入的量和时间。

2. 支出预算

企业在内部生产过程中需要消耗一定的劳动力和物质资源，需要付出一定的费用换取使用权。与销售预算相对应，企业必须编制能够保证销售过程得以进行的生产活动的支出预算。在编制支出预算时，各种可能产生的费用开支均应尽可能地予以考虑，并应在支出预算中安排一笔适当的不可预见费，以应付一些额外的开支。

3. 现金预算

现金预算是对企业未来生产与销售活动中现金的流入与流出进行预测。通过现金预算，估算计划期内可能提供的现金和所需支付的现金，据此衡量组织的实际现金的使用情况，以求得现金收支的平衡，并为管理人员利用可用的现金盈余和制定盈利性投资计划提供所需的信息。这里所指的现金是指现实的可立即使用的资金。组织中有些用货币表示的资金，实际上处于实物形态，也有些资金只是赊账，这些资金均非现金，它们虽然也是组织的资产，但不能像现金那样自由使用。通过现金预算，可以帮助企业发现资金的闲置或不足，从而指导企业及时利用暂时过剩的现金，或及早筹集维持营运所短缺的资金。

4. 资产负债预算

资产负债预算是对企业会计年度末的财务状况进行预测，主要用于预测企业的资产、负债、所有者权益及其相互关系。根据“资产＝负债＋所有者权益”这一基本公式，依照一定的分类标准和一定的次序，把企业在某一特定日期的资产、负债和所有者权益各要素分成资产、负债和所有者权益两方予以适当排列编制而成。资产负债表是以企业的资产、负债和所有者权益的静态状况来说明企业某一特定日期的财务状况。它通过将各部门和各项目的分预算汇总在一起，表明如果企业的各种业务活动达到预先规定的标准，在财务期末企业资产与负债会呈现何种状况。作为各分预算的汇总，管理人员在编制资产负债预算时虽然不需作出新的计划或决策，但通过对预算表的分析，可以发现某些分预算的问题，从而有助于采取及时的调整措施。

5. 总预算

总预算是指由组织中各种预算综合而成的组织在未来一定时期内的综合预算。总预算是建立在组织内的各部门和各专业职能预算的基础上，能够全面反映组织计划与目标的要求，使人们全面了解销售额、销售成本、利润、资本的利用，以及投资回收等情况及其相互关系，揭示实现组织目标的进展情况。

预算的实质是用统一的货币单位为企业各部门的各项活动编制计划，它使不同部门在企业活动中的经营绩效具有了可比性，可以使管理者了解企业经营状况的变化方向和问题，从而为调整企业活动指明了方向。在为不同的职能部门和职能活动编制预算的同时，也为协调企业活动提供了依据，更重要的是，预算的编制与执行始终是与控制过程联系在一起的。编制预算是为企业的各项活动确立财务标准，用量化的预算标准来管理企业活动，这也大大方便了控制过程中的绩效衡量工作，使之更加客观可靠。在此基础上，很容易测量出实际活动对预期效果的偏离程度，从而为采取纠正措施奠定了基础。

(二)生产控制

为了达到组织预定的目标，就必须对企业的生产活动进行控制，即管理人员需要对原材料、零部件、劳动力等投入进行控制。组织既要对经营系统的运营进行控制，也要对有形和无形的因素进行控制。

1. 供应链控制

供应商与制造商之间的合作关系定义为供应链，供应链是在一定时期内的共享信息、共担风险、共同获利的协议关系。

这样一种战略合作关系形成于集成化供应链管理环境下，形成于供应链中为了特定的目标和利益的企业之间。形成的原因通常是为了降低供应链总成本、降低库存水平、增强信息共享、改善相互之间的交流、保持战略伙伴相互之间操作的一贯性、产生更大的竞争优势，以实现供应链节点企业的财务状况、质量、产量、交货期、用户满意度和业绩的改善和提高。显然，战略合作关系必然强调合作和信任。

实施供应链合作关系就意味着新产品和技术的共同开发、数据和信息的交换、市场机会共享和风险共担。在供应链合作关系环境下，制造商选择供应商不再是只考虑价格，而是更注重选择能在优质服务、技术革新、产品设计等方面进行良好合作的供应商。供应商为制造企业的生产和经营供应各种生产要素。供应者所提供要素的数量、价格，直接影响到制造企业生产的好坏、成本的高低和产品质量的优劣。因此，制造商与供应商的合作关系应着眼于以下几个方面：让供应商了解企业的生产程序和生产能力，使供应商能够清楚地知道企业需要产品或原材料的期限、质量和数量；向供应商提供自己的经营计划、经营策略及其相应的措施，使供应商明确企业的希望，以使自己能随时达到企业要求的目标；企业与供应商要明确双方的责任，并各自向对方负责，使双方明确共同的利益所在，并为此而团结一致，以达到双赢的目的。

2. 库存控制

对库存的控制主要是为了减少库存，降低各种占用，提高经济效益。在现代企业经营管理理论中，库存管理的内容包括：对仓储货物的收发、结存等活动的有效控制，其目的是为企业保证仓储货物完好无损，确保生产经营活动正常进行；准确的物料分类记录；明确的图表，显示仓储货物在数量和品质方面的状况；准确的存放位置、部门和订单归属等信息。

在以上内容的基础上，企业还应该围绕各种各样的库存数据来进行经营，而要实现这种经营，则必须建立起很好的管理流程和体系，这也是库存控制的重点内容。这里提出的库存系统，是指用来监控库存水平、确定应维持的库存水平、决定库存补充的时间及订购量大小的整套制度和控制手段。在库存控制的整个体系中，货仓操作手册是应该具备的一个重要的标准化文件，也是企业核心的管理文件之一。它是对企业货仓管理既定程序的汇编，是保证货仓日常运作稳定的重要文件以及贯彻 ISO(International Standard Organization，国际标准化组织)标准化管理的重要组成部分，也是货仓员工培训的基本教材。其具体应该包括概况、使命和服务承诺、货仓管理功能描述、组织图、总运作流程图、运作流程明细图(领料、退料)、程序描述、各货仓的平面布置图、报表汇总等方面的内容。

3. 质量控制

质量是产品或服务满足明确或隐含需要能力的特征和特性的总和。目前更流行、更通俗的定义是从用户的角度去定义质量：质量是用户对一个产品(包括相关的服务)满足程度的度量。质量是产品或服务的生命。质量受企业生产经营管理活动中多种因素的影响，是企业各项工作的综合反映。要保证和提高产品质量，必须对影响质量的各种因素进行全面而系统的管理。全面质量管理，就是企业组织全体职工和有关部门参加，综合运用现代科学和管理技术成果，控制影响产品质量的全过程和各因素，经济地研制生产和提供用户满意的产品的系统管理活动。

全面质量管理是企业管理现代化、科学化的一项重要内容。它于 20 世纪 60 年代产生于美国，后来在西欧和日本逐渐得到推广与发展。它应用数理统计方法进行质量控制，使质量管理实现定量化，变质量的事后检验为生产过程中的质量控制。全面质量管理类似于日本式的全面质量控制(TQC)。第一，质量的含义是全面的，不仅包括产品服务质量，而且包括工作质量，用工作质量保证产品或服务质量；第二，TQC 是全过程的质量管理，不仅要管理生产制造过程，而且要管理采购、设计直至储存、销售、售后服务的全过程。我们要形成一种这样的意识，好的质量是设计、制造出来的，不是检验出来的；质量管理的实施要求全员参与，并且要以数据为客观依据，要视顾客为上帝，以顾客需求为核心；在实现方法上，要一切按戴明环(PDCA，计划—执行—检测—重复)循环办事。

(三)其他控制方法

其他控制方法主要有三种：行政控制法、比率分析法、审计法。

1. 行政控制法

行政控制方法主要有视察与指导、报告和考核评估三个主要手段。视察与指导，即管理者到工作现场进行巡视、观察，直接搜集信息，并进行指导与纠正偏差等过程。这是一种最古老、最直接的控制方法，但仍是管理者最经常使用的控制方法。报告，即由下级搜集计划执行情况的信息，并综合成报告，上报给管理者的一种方法。控制报告应该突出重点，提出例外情况，应简明扼要，并应适时。这可以节省管理者的时间，但不便于管理者掌握第一手资料。考核与评估，指对管理对象所进行的各种考核与评估的方法或技术。它既包括对实现组织职能的各种活动的进度、状况、效果的考核与评估，也包括对各级、各类人员的素质及工作绩效的考核与评价。

2. 比率分析法

比率分析就是将企业资产负债表和利润表上的相关项目进行对比，形成一个比率，从中分析和评价企业的经营成果和财务状况。利用财务报表提供的数据,可以列出许多比率,常用的有两种类型:财务比率和经营比率。

财务比率及其分析可以帮助我们了解企业的偿债能力和盈利能力等财务状况。它包括流动比率,即企业的流动资产与流动负债之比。它反映了企业偿还需要付现的流动债务的能力。速动比率,即流动资产和存货之差与流动负债之比。该比率和流动比率一样是衡量企业资产流动性的一个指标。负债比率,即企业总负债与总资产之比。它反映了企业所有者提供的资金与外部债权人提供的资金的比率关系。盈利比率,即企业利润与销售额或全部资金等相关因素的比例关系。它们反映了企业在一定时期从事某种经营活动的盈利程度及其变化情况。

经营比率反映企业经营效率的高低和各种资源是否得到了充分利用。它包括存货周转率,即销售总额与存货平均价值的比例关系,它反映了与销售收入相比存货数量是否合理,表明了投入存货的流动资金的使用情况。固定资产周转率,即销售总额与固定资产之比,它反映了单位固定资产能够提供的销售收入。收入与销售费用比,表明了单位销售费用能够实现的销售收入,在一定程度上反映了企业营销活动的效率。

3. 审计法

审计是常用的一种控制方法,审计本质上具有两方面的含义:一指审计是一种经济监督活动,经济监督是审计的基本职能;二指审计具有独立性,独立性是审计监督的本质特征,是区别于其他经济监督的关键所在。审计与会计是两种不同的、但又有联系的社会活动。审计与会计的联系主要表现在:审计的主要对象是会计资料及其所反映的财政、财务收支活动。会计资料是审计的前提和基础。会计活动是经济管理活动的重要组成部分,会计活动本身就是审计监督的主要对象。审计包括外部审计、内部审计和管理审计三大类。

外部审计是由外部机构选派的审计人员对企业财务报表及其反映的财务状况进行独立的评估。为了检查财务报表及其反映的资产与负债的账面情况与企业真实情况是否相符,外部审计人员需要抽查企业的基本财务记录,以验证其真实性和准确性,并分析这些记录是否符合公认的会计准则和记账程序。

内部审计提供了检查现有控制程序和方法能否有效地保证达成既定目标和执行既定政策的手段。例如,制造质量完善、性能全面的产品是企业孜孜以求的目标,这不仅要求利用先进的生产工艺、工人提供高质量的工作,而且对构成产品的原材料提出了相应的质量要求。这样,内部审计人员在检查物资采购时,就不仅限于分析采购部门的账目是否齐全、准确,而且要测定材料质量是否达到要求。内部审计在此基础上对企业政策、工作程序与计划的遵循程度进行测定,并提出必要的改进企业控制系统的对策建议。

管理审计的方法是利用公开记录的信息,从反映企业管理绩效及其影响因素的若干方面将企业与同行业其他企业或其他行业的著名企业进行比较,以判断企业经营与管理的健康程度。管理审计的对象和范围则更广,它是一种对企业所有管理工作及其绩效进行全面系统地评价和鉴定的方法。管理审计虽然也可组织内部的有关部门进行,但为了保证某些敏感领域得到客观的评价,企业通常聘请外部的专家来进行。

二、有效控制的原则

大多数计划要靠人去执行,而人的才能、动机和工作责任心是不同的。而且,计划往往因过时而需要修正。这就使控制成为十分重要的管理工作。

控制是管理的重要职能之一,是一个连续不断、反复发生的过程,在此过程中,管理人员努力设法保证各项活动达到预期效果。控制的目的就是要指出计划实施过程中的缺点和错误，以便加以纠正和防止。一位学者说过，拙劣的经理无所事事，平凡的经理什么事都干，精明的经理把任务交给下级，同时建立足够的考核点，这样便能了解工作完成得怎样。

控制的基本过程和基本原理是普遍适用的。任何控制程序都包括三个基本步骤：确定控制标准，衡量实际成效，纠正偏差。但是，实际在组织中起作用的控制系统却千差万别，需要经过专门的设计。比如，生产进度的控制在甲部门中通过下达报表来实现，在乙部门中则通过班前会来实现。要使控制系统有效运行，必须根据实际情况来灵活设置。下述一些原则已被证明是提高控制系统有效性的一般原则：

（一）适应性原则

它是指控制应当与计划和工作特点以及主管人员的具体情况相适应。比如：要有针对性地收集信息，要使主管人员理解信息的内容，使系统便于使用等等。

（二）及时性原则

它是指能够及时发现偏差，纠正偏差。最理想的控制应该是在偏差未出现之前，能够预计偏差的产生，做到防患于未然。

（三）灵活性原则或弹性原则

它是指控制工作即使在面临计划发生变动、出现了未能预见的情况或计划失败的情况下，也能发挥作用。不能把控制工作过于死板地同计划拧在一起，以免在整个计划失策或发生突然变动时控制也跟着失控。或者说，控制必须有弹性。比如企业的预算工作、滚动计划、应变计划等，都体现了控制的弹性原则。

（四）经济性原则

控制所支出的费用必须是有效的和合理的，要防止在无效控制上花费精力和财力。要重视选择关键性问题和注意对例外出现的偏差进行控制。因此，经济性原则也称关键控制点原则和例外情况原则。

（五）匹配性原则

任何控制或技术都必须适合组织气氛才能奏效。例如，在员工自由度较大、对管理的参与程度较深的组织中，严格监视型的控制系统将不受欢迎，也很难成功。

（六）客观性原则

即管理者对绩效评价工作应客观公正，防止主观片面。实行客观的控制首先要尽量采用客观的计量方法，尽可能把绩效用定量的方法记录并评价，把定性的内容具体化；其次是管理者要从组织目标的角度来观察问题，避免形而上学的观点，避免个人的偏见和成见。

复习题

1. 什么是控制？它包括哪几个基本要素？
2. 控制的根本目的是什么？其特点有哪些？
3. 常用的控制方法有哪些？
4. 简述控制的类型。
5. 控制应遵循哪些原则？

案例分析

客户服务质量控制

美国某信用卡公司的卡片分部认识到高质量客户服务非常重要。客户服务不仅影响公司信誉，也与公司利润息息相关。比如，一张信用卡每早到客户手中一天，公司可获得33美分的额外销售收入，这样一年下来，公司将有140万美元的净利润，及时地将新办理的和更换的信用卡送到客户手中是客户服务质量的一个重要方面。但仅做到这点还远远不够。

决定对客户服务质量进行控制来反映其重要性的想法，最初是由卡片分部的一个地区副总裁凯西·帕克提出来的。她说，"一段时间以来，我们对传统的评价客户服务的方法不太满意。向管理部门提交的报告有偏差，因为它们很少包括有问题但没有抱怨的客户，或那些只是勉强满意公司服务的客户。"她相信，真正衡量客户服务的标准必须基于和反映持卡人的见解。这就意味着要对公司控制程序进行彻底检查。第一项工作就是确定用户对公司的期望。对抱怨信件的分析指出了客户服务的三个重要特点：及时性、准确性和反应灵敏性。持卡者希望准时收到账单、快速处理地址变动、采取行动解决抱怨。

了解了客户期望，公司质量保证人员开始建立控制客户服务质量的标准。所建立的180多个标准反映了诸如申请处理、信用卡发行、账单查询反应及账户服务费代理等服务项目的可接受的服务质量。这些标准都基于用户所期望的服务的及时性、准确性和反应灵敏性。同时也考虑了其他一些因素。

除了客户需求，服务质量标准还反映了公司竞争性、能力和一些经济因素。比如，一些标准因竞争而引入，一些标准受组织现行处理能力而受影响，另一些标准则反映了经济上的能力。考虑了每一个因素后，适当的标准就成形了，故开始实施控制服务质量的计划。

计划实施效果很好，比如处理信用卡申请的时间由35天降到15天，更换信用卡从15天降到2天，回答用户查询时间从16天降到10天。这些改进给公司带来的潜在利润是巨大的。例如，办理新卡和更换旧卡节省的时间会给公司带来1 750万美元的额外收入。另外，如果用户能及时收到信用卡，那他们就不会使用竞争者的卡片了。

该质量控制计划潜在的收入和利润对公司还有其他的益处，譬如使整个公司都注重客户期望。各部门都以自己的客户服务记录为骄傲。而且每个雇员都对改进客户服务做出了贡献，使员工士气大增。每个雇员在为客户服务时，都认为自己是公司的一部分，是公司的代表。

信用卡部客户服务质量控制计划的成功，使公司其他部门纷纷效仿。无疑，它对该公司的贡献将是非常巨大的。

（资料来源：http://wenwen.soso.com/z/q72233526.html）

分析与思考：

1. 该公司控制客户服务质量的计划是前馈控制、反馈控制，还是现场控制？
2. 找出该公司对计划进行有效控制的三个因素。
3. 为什么该公司将标准设立在经济可行的水平上，而不是最高可能的水平上？

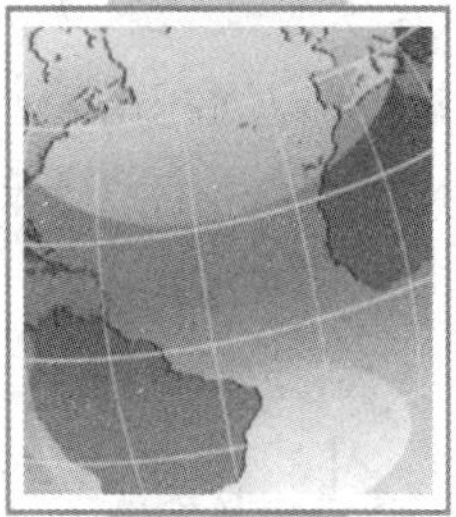

第十三章 管理创新

【学习目标】

1.了解管理创新的含义、特征、条件、原则及行为主体；
2.明确现代管理的新趋势及管理创新的基本内容；
3.理解管理创新的过程及机会，掌握管理创新的主要方法；
4.了解正在影响中国的十大管理创新活动。

【知识能力】

掌握管理创新的主要方法并能简单运用。

【工作任务】

从实际生活中找出一些典型企业的创新活动，进行理论分析。

【引导案例】

滴滴巴士——定制公共交通

企业介绍：滴滴巴士是滴滴快的旗下的巴士业务，该服务在 2015 年 7 月 15 日上线。2015 年 7 月 29 日，滴滴快的宣布投入 5 亿元发展“滴滴巴士”业务。2015 年 9 月 10 日，定制大巴服务商考拉班车宣布与滴滴巴士战略合并，从 2015 年 9 月 14 日起业务将交由滴滴巴士运营。2015 年 10 月 19 日，滴滴巴士宣布正式登录滴滴出行 APP，表示试运营期间用户数已超 60 万。2016 年 3 月 4 日，滴滴巴士联合好大夫推出关爱司机健康医疗计划。目前，滴滴巴士已经在北京和深圳拥有 700 多辆大巴、1000 多个班次。

创新性：滴滴巴士是第一个尝试将巴士进行多场景应用的定制巴士。滴滴巴士是关于定制化出行的城市通勤定制服务，它根据大数据测算并推出城市出行新线路。滴滴巴士还将巴士进行多场景应用，比如旅游线路定制、商务线路定制等，扩展了巴士出行的场景。

启示：城市通勤定制服务出现的时间并不长，却发展很快，它是关于定制化出行的一种初步尝试。事实上，做定制服务的门槛是极高的，而滴滴巴士母公司滴滴出行的互联网技术和用户基础为其创造了有利条件。

（资料来源：http://www.gkstk.com/article/wk-78500000804230.html）

管理创新是企业永恒的主题，管理理论的创新是企业管理创新的核心。21 世纪是知识经济时代，随着经济全球化进程的加快、信息技术革命的推动和市场竞争的日益深化并激烈，企业要以战略高度认识创新，在推进技术创新的同时，也要从管理理念、管理组织、管理方法与手段等多个层面实施创新，努力探索适合自己的管理现代化之路，才能使企业立于不败之地，实现企业又好又快发展。本章拟从管理创新概述、管理创新的基本内容、管理创新的过程、管理创新的方法以及正在影响中国的十大管理创新五个方面进行论述。

第一节　管理创新概述

管理理论与实践的不断发展与演变其实就是一个管理创新的过程，因此，管理创新由来已久，是人类社会发展的巨大推动力，但对于创新的一些基本问题尚处在不断探讨中。本节现对创新的含义及特征、创新的条件及原则以及管理创新的行为主体阐述如下。

一、管理创新的含义

党的十七大报告提出，要把中国建设成为一个“创新型国家”。在社会主义市场经济中，企业是经济活动的主体，也是创新的主体，可以预见，创新，将是未来企业管理活动中一个分量越来越重的关键词。那么，究竟什么是创新呢？什么又是管理创新呢？

其实，目前创新并没有一个被一致认同的概念，比较具有代表性的是1912年美籍奥地利经济学家约瑟夫·熊彼特提出的创新定义，在他发表的《经济学理论》中，从经济学角度指出创新就是建立一种新的生产函数，是企业家对生产要素的新组合，其中任何要素的变化都会导致生产函数的变化从而推动经济的发展。分为五种情况：采用一种新产品；采用一种新的生产方法；开辟一个新市场；控制原料或半成品的一种新的供应来源；实现任何一种工业的新的组合。可见，创新有别于发明创造。发明创造只是一种新概念、新设想或试验品，而创新则是将发明或其他科技成果引入生产体系，利用那些原理制造出市场需要的商品，从而使生产系统产生震荡效应。

熊彼特的这种创新定义很显然属于经济范畴，但随着科学技术的突飞猛进和社会经济的发展以及人们创新意识和水平的不断提升，创新概念扩展到各个领域，如科技创新、产业创新、体制创新、管理创新、军事创新、政治创新、文化创新等等。在此，我们着重了解一些国内外学者对管理创新内涵的界定。

(1)“管理创新是指一种更有效而尚未被企业采用的新的管理方式或方法的引入，是组织创新在企业经营层次上的辐射。”“最具代表性的一次管理创新是现代股份公司兴起后，出现的所谓‘使用权与管理权的分离’。”“管理创新的主要目标是试图设计一套规则和服从程序，以降低交易费用。”

(2)管理创新就是“不断根据市场和社会变化，重新整合人才、资本和科技要素，以创造和适应市场，满足市场需求，同时达到自身的效益和社会责任的目标的过程”。由于这一过程也是管理过程本身，所以“管理过程就是创新过程”，“产品创新和应变环境都是管理创新”。

(3)“管理创新是指创造一种新的更有效的资源整合范式，这种范式既可以是新的有效整合资源以达到企业的目标和责任的全过程式管理，也可以是新的具体资源整合及目标制定等方面的细节管理。”

(4)管理创新是指“根据市场经济条件下企业生产经营的客观规律和现代科学技术的发展态势，对传统的管理模式及相应的管理方式和方法进行改进、改革和改造，创建起新的管理模式、方式和方法”。

综上所述，所谓管理创新是指管理者利用新思维、新技术、新方法，创造出一种新的更有效的整合方式，使各种生产要素有机结合，资源得到优化配置，生产效率不断提高，从而保证企业产品的质量和企业的竞争能力，推进企业管理系统效益的不断提高。美国学者保罗·罗默(Paul Romer)认为，管理创新是在创造和掌握新知识的基础上，主动适应新的环境，提高组织的效能，推动生产要素在质和量上发生新的变化和新的综合过程。所以，管理创新是一种有目的的实践活动，不是一种自发性的随机事件，人们完全能够根据客观情况的变化和自身的实际，有计划、有步骤地开展管理创新活动。

二、管理创新的特征

（一）风险性与不确定性

管理创新涉及的环节和因素众多，并且比较复杂，从而使管理创新的过程和结果均呈现不确定性，这意味着管理创新存在较大的风险性。这种风险性主要表现在：(1)管理创新内容的复杂性。管理创新既要反映人与物的关系，又要体现人与人的关系，还会涉及技术创新和制度创新两大领域，并且具有技术创新和制度创新的某些特点，从而使管理创新变得更为复杂。(2)管理创新的投入回报具有不确定性。管理创新需要大量的投入，投入能否顺利实现价值补偿，受到许多不确定因素的影响，既有来自管理创新本身的不确定性，也有来自市场、社会、政治等因素的不确定性，这些不确定因素都可能使管理创新的投入难以得到回报。(3)管理创新效果的难以度量性。管理归根结底是对人的管理，是通过他人来做好工作的职能。管理创新的效果要通过"他人"的行为表现出来，并凝聚了"他人"脑力和体力的支出，从而使管理创新的效果表现出模糊性和间接性，同时又有一定的滞后性。(4)管理创新的不可实验性。任何管理创新都是在现实的组织中进行的，它不可能像技术创新一样借助于有形具体的实验条件重复进行，这无疑增加了管理创新的风险性。

（二）建设性与破坏性

具有积极效应的管理创新，能够通过对生产要素的新的组合实现产出的质的提高和量的增长，具有建设性功能。但是，有时一些管理创新也会产生消极的破坏效应。即企业生产要素的新的组合不仅没有带来质的提高和量的增长，反而导致了质与量的下降，导致企业现有能力和资源的毁坏。这种破坏性的管理创新可能会给企业带来巨大的威胁，有时甚至会使企业在破坏中遭到毁灭。

（三）整体性与系统性

管理创新是一个系统工程，它涵盖了企业生产经营活动的整个过程，是一个完整的链条，而不是其中的某一项活动或某一环节，这其中的任何一个环节出现失误，都会对创新的整体结果产生负面影响。所以，在创新过程中，不仅要注意局部的管理方式、方法的创新，更要重视各种社会资源的整合应用。只有通过管理创新实现系统的整体优化，才能发挥管理创新应有的成效。企业的系统性为管理创新寻找着力点提供了可能，同时也为管理创新成果的评价提供了标准。

（四）动态性与可持续性

现代企业是一个不断与外界进行物质、能量、信息交换的动态开放系统，在这种动态系统中所进行的管理创新活动也必然具有动态性，它表明管理创新活动的逻辑和轨迹不是一种简单的重复，而是根植于内外环境变化的一种能动性的动态创造过程。正如美国管理学家彼得·德鲁克所指出的："企业管理不是一种官僚性的行政工作，它必须是创新性的，而不是适应性的工作。"管理创新活动本身就是一个不断维持和创新的动态过程，它不像技术创新那样具有明确的终点，管理创新具有动态性和持续性。

三、管理创新的条件

管理创新的条件很多，但必备条件至少包括创新精神、创新能力、创新氛围、资源条件、创新机会、创新目标六个方面。

(一)创新精神

要求企业管理层具有科学而理智的冒险精神和锐意进取的创新精神与远见卓识,善于思考,勇于探索,有强烈的责任感和百折不挠的斗志,敢于推陈出新不怕挫折,能够敏锐地判断企业发展的大趋势,能够在现实的问题中找到关键性东西并能看到其背后的深层原因,从而抓住潜在机会开拓进取。

(二)创新能力

创新能力是直接关系到创新意识是否实施以便最终获得创新成果的问题,要求创新者具备创新的知识、才干和独创能力,这与个人天赋有很大关系,在群体中则与群体中员工的智能结构、员工关系、协作能力及组织结构等密切相关。具体包括:(1)敏锐的观察问题、发现机会的能力;(2)深入分析、把握关键的能力;(3)自我管理和控制、协调的能力;(4)良好的记忆力和丰富的想像力;(5)科学的综合创新能力。

(三)创新氛围

良好的创新氛围中人们思想活跃,新点子来得多而快,能有效发挥创新能力。因此,企业要鼓励员工多提意见,对不安分甚至有些"投机取巧"的员工也不能一棒子打死。还要敢于起用新人,补充新鲜血液。如比尔·盖茨在招聘员工时就喜欢用没有工作经验的年轻人,因为他们思想活跃不僵化,敢于创新有热情。建立学习型组织是保障创新氛围的关键。在学习型组织中,人们永不满足于现状,不断汲取新的知识,充实自身,超越自我,不断创造、吸收和传播普及新知识、新观念和新方法,并据此进行创新应用,及时转变企业行为,按照新的标准要求行事。

(四)资源条件

主要指资金和人力资源。创新活动一般要花费较多的资金,如果资金不足,也会影响创新活动的顺利开展。当然,人才则是最宝贵的资源,没有创新人才,创新活动就难以开展。因此,企业应有良好的人事管理机制和激励机制,创造良好的环境条件吸引人才。另外,资源条件还包括本企业的特点等。许多创新是结合本企业特点个性化开展的。

(五)创新机会

要有大局观念,能把本企业放在市场经济的洪流中统筹分析,运筹帷幄,能结合相关政策审时度势,善于把握时机,关注市场变化,使创新为市场所驱动,并能开拓市场。

(六)创新目标

即创新主体在创新时想要达成的最终结果。这种目标在开始之时便已存在于创新主体的意识中。创新目标一旦设定就成了管理创新行为的导向,创新行为每向创新目标逼近一步,都能够给创新主体带来成就感,进而激励其采取下一步行动,从而维持管理创新行为的进行。

四、管理创新的原则

管理创新的原则是指产生管理创新创意的行为准则。

彼得·德鲁克在他的《创新与创业精神》一书中,提出了 6 条创新原则,分别是:

(1)有目的、有计划的创新,首先就要从分析各种创新机会开始;

(2)走出去观察、询问和倾听,研究潜在用户的期望、价值观和需求;

(3)有效的创新必须简单和集中,最好是只做一件事;

(4)有效的创新开始时要小,只做一件具体事为好;

(5)创新一开始就要树立充当领导潮流的奋斗目标,争取成为未来的发展方向;

(6)要立足现在,即为现在创新,而不要企图为未来创新。

汤姆·彼得斯提出了反向思维原则,认为:“今天成功的企业领导人将是那些头脑最灵活的人。接受新见解、习惯性地向旧见解提出挑战,与反论(反向思维见解)共处的能力,将是这些领导者的首要品质。”他进一步认为,已有的许多正反相同的状况正是反向思维发挥创新作用的条件。

另外,管理创新的原则还包括交叉综合原则和加一加二原则。交叉综合原则是指创新活动的开展或创新意向的获得可以通过各种学科知识的交叉综合得到;加一加二原则是指在自己现有特色管理或在别的企业的思想管理、方式、方法上运行顺应式或逆向式有新意的进一步提高。

五、管理创新的行为主体

(一)管理创新的核心主体——企业家

管理创新离不开企业家的倡导和支持,企业家和企业家精神是管理创新最为活跃的要素。企业家通过自己的感召力、新形象,培育、建立有利于管理创新的企业文化体系。通过自己的管理职能,创造性地运用技术、企业资源开拓企业产品市场,管理企业技术创新,实现企业创新战略目标。

企业家精神包括冒险精神、竞争和创新意识、企业在良好经济效益基础上发展的雄心以及与不断变动的市场经济环境相适应的素质。企业家的创新管理职能包括:第一,收集与分析以下四个方面的情报:企业事业目标,技术目标;企业技术活动;企业创新方向;市场竞争。第二,提出技术创新设想。第三,不采纳就放弃设想,采纳就进行具体过程。第四,规划活动,资金筹措,组织管理,社会联系网,成果商业化。第五,创新设想的开展、实施。第六,企业的创新发展。因此,管理创新需要企业家,更需要企业家精神。当然,企业家也需要管理创新。没有管理创新,在科学技术飞速发展、市场竞争日益激烈的今天,企业是难以生存下去的。没有管理创新,企业家也不能真正实现自己的价值。

(二)管理创新的其他行为主体

1. 内企业家

内企业家是现代公司的一大产物,他处于公司最高管理层与基层的中间结合部,是连接上面与下面的“过渡层”,是指“那些在现行公司体制内,富有想像力和有胆量的行为者,冒个人风险来促进新事物出现的大公司雇员”。

2. 企业管理人员

在企业管理创新主体中，管理人员的作用不容忽视。在管理层中有许多不同的专业分工，其领域包括生产、营销、财务、物资等许多部门。从事管理工作的任何一个管理者都有可能成为管理创新的主体。

3. 企业员工,特别是知识型员工

企业员工是企业创新的坚实基础，是企业创新力量的源泉，是创新“火花”的提供者、方案实施的操作者及反馈和改进的联系者，当然就是管理创新的主体。

4. 企业外部顾问

企业在激烈、复杂的竞争中,必须借助外部力量为企业提供管理咨询服务。一个典型的例子就是戴明博士。他曾多次以日本工业导师和管理顾问的身份被邀请到日本多家企业推广他的质量管理理论。他的工作使日本的产品质量、生产费用、管理原理发生了一场革命，日本人把他称为是仅次于日本天皇的日本国宝。

第二节 管理创新的基本内容

一、企业管理创新的趋势

随着国内外市场供求状况的变化和经济全球化、管理信息化步伐的加快，企业管理开始经历新的变革。其发展趋势可以归纳为以下几个方面：

(1)管理对象知识化。企业管理的对象不再是传统的财、物，而重点在有知识的人。由于知识具有较高的生产率和创造性，因而对于知识的开发和管理成为企业管理的重要组成部分。

(2)经营管理信息化。企业生产中越来越依靠信息的生产、存储、处理、共享等，企业决策逐步信息化。

(3)企业的生产方式一体化。在管理信息系统的基础上出现计算机辅助设计与制造、计算机集成制造系统、清洁生产和绿色制造、适时生产和精细生产以及通过网络协调设计与生产的并行工程等等，它们把信息技术革命和管理进一步融为一体。

(4)企业营销方式简捷化。由过去的“生产商—分销商—零售商—顾客”的行销模式正在改变为“生产商—分销商—顾客”的模式。

(5)企业的组织结构柔性化。公司组织结构从“橄榄型”向“哑铃型”转变。随着经营和销售方式的改变，企业通过社会化协作和契约关系使企业的中间管理组织设置变得简单，侧重向两头发展；传统的监控型管理转向授权型管理，最终转向以潜能开发、人力资本的价值增值为主体；金字塔式的权力型组织结构转向扁平化组织结构、团队式的管理运作模式。

(6)企业兼并、联合在更大规模和更高层次上展开。效益好市场扩张快的企业兼并市场扩张慢的企业；大公司之间通过自主谈判，在反垄断规制条件下实现合并和业务互补，增加竞争优势。

(7)企业由追求利润最大化转向追求整体价值最大化。传统的物力、财力竞争转向企业对市场瓜分能力的竞争，不仅追求生产质量的“零缺陷”和服务质量的“零抱怨”，做到质量、服务一体化，还要通过对顾客服务和信息跟踪，深入了解顾客的潜在需求，做到超前开发，在符合社会道德规范的前提下，合理引导顾客在更高层次和更新领域的消费。

(8)企业重视“人力资本”开发。进入知识社会以后，人才成为真正紧缺的资源，人由“劳动力”转变为“人力资源”，进而成为“人力资本”。这种人才不仅要从学校产生，更要从企业中产生。

(9)从依靠规章制度转向依靠先进的企业文化来集聚企业的向心力。短期激励转向长期和短期激励相结合，物质推动激励转为情感满足，激励员工由被动接受型转向参与管理型，进而转向自我管理型。

二、创新管理的基本内容

(一)经营理念创新

经营理念大转变最直接最有效的途径就是通过创新企业文化来推进企业管理创新。企业文化是企业在长期经营中形成的共同理想、共同价值观、共同信念和共同行为准则的总和，它对企业发展的影响越来越显著。在知识经济时代，企业文化的创新主要包括以下几个方面的内容：

(1)观念创新。观念创新是企业文化创新的前提,是指形成能够比以前更好地适应组织内外部环境变化,并更有效地利用资源的新概念、新看法或新构想的活动。面临新经济和网络时代,企业管理人员必须树立“国际网络、快速反应”的新观念。

(2)战略创新。战略谋划是企业的灵魂,战略管理关乎企业的发展方向。随着经济全球化的推行,企业文化的战略定位和起步必须是全球化的经营战略。

(3)机制创新。企业文化构成要素之间的沟通和协同需要通过企业内部的运行机制来实现,而市场机制本身也要求企业加强自身与外部世界的信息传递、反馈和沟通。

(4)服务创新。随着经济发展、社会进步和全球市场竞争的日益激烈,企业的社会责任受到普遍关注。在生产产品、获取利润的同时,必须主动承担对环境、社会和利益相关者的责任。企业推进协调发展,积极承担社会责任,改变生产方式,整合资源,减少对土地等资源的占用和浪费,加强环境保护,发展循环经济,协调企业内外部利益相关者的关系;讲诚信,树立企业公信力,使之成为核心竞争力的重要组成部分等,进一步拓宽了管理创新的领域。

(二)制度创新

制度是组织运行的主要原则规定。企业制度主要包括产权制度、经营制度和管理制度三个方面的内容。

产权制度是决定企业其他制度的根本性制度,它规定着企业重要的生产要素的所有者对企业的权力、利益和责任。不同的时期,企业各种生产要素的相对重要性是不同的。在主流经济学分析中,生产资料是企业生产的首要要素,因此,产权制度主要指企业生产资料的所有制。经营制度是有关经营权的归属及其行使条件、范围、限制等的原则规定,它表明企业的经营方式,确定谁是经营者,确定谁来组织企业生产资料的占有权、使用权和处置权,谁来确定企业的生产方向、生产内容、生产形式,谁来保证企业生产资料的完整性及增值,由谁来向企业生产资料的所有者负责以及负什么责任。经营制度的创新方向应是不断寻求企业生产资料最有效利用的方式。管理制度是行使经营权、组织企业日常经营的各种具体规则的总称,包括对材料、设备、人员及资金等各种要素的取得和使用的规定。

制度创新就是组织根据内外部环境需求的变化和自身发展壮大的需要,对组织自身运行方式原则规定的调整和变革。制度创新的方向是不断调整和优化企业所有者、经营者和劳动者之间的关系,使各个方面的权力和利益得到充分体现,使组织中各成员的作用得到充分发挥。

(三)组织创新

管理组织的创新,主要是指管理组织机构和结构特征的变化。所谓机构,是指组织在构建时根据一定的标准,将那些类似的或为实现同一目标有密切联系的职务或岗位归并在一起形成不同的职能部门,它主要涉及组织的横向分工问题。所谓结构,则是指不同职能部门之间相互关系的界定,它主要涉及组织的纵向分工问题。现代企业已不再将组织看作是一个刚性组织,而认为是一个柔性的有学习能力的有机体。因为僵硬的组织已不能适应知识经济时代的发展状态。近几年来出现的“虚拟组织”就是一种典型的柔性组织结构。从“直线型”到“扁平型”的企业组织形式,从“职能制”到“事业部制”的机构形式,都是企业管理制度创新的重要成果。组织机构方面的创新主要有:(1)组织机构的基本形式创新;(2)部门机构的职责权限设置;(3)采取分权的新方法;(4)信息网络的重构及其人际关系安排等。组织结构设置和机构安排创新要以更有利于提高组织运行效率、降低组织运行成本为基本原则。

(四)管理模式创新

管理模式创新是结合企业的特点或职能部门的特点,创造出全新的管理模式,达到提高工作效率的目的。主要包括以下四方面:

1. 财务系统全面推行"机构统一""人员统一""资金统一"的"三统一"管理创新模式

所谓"机构统一"就是要理顺财务关系;"人员统一"就是要强化职能作用;"资金统一"就是要提高运营效率。通过"三统一"管理模式的实施,能使企业建立一整套制度统一、步调一致、协调有力的财务管理体系。

2. 存货管理实行JIT(just in time)管理模式

这种方法主要是以销售为起点倒推至原材料采购,即整个采购生产过程是在销售需求的"拖动"下完成的。这种存货管理模式与传统的由原料购进再逐级输送到各道工序生产,最后产成品实现销售的方向正好相反。这就完全避免了因存货盲目购进及产品生产过剩所造成的存货在各个生产环节的积压,有利于盘活流动资金,减少流动资金占用。

3. 全面推行OEC(overall every control)管理模式

OEC管理法的主要目的是"日事日毕、日清日高;人人都管事,事事有人管",每天的事要每天完成,每一天要比前一天提高1%。"OEC管理法"由三大体系构成:目标体系、日清体系、激励机制。即首先确立目标,再完成目标要求的基础工作,完成的结果必须与正负激励挂钩才有效。"OEC管理法"能更有效地实现全员、全过程、全方位成本管理,使企业的成本管理工作更上新台阶。

4. 在工序生产过程中全面推行看板管理模式

看板的功能主要包括:传达生产与搬运作业的指令;防止过量生产和搬运;揭露生产中的矛盾,防止出现废品;进行"目视管理"的工具。实行看板管理时,后道工序按照看板到前道工序领货,前道工序根据看板只生产后道工序领取的种类和数量,没有看板时不生产不搬运。同时。看板必须挂在实物上,不把不合格品送到后道工序。看板管理是暴露问题、改进库存的有效工具,也是企业向"零库存"目标迈进的有效通道。

(五)经营创新

经营创新是企业为实现战略经营目标而采取相宜的管理活动的创新过程,主要包括经营思想创新和营销创新。

1. 经营思想创新

要求企业要善于观察和分析经济现象发展的规律性,学习和总结人类历史上先进的管理思想,为企业发展制定理论前提。经营思想创新主要有:新的经营方针及战略、新的经营观念及推行、新的经营战略的创造和实施、资本运营的新思路等。

2. 营销创新

营销是一种社会行为,是企业将其人力、物力、财力等资源要素有效地组合,满足顾客需求和欲望的过程。营销创新不是对原有产品或服务的细微改进,而是为顾客提供与以前不同的经济满足。它可以是一种更新的营销方式,如网络营销、数据库营销等;也可以是某个产品、某个营销环节或者局部范畴的具体活动模式的创新与更新,如品牌创新、广告创新等。其创新形式一般包括营销观念创新、营销模式创新、营销手段创新、营销策略创新,等等。

(六)理论与方法创新

21世纪出现了许多关于现代企业创新发展战略的新思想、新理论和新制度。比如市场营销理论、组织行为管理、CIS(企业形象识别系统)理论、ERP(企业资源计划)实务、股份制改造、现代人力资源理论等内容。管理者要结合企业实践，广泛吸收新的管理信息，加强学习，不断提高管理专业知识和能力，为管理创新打下一个坚实的基础。

管理方法创新就是指在企业管理活动中新手段的创造和运用。其主要内容有：对人的管理方式的发展和创新；激励理论与手段的创新；生产方式的新发明；新的管理手段的运用；管理风格的创新；管理信息技术的创新；物流技术创新；项目管理技术创新。

第三节　管理创新的过程

创造性活动是人类智能活动的最高体现，创新思维也是一个极为复杂的过程，要更好地开发、促进创新思维，更好地从事创新工作，就应该了解创新工作的过程。管理创新工作大体上可分为以下六个步骤。

一、准备阶段

创新不是纯粹的、偶然的“奇思妙想”，在偶然的背后有必然的因素在起作用。一般来讲，创新需要具备一定的前提条件。包括：广博的知识和经验的积累；强烈的主观客观压力和危机感；强烈的好奇心；敢于推陈出新的勇气；接受失败与挫折的思想准备；终身学习的态度。这些都是管理创新的必备条件。

二、寻找创新的机会

管理创新的机会是企业获得管理创新火花的导火索，是各种主客观因素在特定时空条件下形成的一种有利偶合。它既是管理创新的有效切入点，也是实现管理创新成功的前提和关键。其来源途径可以是企业内部，也可以是企业外部。创新者要善于抓住这些机遇，适时提出构想。

（一）来源于企业内部的机会源

来源于企业内部的机会源有以下几种情况：

1．意外情况

意外情况主要包括三种：一是意外成功。常常能够引起一系列的管理创新成功的连锁反应，而且开发利用这种机会的投资少、风险小。二是意外失败。这种意外失败往往暗示了潜在的变化，意识到这种变化也就预示着发现了新的创新机会。三是外部意外情况。这是来自企业经营管理范围以外的管理创新机会。开发利用这种创新机会，往往是本企业业务的延伸，不仅需要管理创新，还要求技术创新和市场创新。

2．不一致

所谓不一致是指实际情况与“应有的”情况不相符、不协调，或者是实际情况与人们想像的情况不相符、不协调。不一致之所以能够引发管理创新机会，是因为不一致暗示了一个隐伏的“断层”，这种断层形成一种不稳定状态，或者说形成了一种杠杆作用，只要稍微用力，就能产生较大的管理创新效果。

不一致有多种情况：(1)经济实际情况不一致，如经济效益不能随着产品和服务的增长而提高，成本不能随着效率的提高而下降等；(2)客观实际与主观行为不一致；(3)企业对价值和期望的看法与顾客的观点不一致；(4)过程的节奏不一致等。

3．流程需要

由流程需要引发的管理创新机会，其表现形式是完善原有的流程，或者是把流程的薄弱环节充实加强，或者是利用新的科学技术知识对原有流程进行重新设计。一般来说，要想取得流程创新的成功，需要具备以下条件：流程是相对独立的；流程存在一个薄弱环节或缺失环节；流程具有明确的目标；具有解决流程存在的问题的具体办法和要求。

（二）来源于企业外部的机会源

来源于企业外部的机会源有以下四种情况：

1. 工业和市场结构变化

新旧行业的更迭交替必然导致工业结构和市场结构的变化，而变化正是蕴藏创新的机遇。

2. 人口的变化

人口规模、年龄结构、组成成分、就业情况、教育程度等必然影响需求结构和需求数量的增减。对此进行科学预测，就能带来管理创新机会。

3. 观念的变化

不同的观念带来不同的行为，特别是消费者的观念会带来许多创新机会。

4. 新知识

以新知识为基础的创新在历史上占有非常重要的地位，是创新中的超级明星。因此企业要能把握和利用新知识所引发的机遇。

三、提出构想

针对上述机遇，在察觉到机会到来后，要透过现象研究原因，并据此分析和预测这些因素的未来变化趋势，估计它们可能给组织带来的积极和消极后果，然后设法利用机遇将威胁转化为机会，提出创新的构想。

四、迅速付诸实践

构想提出后必须立即付诸实施，以免坐失良机，或者让别人捷足先登。

五、不断完善

创新在开始行动以后，必须坚定不移地继续下去，不断地探索，不断总结行动中的经验教训，对当初的构想不断地修正、完善；否则便会前功尽弃。

六、形成模式

经过在实践中的不断完善，组织将形成一整套适应新环境的新观念、新方法、新体制。创新往往最初是从组织的某个局部开始的，所以组织还需要把它由点到面地推广开来，以使组织最大限度地适应新环境。

第四节　管理创新的方法

经世界各国创造工程学家和管理学家的共同努力，现在已有上百种创新技术应用于世界上许多国家。下面介绍几种有代表性的管理创新方法。

一、头脑风暴法或智力激荡法

头脑风暴法是由美国创造工程学家艾利克斯·奥斯本（Alex F. Osborn）于 1939 年首创

的。其做法就是召开一种别开生面的小组畅谈会，在较短的时间内充分发挥群体的创造力，从而获得较多的创新设想。当一个新的设想提出时，会激发小组内其他成员的联想，各种联想就会像燃放鞭炮一样，点燃一个，引爆一串。这种方法的规则有以下几个方面：

(1)参加者 6～12 人，最好有不同的背景，可以从不同的角度分析观察问题，但最好是同一层次的人。时间限制在 20 分钟至 1 小时。

(2)鼓励参加者提出疯狂的、别出心裁和极端的想法，或者想入非非的主张，提出的改进设想越多越好。允许相互之间的矛盾。

(3)集中注意力，针对目标，不私下交谈，不干扰别人的思维活动。

(4)鼓励修改、补充并结合他人的想法，提出新建议。

(5)不允许对别人的意见进行批评或反驳，任何人不做判断性结论。

(6)参加会议者不分上下级，平等相待，不允许以集体意见来阻碍个人的创造性设想。

这种方法的目的在于创造一种自由奔放的思考环境，诱发创造性思维的共振和连锁反应，产生更多的创造性思维。提案的数量很重要，通过较多的数量以求得质量。因此，问题提示的设计要考虑能引出较多的答案。该方法适用于问题较单纯、目标较明确的决策。

这种方法的主要作用是给予鼓励，允许畅所欲言，给成员中富于创作力的人提供新的、适当的或间接的联想。因此，会议主持人必须执行阻止批评这一规定，必须反对为某设想进行主观评价。主持人要能调节现场气氛，当会议出现冷场时，他应提出自己的想法，或把问题引向一个新的方向来活跃气氛。当大家感到疲惫时，则应结束会议。

头脑风暴法在运用中又发展出“反头脑风暴法”，又称“挑刺法”。其做法与“头脑风暴法”相反，对一种方案不提肯定意见，而是专门挑毛病、找茬。这两种方法一正一反可以互相补充。

二、形态方格法

形态方格法又称形态学分析法，是美国加州理工大学瑞士籍美国人茨维基(Zwiicky)博士于 1948 年首创的一种方法。他把一种数学处理技术以定性的方式，对一些复杂的问题或系统进行系统研究。此技术现已被应用于很多方面，如产品设计、技术创新、市场研究和社会问题分析。

形态方格的核心思想为：许多发明创造的成果并非什么全新的内容，只不过是旧事物的新组合。因此，它研究如何把问题所涉及的所有方面、因素、特性等尽可能详尽地罗列出来，或者把不同因素联系起来，通过建立一个系统结构来求得问题的创新解决。形态方格法分析的具体步骤如下：

(1)弄清所要解决的问题；

(2)确定与问题相关的重要独立要素或方面，列出各要素方面的所有可能形态及其属性；

(3)将各独立要素及可能形态排列成矩阵形式；

(4)从各要素及属性中选取可能状态作为任意组合，从而产生出解决问题的可能构想；

(5)对各构想做比较、评价，并选出最佳构想。

这一创新技术是产生大量构思的理想工具，对于一些探索性或寻求机会性质的问题最为适用。在应用该方法时应注意两个问题：

第一，因为形态方格法要求对问题进行系统的分析，并借此确定出影响创新解的重要独立要素及其可能形态，这就要求有较高程度的有关问题的专门知识，如果不是内行就难以做到。因此，无论是选择个人还是小组来编制形态方格，只能挑选那些对问题堪称行家的人。

第二，通过形态方格的编制，能否得出重要的创造性的构想，或者说能否保证重要创造性构想不致被遗漏，完全取决于要素确定得如何，因此，确定要素是应用此方法的关键性步骤。

三、综摄法或类比法

综摄法是由美国学者戈登(Gordon)于1952年提出的。他观察了几个人的创造活动，并推断了创造活动的心理过程，发现在创造中有几种心理状态反复出现，如迷恋、清醒、拖延、遐想、超脱、快感等。人们只有达到这种精神境界，才能产生更大的创造力。这些心理过程同样也适用于集体创造活动，通过集思广益，其创造效率会更高。

这一方法的基本观点假设如下：(1)人人都有创新能力，它并非少数人特有的神秘东西；(2)人类的创造活动有共同的心理过程，这些心理过程是可以描绘的；(3)在创造活动过程中，非理性和不自觉的感情因素比理智的理性因素更为重要；(4)这种心理过程可以通过适当的方法加以训练并驾驭；(5)集体的创造过程可模仿个人的创造过程。

综摄法主要运用两大操作机制。

第一步，变陌生为熟悉。即对不熟悉的事物用熟悉的事物和知识去分析对待它。此机制主要是让人们能以新的方式观察问题，以便更好地理解它。可具体化为如下几步：(1)给定问题；(2)分析；(3)问题的重新表述；(4)简单分析和排列。

第二步，变熟悉为陌生。这是综摄法的核心，是指对熟悉的事物、方法、原理和知识以不熟悉的态度来观察分析，从而启发出创造性的设想。主要目的是让解决问题者能超脱问题本身，以发现更具创造性的解决办法。可具体化为如下几步：(1)远离问题；(2)强行结合；(3)方案的认可。

四、类比创新法

类比创新法的共同特点是，由于两个或两类事物在某一或某些方面具有相同或相似的特点，因而期望通过类比，把某类事物的特点复现在另一类事物上，以实现创新，达到异中求同，同中求异，产生新成果的目的。其方法主要有：

(一)个人类比

即把自己想像为自己的工作对象，并融入个人的情感和感觉，以求得对问题的洞察。

(二)直接类比

即把某一领域的事实、信息、知识和技术用于另一领域。在运用这一手段时，人们的经验和知识越丰富越好，以找出与手中问题相类似关系的现象。模仿生物界是直接类比的材料宝库。

(三)象征类比

就是以事物的抽象的象征物来表达事物的本质。例如，绿色会使人联想到生命。当然并非人人都有类似的感觉，且绿色和生命之间并没有必然的逻辑关系，但关键是它能触发由此而引起的联想。

(四)幻想类比

即用幻想表达个人所希望的、最理想的解决问题的方法。这是基于弗洛伊德的观点，即人的创造性思维与希望完成创造的意愿有强烈的相关性。

(五)因果类比

即根据已经掌握的事物的因果关系与正在接受研究改进事物的因果关系之间的相同或类

似之处，去寻求创新思路的一种类比方法。

另外还有模拟类比、相似类比、剩余类比等方法。

五、列举创新法

列举创新法是创意生成的各种方法中较为直接的方法。按其列举对象的不同可分为如下四种：

(一)特性列举法

该法是通过对研究对象进行分析，逐一列出其特性，并以此为起点探讨对研究对象进行改进的方法。在使用该法进行创新时，所列举的特性应当具体、明确，以便于有针对性地予以改进。

(二)缺点列举法

该法是通过对研究对象进行分析，逐一列出其缺点，然后针对这些缺点寻求改进方案。

(三)希望点列举法

该法是通过对研究对象的需要或他们的希望，通过列举服务对象的希望点，来寻求满足他们的需要或希望的方法，从而实现创新。

(四)列举配对法

该法是通过对研究对象进行分析，把其中不同的组成部分任意组合以寻求创新。如组合式家具等。

总之，在运用创新方法时，不同的企业应该根据市场需求的发展状况，结合本企业的实际，充分利用和发挥本企业的创新优势，选择合适的创新方法，提高创新的效果，促进企业的发展。

第五节　正在影响中国的十大管理创新

管理创新，已经成为中国CEO普遍关心的问题，这里选出的十项只是中国企业近年来实施管理创新实践的代表。

一、设计创造价值

通过更好的设计，可以使产品获得更高的价值。这一点，早已被国外的诸多大型企业所认识和应用。譬如韩国三星，他们认为，杰出的外观是增强产品亲和力的有效途径，对这方面的不断追求，使其确立了现代工业设计杰出代表的地位。这方面的典型案例有：家居企业博洛尼认为，橱柜行业也同时装、汽车等时尚产品一样，有自己独特的风向标，意大利的设计无疑是前沿潮流的代表。他们从意大利高薪聘请了首席设计师，让博洛尼展示出纯正的意大利风格。披上了意大利时尚设计的外衣，博洛尼的品牌效应凸显，迅速坐上国内整体厨房业第一把交椅。

很长一段时间，设计在中国遭受冷遇——从制造商到消费者，大家对设计的认识还是很狭隘，特别是有些制造企业，一味地强调低成本，并不把设计看成一门管理或一项必要的投资。这使不少中国企业交了昂贵的学费。“设计创造价值”理念企业的成功，至少给人们这样的启示：要使设计体现价值，首先要认识到设计的价值！只有将关注设计融入企业的DNA，以产品卓越的性能为基础，满足人们对视觉审美的品位，才能使产品整体的表现得以飞跃，使产品附加值和品牌力得以提升。

二、外包获利

业务外包是指企业根据投入产出效益最大化的原则，将某个或某些部门或业务转包给更加擅长和专业的企业进行管理和经营的行为，强调企业将主要精力集中于关键业务上，最大限度地降低成本，提高效率。业务外包涉及产品外包、设计外包、研发外包、人力资源外包、物流外包以及IT外包等多种形式。这方面的典型案例有：汽车制造行业零部件多，自己去做采购物流，要费很多时间，上海通用就将物流外包给专业的第三方物流公司中远集团。中远按照通用要求的时间，把原材料直接送到通用的生产线上。这不但使上海通用的生产线基本做到了零库存，包装成本也大幅下降。

业务外包是一种有效竞争手段。惠普这样的跨国公司甚至已经形成了“连环包”，即在承揽别的企业业务的同时，也将自身弱势的业务和部门外包出去。上海通用将物流外包的模式，对国内的制造型企业，尤其是做零库存的生产企业是非常实用的。在实施业务外包时，企业应认真分析，挖掘竞争对手难以获得和复制的资源和优势，将其演变为企业的核心竞争力。这种扬长避短的业务外包能够使企业真正获益。

三、供应链整合

供应链管理涉及对物流、信息流和资金流的管理，其中的利益关系涉及消费者、供应商、生产商和分销商。其重点内容包括供应链信息整合、成员企业合作协调和创建成员企业利益机制三大方面。这方面的典型案例有：收购IBM的PC业务后，怎样将IBM的全球销售网络和联想本身的供应链配合起来？联想先对计划的流程、物流运作的流程，以及定单交付的流程进行改造和完善，并增加了供应链的弹性。为支持多种业务模式，联想的供应链采用了交易型客户和关系型客户的双模式。这种整合仍在进行，但已使联想的供应链效率得到有效提高。

从联想的案例可以看出，供应链整合并非易事。在整合过程中，首先应该进行思想的整合，因为流程整合的过程，是与供应商博弈的过程，要先通过沟通，与上下游结为伙伴关系。如果做不到这一点，则存在前功尽弃的可能。

四、扁平化管理

扁平化管理是指在决策层和操作层之间的中间管理层越少越好，它较好地解决了等级式管理层次重叠、冗员多、组织机构运转效率低下等弊端。决策层的许多好的经营理念、决策意图很容易传达到操作层，基层员工许多好的想法也可以很快传到决策层。这方面的典型案例有：由于垂直式的科层管理与生产的协同制造、大规模定制之间存在着矛盾，早在几年前，知名家电企业格兰仕就进行了一场组织架构扁平化的内部管理变革，砍掉了集团内部层层架构的设置，最终形成了决策、管理、执行三层结构制，由8位副总各分管8个领域，“把一个集团变成了一个工厂”，使整个企业的反应能力迅速提高。

扁平化管理的好处显而易见，但这种管理方式并非对所有企业都适用，成功者仅占少数。实施扁平化管理，要削弱中层管理者的权限，这可能会遭到他们的抵制，使变革的努力被削弱和抵消，甚至中途夭折。要想使扁平化管理得到真正落实，必须调动基层人员的主动性。

五、强强并购

强强并购是指强势企业联手，以谋求在行业内的绝对霸主地位。这种并购方式是基于资源缺口的战略并购,以横向并购为主,并购成本大,支付形式也多种多样。以国美和永乐的并购为标志,昭示着民族资本以一种更加强硬的姿态,出现在中国乃至世界的经济舞台上。这方面的典型案例有:国美和永乐的合并是国内家电连锁业最大的并购案,持续了近 5 个月、耗资 52.68 亿元。新集团采用国美和永乐"双品牌"运营。永乐在上海、长三角等地区具有较强的优势,国美的全国整体实力优势明显,在网络布局上双方具有较强的互补性,这在很大程度上避免了资源浪费,在中国市场形成"一盘棋"格局。

强强并购最大的问题还是并购后的整合。并购、重组可能意味着从战略管理到运营管理、到绩效管理等企业控制权的接管,企业文化的差异将导致企业管理制度的变革、对重叠业务的精简以及高级管理人员去职等。所以,如果在企业文化上,并购双方不能彼此认同,那么越是经营状况好的强势企业间进行并购重组,抵制的力量将会越大。

六、标杆管理

标杆管理是指企业将自己的产品、服务和经营管理方式同行业内或其他行业的领袖企业进行比较和衡量,从而提高自身产品质量和经营管理水平,增强企业竞争力。由于中国企业的管理水平相对落后,与其他管理方法相比,标杆管理拥有更广阔的操作空间。国内各行业最优秀的企业可将国际一流企业作为自己的标杆;中小企业可把行业内的优秀企业作为自己的标杆。这方面的典型案例有:武汉钢铁公司的能源消耗费用约占制造成本的 25% 以上,下降潜力很大。为使这部分成本最大限度地可控,武钢通过大量的数据分析,确定了以宝钢为"标杆",运用标杆管理法来挖掘节能潜力。他们先认真分析了自己与标杆企业的差距及优势,然后采取了一系列的赶超措施,使污染物排放量减少,能耗指标不断降低。

在标杆管理中,有几点应该引起中国企业的重视:第一,比较目标一定是能为企业提供值得借鉴的信息,规模不一定同自己的企业相似,但在标杆比较方面是世界一流做法的领袖企业。第二,战略不同的企业,选用的标杆也不同。譬如一个企业的战略是以创新制胜,另一个是以低成本占领市场,这两个企业就无法对标。另外,在实际应用中,企业必须将标杆管理方法同顾客和市场的分析方法结合起来,达到不断满足消费者需求的目的。

七、移动商务

作为通过手机、掌上电脑、笔记本电脑等移动通信设备,与无线上网技术结合所构成的一个电子商务体系,移动电子商务与传统的电子商务相比,可以不受时间、地点的限制而获得信息和服务。移动商务是与商务活动参与主体最贴近的一类电子商务模式,基于庞大的手机用户群,可以预料,移动商务在未来会成为商家联系客户的首要选择。这方面的典型案例有:由于行业的特殊性,保险公司的客户服务方式主要通过直邮、呼叫中心等方式进行,很难和投保客户直接进行沟通,直邮和呼叫中心的成本费用也很高。为此,中国人寿建立了覆盖全国的"移动 95519"短信客服系统,以短消息作为主要客服手段,实现与客户之间最快捷、最直接、最主动的沟通,使企业的快速反应能力有了大幅度提高。

移动商务要得到普及,最重要的是解决人们最担心的安全性问题。还有一个问题是,只有通过多方合作,才能使移动商务服务的内容更充实与多样化。那么,在迎合消费者需求的前提下,如何平衡运营商、商家、SP 及银行等相互之间的利益,最终达到双赢或多赢的局面呢? 这对诸多企业来讲,恐怕还是个挑战。

八、品牌再造

品牌定位要随着市场竞争形势而变。品牌再造，解决的正是品牌年轻化的问题——只有不断设计出符合时代需求的品牌，重新“擦亮”品牌，企业才能保持品牌永远领先的鲜活形象。这方面的典型案例有：基于对未来3C融合的战略把握，四川长虹2006年发布了其新的品牌形象，传统家电制造商的定位已被彻底颠覆，取而代之的是“面向3C融合的信息家电集成供应商”的新定位。这使过去数十年来，由军工企业演变而来的厚重国企形象，正在变身为科技、时尚、快乐的国际化品牌形象，这种战略调整，使长虹焕发出勃勃生机。

品牌再造是复杂而具有科学性的过程。从战略高度看，它需要同之前的品牌形象保持一致，同时又具备推动消费者购买行为的能量；从内容和执行过程看，它需要管理者投入相当的时间、拥有充分的市场调研数据、良好的执行技巧及资金的支持。另外，企业平时就应该具备忧患意识，不能非得等到品牌光环褪去，才开始思考如何再造品牌。

九、雇主品牌

雇主品牌是指企业在人力资源市场上的定位，它包括公司人力资源的外部品牌和内部品牌两个部分。外部品牌是企业人力资源在潜在雇员中形成的品牌；内部品牌则是企业人力资源在现有雇员中形成的品牌。百度裁员事件、富士康血汗工厂的曝光，让雇主品牌愈发引起更多企业的高度重视。这方面的典型案例有：国内地产的领军企业万科秉承尊重个人选择权的文化理念，这种“尊重”表现在企业经营的方方面面。譬如，尊重员工选择生活方式的权利；尊重员工选择在公司内部调动的权利；尊重员工选择在不同地区工作的权利；尊重员工双向选择的权利。其核心理念便是“创造健康丰盛的人生”。在这种理念引导下，万科已连续3年被评为“最佳雇主”。

过去，企业对人才紧缺状况的第一反应就是投钱，提供远高于市场价位的工资。然而，一旦竞争对手效仿，此招立即失灵，人员留用状况未得到改进，经营成本却大幅攀升。其实，雇主品牌与产品品牌、服务品牌一样，是企业品牌建设工作的重要因素，“以人为本”是其核心。雇主品牌建设，也是每个具有全球视角、长远发展战略的中国企业必做的功课。

十、博客营销

作为一种新兴营销方式，博客营销是伴随博客在中国的兴起而出现的，是网络营销的延伸与发展，其网络营销价值，主要体现在企业市场营销人员可以用更加自主、灵活、有效和低投入的方式，发布企业的营销信息。这方面的典型案例有：健康元药业在博客网开通了博客，重点向外界推介健康元的事业，介绍其主导产品，通过文字的形式对产品的成分、价格进行说明，同时进行推介与评述。另外，还通过播放短片等形式进行业务推介。这种营销与产品推介的方式，与传统严肃的产品说明书等相比，更显得灵活生动。

博客营销只有与适合的企业和营销行为结合起来，才能如虎添翼。当前，博客营销在国内的成功案例很少，更多是传统营销方式的补充甚至点缀。原因在于：关于博客的统计数据不足；怎样评估博客影响力及营销效果，怎样为博客营销付费，以什么标准向企业收费等问题，还无明确答案。因此，要使博客营销成为一种非常有效的营销方式还有待时日。

复习题

1. 什么是管理创新？它有何特征？
2. 管理创新应具备哪些条件？其行为主体包括哪些？
3. 管理创新包括哪些基本内容？
4. 管理创新要经历哪些阶段？如何把握管理创新的机会？
5. 管理创新的主要方法有哪些？

讨论及思考题

1. 中国管理创新的现状如何？
2. 你认为我国企业管理创新面临哪些问题和挑战。

案例分析

不断翻新，领先潮流
——美国吉列公司的技术创新

吉列公司是以生产刀片为主导产品的公司，它的产品能打入国际市场并持续较长时间，与它的技术创新关系十分密切。吉列公司的创始人是吉列。1891 年，当他遇到锯齿瓶塞的发明人彭特尔时，彭特尔向他建议，集中精力去开发顾客必须反复购买的产品，是一条成功的捷径。

这一观点虽激起了吉列的兴趣和好奇心，但却一直缺少具体设想，直到 1895 年一个夏日之晨，他要刮胡子时却发现其刮胡刀很钝不能使用，只有等磨刀师磨利后才能再用，为此他很生气。突然，他想到得有一个很薄的非常锋利的刀片……他非常兴奋，因为这种产品可以实现顾客的反复购买，这正是他几年来梦寐以求的新产品。

1901 年，他的好友将吉列刮胡刀的设想告诉了麻省理工学院毕业的机械工程师尼克逊，尼克逊同意研究吉列的设想。数周后，尼克逊成为吉列的合伙人。为了筹措所必需的 5 000 美元生产设备费用，公司的名称改为美国安全刮胡刀公司。

公司在芝加哥物色了一家代销机构，并规定其安全刮胡刀套件（一支刀体和 20 片刀片）的售价为每套 5 美元。刀片每 20 片为一包，每包 1 美元。当年 10 月，首次广告提供 30 天退款保证，在《系统》杂志上刊登，至 1903 年底，共售出 51 万套安全刀体和 168 万片刀片。

公司在 1906 年首次发放股票。在以后的 10 年内继续以每年 30 万～40 万套的销量出售安全刮胡刀，刀片的销售从 45 万包增加到 7 亿包。至 1911 年，公司的南波士顿厂雇用了 1 500 名员工，3 年后，由于尼克逊发明了全自动刀磨机，其生产能力迅速增加。这些新设备比尼克逊以前发明的机器大大降低了生产成本且提高了刀片的质量。

原安全刮胡刀的专利权于 1921 年 10 月满期，吉列公司也早就为此做好了准备。在当年 5 月，使其竞争对手吃惊的是，吉列同时推出了两种新产品：一是按原价出售的新型改进吉列安全刮胡刀，二是售价为 1 美元的银朗安全刮胡刀。1923 年，公司再推出镀金刮胡刀，售价仍为 1 美元。当妇女盛行短发时，吉列又推出名为“得伯特”的女用安全刀，售价仅为 79 美分。

1934 年，公司又推出第一种单面安全刮胡刀和 Probak Junior 刀片，售价为 4 片 10 美分；至 1936 年公司推出安全刀片系列以外的产品即吉列无刷刮胡膏，售价为 98 美分；1938 年秋，公司又推出吉列薄刀片，吉列电动刮胡刀也于当年圣诞节问世。电动刮胡刀是在数年前发明的，但直至 30 年代后期才被接受，对公司来说，这一年最重要的发展是史攀出任公司总经理。在他的领导下，开始了许多创新的管理政策。公司仍然保持低价销售策略，但十分强调产品质量，以保持产品的信誉。公司采用了本企业研究的新工艺，以便在制造过程中严格保证刀片的质量。1920～1945年间，公司没有推出新产品，这是由于受战争的影响。尽管如此，公司的研究开发人员研制成了第一台双刃片分配机，改进了过去的包装。1964年公司的经营状况很好，年销售额约为5.2亿美元，这时，吉列的名字已誉满全球。

第二次世界大战后，吉列公司开始实行对外兼并和内部创新，以便成为世界性的多样化经营企业。经过认真分析之后，公司于1948年决定扩大市场。同年购进托尼家用烫发器制造公司，1955年兼并在加利福尼亚生产圆珠笔和刮胡膏的梅特公司。

1960年，公司又推出超级兰吉利刀片，即全世界第一种涂层刀片。1946年公司重新调整了产品组合，形成两大类产品并由两个事业部分管：(1)吉列产品组合，负责刮胡刀产品和男用品；(2)多样化产品组合，负责其他所有产品。自吉列产品组负责人吉格勒升任公司总经理后的10年内，公司销售和产品发展迅速，公司连续推出盒式刮胡刀组、多笔尖圆珠笔、Hok－One刮胡膏、可调盒式刮胡刀、超级不锈钢刀片、增塑刀片、微孔笔和几种止汗剂，这些产品的市场投放都取得了成功。

1971年，公司重新调整了产品组合和管理机构。这样，公司在20世纪70年代初期开发和营销了许多新产品，1974年以前公司一半以上的销售额来自近5年内的新产品。安全刮胡刀部在推出Tracn型刮胡刀系列之后迅速成为市场上的最畅销品，继而又推出女用Daisy削发刀及男用Good News刮胡刀。保健用品部也营销了多种新产品，如柠檬洗发精、无碱洗发精。1972年进入个人用具市场，如开发和营销Max手提式烘发机。

(资料来源：http://wenku.baidu.com/view/61d1c7ea856a561252d36ffc.html)

分析与思考：

1. 吉列公司技术创新的源泉是什么？
2. 你从吉列公司的技术创新中受到了何种启发？

参考文献

[1]http://edu.sina.com.cn/l/2003－08－27/52147.html.

[2](美)斯蒂芬·P. 罗宾斯等著,毛蕴诗主译:《管理学原理》,东北财经大学出版社 2005 年版。

[3]卢代富:《企业社会责任的经济学和法学分析》,法律出版社 2002 年版。

[4] 杨瑞龙、周王安:《企业的利益相关者理论及其应用》,经济科学出版社 2000 年版。

[5]管理学理论研究网。

[6](法)弗朗克·戈泰、多米尼克·克萨代尔著,陈淑仁、周晓幸译:《跨文化管理》,商务印书馆 2005 年版。

[7]苏勇:《现代管理伦理学——理论与企业的实践》,石油工业出版社 2003 年版。

[8]http://www.scutde.net/courses－b/0112－dciiikfbnl/page/c020300.html。

[9]刘兴倍:《管理学原理》,清华大学出版社 2006 年版。

[10]陈平、张志锋等:《管理学》,武汉大学出版社 2008 年版。

[11]李新庚、熊钟琪:《管理学原理》,中南大学出版社 2005 年版。

[12]王晓君:《管理学》,中国人民大学出版社 2005 年版。

[13]周三多、陈明传:《管理学——原理与方法》(第四版),复旦大学出版社 2005 年版。

[14]周三多、陈明传:《管理学》,高等教育出版社 2000 年版。

[15]田玉兰、王豪杰:《管理学基础》,北京交通大学出版社 2006 年版。

[16]程国平、刁兆峰:《管理学原理》(修订本),武汉理工大学出版社 2005 年版。

[17]厉以宁:《经济学的伦理问题》,生活·读书·新知三联书店 1995 年版。

[18](美)斯蒂芬·P. 罗宾斯著,董卫伟等译:《管理学》(第四版),中国人民大学出版社 2002 年版。

[19]刘俊海:《公司的社会责任》,法律出版社 1999 年版。

[20](法)弗朗克·戈泰、多米尼克·克萨代尔著,陈淑仁、周晓幸译:《跨文化管理》,商务印书馆 2005 年版。

[21]苏勇:《现代管理伦理学——理论与企业的实践》,石油工业出版社 2003 年版。

[22]周辅成:《西方伦理学名著选集》(下卷),商务印书馆 1987 年版。

[23]密尔:《论自由》,商务印书馆 1982 年版。

[24]李春旺:《企业伦理》,正中书局 2000 年版。

[25]尹继佐、乔治·恩德勒:《信任与生意:障碍与桥梁》,上海科学技术出版社 2003 年版。

[26]方秋明:"欧文·拉兹洛的责任伦理学实践",《兰州学刊》,2000 年第 5 期。

[27]甘邵平:《应用伦理学前沿问题研究》,江西人民出版社 2002 年版。

[28]赫伯特·A. 西蒙著,詹正茂译:《管理行为》,机械工业出版社 2004 年版。

[29]詹姆斯·斯通纳著,刘学等译:《管理学教程》(第 6 版),华夏出版社 2001 年版。

[30]陈淼林等:《实用现代管理学》,北京大学出版社 2004 年版。

[31]周三多:《管理学原理与方法》,复旦大学出版社 2003 年版。

[32]Kathryn Bartol, *Management—A Pacific Rim Focus*, McGraw-Hill, 2003.

[33]王毅捷:《管理学原理》,武汉理工大学出版社 2005 年版。

[34]王凤彬、李东:《管理学》(第 2 版),中国人民大学出版社 2003 年版。

[35](美) 哈罗德·孔茨、海因茨·韦里克著,马春光等译:《管理学——全球化视角》(第 11 版),经济科学出版社 2004 年版。

[36]吴照云:《管理学原理》,经济管理出版社 2003 年版。

[37](美)R.韦恩·蒙迪等著,葛新权等译:《人力资源管理》(第 8 版),经济科学出版社 2004 年版。

[38](美)斯蒂芬·P.罗宾斯等著,孙健敏等译:《管理学》,中国人民大学出版社 2004 年版。

[39]杨文士、张雁:《管理学原理》,中国人民大学出版社 1994 年版。

[40]谭力文、徐珊、李燕萍:《管理学》(第 2 版),武汉大学出版社 2004 年版。

[41]王晓君:《管理学》,中国人民大学出版社 2005 年版。

[42]龙竹、玉保东、谈留芳、刘文华:《管理学原理》,华中科技大学出版社 2002 年版。

[43]王先玉、王建业、邓少华:《现代企业人力资源管理学》,经济科学出版社 2004 年版。

[44](加)弗朗西斯·赫瑞比著,郑晓明等译:《管理知识员工》,机械工业出版社 2000 年版。

[45]李良忠:《在北大清华学 MBA》,中国档案出版社 2002 年版。

[46]曹荣、孙宗虎:《员工招聘、面试、甄选与录用管理》,世界知识出版社 2002 年版。

[47]曹荣、孙宗虎:《员工培训与开发管理》,世界知识出版社 2002 年版。

[48]谢文辉:《公司人员培训及薪酬考评制度》,中国商业出版社 2002 年版。

[49]山东华鲁恒生化工股份有限公司:"员工价值管理",《企业管理》,2003 年 7 月第 34 期。

[50] 胡锦涛:"坚持走中国特色自主创新道路,为建设创新型国家而努力奋斗",《新华月报》,2006 年 7 月号。

[51] 胡锦涛:《在中纪委第六次全体会议上的重要讲话》,中央文献出版社 2006 年版。

[52] 卢盛忠:《管理心理学》(第二版),浙江教育出版社 1998 年版。

[53] 孙彤:《组织行为学教程》,高等教育出版社 2000 年版。

[54] 张德:《组织行为学》(第二版),高等教育出版社 2004 年版。

[55] 邓小平:《邓小平文集》(第 3 卷),中央党史出版社 1984 年版。

[56] 王伟:《世界伟人传记丛书》,北京妇女儿童出版社 2002 年版。

[57]单凤儒:《管理学基础》(第二版),高等教育出版社 2000 年版。

21世纪普通高等教育规划教材 · 公共基础课系列
21 SHI JI PU TONG GAO DENG JIAO YU GUI HUA JIAO CAI · GONGGONG JICHUKE XILIE

第四版

管理学习题集

Management Problem Sets

主　编　徐艳兰

免费赠送

上海财经大学出版社

21世纪普通高等教育规划教材·公共基础课系列

管理学习题集

（第四版）

主编　徐艳兰

上海财经大学出版社

第四版前言

本习题集是徐艳兰、刘珣主编的《管理学》(第四版)教材的配套习题集,便于学生和读者复习、巩固所学知识。

本习题集是在上海财经大学出版社2013年版《管理学习题集》(第三版)的基础上,由徐艳兰修订定稿的,在此,对原教材的作者表示感谢!

由于作者水平有限,缺点、错误在所难免,恳请专家、同行和广大读者批评指正!

编　者

2017年8月

目　录

第十一章 沟通

第十二章 控制

第十三章 管理创新

第一章 管理活动与管理者

一、单项选择题

1. 明茨伯格认为管理者扮演着十种角色，这十种角色可被归入三大类。下面不属于这三大类的是(　　)。

A. 人际角色　　B. 信息角色

C. 决策角色　　D. 管理角色

2. 管理人员通过一系列基本管理职能来实现组织目标，不属于管理职能范畴的是(　　)。

A. 组织　　B. 控制

C. 领导　　D. 经营

3. 对企业资源进行计划、组织、领导、控制，以有效地实现组织目标的过程称为(　　)。

A. 管理　　B. 组织

C. 战略计划　　D. 激励

4. 对基层业务管理人员而言，其管理技能侧重于(　　)。

A. 技术技能　　B. 财务技能

C. 谈判技能　　D. 概念技能

5. 管理的二重性是指(　　)。

A. 艺术性与科学性　　B. 基础性与边缘性

C. 自然属性与社会属性　　D. 普遍性与重要性

6. 管理工作的核心是(　　)。

A. 计划　　B. 组织

C. 协调　　D. 开拓创新

二、多项选择题

1. 某位管理人员把大部分时间都花费在直接监督下属人员的工作上，他可能会是(　　)。

A. 工长　　B. 总裁

C. 领班　　D. 车间主任

2. 中层管理人员的主要工作不是(　　)。

A. 战略管理　　B. 现场管理

C. 组织协调　　D. 开拓创新

3. 管理的职能是(　　)。

A. 计划　　B. 组织

C. 领导　　D. 控制

E. 创新　　F. 协调

三、简答题

1. 简述各种管理职能及相互关系。

2. 管理者必须具备哪些技能?

四、论述题

试述管理既是一门科学又是一门艺术的含义。

五、案例分析题

(一)A 领导:工作认真负责,对待员工非常严格,员工拿出的工作计划和方案他认为不合适的都让下属员工重新制订,以满足他工作的需要;他领导的员工根本没有什么周末、国家法定节假日的概念。在他的领导下,下属员工总有做不完的工作,即便有些工作没有任何意义。

他的举措引起了下属员工的怨言,他们抱怨自己完全没有私人的空间,随时都被经理管理和监督,好像自己是被卖给了公司,身心都受到限制,感觉快要疯掉了。一次,某个下属在内部网站的 BBS 牵头讨论加班要给加班费、工作应该劳逸结合等问题,竟然被 A 领导得知,没几天,这位员工就在绩效考评中被合理规范地"处理"掉了。随后,在一个深夜召开的部门会议上,下属员工终于爆发了他们的不满情绪,显然下属员工被尊重的需求没有得到满足。A 领导的工作也因此陷入了被动,士气低落、效率下降、人员流失、管理混乱。不久,他被撤职调离。

分析与思考:试用管理的性质和管理的职能来分析 A 领导的管理水平。

(二)1994 年,32 岁的北京海润国际广告公司总监赵永祥接到了正在快速发展的"维维豆奶"总经理崔桂亮的邀请,要他作为竞标的总策划,帮助"维维豆奶"参与中央电视台的广告竞标活动。

1994 年中央电视台进行了改革,开始对 1995 年全年新闻联播后 5 秒钟的黄金段位广告播映权进行招标。招标的规则是:采取"背靠背"的形式,由各企业自由报价,"一锤定音",报价最高的企业得到广告播映权。与"维维豆奶"一起参加竞标的食品行业一共有 8 家(按中央电视台的竞标规定,每个行业只能取前两名),这些企业几乎全是我国食品行业的一流企业,其策略都是志在必夺。

面对崔桂亮的盛情邀请,赵永祥分析道:"'维维豆奶'想要以最低价位得到广告,就必须争第二,不能争第一,千万不能当第三;而且,与第一名报价的差距要越大越好,与第三名的差距越小越好。因此,我们只要能猜出对手中第二位报价就有可能中标。这次竞拍的广告底价是 1 200 万元,而参加竞争的 8 家企业全都志在必夺,我认为 1 500 万以下的报价可以排除,第二位的报价最可能是 1 500 万～1 700 万之间的一个吉利数——1 518、1 560、1 588、1 599、1 618、1 600、1 688 和 1 699。但是,也不能排除对方以我们同样的方式思考问题,提出 1 718、1 719,甚至 1 719.9,因此我主张以 1 719.999 9 万元投标。"

面对这样的报价应该如何拍板呢?广告公司与它的合作伙伴利益并不完全一致——广告公司是按广告额收取代理费的,数额越大越有利,而客户情况则相反。远在徐州(维维豆奶总部所在地)的崔桂亮在电话中毫不犹豫地同意了这个报价。

最后一揭晓,可以说是惊出了一身冷汗:高居第一的"椰风"报价 2 180 万,而居第三、第四、第五位的果然都在 1 600 万以上,第三位的"亲亲八宝粥"的报价是 1 660 万,换句话说,第一位中标者"椰风"白白多出了 460 万,而第一位失标者"亲亲八宝粥"仅仅少报了 60 万。

(根据《经济日报》记者王青所撰"维维——品牌包装的胜利"一文整理)

分析与思考:从这个案例中,你能否体会到优秀管理者的个人魅力?能否感到诸如赵永祥、崔桂亮这样的管理者在经营活动中超人的预测力和判断力?是否感到通过管理学理论的学习,自己就应该成为与他们一样的人?本案例属启发式案例,答案讨论即可。

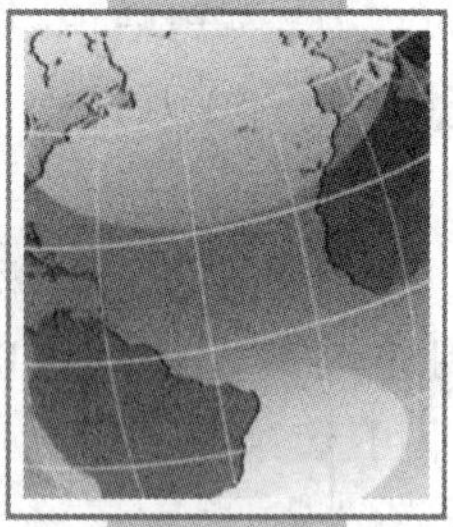

第二章
管理理论的发展与演变

一、单项选择题

1. 自从有了人类集体劳动，就有了(　　)。

A. 管理思想　　B. 管理活动

C. 管理理论　　D. 上述三者都有

2. 被称为“组织理论之父”的是(　　)。

A. 韦伯　　B. 泰罗

C. 法约尔　　D. 梅奥

3. 人际关系学说理论认为，人是(　　)。

A. 经济人　　B. 复杂人

C. 自我实现人　　D. 社会人

4. 被称为“科学管理之父”的是(　　)。

A. 梅奥　　B. 泰罗

C. 韦伯　　D. 法约尔

5. 科学管理的中心问题是(　　)。

A. 管理的职能　　B. 提高劳动生产率

C. 管理的原则　　D. 提高劳动积极性

6. 法约尔提出的管理原则有(　　)。

A. 5 项　　B. 10 项

C. 14 项　　D. 6 项

7. 后人称法约尔为(　　)。

A. 管理理论之父　　B. 管理过程理论之父

C. 组织理论之父　　D. 科学管理理论之父

8. 管理学产生的萌芽阶段是(　　)。

A. 19 世纪 20 年代～20 世纪初　　B. 18 世纪～19 世纪末

C. 19 世纪末～20 世纪初　　D. 19 世纪末～20 世纪 30 年代

9. 泰罗的科学管理思想反映在他的代表作(　　)之中。

A.《科学管理原理》　　B.《工业文明中人的问题》

C.《一般管理与工业管理》
D.《社会和经济组织理论》

10. 梅奥试验经历了(　　)个阶段。

A. 4
B. 10
C. 5
D. 6

二、多项选择题

1. 古典管理理论的代表人物有(　　)。

A. 泰罗
B. 韦伯
C. 德鲁克
D. 梅奥
E. 法约尔

2. 法约尔认为管理这一职能活动由(　　)职能组成。

A. 指挥
B. 计划
C. 组织
D. 人员配备
E. 控制
F. 协调

3. 以下属于法约尔管理 14 项原则的有(　　)。

A. 统一领导
B. 等级链
C. 管理宽度
D. 职权和职责
E. 集体精神

4. 韦伯认为存在的纯粹形态的权力有(　　)。

A. 社会权力
B. 自然权力
C. 理性—合法性权力
D. 传统权力
E. 超凡权力

5. 现代管理理论的新思潮包括(　　)。

A. 管理组织的虚拟化理论
B. 自我管理理论
C. 知识管理理论
D. 企业再造理论
E. 学习型组织
F. 人本管理理论

三、简答题

1. 泰罗科学管理理论的主要内容是什么?
2. 现代管理理论学派主要有哪些?
3. 简述麦格雷戈的“X—Y 理论”的要点。
4. 人际关系学说的主要内容是什么?

四、论述题

试述法约尔管理过程理论的主要内容。

五、案例分析题

(一)A 厂长认为,企业首要的资产是员工,只有员工都把企业当成自己的家,都把个人的命运与企业的命运紧密联系在一起,才能充分发挥他们的智慧和力量为企业服务。因此,管理者有什么问题,都应该与员工商量解决;平时要十分注重对员工需求的分析,有针对性地给员工提供学习、娱乐的机会和条件；每月的黑板报上应公布出当月过生日的员工的姓名，并祝他们生日快乐；如果哪位员工生儿育女了，厂里应派车接送，厂长应亲自送上贺礼。在A厂长所在的厂里，员工都普遍地把企业当作自己的家，全心全意地为企业服务，工厂日益兴旺发达。

B厂长则认为，只有实行严格的管理才能保证实现企业目标所必须开展的各项活动的顺利进行。因此，企业要制定严格的规章制度和岗位责任制，建立严格的控制体系；注重上岗培训；实行计件工资制等。在B厂长所在的厂里，员工们都非常注意遵守规章制度，努力工作以完成任务，工厂发展迅速。

分析与思考：结合本章有关理论指出两位厂长的管理属于哪种管理理论。你认为哪种方法好。

（二）纽曼公司的利润在过去一年来一直在下降，而在同一时期同行的利润却在不断上升。公司总裁杰克先生非常关注这一问题，为了找出利润下降的原因，他花了几周的时间考察公司的各个方面。接着，他决定召开各部门经理人员会议，把他的调查结果和得出的结论连同一些可能的解决方案告诉他们。

杰克说："我们的利润一直在下降，我们正在进行的工作大多数看来也是正确的。比如，推销策略帮助公司保持住了在同行中应有的份额。我们的产品和竞争对手的一样好，我们的价格也不高，公司的推销工作看来是有成效的，我认为没必要改进什么。"他继续评论道："公司有健全的组织结构、良好的产品研究发展规划，公司的生产工艺在同行中也占领先地位。可以说，我们的处境良好。然而，我们的公司却面临这样的严重问题。"

参会的每一个人都有所期待地倾听着。杰克开始讲到了劳工关系："如你们所知道的那样，几年前，在全国劳工关系局选举中，工会没有取得谈判的权利。一个重要的原因是，我们支付的工资一直至少与工会提出的工资率一样高。从那以后，我们继续给员工提高工资。问题在于，没有维持相应的生产率。车间工人一直没有能生产足够的产量，可以把利润维持在原有的水平上。"杰克喝了口水，继续说道："我的意见是要回到第一个原则。我们的公司是为股东创造财富的，不是工人的俱乐部。公司要生存下去，就必须创造利润。我在上大学时，管理学教授们十分注意科学管理先驱们为获得更高的生产率所使用的方法，这就是为了提高生产率广泛采用的刺激性工资制度。在我看来，我们可以回到管理学的第一原则去，如果我们的工人的工资取决于他们的生产率，那么工人就会生产得更多。管理学先辈们的理论在今天一样可以指导我们。"

分析与思考：你认为杰克的解决方案怎么样，并指出利润率低的原因还可能有哪些。

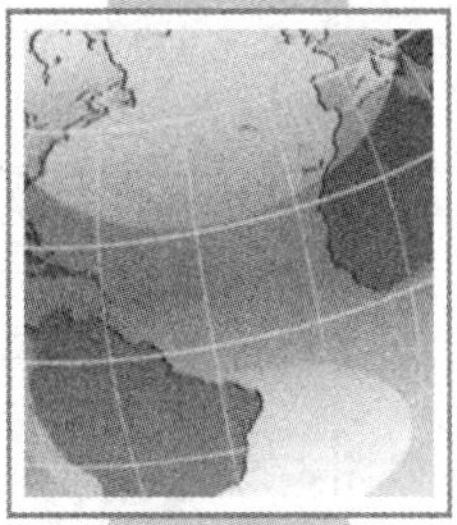

第三章 管理伦理与社会责任

一、单项选择题

1. 自我强度用来度量一个人的信念强度。一个人的自我强度越高，克制冲动并遵守内心信念的可能性就（　　）。

A. 越大　　B. 越小

C. 不变　　D. 没有

2. 接受（　　）的管理者可能决定向新来的员工支付比最低工资高一些的工资。

A. 功利观　　B. 权利观

C. 公平伦理观　　D. 综合社会契约伦理观

3. 企业社会责任与企业经济绩效不应是一种对立而不可协调的关系，更应是一种（　　）的关系。

A. 对立　　B. 不可协调

C. 一致　　D. 平衡的相互促进

4. 如果一位管理者认为解雇其工厂中20%的工人是正当的，因为这将增强工厂的盈利能力，使余下的80%工人的工作更有保障且又符合股东的利益。这位管理者的伦理观是（　　）。

A. 功利观　　B. 权利观

C. 公平伦理观　　D. 综合社会契约伦理观

二、多项选择题

1. 管理伦理常常又被称为（　　），它是伴随着企业经营生产的一系列问题而出现的。

A. 企业伦理　　B. 商业伦理

C. 商业禁忌　　D. 企业文化

2. 西方道德心理学家通过研究发现，人们的道德发展存在三个阶段，即（　　）。

A. 前惯例阶段　　B. 惯例阶段

C. 原则阶段　　D. 前原则阶段

3. 影响管理伦理的主要因素应该包括（　　）。

A. 当地所实行的经济制度　　B. 伦理道德的发展阶段

C. 行为本身所涉及伦理问题的严重程度　D. 组织文化的内容和强度

三、简答题

1. 管理伦理的主要流派有哪些?
2. 怎样改善组织伦理行为?

四、论述题

试述企业社会责任与企业经济绩效的关系。

五、案例分析题

(一)老张与一班好友合股组成一家小公司,大家所出的股本一样。公司的运作需要各股东的悉力参与,大家付出时间精力来打理公司的事务。有些股东非常投入,早到晚退,凡事多走一步,做事认真又拼搏,周日都返回公司工作。但有些股东则迟到早退,做事懒散,对公司的事务并不热心,时常开会缺席,凡事不愿负责。“兄弟班”于是发生摩擦,有人抱怨这种合作对勤奋的人很不公平,建议拆伙解散。

分析与思考:请结合管理伦理的知识,点评身为股东的老张应该如何处理公司这种组织中的伦理(人情)问题。

(二)苏北某市是江苏省最贫困的城市之一。该市只有极少的具有高技术含量的企业,科创公司就是其中之一。它原是一家国有企业,主要生产变压器,但经营不佳、亏损严重。为了加快经济发展,市政府决定让民营企业家向科以较低的价格向该公司买断产权,组建股份有限公司。买断的条件是在原有的400多个工人中,保留100多人。向科是一位十分精明能干且具有较高素质的企业家,受过高等教育,在特区搞过经营。接手该企业后,他进行了两项改革:一是提高科技开发的投入比重;二是提高销售成本比例。前者由1%提高到5%,后者由3%提高到12%。两项措施都比较有力地推动了企业的经营。不过,这些高比例的销售费用中相当一部分被产品推销人员用来作为回扣或向有关人员送礼以打开市场。向科认为,现在该企业的产品虽然在同行业中的市场占有率不算最高,但前景很乐观。另外,在改制后的第二年,他解雇了原企业留下的部分工人。估计不需多久,保留的100多个工人中有相当多的工人都要被解雇。

向科认为,他已陷入经济与道德、企业自身发展与履行社会责任的困境中。首先,作为本地的窗口企业,它的发展必将推动地域经济的发展,然而,提高销售成本会滋长企业经营中的一些不道德现象,形成不正当的竞争。其次,低价买断产权时,承诺了接受100多名工人,但实践证明相当一部分人难以达到他的管理要求。于是,要么花大量经费培训这些工人,要么解雇他们。这样做,一方面不能履行改制时的承诺,另一方面会导致新的社会问题。为了企业的发展,向科选择了后者。

分析与思考:

(1)你认为在这种困境中,经营者应当如何抉择。

(2)你认为能否存在两全其美的措施,如果不行,那么解决问题的侧重点应在哪里。

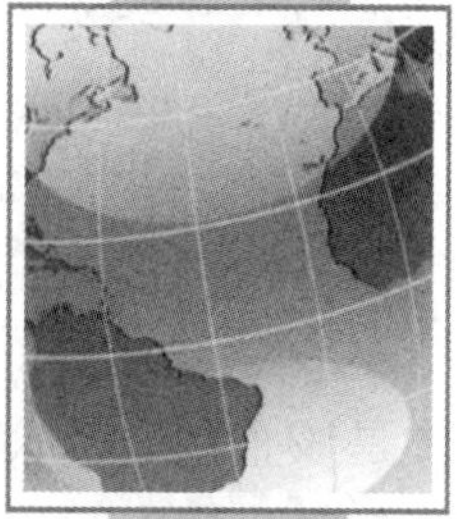

第四章 组织环境与组织文化

一、单项选择题

1. 由于国际经营环境受不同因素影响，因此设立评价指标时要有（　　）。

A. 目的性　　B. 系统性

C. 客观性　　D. 直观性

2. 形成管理外部环境中的政治环境因素包括（　　）。

A. 国家法律　　B. 社会舆论

C. 政府机构　　D. 价值观念

3. 一家用电器机械制造商以往从未向美国大型批发商提供产品，最近却与美国西尔斯百货公司签订了一份3年期合同，将其洗衣机产品40%的产量集中出售给西尔斯公司，这一行为使该制造商的经营环境发生的变化是（　　）。

A. 环境复杂性降低　　B. 环境复杂性增高

C. 环境动态性降低　　D. 环境动态性增高

4. 下列关于组织文化的说法中正确的是（　　）。

A. 变化较慢，一旦形成便日趋加强

B. 变化较快，随时补充新的内容

C. 变化较慢，但每年都会抛弃一些过时的内容

D. 变化较快，特别是在企业管理人员变更时

5. 下列关于组织文化的说法中不正确的是（　　）。

A. 一般的文化都是在非自觉的状态下形成的，组织文化则可以是在组织努力的情况下形成

B. 组织文化具有自我延续性，不会因为领导层的人事变更而立即消失

C. 仁者见仁，智者见智，组织文化应该使组织成员面对某些伦理问题时产生多角度的认识

D. 组织文化的内容和力量会对组织员工的行为产生影响

6. 塑造组织文化时，应该注意（　　）。

A. 主要考虑社会要求和行业特点，和本组织的具体情况无关

B. 组织领导者的模范行为在组织文化的塑造中起到号召和导向作用

C. 组织文化主要靠自律，所以不需要建立制度

D. 组织文化一旦形成，就无需改变

7. 组织文化具有(　　)。

A. 较强的创新性，打破传统观念和价值体系

B. 独立于环境，始终保持高雅性和纯洁性

C. 在内外条件发生变化时，淘汰旧文化，发展新文化

D. 以不变应万变，始终保持稳定性

8. 一家企业的组织精神是团结、守纪、高效、创新。严格管理和团队协作是该企业的两大特色，该企业规定，迟到一次罚款 20 元。一天，全市普降历史上少有的大雪，公交车像牛车一样爬行，结果当天全企业有 85%的职工迟到。遇到这种情况，你认为下列四种方案中对企业最有利的是(　　)。

A. 一律扣罚 20 元，以维持厂纪的严肃性

B. 一律免罚 20 元，以体现工厂对职工的关心

C. 一律免罚 20 元，并宣布当天早下班 2 小时，以方便职工

D. 考虑情况特殊，每人少扣 10 元，即迟到者每人扣罚 10 元

9. 组织精神(　　)。

A. 一般是在组织的发展历程中自发形成的

B. 其表述必须详细具体，保证每个人都充分理解

C. 折射出一个组织的整体素质和精神风格

D. 是组织文化的核心

10. 文化的特性不包括(　　)。

A. 民族性　　B. 多样性

C. 整体性　　D. 绝对性

11. 下列关于组织文化的功能的说法中正确的是(　　)。

A. 组织文化具有某种程度的强制性和改造性

B. 组织文化对组织成员具有明文规定的具体硬性要求

C. 组织的领导层一旦变动，组织文化一般会受到很大影响，甚至立即消失

D. 组织文化无法从根本上改变组织成员旧有的价值观念

12. 某公司是一家网络公司，它最适合的企业文化类型是(　　)。

A. 硬汉式文化　　B.“拼命干、尽情玩”文化

C. 攻坚文化　　D. 过程文化

13. 深层的企业文化是指(　　)。

A. 厂容厂貌　　B. 职工风貌

C. 产品形象　　D. 沉淀于企业及职工的心理意识形态

14. 下列关于企业文化的精神层、制度层和物质层的关系的说法中正确的是(　　)。

A. 物质层规范和制约着精神层和制度层

B. 制度层是企业文化的外在表现

C. 精神层是物质层和制度层的思想内涵，是企业文化的核心和灵魂

D. 制度层是物质层和精神层的载体

15. 目前，电视、广播里的广告越来越多，色彩缤纷的广告牌、广告画更是铺天盖地。以上

情况是企业文化中(　　)的体现。

A. 凝聚功能　　B. 激励功能

C. 辐射功能　　D. 导向功能和约束功能

16. 某S公司是一家刚起步的公司，公司的产品刚刚开发研制出来，面临着如何进入市场的问题。这一产品是一种全新的营养补品，与市场上已有的产品有着很大的不同。公司决定先集中力量在邻近的大城市搞“广告轰炸”，在这点上公司上下意见一致，但在广告的侧重点上大家发生了争议。你认为广告应侧重放在(　　)上。

A. 企业形象及公司名称　　B. 产品商标

C. 产品包装　　D. 本公司产品与其他产品的区别

17. 组织文化各层次中，最重要、最核心的部分是(　　)。

A. 精神层　　B. 物质层

C. 制度层　　D. 外显层

18. 能够将组织成员的行为动机引导到组织目标上来的是(　　)。

A. 组织前景　　B. 组织文化

C. 组织风气　　D. 组织宣传

19. 组织文化在规范、约束组织成员行为中的约束特点体现为(　　)。

A. 只有硬约束　　B. 只有软约束

C. 既有硬约束，又有软约束　　D. 既不是硬约束，也不是软约束

二、多项选择题

1. 组织的具体环境包括(　　)。

A. 竞争对手　　B. 客户

C. 供应商　　D. 劳动力市场

E. 国际环境

2. 下列属于组织文化三层次说是制度文化的有(　　)。

A. 公约　　B. 服务

C. 价值观念　　D. 纪律

E. 规章制度

3. 查尔斯・汉迪将组织文化分为(　　)四种类型。

A. 权力导向型　　B. 角色导向型

C. 任务导向型　　D. 棒球队型

E. 个人导向型

4. 组织文化的特征主要有(　　)。

A. 普遍性　　B. 客观性

C. 实践性　　D. 不变性

E. 可塑性

5. 组织的创新具有的共同趋势是(　　)。

A. 有机化　　B. 网络化

C. 高耸化　　D. 多重结构化

E. 扁平化

三、简答题

1. 解释企业外部环境的重要性。
2. 在塑造组织文化的过程中，选择价值标准有什么前提？
3. 如何强化员工认同？
4. 如何巩固落实组织文化？

四、论述题

1. 组织文化有哪些基本要素？
2. 为什么说组织价值观是组织文化的核心？
3. 联系实际谈谈塑造组织文化的途径。

五、案例分析题

（一）某建筑公司经过几十年的发展，已经成为当地知名的建筑龙头企业。总结企业成功的经验，许多管理人员归结为“天时、地利、人和”，譬如国家经济的持续发展，与当地政府、银行的良好关系，几十年形成的固定客户和良好的信誉，以及良好的员工素质，等等。在2008年北京奥运的鼓舞下，公司确立了“打破地区界限，完成成为全国乃至世界知名建筑企业”的愿景和使命。当企业树立这样的愿景和使命并为之努力时，发现曾经作为优势的“天时、地利、人和”似乎并不存在。例如，就在前不久，日本一家建筑企业在与公司谈判时让公司在两天内给出一个项目的报价。由于公司没有既懂建筑专业又精通日语的人员，故没能及时报价，很遗憾，没有抓住这个项目。

分析与思考：请分析该公司的内外部环境以及应采取的措施。

（二）小米公司正式成立于2010年4月，是一家专注于高端智能手机自主研发的移动互联网公司。小米手机、MIUI、米聊是小米公司旗下三大核心业务。“为发烧而生”是小米的产品理念。小米公司首创了用互联网模式开发手机操作系统、60万发烧友参与开发改进的模式。小米人主要由来自微软、谷歌、金山、MOTO等国内外IT公司的资深员工组成，小米人都喜欢创新、快速的互联网文化。小米拒绝平庸，小米人任何时候都能让你感受到他们的创意。在小米团队中，没有冗长无聊的会议和流程，每一位小米人都在平等、轻松的伙伴式工作氛围中享受与技术、产品、设计等各领域顶尖人才共同创业成长的快意。

分析与思考：请搜集资料，对小米公司进行SWOT分析。

（三）在业界，华为遐迩闻名，就连对手也要敬畏三分。特别是华为低调的性格与疯狂的行为，使这匹诡异的土狼多了几分神秘，让人捉摸不定。在十多年前还是一个注册资金仅2万元的民营小企业，而在2001年的销售额就高达255亿元，荣登电子百强前十位，成为世界级通信设备供应商。

对华为而言，主业就是销售。销售表现出了狼性最为鲜活的一面，就是以整体力量向外攻击，为实现目标利用各种手段，争夺市场。它对胜利有着疯狂的追求，它对失败有着不懈的忍耐。在竞争中，华为的武器不一定是最好的，但一定是最有效的，所以它的竞争力根植于它的狼性。

在研发方面，华为也表现出了不屈不挠、奋勇拼搏的狼性。研究人员勤勤恳恳、埋头苦干，不害怕“冷板凳要坐十年”，坚持“从点点滴滴做起”，研究问题不做广，而是要做深。所以华为的技术总能在国内领先，这是科技产品抢占市场的利器。

但是近几年来，华为已经发生了6起员工非正常死亡事件。与此同时，网络上针对华为企业文化的批评声早已如潮。

讨论：你如何看待华为的“狼性”企业文化？

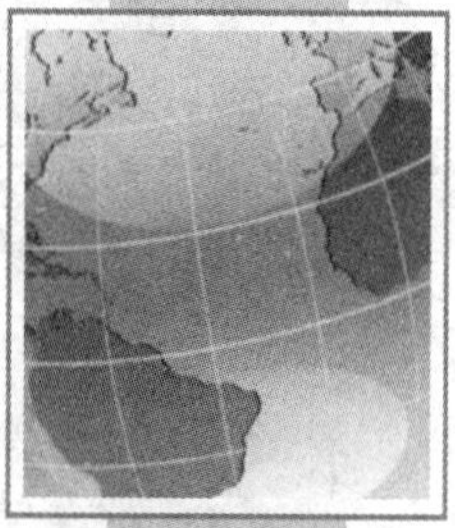

第五章 决　策

一、单项选择题

1. 决策所解决的问题一般与(　　)相关。

A. 过去　　B. 现在
C. 将来　　D. 现在及将来

2. 德尔菲技术是由(　　)命名并首先使用的。

A. 美国兰德公司　　B. 德尔菲
C. 马尔可夫　　D. 奥斯本

3. 某企业原先重大战略决策的基本过程是由各部门(如财务部、销售部、生产部、人事部等)独立把各自部门的情况写成报告送给总经理,再由总经理综合完成有关的战略方案。后来,对此过程做了些调整,即:总经理收到各部门呈上的报告后,有选择地找些管理人员来磋商,最后由自己形成决策。再后来,总经理在收到报告后,就把这些报告交给一个由各部门人员共同参与组成的委员会,通过委员会全体成员的面对面讨论,最终形成有关决策。对此你的看法是(　　)。

A. 这种处理方式的改变对企业战略决策以及其他方面的工作没有什么影响
B. 这种处理方式的改变可以大大提高企业决策的效率
C. 这种处理方式的改变增加了信息沟通的范围,可带来更多的成员满意感
D. 这种处理方式的改变提高了企业上下信息沟通的效率

4. 盈亏平衡分析是用来研究(　　)之间的关系的。

A. 产量、成本、利润　　B. 产量、利润
C. 产量、成本　　D. 产量、成本、价格

5. 决策树适合(　　)决策。

A. 确定型　　B. 非确定型
C. 风险型　　D. A、B 和 C

6. 一家电力公司按照不同时间段以不同价格对用户进行收费,这种方法是电力公司对于环境管理的(　　)。

A. 缓冲法　　B. 圆滑法
C. 预测法　　D. 配给法

7. 重点解决如何组织、动员企业内部力量的具体决策属于( )。
A. 高层决策
B. 非程序决策
C. 战略决策
D. 战术决策
8. 决策的方案有多种后果,每种方案都有客观的概率,这是指( )。
A. 风险型决策
B. 非确定型决策
C. 确定型决策
D. 等概率决策
9. 决策树的构成要素是( )。
A. 概率枝、方案枝、决策点、状态节点
B. 方案、概率、期望值、自然状态
C. 方案枝、决策点、概率枝、自然状态
D. 方案、决策点、概率枝、状态节点
10. 不确定型决策和风险型决策的主要区别在于( )。
A. 风险的大小
B. 可控程度
C. 能否确定客观概率
D. 环境是否稳定

二、多项选择题

1. 运用德尔菲分析法的关键在于( )。
A. 选择良好的专家
B. 确定专家组的人数
C. 制定完善的询问登记表
D. 分析预测将来会发生的情况
2. 认证候选方案应考虑的因素包括( )。
A. 可行性
B. 质量
C. 可接受性
D. 成本
E. 伦理道德
F. 可变通性
3. 明茨伯格将决策者面临的问题分为三种类型,它们是( )。
A. 非危机问题
B. 危机问题
C. 成本问题
D. 机遇问题
E. 集体精神
4. 按照决策的可靠程度,可把决策分为( )。
A. 风险决策
B. 战略决策
C. 程序化决策
D. 确定型决策
E. 不确定型决策

三、简答题

1. 德尔菲技术运用的关键是什么?
2. 简述决策的步骤。

四、论述题

试述科学决策的方法。

五、案例分析题

(一)某有色贸易公司是一家进出口集团公司控股的下属公司,专门从事有色金属的进出口业务。为扩大业务领域,该公司的铜矿进出口业务部打算通过招投标方式参与某重点公路工程的进口沥青采购工作。经过艰苦努力，该业务部的招标方案和其他几家公司的招标方案同时中标，分配给该公司 2 000 万元人民币左右的沥青供应任务，资金通过银行贷款可以解决，这一业务可使公司获利 60 万元。这一方案提交董事会讨论时，由于资金需要量大、收回投资周期长、风险大(待工程验收合格期满后才能收回贷款)而被否决。方案被否决后，从事这项工作的员工的积极性受到重创，情绪低落；因中标而不做，其信誉在公路工程中受到损害，以后想再进入公路工程建设项目的可能性极小；此外，还损失了参与投标而用的 28.9 万元押金(这 28.9 万元押金最后以新产品开发费入账)。

分析与思考：

(1)该董事会的决策是否正确?

(2)你认为应如何决策。

(二)A、B 两企业的经营管理比较

1. 基本情况

1965 年，美国的一家大型科技集团在清理电子产品业务时，将其属下的两个制造和装配印刷电路板的工厂分别卖给了两个不同的投资者。在更换所有者后，位于欧梅格市内的工厂取名为欧梅格电子公司(以下简称 A 公司)，而地处市郊的工厂则改名为阿克米电子公司(以下简称 B 公司)。A 公司任命原厂长康泰为公司总经理，并保留了该工厂原有管理队伍；B 公司则聘请一电子研究所所长罗奇为总经理，只保留部分该工厂原有管理人员。作为电子产品协作厂，A、B 两家公司均得益于 20 世纪 70 年代初期电子行业的迅速发展。A 公司年销售额达到 1 000 万美元，员工有 550 人；B 公司年销售额为 800 万美元，有职工 480 人。两公司都期望着未来有更大的发展与繁荣。由于 A 公司通常能较 B 公司赚得更多的净利润，引起了 B 公司的嫉妒，为此，A、B 两公司之间经常出现争取同一生产合同的竞争。

A 公司内部有着详细的组织机构图和职务说明书，对每个部门及每个员工都进行了缜密的专业化分工，明确规定了各自的工作性质与职责范围。A 公司的总经理康泰把公司的高效益归功于对员工实行严密的控制，他认为正是由于公司所保留的在隶属于原科技集团时的基本组织结构，才使得公司在印刷电路板的大批量制造及装配方面具有很高的效率。他相信，要不是由于市场需求是如此之大，以致仅仅依靠 A 公司的力量无法完全满足这些需求，其竞争对手企业早就不复存在了。就目前情况来说，A 公司员工一般对工作都比较满意，但一些管理人员提出了扩大工作自主权的要求。

B 公司并没有与 A 公司相似的管理部门，总经理罗奇不相信组织结构图之类东西的作用。他认为，公司的规模并不大，很多工作均需要各部门的配合工作，而像组织机构图这类东西只会形成人为沟通障碍，从而妨碍专家之间的相互交流与协同工作。他非常关心员工的满足感，希望每个人都把自己看作组织的一员，熟悉整个组织的各项活动。他强调部门之间的协调行动，不对人们的职责作硬性刻板的规定，不提倡人们在相互沟通中使用书面文字。公司技术部门的一位新成员说："我刚来这里的一段时期，不知道自己该干些什么。今天同技术人员一起工作，明天帮助装运部门设计包装盒，工作似乎乱哄哄的，但这却使我有机会对整个公司的各方面活动都有比较全面的了解。

2. 公司内部管理与样品试产进度

1976 年，随着美国电子行业微型化发展步伐的加快，市场对晶体管的需求直线下降，取而代之的是集成电路需求的上升。集成电路生产过程需要高度保密，而 A、B 两公司以往所生产的印刷电路板主要是晶体管的配套产品，意识到未来的潜在威胁，这两家公司都非常重视寻找新客户。这年7月，有家大型复印机厂想为他们新试制的复印机产品的存储器找个协作厂。由于该项协作预计每年有500万～700万美元的订货额，A、B两公司在地理位置上都很靠近这家复印厂，因此，双方都想以具有竞争力的出价赢得该协作合同。尽管结果A公司的出价稍低于B公司，但A、B两公司都被要求试生产100件样品。复印机厂还告诉这两家公司：速度是关键，因为他们的总经理已答应其用户将在年底前制造出一台新的复印机。也正因为这一点，复印机厂的设计师们十分紧张，他们向所有的协作厂施加压力，要求这些厂家在复印机最终设计完成之前就开始协作样品的试生产。这意识着，A、B两公司最终只有两周的时间进行样品的试生产，否则就有可能影响整个复印机新产品的生产进程。这年的7月11日(星期一)，A公司拿到了复印机厂的存储器设计图。总经理康泰立即给采购部门送了一份备忘录，要求提前购买好生产所需的元器件。同时，他还将图纸交给产品设计部门，要求他们准备好生产图纸。而工艺设计部门也被告知开始着手工艺设计，安排好工艺装配顺序以供生产部门使用。此外，康泰还向公司其他部门的负责人发出书面通知，揭示缩短生产周期为此项工作的关键所在，并表明他希望每个人都能像过去那样高效率地完成任务。

开始几天，公司的各部门之间并没有什么接触，他们似乎都在按各自的进度工作着。当然，在这过程中，各部门都遇到了一些问题，例如，采购部门没有及时采购到生产所需的各种元器件；工艺设计部门在设计生产装配程序时也遇到了困难；技术部门对此项工作的时间紧迫性重视不够，正忙于完成其他任务。康泰在协调与处理好公司内部日常工作的同时，继续与复印机厂保持着密切联系，他每星期至少给复印机厂打两次电话，一方面努力使他们了解自己公司的工作进度，另一方面也试图从他们那里进一步得到设计改进的信息。

7月15日(星期五)，康泰得知技术部门的工艺开发工作进度落后的消息后，大为不满。更坏的情况是，由于采购部门没有备齐生产所需的各种元器件，所以，工艺设计人员只好建议在暂缺一个元件的情况下先把产品装配起来，待采购到该元件后再补上去。这样，成品装配工作于7月21日(星期四)正式开始，这与计划进度相比已经推迟了好几天。次日，康泰视察工厂时发现最终成品装配完毕。当天傍晚时分，康泰接到复印机厂设计部门负责人打来的电话。该负责人告诉康泰，复印机厂在7月19日(星期二)下午接到了B公司总经理罗奇的电话，说B公司的工人发现了存储器接线板设计中的一个错误，并且已在该公司试生产的样品中加以改正。该负责人还解释说，经他本人核查接线板的原设计也确认原设计有错误，为此，要求A公司也按他派人送来的新设计蓝图对样品予以更改，并且仍要求A公司能在原定的7月26日交货。

新的设计蓝图送到后，康泰立即召来生产主管探讨更改方案，结果发现除了拆开组装的好样品的所有装配件并卸掉接线板上的一些焊点，找不到其他更好的办法。由于短缺的那个元件还未运到，康泰只好吩咐生产主管7月25日(星期一)上午先增派工人拆开成品、修改错误，争取星期二完成此项工作。星期二傍晚，修改工作如期完成，短缺的元件运到厂里。7月27日(星期三)早上，生产主管发现要将短缺的元件装上去，还得拆开所有成品。康泰听后，感到很闹心，他找来工艺设计工程师，问他们能否解决这个问题。由于生产主管和工艺设计工程师对于如何装上这个元件无法达成一致意见，康泰只好下令再次拆开所有成品，并要求装运部门准备好纸板箱，以备星期五下午装运。到了星期五，即7月29日，康泰在亲自检验了一件样品，发现它能正常运行之后，放弃了最终全部检验的要求，命令有关部门将已完工的50件试生产样品运往复印机厂。8月2日，A公司又运出了余下的50件样品。

再看B公司，早在7月8日(星期五)接到复印机厂设计蓝图前，总经理罗奇就在公司召开的一次会议上将公司即将接到一项新任务的事通报给了各部门负责人，并希望大家在接到设计蓝图后马上着手工作。7月11日，设计蓝图送到后，各部门负责人再次开会正式讨论如何做好这项工作。会议结束时，产品设计部门同意尽快准备生产图纸，工艺设计部门则与生产部门一起共同进行生产过程设计。与A公司相似，在样品试制中B公司也遇到了两个问题：一些外购元器件未能按时采购到，装配程序设计上也有困难。但是，在B公司，各部门的负责人及主要人员每天开碰头会讨论工作进程，各部门之间互相帮助，努力设法解决这些问题。产品设计部门的负责人说他知道日本有一个货源，从那里可以买到一般供应商所无法提供的元器件。7月16日，B公司的采购部门果真在那里买到了一些短缺的元器件，从而备齐了装配所需的各种元器件。

7月18日(星期一)，B公司工艺设计工程师和生产主管共同制订出了产品装配计划，准备第二天开始正式生产。当天下午，产品设计、工艺设计、生产和技术等部门的有关人员聚集在一起，讨论并开始第一件样品的试制工作。在试制过程中，他们发现复印机公司接线板设计上的那个错误。经过反复检查设计图纸以后，所有的工程师都认定接线板设计有误。当晚，产品设计部门和技术部门人员利用晚上的时间重新设计了接线板，并修改了生产图纸。星期二上午，罗奇得知原设计图纸被修改的消息后，感到很吃惊，决定先征得复印机厂的认可。到了星期三，复印机厂的设计负责人给罗奇回话说，同意B公司按星期二电话中所说的修改后的设计方案进行样品生产。这样，到了7月22日(星期五)，B公司试生产的100件样品经过质量管理部门的检验后正式装运出厂。

3. 协作生产合同的最终归属

试生产阶段完成的100件存储器样品，经复印机厂质管部门复查，A公司有10件不合格，B公司的全部合格。这样，A公司由于本来就推迟了交货日期，再加上返修不合格样品，就更拖延了交货期。尽管如此，复印机厂还是没有把1976年下半年的生产协作任务全部交给B公司，而是决定由A、B两公司来共同承担。只是在协作合同中，对A、B两公司提出两个附加要求，一是保证产品无缺陷，二是不断降低成本。结果，在执行协作合同的过程中，由于A公司的全面努力，使其产品的单位成本降低了20%，从而自1997年开始赢得了复印机厂存储器的全面生产协作任务。

根据以上案例，回答以下问题：

1. 在营利这一最终目标上，A、B两公司相同，但在公司管理目标上存在着差异，表现在(　　)。

A. B公司比A公司更注重工作效率

B. A公司比B公司更注重员工的满足感

C. 公司在管理上更注重以人为本

D. A公司注重工作的高效率，B公司注重员工的满足感

2. A公司最终全面获得复印机厂存储器协作生产任务，主要原因是(　　)。

A. B公司觉得这项合同无利可图，主动放弃了竞争

B. A公司对原有管理方式进行了调整改革

C. A公司充分发挥了原有管理方式的潜能

D. A公司除此之外，别无选择

3. 在上述案例所涉及的时间范围内，复印机厂与A、B两公司面临的宏观环境变化因素主要是(　　)。

A. 企业文化　　　　B. 技术
C. 经济　　　　D. A+C

4. B公司在100件存储器样品试生产中优于A公司的主要原因在于(　　)。
A. B公司早于A公司从复印机厂那里得到了复印机设计蓝图的修改方案
B. A公司未像B公司那样与日本厂家建立稳定的元器件供货关系
C. B公司总经理特别慎重,对试生产样品做过严格的最终检验
D. A公司所采取的管理方式与当时的公司外部环境变化的要求不相适应

5. 综合本案例,可以看出(　　)。
A. A、B两公司都采用了变革型管理,只是策略不同
B. A公司采用事务型管理,B公司采用变革型管理
C. A公司采用变革型管理,B公司采用事务型管理
D. 无法确定

(三)袁经理的管理决策

袁经理从20世纪90年代以来,一直担任A农机公司的总裁,这家公司是一家生产和销售农业机械的企业。1995年产品销售额达到4 000万元,1996年达到4 200万元,1999年为4 450万元,2003年预计4 600万元。每当袁先生坐在办公桌旁,翻看这些统计数字和报表时,常常为这些业绩感到颇为自豪。

一天下午,又是办公会议时间,袁先生召集了公司在各地的经销负责人,分析目前和今后的销售形势,在会议上,有些经销负责人指出:农业机械产品总的看来,尚有一定的市场潜力,但消费者的需求和趋向已发生了重要的改变,公司应针对用户的需求,增加和改进新的产品,淘汰一些老化的产品,以满足现在用户和潜在用户的新需求。

身为机械工程师出身的袁先生,对新产品的研制、开发工作应当说是行家能手。因此,他听完了各地经销负责人的意见之后,心里很快就盘算了起来,新产品的开发首先需要增加研究与投资,之后,又要花钱改造公司现有的自动化生产线,这两项工作大约耗时3~6月。增加生产品种的同时意味着必须储备更多的备用零件,并根据需要对工作进行新技术培训,投资还会进一步增加。

袁先生一直有这样一种看法:从事经销工作的人总是喜欢以自己的业务方便来考虑问题,不断提出对各种新产品的要求,却不会考虑品种更新以及开发新产品必须投入的成本情况,这些意见不足以作为决策的依据。袁先生还认为,公司目前的这几种产品,经营的效果还不错。经过认真的盘算,他决定暂不考虑新品种开发的建议。目前的市场策略仍然是确保现有产品品种的地位和稳步发展。袁先生认为,只要不断提高现有产品的质量并通过改进产品的成本,开出具有吸引力的价格,不怕用户不走上门来,并坚信质量是产品的生命线。他相信用户实际上也是这样考虑的。

袁先生虽然按照自己的想法做出了决策,但仍然表示听取下级人员和专家顾问的意见对自己是有益的。

分析与思考:你认为A农机公司现在农业机械产品市场是属于开发期、成长期(占有率和业务增长率进一步扩大),还是业务增长率和市场占有率同时下降,或者说对上述三个因素都无法确定。

六、计算题

某企业为扩大某产品的生产，拟建设新厂，据市场预测，产品销路好的概率为 0.7，销路差的概率为 0.3，有三种方案可供企业选择：

方案 1，新建大厂，需投资 300 万元。据初步估计，销路好时，每年可获利 100 万元；销路差时，每年亏损 20 万元，服务期为 10 年。

方案 2，新建小厂，需投资 140 万无。据估计，销路好时，每年可获利 40 万元；销路差时，每年仍可获利 30 万元。服务期为 10 年。

方案 3，先建小厂，3 年后销路好时再扩建，需追加投资 200 万元，服务期为 7 年，估计每年获利 95 万元。

试画出决策树图并选择方案。

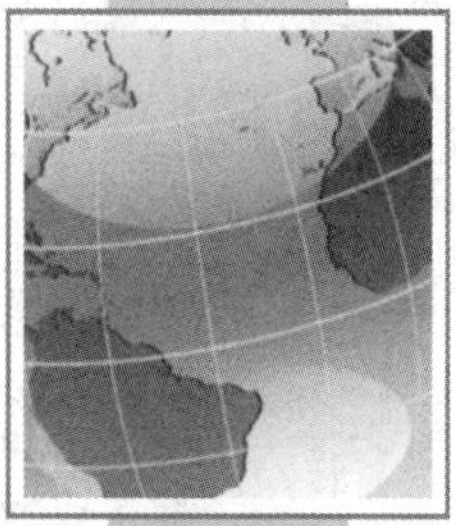

第六章 计划与战略管理

一、单项选择题

1. 计划工作领先于其他各项管理工作，主要是强调组织各方面工作都应该是(　　)。

A. 有章可循的　　B. 清晰可辨的

C. 动态变化的　　D. 有固定模式的

2. (　　)提供了一个过程，通过它，组织将它的总目标分解为组织的各部门和成员的具体目标。

A. 全面质量管理　　B. 组织再设计

C. 目标管理　　D. 预期理论

3. 运用目标管理一般应由(　　)发起。

A. 基层员工　　B. 中级管理人员

C. 外部的管理顾问　　D. 高层管理部门

4. 目标管理具体步骤通常不包括(　　)。

A. 上下级共同讨论下属的任务、责任和工作内容等

B. 确定长期绩效目标

C. 定期检查进展情况

D. 期末共同评估所取得的成果

5. “一件预计可能会出错的事情，往往一定会出错。”“一件事情出错，其他事情也跟着出错。”类似的说法在于揭示人们(　　)。

A. 决策的制定与实施一定要果断且富有信心，否则就很难实现

B. 制订计划应树立起权变的意识，问题出现时应立即制定出相应的应变计划

C. 应变计划的制订是计划工作的一部分内容，应在计划过程中及早予以考虑，不能等到出现问题时再仓促应对

D. 要注意认真分析事物之间的关联性，以期得到正确的结论

6. 一位在政府职能部门多年从事管理工作的中年管理者，新近被任命为某研究所的所长。面对陌生的学科专业和资深的研究人员，该所长感到有点无从下手。如果要就他如何有效地开展新工作提出原则性建议，你首选的是(　　)。

A. 明确各研究人员的研究目标与任务，实行责权利挂钩考核

B. 充分尊重专家，努力将研究人员的个人兴趣与组织发展目标协同起来

C. 充分尊重专家，按专家意见办，全力做好支持服务工作

D. 以研究人员的研究兴趣和专长为基础生成组织目标

7. 进入壁垒高和退出壁垒高对产业获利能力影响表现为(　　)。

A. 稳定的高利润　　B. 稳定的低利润

C. 高利润高风险　　D. 低利润低风险

8. 研究开发战略的选择常常受企业总体战略和(　　)的影响。

A. 公司战略　　B. 投资战略

C. 职能战略　　D. 经营战略

9. 利用短期借款来融通的短期资金是(　　)。

A. 银行信用　　B. 商业信用

C. 应付费用　　D. 预付货款

10. 在市场增长率—相对市场占有率矩阵中，当市场增长率低而相对市场占有率高的时候，它属于(　　)企业。

A. 问号类　　B. 明星类

C. 金牛类　　D. 瘦狗类

11. 在行业吸引力—竞争能力矩阵中，扩张类经营单位所处的象限也称为(　　)。

A. 绿灯区　　B. 黄灯区

C. 红灯区　　D. 蓝灯区

12. 滚动计划法的编制原则是(　　)。

A. 近细远粗　　B. 近粗远细

C. 相对稳定　　D. 平行滚动

13. 动态相乘效果是指企业将来战略能有效使用现在战略运行中产生的(　　)效果。

A. 有形资源　　B. 无形资源

C. 现有资源　　D. 将来资源

14. 企业竞争优势的根基是(　　)。

A. 核心能力　　B. 财务能力

C. 营销能力　　D. 科技能力

15. 战略控制的目的主要是控制(　　)。

A. 战略实施　　B. 战略失效

C. 战略目标　　D. 战略方案

16. 从战略与结构关系的基本原则上讲，组织结构要服从于(　　)。

A. 战略目标　　B. 组织目标

C. 战略创新　　D. 战略控制

二、多项选择题

1. 下列属于计划工作基本特征的有(　　)。

A. 目的性　　B. 效率性

C. 普遍性　　D. 绝对的稳定性

E. 统一性　　F. 首要性

2. 计划通常由(　　)等组成。

A. 组织任务　　B. 确定目标

C. 根据目标制订计划　　D. 达到预定目标

3. 目标的层次分为(　　)。

A. 战略目标　　B. 战术目标

C. 操作目标　　D. 总体目标

4. 企业战略实施过程包括(　　)。

A. 确定竞争对手　　B. 制定中间计划、方案

C. 编制预算　　D. 确立工作程序

E. 调整组织结构

5. 常用的编制计划的方法有(　　)。

A. 滚动计划法　　B. PDCA 循环法

C. 网络计划法　　D. SWOT 分析法

E. 甘特图法

三、简答题

1. 描述企业目标的重要性。
2. 解释目标管理的概念,描述它的基本因素。
3. 如何理解战略实施的权变与动态性质?
4. 简述网络计划技术的操作步骤。
5. 紧缩型战略有什么利弊?

四、论述题

试述战略选择中常见的几种误区。

五、案例分析题

(一)某系统集成公司现有员工 50 多人,业务部门分为销售部、软件开发部、系统网络部等。经过近半年的酝酿后,在今年 1 月份,公司的销售部直接与某银行签订了一个银行前置机的软件系统的项目合同。合同规定,6 月 28 日之前系统必须投入试运行。在合同签订后,销售部将此合同移交给了软件开发部,进行项目的实施。项目经理小丁做过 5 年的系统分析和设计工作,但这是他第一次担任项目经理。小丁兼任系统分析工作,此外项目组中还有 2 名有 1 年工作经验的程序员、1 名测试人员、2 名负责组网和布线的系统工程师。项目组的成员均全程参加项目。在承担项目之后,小丁组织大家制定了项目的 WBS,并依照以往的经验制订了本项目的进度计划,简单描述如下:

(1)应用子系统:

①1 月 5 日～2 月 5 日需求分析;

②2 月 6 日～3 月 26 日系统设计和软件设计;

③3 月 27 日～5 月 10 日编码;

④5 月 11 日～5 月 30 日系统内部测试。

(2)综合布线:2 月 20 日～4 月 20 日完成调研和布线。

(3)网络子系统:4 月 21 日~5 月 21 日设备安装、联调。

(4)系统内部调试、验收:

①6 月 1 日~6 月 20 日试运行;

②6 月 28 日系统验收。

春节后,在 2 月 17 日小丁发现系统设计刚刚开始,由此推测 3 月 26 日很可能完不成系统设计。

分析与思考:问题发生的可能原因是什么?小丁应该如何保证项目整体进度不拖延?

(二)乔森家具公司是乔森先生在 20 世纪中期创建的,开始时主要经营卧室和会客室家具,取得了相当的成功,随着规模的扩大,自 70 年代开始,公司又进一步经营餐桌和儿童家具。1975 年,乔森退休,他的儿子约翰继承父业,不断拓展卧室家具业务,扩大市场占有率,使得公司产品深受顾客欢迎。到 1985 年,公司卧室家具方面的销售量比 1975 年增长了近两倍。但公司在餐桌和儿童家具的经营方面一直不得法,面临着严重的困难。

乔森家具公司自创建之日起便规定,每年 12 月份召开一次公司中、高层管理人员会议,研究讨论战略和有关的政策。1985 年 12 月 14 日,公司又召开了每年一次的例会,会议由董事长兼总经理约翰先生主持。约翰先生在会上首先指出了公司存在的员工思想懒散、生产效率不高的问题,并对此进行了严厉的批评,要求迅速扭转这种局面。与此同时,他还为公司制定了今后五年的发展目标。具体包括:

(1)卧室和会客室家具销售量增加 20%;

(2)餐桌和儿童家具销售量增长 100%;

(3)总生产费用降低 10%;

(4)减少补缺职工人数 3%;

(5)建立一条庭院金属桌椅生产线,争取五年内达到年销售额 500 万美元。

这些目标主要是想增加公司收入、降低成本、获取更大的利润。但公司副总经理托马斯跟随乔森先生工作多年,了解约翰董事长制定这些目标的真实意图。尽管约翰开始承接父业时对家具经营还颇感兴趣,但后来,他的兴趣开始转移,试图经营房地产业。为此,他努力寻找机会想以一个好价钱将公司卖掉。为了能提高公司的声望和价值,他准备在近几年狠抓经营,改善公司的效益。

副总经理托马斯意识到自己历来与约翰董事长的意见不一致,因此在会议上没有发表什么意见。会议很快就结束了,大部分与会者都带着冷漠的表情离开了会场。托马斯有些垂头丧气,但他仍想会后找董事长就公司发展目标问题谈谈自己的看法。

分析与思考:

(1)乔森家具公司的市场经营情况怎么样?

(2)乔森家具公司内部存在哪些问题?

(3)你如何看待约翰先生提出的目标及与托马斯的分歧?

(4)你能为解决这一问题提出建议吗?

(三)中兴集团公司是一家拥有 20 家子公司和分公司的大型集团企业,参与六个行业的经营。集团公司对分公司的管理方式是独立经营、集中核算。

一位分公司的总经理最近听了关于目标管理的讲座,很受启发和鼓舞,坚定了他关于目标管理确实有效的想法。他最后决定,在下一次职能部门会议上介绍这个概念并且看看能做些什么。在会议上,他详细叙述了这种方法的理论发展情况,列举了在这个分公司使用这种方法的好处，并且要求下属人员考虑他的建议。

事情并不像人们想象的那样简单。在下一次会议上，中层经理们就总经理的提议提出了好几个问题。财务主任要求知道："你是否有集团公司总裁分配给你的明年分公司的目标？"分公司总经理回答说："我没有。但我一直在等待总裁办公室告诉我，他们期待我们做什么。可他们好像与此事无关一样。""我打算列出我对分公司的期望，"这位分公司的总经理说，"关于目标没有什么神秘的，我打算明年的销售额达到 5 000 万元，税后利润率达到 8%，投资收益率为 15%，一项正在进行的项目 6 月 30 日能投产。我以后还会列出一些明确的指标，如选拔我们分公司未来的主管人员，今年年底前完成我们的新产品开发工作，以及保持员工流动率在 15%以下，等等。"总经理越说越兴奋。

中层经理们对自己的领导人经过考虑提出的这些可考核的目标，以及如此明确和自信的陈述感到惊讶，一时不知怎么说好。

"下个月，我要求你们每个人把这些目标转换成你们自己部门可考核的目标。不用说，这些目标对财务、营销、生产、工程和人事将是不同的。但是，我希望你们都能用数字来表述，我希望把你们的数字加起来就可以实现公司的目标。"

分析与思考：

(1)在没有得到集团公司总裁下达目标的情况下，分公司总经理能够拟定可考核的目标吗？怎样制定？这些目标会得到下属的认可吗？

(2)对于分公司来说，要制定可行的目标，需要集团公司提供什么信息和帮助？

(3)这位分公司总经理设置目标的方法是否是最佳方法？你会怎么做？

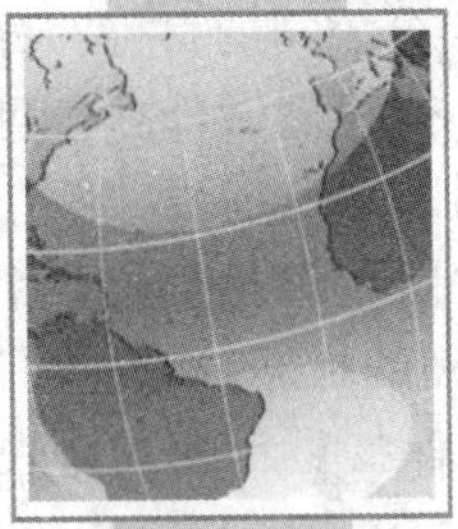

第七章
组织与组织变革

一、单项选择题

1. 下列三种战略中，对计划管理要求最严格的是（　　）。

A. 保守型战略　　B. 风险型战略

C. 分析型战略

2. 下列三种战略中，以分权为主的是（　　）。

A. 保守型战略　　B. 风险型战略

C. 分析型战略

3. 下列三种战略中，高层管理人员以工程师和成本专家为主的是（　　）。

A. 保守型战略　　B. 风险型战略

C. 分析型战略

4. 下列技术类型中，集权程度比较高的是（　　）。

A. 单件小批生产　　B. 大批大量生产

C. 连续生产

5. （　　）最适合采用矩阵式组织结构。

A. 纺织厂　　B. 医院

C. 电视剧制作中心　　D. 学校

6. 矩阵式组织的主要缺点是（　　）。

A. 分权不充分　　B. 多头领导

C. 对项目经理要求高　　D. 组织稳定性差

7. 企业的组织结构必须与其战略相匹配，企业战略对组织结构设计的影响是（　　）。

A. 战略不同，要求开展的业务活动也会不同，从而会影响部门设置

B. 不同的战略有不同的重点，会影响各部门与职务的相对重要性及相互关系

C. A、B 都对

D. A、B 都不对

8. 一家产品单一的跨国公司在世界许多地区拥有客户和分支机构，该公司的组织结构应考虑按（　　）因素来划分部门。

A. 职能　　B. 产品

C. 地区　　　　　　　　　　　　　　D. 矩阵结构

9. 某企业的员工在工作中经常接到来自上边的两个有时甚至是相互冲突的命令，以下说法中指出了导致这种现象的本质原因的是（　　）。

A. 该公司在组织设计上采取了职能结构

B. 该公司在组织运作中出现了越权指挥的问题

C. 该公司的组织层次设计过多

D. 该公司组织运行中有意或无意地违背了统一指挥的原则

10. 企业中管理干部的管理幅度，是指他（　　）。

A. 直接管理的下属数量　　　　　　B. 所管理的部门数量

C. 所管理的全部下属数量　　　　　D. B 和 C

11. 某公司随着经营范围的扩大，其由总经理直辖的营销队伍人员也从 3 人增加到 100 人。最近，公司发现营销队伍似乎有点松散，对公司的一些做法也有异议，但又找不到确切的原因。从管理的角度看，你认为出现这种情况的最主要原因最有可能在于（　　）。

A. 营销人员太多，产生了鱼龙混杂的情况

B. 总经理投入的管理时间不够，致使营销人员产生了看法

C. 总经理的管理幅度太宽，以致无法对营销队伍进行有效的管理

D. 营销队伍的管理层次太多，使得总经理无法与营销人员有效沟通

12. 以下各种说法中，你认为最能说明企业组织所采取的是越来越分权的做法的是（　　）。

A. 更多的管理人员能对下属提出的建议行使否决权

B. 下属提出更多的建议并且大部分被付诸实施

C. 较低层次的管理人员愿意提出更多、更重要的改进建议

D. 采取了更多的措施减轻高层主要领导的工作负担

13. 很多企业都是由小到大逐步发展起来的，一般在开始时往往采用的组织结构是直线制。但是随着业务的扩大以及人员队伍的增加，高层管理者不得不通过授权的方式委托一批有实力的专业人员进行职能化管理。直线职能制组织形式也存在一些固有的缺陷。下列说法中不是直线职能制组织形式缺陷的是（　　）。

A. 成员的工作位置不固定，容易产生临时观念

B. 各职能单位自成体系，往往不重视工作中的横向信息沟通

C. 组织弹性不足，对环境变化的反应比较迟钝

D. 不利于培养综合型管理人才

14. 不论是在企业还是在政府机构，秘书一般都是帮助高层管理者进行工作的，他们在组织的职权等级链上的位置是很低的，但是人们常常感到秘书的权力很大。那么秘书拥有的权力是（　　）。

A. 合法性权力

B. 个人影响权力

C. 强制权力

D. 没有任何权力，只是比一般人更有机会接近领导

15. 日本松下电器公司的创始人松下幸之助曾有一段名言：当你仅有 100 人时，你必须站在第一线，即使你叫喊甚至打他们。但如果发展到 1 000 人，你就不可能留在第一线，而是身

居其中。当企业增至10 000名职工时，你就必须退居到后面，并对职工们表示敬意和谢意。这段话说明（　　）。

A. 企业规模扩大之后，管理者的地位逐渐上升，高层管理者无须事必躬亲

B. 企业规模的扩大是全体同仁共同努力的结果，对此，老板应心存感激

C. 企业规模扩大之后，管理的复杂性随之增大，管理者也应有所分工

D. 管理规模越大，管理者越需注意自己对下属的态度

16. 戴立在改革开放初期创办了一家小型私营食品企业。由于产品口味好、价格面向一般大众，很快就成为消费者认可的品牌，销路非常好。在此情况下，戴立企业的员工人数也随之增加，由原来的6名家族成员增加到现有的120名，工厂规模也扩大了很多。在感受成功喜悦的同时，戴立也意识到前所未有的困扰——他越来越感觉到工作力不从心，每天疲于处理各种各样的琐事。但是，尽管如此，工厂的管理还是给人以很混乱的感觉。为此，戴立请教了许多人，在以下四种具有代表性的建议中最有效的是（　　）。

A. 戴立应抽出时间去某著名商学院接受管理方面的培训

B. 应聘请一位顾问，帮他出谋划策

C. 对企业的组织结构进行改组，在戴立和一线工人之间增加一个管理层

D. 应招聘一位能干的助理，帮助他处理各种琐事

17. 作为企业的总裁，王晶在近几个月里一直都在寻找时间来思考公司的长远发展问题。这个星期他加班加点把手里的一些琐事都处理完了，从今天开始他准备不受干扰地集中考虑重大问题。一大早他就坐在办公室考虑这个问题。但好景不长，正常上班一到，大约每隔20分钟就有人进来签字或者请示。王晶非常恼火。你认为出现这种情况的原因最可能是（　　）。

A. 今天企业中出现了紧急情况

B. 王晶可能比较集权

C. 企业中的其他管理者都不能负起责任来

D. 企业中没有良好的计划

18. 某总经理把产品销售的责任委派给一位市场经营的副总经理，由其负责所有地区的经销办事处，但同时总经理又要求各地区经销办事处的经理们直接向总会计师汇报每天的销售数字，而总会计师也可以直接向各经销办事处经理们下指令。总经理的这种做法违反了（　　）原则。

A. 权责对等　　B. 命令统一

C. 集权化　　D. 职务提高、职能分散

19. 针对当前形形色色的管理现象，某公司的一位老处长深有感触地说："有的人拥有磨盘大的权力拣不起一粒芝麻，而有的人仅有芝麻大的权力却能推动磨盘。"这句话反映的情况表明（　　）。

A. 个人性权力所产生的影响力有时会大于职务性权力所产生的影响力

B. 个人性权力所产生的影响力并不比职务性权力所产生的影响力小

C. 非正式组织越来越盛行，并且正在发挥越来越大的作用

D. 这里所描述的只是一种偶然的管理现象，并不具有任何实际意义

20. 某公司有员工64人，假设管理幅度为8人，该公司的管理人员应为（　　）人，管理层次有（　　）层。

A. 10;4　　　　B. 9;3

C. 9;4　　　　D. 8;3

21. 某公司下属分公司的会计科长一方面要向分公司经理报告工作,另一方面又要遵守由总公司财务经理制定的会计规章和设计的会计报表,会计科长的直接主管应该是(　　)。

A. 分公司经理　　　　B. 总公司财务经理

C. 总公司总经理　　　　D. 上述三人都是

22. 康全公司是一家设计环保设备的公司,经营规模虽然不大但发展迅速。公司成立以来,为了保持行动的统一性,一直实行较强的集权。请问当(　　)的情况出现时,公司更有可能改变其过强的集权倾向。

A. 宏观经济增长速度加快　　　　B. 公司经营业务范围拓宽

C. 市场对企业产品的需求下降　　　　D. 国家发布了新的技术标准

23. 下面四种情形中最能体现集权的组织形式的是(　　)。

A. 公司总经理电话通知销售部经理:把这批产品尽快发到深圳可龙公司,我刚刚与他们联系好

B. 面对激烈的竞争市场,总经理在高层管理会议上讲道:截至昨天,我全面审查了各部门上个月的工作情况,发现生产和销售都没能完成当月指标;而其他部门也出现各种各样的问题。现在,我命令每个部门必须严格按照公司规定的各项指标开展工作。凡是上个月没完成指标的部门,星期五必须拿出整改方案

C. 陈经理是一个严肃认真的人,员工很难看到他露出笑容。员工一旦出现差错总会受到他的严厉批评。因此,员工都感觉到公司的气氛非常紧张,有些员工甚至因此而退出了公司

D. 总经理每天在上班开始之前都会微笑地在公司大门迎接员工的到来;每逢员工过生日,他也总要亲自向员工本人道一声“生日快乐”

24. 下列关于非正式组织的说法中不正确的是(　　)。

A. 非正式组织主要以感情和融洽为主要的标准

B. 正式组织与非正式组织是交叉混合的

C. 非正式组织的危害要大于积极作用

D. 非正式组织会发展组织的惰性

25. 下列关于委员会的说法中不正确的是(　　)。

A. 委员会能够综合各种意见,提高决策的正确性

B. 委员会一般只活跃于组织的中间层和较低管理层

C. 委员会容易导致时间上的延误

D. 日常事务管理不宜采用委员会的管理方式

26. 下列情况中最不应该采取群体决策方式的是(　　)。

A. 确定长期投资于哪一种股票　　　　B. 决定一个重要副手的工作安排

C. 选择某种新产品的上市时间　　　　D. 签署一项产品销售合同

27. 如果你是一家公司的经理,当你发现公司中存在许多小团体时,你的态度是(　　)。

A. 立即宣布这些小团体为非法,予以取缔

B. 深入调查,找出小团体的领导人,向他们发出警告,不要再搞小团体

C. 只要小团体的存在不影响企业的正常运行,可以对其不闻不问,听之任之

D. 正视小团体的客观存在性，允许乃至鼓励小团体的存在，对其行为加以积极引导

28. 解决直线与参谋间冲突的一个主要方法是（　　）。

A. 赋予直线管理人员参谋职权

B. 让直线人员更多地依靠参谋人员的知识

C. 允许直线人员压制参谋人员

D. 把直线与参谋的活动结合起来

29. 企业管理者对待非正式组织的态度应该是（　　）。

A. 设法消除　　B. 严加管理

C. 善加引导　　D. 积极鼓励

30. 如果你是公司的总经理，你将授予（　　）以决策和行动的权力。

A. 参谋人员　　B. 直线人员

C. 咨询人员　　D. 一线员工

31. 在组织中，直线与参谋两类不同职权在确保企业有效运动上存在（　　）关系。

A. 领导与被领导　　B. 一般协作同事

C. 负直接责任与协助服务　　D. 命令与服从

32. 车间主任老王最近发现，质检员小林一有空就与机关的小柳、设计室老张和门卫老杨等一起谈足球，个个眉飞色舞，而参加工作例会却无精打采，对此，你认为老王最好采取的措施是（　　）。

A. 批评小林，并对他提出要求，以后不许在厂里和别人谈论足球

B. 严格执行车间工作制度，对擅自违反规定者严加惩罚

C. 在强调必须遵守工作制度的同时，在车间搞一个球迷会，并亲自参加协会活动

D. 对上述情况不闻不问，任其自由发展

33. 一般来说，非正式组织最不可能满足（　　）。

A. 生理的需要　　B. 归属的需要

C. 自尊的需要　　D. 自我实现的需要

34. 下列关于直线和参谋的说法中正确的是（　　）。

A. 必须授予参谋行动和决策的权力，以发挥其作用

B. 向参谋授权必须谨慎，授予之后也应该经常亲自指挥

C. 设置参谋职务，是管理现代组织的复杂活动所必需的

D. 参谋的作用发挥失当，应该予以取消

35. 企业的员工中有很多非正式组织，这些非正式组织的内部凝聚力很强，经常利用工余时间活动。对于这些非正式组织，企业的领导通常采用不闻不问的态度。他认为工人在业余时间的活动不应该受到干预，而且工人有社交的需要，他们之间形成非正式组织是很正常的事情。你认为该领导的看法（　　）。

A. 正确，因为人都是社会人

B. 不正确，非正式组织通常是小道消息传播和滋生的土壤，应该抑制这种组织的发展

C. 不正确，非正式组织对于正式组织的影响是双方面的。为了使其在组织中发挥正面的作用，领导者应该策略性地利用非正式组织

D. 正确，因为非正式组织对正式组织的影响是双方面的。为了避免它的负面作用，领导者最好不要干涉

36. 某大学毕业的一名 MBA 学员小王，1995 年到一家私营企业工作。当时，这家企业刚创建不久，小王被分配到 H 省担任销售主管。几年来，小王工作热情很高，全身心地投入，销售业绩连年快速增长，小王也被连续提升。1998 年小王再次被提升为大区主管，负责指挥 7 个省的销售工作，工资收入也连续翻番达到年薪 30 万元。但最近，小王却准备离开公司另谋高就。同学们询问原因时，小王总是解释说："现在我所在的这家公司可以说缺少谁都可以发展，我已经只是这部高速运转的机器中的一个部件了。"根据小王的说法，你对他所在公司的发展情况的判断是(　　)。

A. 公司的发展潜力不大，因为公司失去了创业初期的活力

B. 公司已经步入正轨，有了较健全的组织体系和制度规范

C. 无法做出判断

D. 公司会面临人才危机

37. 假设你召集下属开会，研究解决领导所布置的一项紧急任务，结果其中有位比较啰嗦的人大讲特讲与主题无关的教条理论，耽误很多时间。你认为应(　　)。

A. 任其讲下去，让其他与会者群起而攻之

B. 不客气地打断其讲话，让别人发言

C. 有策略地打断其讲话，指出时间很宝贵

D. 允许其畅所欲言以表示广开言路

38. 某汽车公司总裁准备开发一个新的产品，为此而召集他的参谋人员开会研究，各个参谋人员的意见并不统一，他们非常激烈地进行了辩论。总裁认真听取了所有参谋人员的意见后，感到自己是正确的，最后，总裁不顾所有参加讨论的参谋人员的反对，决定开发新的产品。以下关于这件事的评论中你认为最合理的是(　　)。

A. 总裁太固执己见，独断专行

B. 总裁是在仔细听取了其他参谋人员的看法，并经过深思熟虑后，认定自己的方案是最满意的，才做出决定

C. 做决定时并非一定要少数服从多数，真理有时掌握在少数人手里

D. B 和 C

39. 在某条交通流量很大的公路上，由于山洪暴发，交通受阻，被困的几十辆汽车的司机们很快自愿地组合起来，有的拿起手机通知交通部门请求援助，有的寻找清理工具，有的去安排食宿，大家在统一的指挥下有条不紊、齐心协力地开展工作。对于司机们上述的行为和活动，下列评价中你最倾向于(　　)。

A. 他们只是一个临时性的群体，与企业中的非正式组织没有什么不同

B. 当紧急事件产生时，人们会自动地组合起来，并快速地进行有效的分工。企业领导如果经常营造出紧急事件，一定会提高组织的工作效率

C. 受困的司机中大部分都具有奉献精神，否则就不可能有这样的情况发生，因此在招聘员工时应把员工的奉献精神放在首位

D. 这些司机事实上已经形成了一个组织，因为他们为实现共同目标而组合成了有机的整体

40. TPC 方法中的 P 指的是(　　)。

A. 组织结构和规章制度的行政层面　　B. 体现组织整体特征的硬件层面

C. 组织文化、行为方式等软性的文化层面　D. 变革

二、多项选择题

1. 影响有效管理幅度的因素主要有（　　）。

A. 管理者和被管理者的工作内容　　B. 管理者和被管理者的工作能力

C. 管理者和被管理者的工作环境　　D. 管理者和被管理者的工作报酬

E. 管理者和被管理者的工作条件

2. 下列因素中有助于管理幅度扩大的因素有（　　）。

A. 主管所处的管理层次较高

B. 计划制定的详尽周到

C. 主管的综合能力、理解能力、表达能力强

D. 下属的工作地点在地理上比较分散

E. 工作环境稳定，变化不大

3. 组织设计的原则包括（　　）。

A. 因人设职与因事设职相结合

B. 命令统一

C. 人人有事做

D. 尽量减轻主要管理者的压力，多设副职

E. 权责对等

4. 保守型战略的企业多采取（　　），风险型战略的企业多采取（　　），分析型战略的企业则采取（　　）。

A. 刚性结构　　B. 柔性结构

C. 兼具刚性和柔性的结构

5. 采取分析型战略的企业，对（　　）部门实行详细而严格的计划管理，而对产品的（　　）部门实行较为粗泛的计划管理。

A. 研究开发　　B. 生产

C. 市场营销

6. 成功的（　　）的组织具有柔性结构，成功的（　　）的组织具有刚性结构。

A. 单件小批生产　　B. 大批大量生产

C. 连续生产

7. 规模的扩大对组织结构的影响包括（　　）。

A. 分权化　　B. 集权化

C. 规范化　　D. 专职管理人员的数量增加

E. 复杂性提高

8. 下列指标中能够用来对组织的分权程度作出判断的有（　　）。

A. 决策的频度　　B. 决策的幅度

C. 决策的重要性　　D. 对决策的控制程度

9. 下列因素中对分权有促进作用的有（　　）。

A. 组织的规模　　B. 政策的统一性

C. 培训管理人员的需要　　D. 活动的分散性

E. 缺乏受过良好训练的管理人员

10. 下列关于产品部门化的优势的说法中不正确的有(　　)。
A. 有利于促进企业内的竞争
B. 有利于节约成本,减少机构的重复设置
C. 有利于企业及时调整生产方向
D. 有利于维护最高行政指挥的权威,有利于维护组织的统一性
E. 有利于高层管理人才的培养
11. 扁平结构的组织具有的优点有(　　)。
A. 信息传递速度快
B. 每位主管能够对下属进行详尽的指导
C. 有利于下属发挥主动性和首创精神
D. 信息失真的可能性小
12. 企业制度的作用有(　　)。
A. 规范参与者类群间的权力关系
B. 影响这些参与者在企业决策制定与执行中的行为表现
C. 规范参与者类群间的利益关系
D. 影响不同参与者在企业成果形成中的行为特点
13. 分工劳动在工业社会的发展中的作用有(　　)。
A. 加剧了普通劳动知识的专门化与狭窄化
B. 加剧了普通劳动技能的专门化与狭窄化
C. 决定了协调分工劳动所需的专门知识的供应的增加
D. 决定了协调分工劳动所需的专门知识的供应的相对稀缺性
14. 下列关于层级结构的说法中正确的有(　　)。
A. 直线指挥、分层授权保证了企业行动的迅速
B. 分工细致、权责明确促进了效率的提高
C. 标准统一、正式的角色关系保证了企业活动的有序性
D. 层级结构发挥作用并取得成功是以一定的环境条件和假设作为前提条件的
15. 网络组织中的核心机构(　　)。
A. 与组织的各工作单元一起完成组织的各项工作
B. 创造促成向心力的企业文化
C. 只选择和调整企业的战略方向
D. 设计各部分共享的组织基础
16. 网络化的层级组织应该是(　　)的统一。
A. 集权和分权　　B. 稳定与变化
C. 政策与实践　　D. 一元性与多元性
17. 工业社会中企业文化的功能与特点包括(　　)。
A. 企业文化是作为企业经营的一种副产品而出现的
B. 企业文化作为一种主要手段发挥作用
C. 企业文化基本上反映了企业组织的记忆
D. 企业文化是多元的
18. 组织变革需要经历的过程是(　　)。

A. 变革　　B. 解冻

C. 冻结　　D. 复兴

19. 克服变革阻力主要应做好(　　)等方面的工作。

A. 变革的舆论准备工作　　B. 为组织成员提供参与变革的机会

C. 平衡利益　　D. 公平、公开、公正

E. 巩固变革的成果

三、简答题

1. 管理者与被管理者的工作能力如何影响管理幅度?
2. 管理者与被管理者的工作内容和性质如何影响管理幅度?
3. 管理者与被管理者的工作条件如何影响管理幅度?
4. 工作环境如何影响企业的管理幅度?
5. 组织结构设计的步骤如何?
6. 组织设计中要求首先考虑工作的特点和需要,这是否意味着可以忽略人的因素?
7. 采取分析型战略的企业,其组织结构的设计有何特征?
8. 信息技术对于企业的组织结构有何影响?
9. 过分集权有何弊端?
10. 知识经济表现出哪些基本特点?
11. 工业社会的企业制度结构特征及其原因是什么?
12. 为什么说网络化的层级组织应该是稳定与变化的统一?
13. 作为工业企业的主要组织形式,层级结构曾表现出哪些主要特征?
14. 网络结构有哪些主要特征?
15. 网络化的层级组织应该是哪几个相互对立的特点的统一?
16. 为什么说网络化的层级组织应该是集权和分权的统一?
17. 网络化的层级组织的一元性与多元性的统一体现在哪些方面?
18. 如何正确发挥参谋的作用?
19. 组织中参谋发挥作用的方式有哪几种?

四、论述题

1. 管理幅度问题是如何提出的?如何确定有效的管理幅度和合理的管理层次?
2. 组织的基本结构形态有哪两种类型?这两种结构形态各有何特点?
3. 组织设计的任务是什么?设计时要考虑哪些因素的影响?要根据哪些基本原则?
4. 为什么说部门化是横向分工的结果?职能部门化、产品部门化、区域部门化有哪些优势和局限性?
5. 何谓矩阵组织?矩阵组织有何特点?如何运用矩阵组织?请举例说明。
6. 有效的管理要求适度的集权和分权,怎样才能使集权与分权合理地组合?请举例说明。
7. 谈谈组织分权的两个主要途径(制度分权和授权)的内涵及其区别。
8. 层级结构发挥作用并取得成功的环境条件和假设前提条件是什么?
9. 知识经济将给企业文化带来哪些方面的调整?

10. 正式组织与非正式组织有何区别？

11. 非正式组织的存在及其活动对组织目标的实现可能产生何种影响？如何有效地利用非正式组织？

12. 直线关系与参谋关系的角色是什么？如何恰当处理直线与参谋间的矛盾，从而有效地发挥参谋人员的作用？

13. 委员会的工作方式有何贡献和局限性？如何提高委员会的工作效率？

五、案例分析题

（一）低效管理源于组织结构不合理

B公司是股份制企业，从工厂筹建到产品正式生产历时3年半左右，企业具备该行业一流的硬件设施（即机器设备成套都是从德国和日本引进的），在总经理的领导下设置了销售副总主管市场部，生产副总主管生产部、动力设备及工艺。在市场部的组织结构层次下分别设置了由其为主导的各小组，具体为调度室（一般公司也定义为生管部）、采购组、仓储物流、销售部，如下图所示：

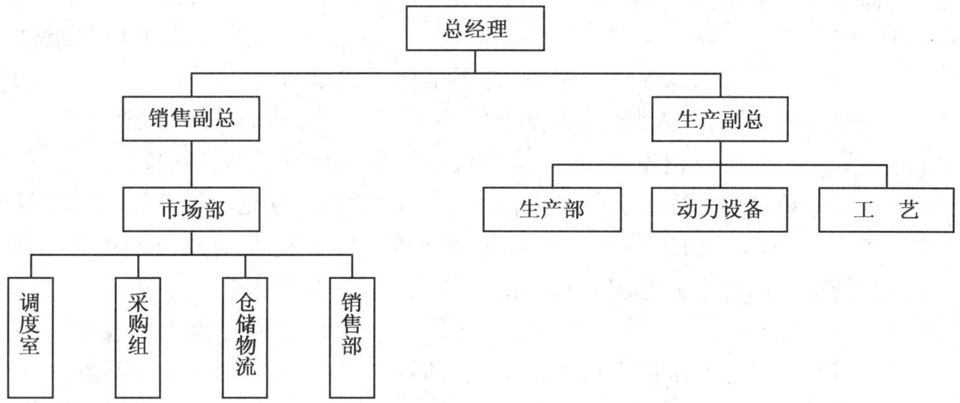

附注：该公司组织结构图中的部分

该公司在整体运作过程中出现的问题表现为：市场部经理与生产部副总、生产部经理之间经常因为一些原辅材料的采购进度与质量、生产安排计划与生产进度、产品交货期等方面的问题争执不休。如今两大部门间的冲突成了公司的家常便饭，矛盾是愈演愈烈，双方都不买账，公司的整体运作不顺畅，企业内耗严重，管理效率低下，各部门之间缺少团队协作，沟通成本、协调成本和控制监督成本无限制上升。

（资料来源：中国人力资源开发网，www.ChinaHRD.net）

分析与思考：该公司组织结构是否合理？请进行具体分析。

（二）王业震现象

1982年11月，46岁的高级工程师王业震出任新港船厂厂长。厂里的新领导班子由正副书记、正副厂长7人组成，平均年龄43岁，文化程度在中等专科以上（其中5人为大学本科）。新港船厂是中国船舶工业总公司下属一家较为大型的企业，当时有职工6 500人，固定资产1.2亿元。该厂有造船平台、修船坞各2座，可建造3万吨以下的各种货船、客船、油轮，兼营修船业务。在技术上和管理上，借鉴日本三井造船、大阪造船等企业的经验，锐意改革。该厂实行党政职能分开，由厂长全面主持企业生产经营活动。企业内部管理体制设两大系统：直线指挥系统和职能系统。在直线指挥系统内，职权按厂部、车间、工段、班组层次分授，逐级下达指令，实行分级管理。在职能系统内，职能管理人员充当直线指挥人员的参谋，各职能部门或单位对下级机构进行业务指导，然而无权直接指挥。相应的权责关系则以制度形式予以确认。该厂汇编成册的《部门及岗位责任制》计有两千多条、近百万字，管理工作趋于程序化、规范化、制度化。日常工作中，下级通常只接受其直接上级的指令。上级不可越级指挥，但可越级调查；下级也不越级请示，但可越级投诉。明确每个人只有一个直接上级，而每个上级直接管辖的下属为3～9人。归厂长王业震本人直接领导的只有9人，包括4位副厂长、2位顾问，以及计划经营科科长、质量管理科科长、厂办公室主任各1人。此外，专设3个"厂长信箱"，随时了解职工的意见和建议。一次，某车间工人来信反映某代理工段长不称职，王业震于第二天收阅后批转有关部门查处，经调查属实随即作人事调整，前后仅用5天时间。

经王业震提议，新港船厂规定：科长、车间主任以上干部每天要深入现场，但在现场时间不超过2小时。王业震本人每天大约以1.5小时的时间到现场察看，除了紧急的安全和质量问题外，不发表任何意见。他不赞成管理人员"顶班上岗"，认为"工人身上有多少油，自己身上也有多少油"的未必是称职的管理者。有两位车间主任，每天提前进厂生炉子，然后成天在现场干活。下班后工人们都走了，他们还逐一熄灯、关门。活没少干，任职的管理工作却未搞好。王业震提议将这两人免职。有人说："这样的好同志，为什么还要免职？"王业震答道："这样的同志可以当组长、工长，甚至可以评劳动模范，却不是称职的车间主任。"

"一个厂长不时时想到为工人服务，就没有资格当厂长。"王业震的话掷地有声。一次，香港和美国的两艘货轮在渤海湾相撞，由该厂承担抢修任务。在夜以继日的抢修中，王厂长让后勤部门把馒头、香肠、鸡蛋送到现场。任务提前完全后，盈利80万元。王业震和厂领导班子决定破例发给参加抢修的职工加班费和误餐补助费8 600元。他在给总公司的报告中写道："……宁可挨批评或丢乌纱帽，但对国家对人民有利，就得坚持下去。"

忙于应付开会，是企业管理人员深感头疼的事。新领导班子就此也做了改革。全厂必须召开的15个例会，时间、地点、出席人员都通过制度固定下来。全厂性工作会议统一由厂办公室安排。一般会议不超过2小时，每人发言不超过15分钟。王业震本人每周仅召集2次会议，一次厂长办公室，一次总调度会；还有就是参加两周一次的党委常委例会。

王业震尽管领导6 000多职工的企业，工作千头万绪，但他基本上是按时上下班，很少加班加点。每逢出差外出，他就委托一位副厂长代行职权，他本人不作"遥控"。他认为，企业不能过于强调个人的作用，不应当只是靠个人威信、关系和经验来管理，而是要重视发挥领导班子的整体功能，要更新管理观念和方法，促成管理现代化。用他的话来说："事必躬亲是小生产的领导方式，在现代化大生产中要力求避免。""我30%的精力用来处理眼前的事，70%的精力用来处理长远的事。"厂里曾经派一位中层管理人员去日本监造主机，行前又明确授权让他一并购买主机控制台用的配件。那人到日本后，却接连就价格、手续、归期等事项挂国际长途电话向厂里请示。王业震的答复是："'将在外，君命有所不受。'你是厂里的全权代表，可以做主，不要遇事请示，那里的事你相机定夺嘛。今后再挂电话来，电话费由你自己付！"

仅仅一年光景，新班子和王业震初试锋芒即见成效。1983年，新港船厂造船4艘、修船137艘，工业总产值、利润、全员劳动生产率分别比上年增长25.6%、116%和20%。同年，成为全国船舶行业首家企业整顿验收合格单位并被评为该年度全国10家企业管理先进单位之一。

在成绩和荣誉面前，王业震想到的是上级主管部门的支持，前任书记、厂长们打下的工作基础，新班子的团结奋斗，尤其是全厂职工的信任、支持和辛勤努力。他在思索，管理现代化离不开人的现代化，他不无感慨地说："现在全厂中层干部 116 人，大专文化程度的占 38%，中专文化程度的占 19%；一般干部中，大专程度 42%，中专程度 21%；这些人大多能干、能说、能写。要不是这样，统计、分析那么多的数据资料，制订那么多的计划、规章，仅靠几个厂级领导，就是有三头六臂也是难以完成的。要是全厂干部都能达到中专以上文化水平，企业的科学管理将会达到更高的水平。我这个厂长就可以更轻松了。"

根据以上案例，回答以下问题：

1. 王业震出任新港船厂厂长后，该厂的组织结构为(　　)。

A. 事业部制　　B. 职能制

C. 直线职能制　　D. 矩阵制

2. 该厂的两位车间主任每天提前进厂生炉子，然后整天在现场干活，下班后工人全走了，他们还逐一熄灯、关门，结果被王厂长免职，主要原因是(　　)。

A. 两车间主任并非经常"顶班上岗"　　B. 以前和王厂长顶撞过

C. 他们忽视了自己的主要职责是管理工作　　D. 没有与一线员工进行有效的沟通

3. 通过分析本案例，你认为该厂的管理层次和管理幅度分别为(　　)。

A. 5 层，3～9 人　　B. 4 层，6～8 人

C. 3 层，5～9 人　　D. 6 层，4～8 人

4. 王厂长破例发给参与抢修工作的员工加班费和误餐补助费，这一做法说明王厂长一方面在正确运用组织赋予的权力时坚持了(　　)原则，另一方面体现了双因素理论的(　　)因素。

A. 慎重用权；保健　　B. 例外处理；激励

C. 公正用权；保健　　D. A+B+C

5. 王厂长工作上不搞"遥控"，反对事必躬亲，意味着王厂长(　　)。

A. 工作不负责任，随便授权

B. 具有现代管理观念，善于在工作中适时授权，集中主要精力制定战略决策

C. 在其位不谋其政

D. 表面上分权，实际上是集权

(三)1978 年，意大利奥利维蒂公司入不敷出，债台高筑，濒临破产的边缘。新任董事长贝内德蒂大胆改革，使之很快复苏并恢复生机。

贝内德蒂慎重地对原公司高层领导在管理、决策方面的作为进行剖析，找出症结所在，同时大胆撤换不称职的高层领导。他依靠企业固有的技术基础和一批懂技术的人才，从中选拔出有能力、有魄力的人才委以重任，对他们严格要求，明确职责、目的和任务。由于这些人年轻，敢于负责，既懂生产又会技术，又明确自己的方向、任务并为之奋斗，从而形成了企业的一支中坚力量。

分析与思考：

(1)这种变革是主动性变革还是被动性变革？

(2)试用授权与分权的原则分析企业董事长与公司高层领导之间的关系。

(3)试用激励的原理分析该公司进行人事变动的必要性。

(四)一家民营企业的变革历程

A 企业是珠三角地区众多民营企业之一，从事工艺品生产，内销和外销各占一半。两个股

东是亲戚关系，一个喜欢钻研技术，一个擅长宏观调控。做这一行并非他们原创而是步他人后尘，但靠着精准的市场定位、不断创新的产品和高额的毛利空间，企业从十来个工人发展到600余人，销售额5年内便达到了1亿元。

目前企业遭遇的问题是这样的：生产副总辞职，每月盘点要停产3天，部门间扯皮不断，生产效率低下，外加工环节多且无法控制，加之原材料涨价，利润空间下滑。两位老板面对此种状况已是不知道该从何处抓起，眼看企业陷入困境却拿不出好办法。这时，管理咨询顾问受老板之邀进入公司，进行调研后进行了如下变革：

1. 重建组织架构

A企业原有组织架构分为四大块：国内销售部、国外销售部、财务部、生产中心（采购、计划、车间、仓库、技术开发、品管）。两个老板一个分管技术与产品开发，一个分管其他所有部门。国内外销售是企业的强项，只是与其他部门配合不到位，流程上调整即可。财务部门老板的家族成员多，但岗位设置齐全，只是预算管理控制不到位，与生产仓库混乱、物料不能准确盘存有关系。

生产中心占企业的主体部分，由于工艺品品类高达千余种，属于典型的多品种、小批量生产方式。A企业的国外订单是按单生产，但国内销售却无法准确预估客户需求品类、数量，交货期又短，只得靠预估进行生产、库存，而仓库管理难度大，与其他部门信息严重脱节，造成的后果是仓库积存量大，破损严重，进仓数又难以统计，一个季度停产3天盘点后还不知道数据是否准确，直接造成销售询单、财务核算困难，效率低下。

工艺品生产的特点就是生产周期时间长（15天），产品体积大，不管是加工还是仓储都要占据较大空间，而且加工环节特别多，又要外发电镀，所以仓库特别多。包括原料仓、备料仓、半坯仓、电镀仓、包材仓、成品仓的所有仓库都属于仓储部管理，但由于仓库分散，各仓库的作用不同、对应的生产环节不同，还有些需要外加工的半成品又要进仓去统一安排电镀组装，导致仓储部与相关部门的信息衔接不上，管理混乱。

针对企业问题的症结所在，在重建组织架构的设想上，咨询专家抛弃一般企业完全按职能设计的原则，导入物流的概念，从采购到开料到制成半成品到电镀再到组装，依据物流环将各仓库作为调节生产和物流缓冲的一个小节点安排在职能部门之内，不再由一个大的仓储部统管。将生产中心分拆为总装计划部（含电镀仓、成品仓）、半坯车间（含半坯仓、备料仓）、采购部（含原料仓、包材仓）、技术开发部、品管部。由总装计划部根据订单下达公司和外加工厂半坯生产计划，以及所有外发电镀计划和电镀件的组装，负责协调全部订单的进度管控。公司半坯车间和其他外加工厂只负责半坯的生产进度计划，采购部负责确保各生产单位物料的准时提供，品管部按物流做好原辅料、半坯、电镀件、总装件的质量控制，技术开发部为各部门提供模夹具和工艺图纸资料。

通过这样调整，将原来分割的信息单元按物流的方式全部串联在一起。由总装计划部统筹安排、协调控制，很好地解决了职能部门信息不对称、计划部天天催生产却不知道生产进度、营销部要签合同还要到仓库去查询有没有等问题，新架构中各部门职能明确、信息沟通灵敏，取得了所有人的一致认可，企业运作效率大为提升。

2. 建立科学的考核指标、理顺业务流程

组织架构调整之后，虽然各部门职能明确、职责清晰，但在没有形成稳定的流程之前是否能有效运作主要取决于几位部门经理的工作态度。专家建议通过绩效考核与薪酬挂钩提高经理们的积极性和责任心，将几个经理的工资分为两大块：一是基于产量的基本工资，二是基于目标的绩效工资，两者所占比重为 2∶1。在具体操作上，各职能部门的绩效考核目标紧紧围绕共同完成生产计划来制定：总装计划部要确保国内客户不断货和国外订单准时完成，半坯车间要确保半坯在确认的计划时间内完成，采购部要确保生产顺畅、不断料，技术开发中心要确保所有工艺图纸和模夹具的准时完成，品管部要确保原料、半成品和完成品的质量要求。经过大家共同商讨，每个部门的目标和各个指标的权重分数很快制订出来了，几个经理士气高涨，因为在工资方案调整之后他们的工资可以比以前超过 1/3。

但问题接踵而来，先是在实施过程中发现某些指标订得不切实际，或资料收集困难，大家相互扯皮或推诿责任。应对之策是立即对各部门流程作深入的了解和跟踪，迅速对目标或其验证的方式进行调整。接下来的问题是，总装计划部在作计划评审时，所有部门都要求延迟自己部门的计划时间，以使自己完成考核指标时有回旋空间。事实上，只要是与自己的利益挂钩，肯定会出现这类局部与整体之间的讨价还价问题。

解决上述问题的关键是考核指标的科学性、合理性，A 企业在做流程跟踪时就及时统计了数据，制定了方案：半坯车间开料的前置时间和瓶颈工序的生产时间定为半坯计划完成时间；采购部将物料进行分类，按类别制定采购时间和库存量；技术开发部的模夹具完成时间在订单评审时列出完成时间表。此方案一出，各部门没有了退路，将心思全部用在了如何更好地完成目标上，经过几个月的运行，企业的订单生产周期较以前提高了 2 天。

企业实践证明，绩效目标的完成是靠运作流程作支撑的，在绩效考核目标制定后两个月，A 企业开始系统地梳理和完善企业流程，从新产品开发的流程开始一直到产品的测量和分析，共制定了近 20 份程序文件和 60 份作业指导书。企业各部门掀起了一股流程培训热，又成立了生产中心助理为主的监察小组，每月进行检查。将检查的结果直接以奖扣分的方式落实到各个部门上，参与工资核算。经过为期近 5 个月的流程运作和调整，公司生产中心的运作开始有条不紊，完成了从人治到法治的转变——依照流程进行的管理和控制。

3. 实现生产精益化管理

工艺品生产由于其品类繁多，不同品种生产的工艺路线长短、工序先后差异很大，A 企业的半坯生产计划只是一个粗略的生产周期计划，没有具体细化到每道工序。老产品还可依靠管理人员的经验确定大概时间，但新产品生产就靠逐步摸索，难免存在盲目情况。工序之间的衔接也没有保证，后工序常常因前几个工序的零件没做到位而不能组装焊接，现场中间半成品堆积如山，但半坯品却迟迟不能出。所有生产现场的组织工作全在几个车间管理人员的脑海中，生产量少时可以不出错，但生产任务多时，就难免顾此失彼了。

咨询专家建议从两个方面入手提高生产效率：一是瓶颈工序必须满负荷生产，二是所有工序的衔接必须是紧密的。半坯车间的订单生产计划，首先由计划员根据各车间的生产能力和生产特点将订单下给各车间。各车间主任再根据生产任务的先后分解每个产品的工序，根据自己车间的设备特点算出产品瓶颈工序所要的时间，再根据瓶颈工序的物料需求量下达前置工序的生产计划，特别强调对所有工序的计划要全部每天列表，并在车间看板上标示出来，这样所有工序的产能和完成时间就会一清二楚，如果有产能剩余的工序就要安排其他的中间半成品加工，这样瓶颈工序和前置工序的产能基本上可以满负荷生产。其次是工序之间的物流衔接重新设计工序派工单，在原派工单上加上上一工序名称和下一工序名称，这样工序之间的衔接员工就一清二楚，不用每次问管理人员就知道产品物料的流向。再就是将生产各工序的计划列表交给换模人员，改变了以前要等产品做完了再去叫换模人员来的方式，这样模夹具的切换也可以做到充分准备、及时更换，并且减少了浪费的时间。

生产现场经过以上改善，现场堆积的物料大为减少，物流速度明显加快，后来又及时规范现场管理制度，导入5S。一个清洁、整齐、环环相扣的生产车间展现在老板面前，让他信心大增，又增加了一些辅助设备为现场管理锦上添花。

4. 推行全员绩效管理

经理层绩效目标的完成取决于下属的工作业绩。当初推行经理层绩效目标管理时，老板曾提出要和员工的绩效考核同时进行，但考虑到刚开始时目标的波动性和流程的不完善，稍有不慎可能会导致整个计划流产，因此经理层绩效管理先行一步，现在时机基本成熟：第一，流程的良好运行已让每个岗位员工的职责目标清晰易立；第二，经理层的目标已经稳定，下面的目标即使有波动也不会伤及全身；第三，现场管理的提升让员工和管理人员看到了提升自己绩效和利益的希望之光。最重要的是，在做经理层绩效管理时咨询专家就已经做好了员工的绩效考核方案，虽然没有拿出来实施，其实早就已预演了几个月，对一些有异议的目标做了调整，整体目标实现了稳中有升，但公司的实际成本却降低了，因为生产效率的提升和不良品的下降为公司创造了利益空间。员工绩效方案的实施没有什么障碍就成功了，可以说这是一个公司和员工双赢的局面。

一年过去了，生产中心稳定运行，销售人员和客户沟通时再也不必一个订单查一天，准时到货率也大为提高，订单评审和新产品开发流程的良好实施让销售部和生产中心的衔接更为顺畅。同时采购、库存、在制品的良好管理也让财务能即时获得数据，做好预算管理，仓库的积压品也大大降低。公司正朝着良好的方向前进。

分析与思考：

(1)A企业遇到了什么问题？产生这些问题的实质性原因是什么？A企业的情况是否具有典型性？

(2)A企业重建组织架构的突破点有何创新？为什么这样做？这种创新是否可推广到其他企业？

(3)A企业的变革为什么能够取得成功？发挥关键作用的因素是什么？

(4)A企业的变革对其他企业有何启示？你认为A企业如果再上新台阶下一步还需要怎么做。

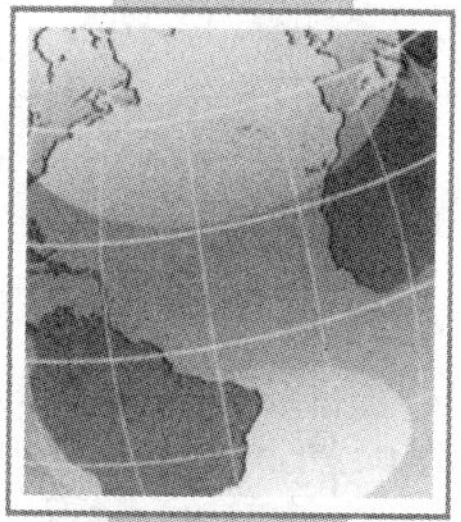

第八章
工作设计与人力资源开发

一、单项选择题

1. 对于第一线的作业人员和基层管理者最为重要的能力是（　　）。

A.决策能力　　B.专业技术能力

C.人际交往能力　　D.协调能力

2.“人尽其才，才尽其用”主要表现了职务分析中（　　）。

A.组织机构的设计　　B.人力资源规划的制定

C.人员的选拔与使用　　D.培训计划的制订

3. 员工考评一般包括态度考评、能力考评以及（　　）三个方面。

A.性格考评　　B.业绩考评

C.工作经历　　D.社会关系考评

4. 由人力资源部门对新招聘员工或组织成员进入新的工作职位之前进行的短期培训被称为（　　）。

A.在职培训　　B.晋升培训

C.仿真培训　　D.岗前培训

5. 只从内部提升主管人员的做法存在着若干缺点，在下面所列出的几条中，不属于内部提升制度缺点的是（　　）。

A.可能造成“近亲繁殖”　　B.组织对晋升者的情况不能深入了解

C.会造成同事之间的紧张关系　　D.会引起同事的不满

6. 情景模拟测试法至少有两个优点，即（　　）。

A.可以得到最佳人选，并节省大量的招聘费用

B.可能得到最佳人选和节省大量的培训费用

C.挑选最佳人才，提高招聘工作效率

D.多角度观察和全面了解

7. 按照霍兰德的观点，抽象思维能力强、求知欲强、肯动脑、善思考、不愿动手的劳动者为（　　）。

A.实际型　　B.探索型

C.社会型　　D.创业型

8. 与具体工作岗位相分离，旨在提高员工素质的系统培训被称为(　　)。

A.在职培训　　B.晋升培训

C.仿真培训　　D.脱产培训

9. 由于某人某方面的品质和特征特别明显，观察者容易产生清晰明显的错觉，忽略其他的品质和特征，从而做出片面的判断，这是(　　)带来的误差。

A.晕轮效应　　B.感情效应

C.近因效应　　D.首因效应

10.对管理人员的晋升培训主要着眼于其改善现有工作状况和(　　)的提高。

A.管理能力　　B.交际能力

C.沟通能力　　D.创新能力

二、多项选择题

1. 工作任务设计的基本方式有(　　)

A.专业化分工与岗位轮换　　B.任务扩大化与工作丰富化

C.集体工作小组　　D.增加培训与进修机会

E.设定工作时间和任务

2.大多数组织选聘人员的过程所使用的基本方法有(　　)。

A.资格审查　　B.笔试面谈

C.内部提升　　D.工作模拟测试

E.外部招聘

3.我国企业广泛使用的业绩考评通用标准有(　　)。

A.德　　B.能

C.勤　　D.绩

E.智

4.以下属于基本能力的有(　　)。

A.知识能力　　B.技术能力

C.体力　　D.文字表达能力

E.沟通协调能力

5.外部招聘的优点包括(　　)。

A.具有“外来优势”作用　　B.能为组织带来新鲜空气

C.有利于使被聘用者迅速开展工作　　D.有利于鼓舞士气，提高工作热情

E.有利于平息和缓和内部竞争者之间的紧张关系

三、简答题

1.分析弹性工作时间的优缺点。

2.组织对应聘人员的基本素质与工作能力可以从哪些方面进行考察？

3.简述霍兰德职业性向理论的基本内容。

4.如何实现员工的职业发展计划？

四、论述题

试论内部选拔与外部招聘的优缺点。

五、案例分析题

(一)有一个应用科学研究所,所长是一位有较大贡献的专家,他是在"让科技人员走上领导岗位"的背景下被委任为所长的,没有领导工作的经验。他上任后,只是潜心搞自己的研究,对整个研究所的科研项目的申请、经费的来源、职称评定政策等根本不关心。且对员工也不关心,很少和下属进行沟通,员工的疾苦也不去了解。之前很多人本以为跟着他可以大干一番,做出几个像样的项目,成就自己的梦想,但现在看到此种现象后很失望,感觉跟着他的话,没什么前途可言。在成果及物质奖励等问题上则搞平均主义,也不考虑员工对研究所的实际贡献,一些员工特别是年轻人很不满意,所里人心涣散。

上级部门了解情况后,聘任了一位成绩显著的家用电器厂厂长当所长,该厂长是一位转业军人,是当地号称整治落后单位的铁腕人物。新所长一上任,立即实施一系列新的规章制度,包括"坐班制",并把中青年科技人员集中起来进行"军训",以提高其纪律性;在提升干部、奖励等问题上,向"老实、听话、遵守规章制度"的人倾斜。这样一来,涣散的状况有所改变,但大家还是无事可做,在办公室看看报纸,谈谈天,要求调离的人不断增加,员工与所长之间也经常出现矛盾。一年后,该所长便辞职而去,并留下了"知识分子太难管了"的感叹。

上级部门进行仔细的分析和研究后,又派了一位市科委副主任前来担任所长。该所长上任后,首先进行周密的调查,然后在上级的支持下,进行了一系列有针对性的改革,把一批有才能、思想好、有开拓精神的人提升到管理工作岗位,权力下放到科室、课题组;奖励、评职称实行按贡献大小排序的原则;提倡"求实、创新"的工作作风;在完成指定科研任务的同时,大搞横向联合,制定优惠政策,面向市场。从此,研究所的面貌焕然一新,原来的一些不正常现象自然消失,科研成果、经济效益成倍增长,成了远近闻名的科研先进单位。

分析与思考:同一个研究所,为什么不同的人来当所长会有大不相同的结果?

(二)某购物中心在成立之初,根据略高于同行业水平的市场基准,制定了职务工资体系。即组织内同一级别的工资相同。为了将公司绩效与个人所得挂钩,决定实行目标管理法。即年初制定全年目标销售额和毛利,管理层员工工资每月按70%发放,若年终完成计划,则发放另外30%;若超出计划10%以上,按一定比例发放。随着时间推移,矛盾也显现出来:

(1)员工对年底发放的30%理解为补发的工资,而董事会则称是奖金。公司从未拖欠工资。

(2)员工认为3年来公司业绩不断攀升,工资却没有涨,企业不近人情。公司则认为依据现在的人员素质,已经支付很高的工资了。

(3)30%的钱是春节后才到员工手中。但服务行业春节期间员工不仅不能休假,还必须加班加点,因此拿到钱后,往往认为是企业对自己超时工作的补偿。

(4)公司前台和后勤服务条件及职务责任等差别较大,但工资却相同,部分员工开始不满,而且由于压力大,正常退货也变得很难。

结果:顾客投诉量大,员工流失严重,前台与后勤不配合。

分析与思考:根据你所学的知识,分析其薪酬管理中存在的问题,提出整改意见。

(三)海勒姆·菲利普斯的心情好得不能再好了。作为生产多种耐用消费品的蓝巴雷公司的首席财务官兼首席行政官，他感到凭自己一个人的力量已经扭转了公司的乾坤。一年前，海勒姆加盟蓝巴雷时，公司正面临业绩滑坡的局面，海勒姆推行新的绩效管理体系后，各种数据都显示公司的各项业绩已经得到了飞快提高。

现在终于到了海勒姆把新的绩效管理系统取得的成果与其同事们分享的时候了。他开始与自己聘请的咨询顾问精心准备一份十分乐观的陈述报告，打算在第二天的公司执委会会议上好好表现一下，骄傲地向众人宣布，公司的局势已经得到扭转。他们决定开场白从一些有说服力的数据讲起，比如劳动力成本的大幅下降、客户服务的改进、销售佣金结构和奖励方式的变化带来的巨大成效，一行又一行的数字是蓝巴雷公司业绩不断改进的有力证明。看到这些成绩，海勒姆实在是太高兴了。

第二天早晨，海勒姆·菲利普斯去参加公司执委会季度会议，显得格外的精神。在会议开始的时候，首席执行官基思·兰德尔还赞扬了海勒姆的工作："海勒姆将给大家宣布成本削减和经营效率方面的一些振奋人心的消息，这都源于过去的一年中他设计并实施了变革。"一切看上去是那样完美，海勒姆满脑子想的都是怎样使自己的陈述报告达到最佳效果，直到其他与会者开始毫不客气地讲出了海勒姆的变革带来的诸多问题。

人力资源副总裁卢·哈特说，调查问卷显示员工满腹牢骚。公司研发部门的士气空前低落，他们开发出了一个具有突破性的产品，但由于海勒姆推出的僵硬的预算程序，这一产品没有能够及时推向市场。公司的首席法律顾问补充说，公司正在申请专利的许多产品没有商业可行性。哈特还报告说，许多人对公司裁员采取"一刀切"的方式表示不满，因为绩效最高的部门被迫解雇了公司一些最优秀的员工。

销售部门也有一大堆怨言："没有可以效仿的榜样"，"没有人指导"，"没有机会向有经验的销售人员讨教"，"不能分享客户信息"，等等。对于销售地区的分配，销售人员的意见比任何时候都大，大家都纷纷要求到更富裕、销量更高的地区。他们的情绪明显很消极。

然而，菲利普斯受到的打击还没有结束，因为客户也在抱怨蓝巴雷的服务。在与公司的长期客户布伦顿兄弟公司数位人士的电话交流中，他们抱怨说货物不能按时送达，问题得不到及时解决。

海勒姆本想在会上和大家分享好消息，没想到却落得个尴尬境地。

分析与思考：

(1)大家反映的这些问题说明了什么？

(2)请给海勒姆提几点可行性建议，以帮助他解除面临的困境。

(四)联想公司的用人之道

联想集团是一家具有中国特色的国有民营企业，也是中国为数不多的能够以市场份额表达自己国际市场地位的高科技企业。联想的发展得益于我国实行的改革开放的基本国策，得益于整个经济形势的发展，但更主要的是得益于它的人才政策和用人之道。

联想集团所确定的人才标准是相对于角色的要求而成立的。一个人如果要在企业中负有较高责任，那就必须具备六个标准：(1)与组织有共同信念和价值观念标准；(2)对企业的忠诚与牺牲精神；(3)具有审时度势、独当一面的工作能力；(4)具有较强的组织能力，能够组建新的管理班子和队伍；(5)具有团结多数、协调一致的合作能力；(6)孜孜不倦、吐故纳新的学习能力。

联想集团的总裁柳传志认为人才有三种类型：一是能自己独立做好一摊事，二是能带领一群人做事，三是能制定战略。公司规模较小时，更需要第一种人才。公司发展到一定程度，需要较多的是第二种人才。公司发展到较大规模以后，第三种人才就显得尤为重要。联想集团在从小到大的发展中对各类人才的培养下了很大功夫。联想集团从1990年开始，通过各种各样的方式，循序渐进地把一个个年轻人推到总经理的位置上，如今联想集团已经有30多位总经理，占总经理人数的80%以上。用人是联想集团公司最谨慎和最大胆的决策。联想集团普遍以衡量业绩表现的方法来评价人干得好与不好。联想集团逐渐向投资控股公司转变。做成这样的事情需要几个条件，首当其冲的条件是必须有能够带队伍和能够制定战略的人才，否则联想集团的这个战略设计就无法实现。几十个能够独当一面的总经理，这绝不是一个小数目。这个级别的干部不可能靠外来引进，必须自己培养。这是联想集团的一个跨世纪工程。

1998～1990年期间，联想集团通过向社会招聘和直接从大学中招收研究生、本科生，企业人数规模由一百多人增加至四百多人。联想集团今天的年轻的部经理中，90%以上是那时进入的。从1990年开始直到1993年，联想集团每年都会在人事安排上有一次变动。这种变动的核心内容是把一个又一个年轻人推上经理、总经理的岗位，有的降职，有的平级调动，有的提升。按普通的说法是，年年都要大折腾一次。联想集团就是用这种方法考察、调整干部，直到把一个又一个才华横溢的年轻人调入合适的位置。1994年、1995年联想集团连续两年经营业绩大幅上升，一些分公司和事业部高速发展壮大，与这种在用人上的动作有着最直接的关系。

1995年开始，联想集团没有像从前那样在人事安排上大折腾，只做了三件事：一是组织结构的调整，主要的事业部获得了更多的自主权力；二是要求各经理拿出3年的发展规划；三是总裁亲自督战，一年搞三次高级干部培训班，所有培训内容的总裁都亲自参与。联想集团培养人的第一个方法按照柳传志的比喻，叫做“缝鞋垫”与“做西服”。即培养一个战略型人才与培养一个优秀的裁缝有相同的道理，我们不能一开始就给他一块上等毛料去做西服。而是应该让他从缝鞋垫做起。鞋垫做好了再做短裤，然后再做一般的裤子、衬衣，最后才是做西装。不能拔苗助长、操之过急。在联想有很多这样的例子。副总裁郭为先生33岁，MBA硕士。1998年，郭为成为联想集团第一位有工商管理硕士学位的员工。他先是给柳传志做秘书，按他自己后来讲，他的工作经历是从给老板开车门、拎皮箱学起。后来他离开秘书岗位，到只有五个人的公关部做经理。一年后他又去做集团办公室的主任经理。在以后的5年里，他做过业务部门的总经理、企业部的总经理，负责过财务部门的工作。1994年，柳传志又把他派到广东惠州联想集团新建的生产基地，让他去学习盖厂房。然后又让他去香港联想负责投资事务。郭为在联想集团工作了8年，经历的岗位变动近十次，每一次都是不同类型的业务内容，在这期间他也有过失误，也曾经在全体员工大会上做检查。联想集团另一位年轻的副总裁杨元庆先生也是1988年到联想集团工作，来之前是中国科技大学的硕士毕业生，杨元庆在联想是从推销员做起的，大约2年后做一个当时还不很重要的业务部经理，然后调任联想最重要的微机事业部的总经理。做业务部经理的时候，杨元庆利用与美国惠普公司的业务联系，潜心学习惠普公司的管理，不仅使自己任职部门的营业额有很好的增长，而且带出了一支十分优秀的队伍。在微机事业部，杨元庆带领一群人拼搏，使联想电脑市场份额在两年间获得大的飞跃，1996年更是在中国电脑市场一马当先、脱颖而出，令许多同行业厂家刮目相看。

与北京其他一些1979年以后诞生的新型企业相比，联想集团在培养人才上的耐心是少见的。一向稳扎稳打、步步为营的联想集团对人才不断锤炼的做法与社会相比有些不协调。但是应该说联想集团这种缝鞋垫的做法是很成功的。今天能够有30位年轻的总经理领军作战，这种令人振奋的局面从根本上得益于由20世纪80年代末就开始的人才锤炼。

联想集团在磨炼人才时有一个十分好的企业内部环境。创业的老联想人对企业有着至深的感情和很强的责任心,尽管他们当中的绝大多数现已退居二线,但他们对那些正在一线的年轻人格外关注,对他们一言一行都自有评价。这种气氛使得那些希望在联想大有作为的年轻人必须克勤克俭,做事小心,天长日久便自然形成一些好习惯。老一代联想人不免会有一些观念跟不上或者恨铁不成钢的急躁,新一代联想人不免会有一些激进或者放不开手脚的感觉,但这些并不妨碍他们彼此接受对方。公司经常有目的地与老一代和新一代联想人开会沟通。有一点大家是共同的,都期望把联想办大,办成百年老字号。在奉行"缝鞋垫"的联想集团,今天已经逐渐形成一种共识,那就是联想不适合那些急于出人头地的人。不做好从缝鞋垫开始的准备,即使来到联想恐怕也很难获得机会。

联想集团培养人才的第二个方法是从赛马中识别好马。在联想看来,最好的认识人才和培养人才的方法就是让他做事。联想从1990年开始大量提拔使用年轻人。几乎每年都会有数十名年轻人受到提拔,并一直沿用至今。刚开始时,多数年轻人一般都在副职的岗位上,由一个资深的联想人担任正职,充当师傅这样的角色。1990年,联想集团一共有10个大的部门,其中3个部门的主任经理由年轻人担任。在这3个部门里,分别有一至两位资格老一些的联想人担任副主任经理。在另外7个部门,主任经理的职务皆由资格联想人担任,但在他们的身边会有一两名年轻人。联想在1990年的组织结构是总裁室、大部门、大部门下的专业部这样三级。50名干部中有20名左右年轻人。在赛马中识别好马的策略是从这时开始的。从联想当时的情况看,人员的年龄结构存在着一个很大的矛盾,那就是出现年龄断层。创业一代联想人从人数上说当时约占总人数的40%,平均年龄在46岁以上,年龄最小的也有40岁以上。另外60%清一色是从学校和社会来的,平均年龄在26岁左右,年龄最大的不超过30岁。实际上从30岁到45岁这个年龄层出现了空白。这种情况可能导致的后果是什么呢?一是5年之后,也就是当老一代联想人需要退居二线的时候,联想可能会后继乏人,因为年轻的还未成长起来。二是5年之后,50多岁的老一代联想人虽没有退居二线,但计算机领域的竞争日新月异,从观念上、从市场竞争上,联想可能会掉队。公司意识到了这一点,从1990年开始,就不断地把年轻人推到前面,一些人被派去香港,把老的联想人顶替回来。全国各地的分公司总经理全部换上年轻人。公司经常不断地与老资格的联想人召开各种各样的会议,征求他们对大量使用年轻人的意见。当时这么做在公司内部的阻力还是很大的,一方面是因为老资格的联想人当时的年龄还允许他们继续担任要职;另一方面确实也有极个别年轻人在担任要职以后出现了贪污和其他方面的问题。在1990年、1991年这两年里,关于年轻干部的使用问题,公司遇到的困难是空前的。尽管总裁们在大会、小会上不断地说"小马拉大车"这样的道理,尽管总裁们不断地解释为了即将到来的竞争必须大量提拔年轻人,但是这种声音并不能获得广泛的响应。年轻人没有取得令人信服的业绩,年轻人行为自律能力还不能取得大家的认可。但公司在用人、选拔人才时始终贯彻这一策略。

联想集团培养人才的第三个方法是训练他们搭班子、协调作战的能力。联想集团一直强调,一个"团结、坚强的领导班子"是联想能够取得今天这样业绩的重要原因之一。如果把公司的总经理看作企业组织的领导人物,那么班子就像是企业的核心堡垒。建好这个堡垒,就要求我们的人才具有很强的协调能力。在这个问题上,总裁柳传志更像一个言传身教的师傅。他会把自己亲身经历的体会告诉他的部下,也会举一些常见的例子让大家讨论。他认为一个优秀的人才既要能坚持原则,又要善于妥协。坚持原则才能有正气,善于妥协才能保证团结人。没有这两项,事业就做不大。联想把一些具有良好可塑性的人才集中到总裁办,这些人中有一线业务部门的总经理,有职能管理部门的总经理。然后凡是总裁室需要决策的项目都会集中进行讨论。柳传志不厌其烦地和大家一起讨论，他把这种讨论称为“把嘴皮摩热”。一年里总裁办成员的多数时间都在这种热嘴皮子之中，柳传志把这种议事方式的目的阐述得十分清楚。他认为总裁办这些成员将来极有可能要管理整个公司，现在提前把大家捏合在一起碰头议事，彼此脾气、禀性和价值观逐步融合，才有可能逐渐形成一个团结、坚强的班子。

联想有很多的事情要做，包括很多的问题需解决，但没有什么事情比培训人更为重要的。身在联想的年轻人很幸运，因为自觉自愿去做百年树人这样事情的企业是非常难得的。每一个联想人都希望自己的企业能够持久繁荣兴旺，这与他们个人的利益也是息息相关的。而企业的持久繁荣也需要人才，需要“长江后浪推前浪”。在联想工作的年轻人必须学会妥协，这是一种要求。一个十分优秀的人才应该做到善于妥协。妥协准确地说是容纳别人、委屈自己。一个要做一番事业的人必须有这样一种境界。在联想，确有一些年轻干部才华横溢，但不会妥协，与人合作的方面处理不好，公司对这样的干部会不失时机地增加一些委屈训练。

根据以上案例，回答以下问题：

1. 联想集团在管理人员选聘上，主要采取(　　)。

A. 内升制　　B. 外求制

C. 内升制与外求制相结合　　D. 组织推荐加考核

2. 联想集团认为人才有三种类型：(1)能独立做好一摊事；(2)带领一群人做事；(3)能够制定战略。这三种类型人才分别反映他们有较强的(　　)。

A. 技术技能、人际技能和概念技能　　B. 人际技能、概念技能和技术技能

C. 人际技能、技术技能和概念技能　　D. 人才外在表现形式不同但对能力要求一致

3. 联想集团提出了人才所具备的六条标准，这反映出(　　)。

A. 人才的标准在客观上有一个固定的模式

B. 人才标准是必要条件，但不是充分条件

C. 确定标准是必要的，但不是固定模式，要注意因地因时、因人制宜

D. 组织的内部环境不同，没有必要提出统一的标准

4. 联想集团的人才培养从“缝鞋垫”到“做西服”的方法说明(　　)。

A. 人才培养只能慢慢来，不急于求成

B. 人才培养必须从基层做起，各种工作都要干一干

C. 不会做小事，就做不成大事

D. 人才培养，不但要有理论，更要注重积累丰富的实践经验

5. 联想的做法启示合理的领导班子要十分注意(　　)。

A. 强强联合，集中企业中能力最强的人组合

B. 突出强调老、中、青三结合

C. 突出强调集中各类专业人员

D. 突出强调团结协作、个性互补

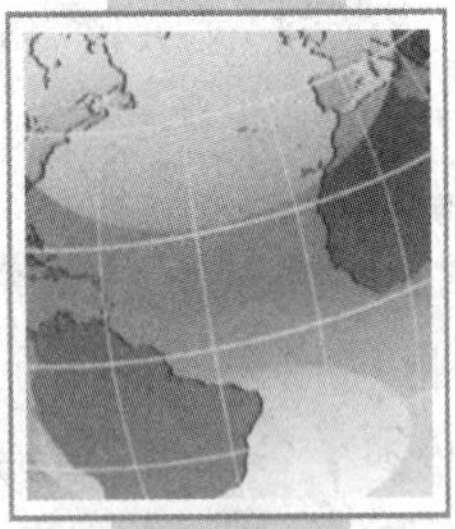

第九章 领 导

一、单项选择题

1. 非德勒将领导风格分为关系取向型和任务取向型。如果你是一位领导，并且（　　），那么你的领导风格是关系取向型的。

A. 你把最难共事的同事描述得比较积极

B. 你对最难共事的同事的看法比较消极

C. 你主要感兴趣的是工作任务

D. 你对人际关系和工作任务都很重视

2. 领导的法定权力包括（　　）。

A. 合法权、指挥权、控制权

B. 惩罚权、奖励权、支配权

C. 模范权、专长权

D. 制度权、行政权、专长权

3. 根据领导者运用职权的方式不同，可以将领导方式概括为专制、民主与放任三种类型。其中民主式领导方式的主要优点是（　　）。

A. 纪律严格，管理规范，赏罚分明

B. 组织成员具有高度的独立自主权

C. 按规章管理，领导者不运用权力

D. 员工关系融洽，工作积极主动，富有创造性

4. 王先生是某公司的一名年轻技术人员，一年前被调到公司企划部任经理。考虑到自己的资历、经验等，他采取了较为宽松的管理方式。下列情况下中王先生的领导风格最有助于产生较好管理效果的是（　　）。

A. 企划部任务明确，王先生与下属关系好但职位权力弱

B. 企划部任务明确，王先生与下属关系差但职位权力强

C. 企划部任务不明确，王先生与下属关系差但职位权力弱

D. 企划部任务不明确，王先生与下属关系好但职位权力强

5. 某公司人力资源部在公司的快速发展时期，为公司人力资源的开发利用做出了重要贡献。有人说，这在相当程度上得益于人力资源部前几年在内部进行了较细致的专业分工，从而使有关人员可以迅速熟悉专业，提高业务水平。但近来公司领导发现该部门工作效率和工作质量出现了一定的滑坡，许多成员不满于单调乏味的工作。对此，最好采取的措施是（　　）。

A. 严格内部规章制度，以改善工作作风和工作态度

B. 调整该部门领导班子，促其改变当前的工作面貌

C. 以工作丰富化为原则，进行工作和职务再设计

D. 调整该部门的工作目标，将部门职能分解出去

6. 早晨8点30分，公司常务副总、董事老杜接到市政府有关部门的电话，通知企业开展冬季消防检查；10分钟后老杜打电话给保卫部，通知他们去处理这项工作；9点15分，老杜接到库房电话，被告之房屋后墙再次被人敲了个洞，又有几十箱产品被偷走；8分钟后，老杜打电话给市公安局请他们改善本地治安情况……整个上午老杜接电话、打电话，倒也挺忙。根据管理方格理论，老杜最接近(　　)型的领导者。

A. 1.1　　　　B. 5.5

C. 9.1　　　　D. 1.9

7. 你的部门因预算的限制，有必要进行整编。你请了本部门中一位经验丰富的人负责去处理这项工作。他在你部门的每个领域都工作过，你感到他有能力完成这一任务，可他却似乎对这项任务的重要性反应漠然。此时，你应当采取(　　)领导方式。

A. 高任务、高关系　　　　B. 高任务、低关系

C. 低任务、高关系　　　　D. 低任务、低关系

8. 美国有一步兵上尉对其在越南丛林战中的行为做了这样的说明："你问我怎么能在这样混乱的情况下使命令得以贯彻？我认为，如果士兵们因在丛林里陷入敌人阵地而不知道该怎么办，我又因距离太远而无法下达命令时，我的职责就是使他们知道自己该怎么做。他们该做什么，完全依赖于他们对形势的判断。我的做法是，责成现场的人自己做出决定。"对该上尉的行为，以下解释中最妥当的是(　　)。

A. 这位上尉是不得已而为之

B. 这位上尉采用的是放任式的领导方式

C. 这位上尉在有意识地锻炼士兵，给士兵创造晋升机会

D. 这位上尉对自己职责的认识非常符合现代管理思想

9. 于先生受命前往一家多年亏损的企业担任厂长。到任之后，他待人热情，早上很早就站在工厂的门口迎候大家，如果有的员工迟到，他并不是批评和指责，而是询问原因，主动帮助员工解决实际困难。一周下来，大家看到厂长每天都提前到厂，而且又待人热情，原来习惯于迟到的员工也不迟到了。从这件事情来看，是(　　)使于厂长产生了如此大的影响力。

A. 个人影响权　　　　B. 专长权

C. 法定权　　　　D. A和C

二、多项选择题

1. 领导的三要素是指(　　)。

A. 领导　　　　B. 组织

C. 下属　　　　D. 领导环境

2. 从管理理论的发展进程来看，管理人性观经历了(　　)等阶段。

A. 经济人假设　　　　B. 社会人假设

C. 自然人假设　　　　D. 自我实现人假设

E. 复杂人假设

3. 双中心论中的“双中心”是指(　　)。

A. 业务强　　B. 关心人
C. 抓组织　　D. 善应变
E. 会沟通

4. 下列可供同一领导者在不同的环境下选择使用的领导方式有(　　)。

A. 民主式　　B. 指令型
C. 专制式　　D. 参与型
E. 成就导向型

5. 提出情景领导理论的两位管理学者是(　　)。

A. 赫西　　B. 坦南鲍姆
C. 布兰查德　　D. 菲德勒

三、简答题

1. 简述权力的来源。
2. 简述领导的归因理论。

四、论述题

试述领导权力生命周期理论。

五、案例分析题

(一)A 公司的王老板愤愤地说:“我忍那家伙不是一天两天了,现在还不能动他,等局面稳定后,我一定首先把他扫地出门。”

“那家伙”是他公司的销售经理,姓李,一个 26 岁的年轻小伙子,但能力很强。自从王老板把他请回来以后,公司的销售业绩是一路飙升。因为年轻,再加上事业春风得意,所以人比较狂傲,常常顶撞王老板。有这样两件事:一是有一次李经理非要公司出钱给所有的销售员搞一次培训,王老板觉得这些人都干得不错,不需要培训。但李经理在高管会上不依不饶,还多次抢白王老板。最后王老板终于妥协了。二是有一次王老板看销售业绩猛增,销售员们都太累,所以决定公司出钱让销售部的同事们去旅游一趟。他本以为李经理和销售部的人都会很高兴,没想到在高管会上李经理坚决反对,说现在是销售旺季,耽误一天都不行,要旅游也得等淡季再说。最后搞得王老板很没面子。

于是王老板就生气了,恨不得生吞活剥了李经理。但他在面子上还要表现得非常喜欢李经理,就在心里面忍着,想等销售大局定下来的时候搞掉他。

分析与思考:

如果你是王老板,会怎么做?

(二)李氏进出口公司的李先生是一家服装生产公司的创立人和执行总裁。他成立了自己的公司,并在 5 年的时间里,使这家由一个人经营的小企业发展成一家拥有 50 名员工、年生产额为 300 万美元的公司。

尽管企业的规模和盈利水平都发生了变化,但李先生的管理并没有发生太大的变化。他埋头于企业的日常事务中,总是犹豫不决是否要由其下属人员完成某些重要任务。当他到国外去采购而不在公司的时候,公司就会停步不前,他坚持认为自己是最了解本公司的人,自己有知识和技能制定有关企业利益的所有决策。

李先生制订企业的所有计划,组织各种活动,招募员工,指挥员工的活动,解决员工遇到的问题,解决与人事有关的问题。他知道他的全部雇员的名字,他的办公室是随时向员工开放的。

企业成长期间,李先生已不能抽出时间去制定新的策略以应对所发生的变化。员工发现当他们碰到非常重要的难题时,很难找到李先生,企业中员工的士气达到了最低点。

随着问题增多,压力增大,李先生正在考虑卖掉他的公司。他觉得公司给自己带来了很大麻烦,公司使他丧失了健康和平静。

分析与思考:

(1)你如何评价李先生的处境?

(2)评价一下李先生的领导风格。

(3)在李先生解散他的公司之前,你会给他提供什么样的建议?

(4)他是一个好的管理者吗?

(三)美国著名的电子专家 W. 肖克利是晶体管的发明人、诺贝尔奖的获得者,为电子技术的发展做出了巨大贡献。1956 年,雄心勃勃的肖克利在硅谷成立了以他自己名字命名的公司并自任总经理。然而,在这位深谙电子专业知识的专家“内行”领导下,不到两年时间公司就倒闭了。

分析与思考:

(1)肖克利是否为内行领导?为什么?

(2)从专家权力的知识,说明为什么肖克利可以为电子技术的发展作出巨大贡献,但却不能很好地经营公司。

(3)请根据领导特性论的知识说明有哪些个人因素与领导有关。

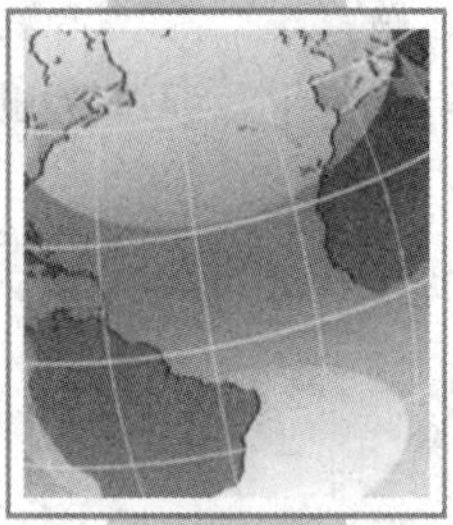

第十章 激 励

一、单项选择题

1. 原江西省常务副省长、腐败分子胡长清好为别人写字题匾，每次收费 3 000～6 000元。一时间江西省内特别是省城南昌，到处是胡长清的“墨宝”。民间流传一首顺口溜：东也湖，西也湖，洪城上下古月胡；南长清，北长清，大街小巷胡长清。胡长清的这种行为积极性与我们讲的激励有关系吗？（　　）

A. 有，为钱驱使，是金钱激励

B. 有，沽名钓誉，满足权力需要，属个人激励

C. A 和 B

D. 没有关系，不是管理学中所讲的激励

2. 基于公平理论，当员工感到不公平时，会采取的选择是（　　）。

A. 改变自己的投入与产出

B. 改变自我认知和对他人的看法

C. 离开工作场所

D. A、B 和 C

3.“通过高水平的努力实现组织目标的意愿，而这种努力以能够根据个体的某些要素为条件。”这个定义是指下列概念中的（　　）。

A. 计划

B. 决策

C. 动机

D. 激励

4.“静默语”即不知不觉中向周围的人发出的信号，这也就是形象。“在你开口以前，你已经把什么都说了。”这是一种沟通吗？（　　）

A. 是，属于视觉沟通

B. 不是，这属于视觉印象，是领导形象研究的问题

C. 是，属于非语言沟通

D. 不是，因为这是别人的看法，而沟通应是主动的

5. 斯金纳提出的强化理论分为两种类型：正强化和负强化。强化理论认为（　　）。

A. 正强化要保持间断性，负强化要保持连续性

B. 正强化要保持连续性，负强化也要保持连续性

C. 正强化要保持连续性，负强化要保持间断性

D. 正强化要保持间断性，负强化也要保持间断性

6. 根据马斯洛的需要层次理论,人的行为决定于(　　)。

A. 需求层次　　B. 激励程度

C. 精神状态　　D. 主导需求

二、多项选择题

1.“双因素”理论中的“双因素”是指(　　)。

A. 志向　　B. 激励

C. 保健　　D. 安全

2. 弗鲁姆认为有效地激发职工的生产动机应正确处理(　　)等关系。

A. 努力与结果　　B. 结果与奖励

C. 奖励与个人需要　　D. 兴趣与任务

三、简答题

1. 简述双因素理论在实际工作中的运用方式。

2. 简述激励的原则。

四、论述题

试述行为矫正型理论的基本内容。

五、案例分析题

(一)林肯电气公司年销售额为 44 亿美元,拥有 2 400 名员工,形成了一套独特的激励员工的方法。该公司 90%的销售额来自于生产弧焊设备和辅助材料。

林肯电气公司的生产工人按件计酬,他们没有最低小时工资,员工为公司工作两年后,便可以分享年终奖金。在过去的 56 年中,平均奖金额是基本工资的 95.5%。近几年经济发展迅速,员工年均收入为 44 000 美元左右,远远超出制造业员工年收入 17 000 美元的平均水平。

公司自 1958 年开始一直推行职业保障政策,从那时起,他们没有辞退过一名员工。当然,作为对此政策的回报,员工也相应要做到几点:在经济萧条时必须接受减少工作时间的决定,而且要接受工作调换的决定,有时甚至为了维持每周 30 小时的最低工作量,而不得不调整到一个报酬更低的岗位上。

林肯公司极具成本和生产率意识,如果工人生产出一个不合标准的部件,那么除非这个部件修改至符合标准,否则这件产品就不能计入该工人的工资中。严格的计件工资制度和高度竞争性的绩效评估系统,形成了一种很有压力的氛围,有些工人还因此产生了一定的焦虑,但这种压力有利于生产率的提高。据该公司的一位管理者估计,与竞争对手相比,林肯公司的总体生产率是他们的 2 倍。该公司还是美国工业界中工人流动率最低的公司之一。前不久,该公司的两个分厂被《财富》杂志评为全美十佳管理企业。

分析与思考:

(1)林肯公司使用了何种激励理论来激励员工的工作积极性?

(2)为什么林肯公司的方法能够有效地激励员工工作?

(3)你认为这种激励系统可能会给管理层带来什么问题。

(二)阳贡公司员工为何对工作不满意

阳贡公司是一家中外合资的集开发、生产、销售于一体的高科技企业，其技术在国内同行业居于领先水平，公司拥有员工100人左右，其中的技术和业务人员绝大部分为近几年毕业的大学生，其余为高中学历的操作人员。目前，公司员工当中普遍存在着对公司的不满情绪，辞职率相当高。

员工对公司的不满始于公司筹建初期，当时公司曾派遣一批技术人员出国培训，这批技术人员在培训期间合法获得了出国人员的学习补助金，但在回国后，公司领导要求他们将补助金交给公司所有。技术人员据理不交，双方僵持不下，公司领导便找这些人逐个反复谈话，言辞激烈，并采取一些行政制裁措施给他们施加压力，但这批人员当中没有一个人按领导的意图行事，这导致双方矛盾日趋激化。最后，公司领导不得不承认这些人已形成一个非正式组织团体，他们由于共同的利益而在内部达成一致的意见：任何人都不得擅自单独将钱交回。他们中的每个人都严格遵守这一规定，再加上没有法律依据，公司只好作罢。因为这件事造成的公司内耗相当大，公司领导因为这批技术人员"不服从"上级而非常气恼，对他们有了一些成见，而这些技术人员也知道领导对他们的看法，估计将来还会受到上级的刁难，因此也都不再一心一意准备在公司长期干下去。于是，陆续有人开始寻找机会"跳槽"。一次，公司领导得知一家同行业的公司来"挖人"，公司内部也有不少技术人员前去应聘，为了准确地知道公司内部有哪些人去应聘，公司领导特意安排两个心腹装作应聘人员前去打探，并得到了应聘人员的名单。谁知这个秘密不胫而走，应聘人员都知道自己已经上了"黑名单"，估计如果继续留在公司，也不会有好结果，于是在后来都相继辞职而去。

由于人员频繁离职，公司不得不从外面招聘以补足空缺。为了能吸引招聘人员，公司向求职人员许诺住房、高薪等一系列优惠条件，但被招人员进入公司后，却发现当初的许诺难以条条兑现，非常不满，不少人干了不久就"另谋高就"了。为了留住人才，公司购买了两栋商品房分给部分骨干员工，同时规定商品房不得出售，员工离开公司时，需将住房退还给公司。这一规定的本意是想借住房留住人才，但却使大家觉得没有安全感，有可能即使在公司干了很多年，将来有一天被公司解雇时，还是"一无所有"，因此，这一制度并没有达到预期的效果，依然不断有人提出辞职。另外，公司强调住房只分给骨干人员，剩下将近一半的房子宁肯空着也不给那些急需住房的员工住，这极大地打击了其他员工的积极性，使他们感到在公司没有希望，因此工作情绪低落，甚至有消极怠工的现象。在工资奖金制度方面，公司也一再进行调整，工资和奖金的结构变得越来越复杂，但大多数员工的收入水平并没有多大变化。公司本想通过调整，使员工的工作绩效与收入挂钩，从而调动员工的积极性，但频繁的工资调整使大家越来越注重工资奖金收入，而每次的调整又没有明显的改善，于是大家产生了失望情绪。此外，大家发现在几次调整过程中，真正受益的只有领导和个别职能部门的人员，如人事部门。这样一来，原本希望公平的措施却产生了更不公平的效果，员工们怨气颇多，认为公司调整工资奖金，不过是为了使一些人得到好处，完全没有起到调动员工积极性的作用。

公司的技术和业务人员虽然素质较高，但关键职能部门，如人事部门的人员却普遍素质较低，其主管缺少人力资源管理知识的系统学习，却靠逢迎上级稳居这一职位。人事主管制订的考勤制度只是针对一般员工，却给了与他同级或在他上级的人员以很大的自由度。例如，规定一般员工每天上下班必须打卡，迟到1分钟就要扣除全月奖金的30%，并借机牟取私利，这样，就在公司内部造成一种极不公平的状况。普通员工对此十分不满，于是他们也想出了一些办法来对付这种严格的考勤制度，如不请假，找人代替打卡或有意制造加班机会等方法弥补损失。公司人员岗位的安排也存在一定的问题。这位人事主管虽然自己没有很高的学历，但却盲目推崇高学历，本可以由本、专科毕业生做的工作由硕士、博士来干，而有些本科生、专科生只能做有高中学历的人就能胜任的工作，这样，大家普遍觉得自己是大材小用，工作缺乏挑战性和成就感。还有，员工们非常关心企业的经营与发展情况，特别是近来整个行业不景气，受经济形势的影响，企业连年亏损，大家更是关心企业的下一步发展和对策，但公司领导在这方面很少与员工沟通，更没有做鼓动人心的动员工作，使大家看不到公司的希望。结果导致士气低落，人心涣散。

根据以上案例，回答以下问题：

1. 阳贡公司员工不满意是因为公司不能满足他们的需要，从本案例中，员工最大的不满足在于(　　)。

A. 生理需要、安全需要、社交需要

B. 安全需要、社交需要、尊重需要

C. 社交需要、尊重需要、自我实现

D. 生理需要、安全需要、社交需要、尊重需要、自我实现

2. 阳贡公司内部非正式群体形式的原因是(　　)。

A. 上级领导的高压政策形成的逆反心理　B. 有人发起组织，一哄而起

C. 共同的利益与感情　D. 共同的兴趣与爱好

3. 阳贡公司最缺乏的激励方法是(　　)。

A. 目标激励和强化激励　B. 强化激励和支持性激励

C. 支持性激励和领导行为激励　D. 领导行为激励和强化激励

4. 根据管理方格图理论，阳贡公司领导属于(　　)。

A. 简单式　B. 任务式

C. 中间式　D. 俱乐部式

5、按照领导生命周期理论，阳贡公司领导对待职工应采取(　　)。

A. 高工作，低关系　B. 高工作，高关系

C. 高关系，低工作　D. 低工作，低关系

(三)山西焦化集团有限公司的“三严”、“三化”兴厂之道

山西焦化集团有限公司(以下简称“山焦”)前身是山西洪洞焦化厂，1970 年开工建设，1982 年全面竣工验收，经过十几年的发展建设，目前已形成固定资产原值 4.49 亿元，职工 7 100人，生产冶金焦、尿素、焦化苯、焦油、洗精煤等 50 余种产品的大型化工企业，其中省优产品占总产值的 93.54%，公司连续 10 年实现利润、上缴利税每年递增 10%以上，一直保持山西省利税大户和创收大户的地位，成为“全国现场管理先进企业”、“全国化工优秀企业”和“山西省管理示范企业”。

1. 治厂靠“三严”坚持不懈

10 年前，“山焦”曾经是山西省有名的亏损大户，职工人心浮动，多次被点名批评，如何扭转这种被动局面呢？以薛佩珍、李学桂为首的新一届领导班子自 1985 年上任以后，决心改变这种局面。他们首先从基础工作抓起，在学习当时化工企业的标兵——吉林化学工业公司企业管理经验的基础上，结合本厂实际，首先从严制定各种管理标准，根据本厂生产工艺特点，先后制定出 179 项管理制度、327 个岗位责任条例、85 种技术操作规程、234 种管理标准和 479 种工业标准(以后经过归纳、整理、提炼共形成 1 730 个管理标准)，并要求全公司上至领导，下到一般职工，必须严格遵守。执行各项规范的第一年，公司有位副经理上班迟到 1 分钟，立即

在全厂进行通报批评，并处以罚款。这件事对全体职工震动很大，他们看到领导动了“真格”，对“严字当头”加深了认识，“按标准办事”在全厂上下逐渐形成一种共识。

为了严格劳动纪律、工艺纪律和安全纪律。1990 年 7 月，“山焦”专门成立了岗位检查处，进一步加强对标准执行情况的检查。在劳动纪律方面，把迟到、早退、脱岗、串岗、睡岗、干私活、看与工作无关的书报杂志等七种现象规定为违纪行为。其中违纪一次，当月扣除奖金，年累计违反两次下调半级浮动工资。全年累计 6 次，予以除名。作为化工企业，防火十分重要。“山焦”规定在生产区吸烟一次罚款 50 元，中层以上干部吸烟一次罚款 100 元。岗检处建处 6 年来，共查处违反“三纪”人员 6 503 人次(其中，违反劳动纪律 3 216 人次，工艺纪律 2 415 人次，安全纪律 1 962 人次)。自 1990 年以来，“山焦”共开除违纪人员 12 名，留察违纪人员 12 名。

在惩罚从严的同时，“山焦”也特别注意重奖和表彰企业中遵章守纪、有突出贡献的职工。质监处青年助理工程师谢合理自行设计并制成尿素自动取样器，填补了国内外同行业的空白，被评为优秀科技干部，并予以重奖。合成车间青年女焊工郭晴霞、炼焦车间热修工段长贺兰根也都由于在工作中的出色表现，被授予多种荣誉称号，并获得相应的物质和精神奖励。

总之，“山焦”就是靠着标准严、检查严、奖惩严，迈出了兴厂之路。

2. 管理靠“三化”精雕细刻

“山焦”通过十几年的摸索，不断地把企业纳入规范化管理，其具体做法如下：

第一，抓小事，职工行为规范化。为了建设文明、高效、安全、优良的企业形象，他们按照先生产车间后辅助车间、先现场后办公室的顺序，对公司的各个岗位、各个库房、各类物品、各个区域全部实行定置管理，以各岗位更衣柜、工具柜按统一标准绘制并张贴物品定置图，职工存取物品依图办事，整个生产工作现象清洁、美观，人人感到心情舒畅。

根据化工生产工艺连续性强的特点，在全公司生产岗位实行工艺巡检顶牌制，1992 年起在全公司设置大小标牌 700 个，牌上标注巡检时间、检查内容、操作工。生产技术处、公司调度室以及岗检处每天都坚持在 24 小时内定期与不定期检查，并作出检查记录。通过实行工艺巡检顶牌制，使许多潜在于工艺和设备上的问题得以及时发现，许多故障和隐患得以及时消除。备煤车间操作工陈福顺在巡回检查中，发现翻车机支架根部出现裂纹，立即上报，经公司组织人员抢修后避免了一起大型恶性事故。合成氨分厂合成车间操作工马洪喜在巡回检查时，发现油防空管堵塞，果断采取措施，使化肥系统生产运行正常，为公司挽回了一大笔经济损失。

第二，抓内涵，管理内容专业化。专业管理是企业管理的主要内容。“山焦”充分发挥专业管理处室的职能作用，使专项管理各具特色。在质量管理上，通过严格执行“质量三法”即投入产出法、质量否决法、优质优奖法，严把原料选购关、产品生产关、质量控制关。把产品质量与每个工作环节紧密联系起来，使企业主导产品冶金被评为“世界级民优产品”和“中华国产精品”。在节能管理上，坚持开发与节约并重的原则，认真落实 23 种计 200 余条人员考核制度。进入 20 世纪 90 年代以后，各类产品消耗、指标逐年下调，吨焦综合能耗比国际水平和国内先进水平实际分别低了 33.74 千克标煤和 43.74 千克标煤，成为山西省节能先进企业。在技术管理方面，坚持科技兴化的方针，自 1989 年以来先后完成重大科技攻关项目 52 千克，其中尿素自动取样器和生化回水净化循环系统以及 512 循环机减震装置均为国内首创。在财务管理方面，推行目标(费用)管理，设立内部银行，严格财务制度，保证上缴国家税费任务的完成，成为 AAA 信誉度企业。此外，山焦在安全管理、环保管理、营销管理、干部管理、后勤管理方面都各具特色，为“山焦”的不断发展和建设作出了贡献。

第三，抓落实，专业考核一体化。经过多年的经验总结，为了使党政工团工作紧紧围绕生产经营这个中心，使各项管理达到整体运行、全面发展的目的，“山焦”推行了“全方位管理一体化”考核办法。具体的做法是：在统一的时间内，按规定的检查标准，用统一的考核方法，对公司各单位的管理工作进行统一的检查和考核，每月初用一周时间，由公司领导带队，会同管理部门正职，按约定的顺序听汇报、实地检查、综合讲评并打分。考核得分在月度综合奖金中兑现，并对前3名予以不同的嘉奖。发现重大问题，责令限期解决。一体化考核，不仅使“山焦”在管理上精益求精，同时也避免了以往各生产部门为应付各种检查疲于奔命的状态，使企业纳入了程序化、规范化管理，程序井然，生产稳定。

3. 严中有爱、严中有情、增加企业的凝聚力

“山焦”在“严”字上铁面无私，但同时也注意到正确处理严与爱的辩证关系。在物质生活上，尽量想办法让职工安心、舒心。特别是对倒班的一线职工，提供免费夜餐，长期倒班的职工工资上浮一级，目前全厂已有380名职工享受这种待遇。“山焦”每年还投入大量资金用于职工教育。497名职工通过自学、进修取得大专以上文凭，其中3名优秀科技人员由企业出资去国外深造。目前，全公司仍有近400名职工在国内大专院校进修和参加自学考试。在干部选拔上，公司领导鼓励职工毛遂自荐，对于符合后备干部条件的121人，进行跟踪考察，每年接受一次群众评议，目前已有48人被提拔进入领导岗位。

“山焦”地处洪洞郊区，职工子女上学是每位家长关心的大事。公司设身处地为职工着想，主动与50公里以外的省重点中学临汾一中建立联系，凡考入该校的职工子弟，都由企业给予资助，每逢周末还派专车接送。子女顶替，往往也是每位退休职工的心愿。为了满足他们的愿望，凡体检和文化考试合格者，都予以录用。对于文化程度达不到初中毕业程度的，由企业负责出资培训，合格后再予以录用。

多年来，公司还组织大批职工前往北戴河、山西忻州和太原晋祠疗养院和旅游，使他们在紧张的劳动之余得以缓解和休息。

“山焦”严爱结合，不断地造就着一大批爱岗敬业的“山焦”人。老知识分子吴永忠虽然年过七旬，仍然坚持跋山涉水到省外调查研究。他提出的炼焦方案实施后，每年为公司节约300余万元，并光荣地出席了全国化工劳模大会。青年工程师吕旭芒设计的改造尿素生产中解吸气相带液方案，在实施后每年为公司增加经济效益150余万元。诸如这样的例子，在山焦还有很多。正是这样一大批具有奉献精神的普通人，使公司的活力和生机不断增加，使生产经营活动得到不断发展。

“山焦”人在生产管理上的成功经验是显而易见的，但他们没有以此为满足，公司的领导们深刻地意识到，随着市场经济和企业深化改革，“山焦”生产的产品面对着国际和国内市场的激烈竞争，如何使生产和经营活动更上一层楼，“山焦”将面临更大的挑战。

根据以上案例，回答以下问题：

1. 从激励方法看，“山焦”主要采用的激励手段是（　　）。

A. 交替运用正、负强化的激励方法

B. 以负强化为主，辅以正强化的方法

C. 以正强化为主，辅以负强化的方法

D. 不把各种激励方法作为兴厂之道

2.“山焦”的“三严”、“三化”从管理理论看，更倾向于（　　）。

A. 泰罗的科学管理理论　　　　B. 法约尔的管理过程理论

C. 规则、程序　　D. 系统理论

3. 从计划的形式来看，“山焦”制定的 1 730 个管理标准，其内容包括（　　）。

A. 政策、规则、程序　　B. 规则

C. 规则、程序　　D. 规则、程序、规划

4. 从人性假设的理论分析，“山焦”的管理措施更倾向于（　　）。

A. 经济人的假设　　B. 社会人的假设

C. 自我实现人的假设　　D. 复杂人的假设

5. 从“山焦”的做法分析，你认为他们最成功的经验是（　　）。

A. 惩罚从严，严格劳动纪律　　B. 抓基础工作和制度建设

C. 发挥专业职能部门的作用　　D. 关心职工，为他们排忧解难

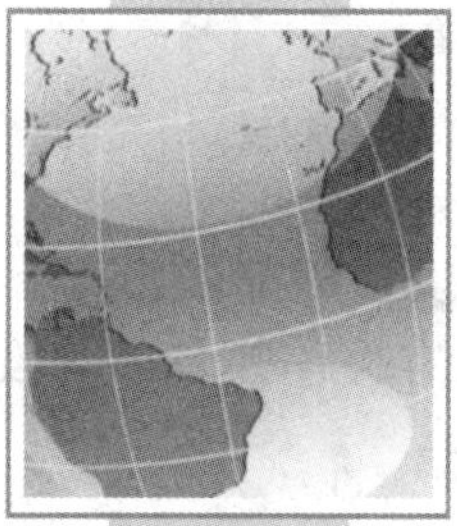

第十一章 沟　通

一、单项选择题

1. 管理需要信息沟通，而信息沟通必须具备的三个关键要素是(　　)。

A. 传递者、接收者、信息渠道　　B. 发送者、传递者、信息内容

C. 发送者、接收者、信息内容　　D. 发送者、传递者、接收者

2. 比较链式与全通道式两种信息沟通网络的各自特点，可以得出(　　)。

A. 链式网络采取一对一的信息传递方式，传递过程中不易出现信息失真情况

B. 全通道式网络由于采取全面开放的信息传递方式，具有较高的管理效率

C. 全通道式网络比链式更能激发士气，增强组织的合作精神

D. 链式网络比全通道式网络更能激发士气，增强组织的合作精神

3. 在组织的纵向沟通网络中，居于两端的人只能与内侧的一个成员联系，居中的人则可分别与两人传递信息，进行组织系统自上而下或自下而上的沟通。这种沟通形态属于(　　)。

A. 链式沟通　　B. 轮式沟通

C. Y 式沟通　　D. 全通道式沟通

4. 从沟通媒介自身的丰富性程度看，排在第一位的应该是(　　)。

A. 电话　　B. 电子邮件

C. 面对面地交谈　　D. 文件

5. 实际工作中存在着下级向上级报喜不报忧的现象，从沟通上分析，这属于纵向沟通中的(　　)。

A. 夸张　　B. 扭曲

C. 过滤　　D. 焦虑

6. 沟通中的编码和解码受到(　　)因素的影响。

A. 语言能力、写作能力、电脑技术

B. 社会条件、文化条件、政治条件

C. 知识、态度、技能和社会—文化系统

D. 心理、情感、能力

7. 如果你是公司的总经理，在周末下午下班后，公司某位重要客户给你打来电话，说他向公司购买的设备出了故障，需要紧急更换零部件，而此时公司的全体人员均已下班。对于这种

情况，你认为以下做法中比较好的是(　　)。

A. 告诉客户，因周末找不到人，只好等下周解决，并对此表示歉意

B. 请值班人员打电话找有关主管人员落实送货事宜

C. 因为是重要客户的紧急需要，马上亲自设法将货送去

D. 亲自打电话找有关主管人员，请他们设法马上送货给客户

8. 假定请你主持召开一个由公司有关“智囊”参加的会议，讨论公司发展战略的制定问题。如果在会上听到了许多与你观点不同的意见，而且你也知道这些意见有失偏颇是因为发言者掌握的资料不全。对此你认为最好采取的做法是(　　)。

A. 视情况谈谈自己对一些重要问题的看法

B. 既然是“智囊”会议，就应允许畅所欲言

C. 及时提供资料，证明这些意见是错误的

D. 及时打断这些发言以发表自己的高见

9. 如果发现一个组织中小道消息很多，而正式渠道的消息较少，这是否意味着该组织(　　)。

A. 非正式沟通渠道中信息传递很通畅，运作良好

B. 正式沟通渠道中信息传递存在问题，需要调整

C. 其中有部分人特别喜欢在背后乱发议论，传递小道消息

D. 充分运用了非正式沟通渠道的作用，促进了信息的传递

10. 如果在一个组织中，存在着许多非正式群体，各群体相互之间看法有分歧，但这些群体内部的凝聚力却很强。这样，当这些群体对该组织的高层领导的态度很不一致时，则对该组织的工作效率及员工满意度的推断是(　　)。

A. 工作效率与员工满意度均很高

B. 工作效率取决于群体目标与组织目标的一致性，员工满意度很高

C. 工作效率高，员工的平均满意度适中，但满意度高低相当分散

D. 平均工作效率低，员工满意度很高

11. 人际沟通中会受到各种“噪声干扰”的影响，这里所指的“噪声干扰”可能来自于(　　)。

A. 沟通的全过程　　B. 信息传递过程

C. 信息解码过程　　D. 信息编码过程

12. 据资料表明，语言表达作为管理沟通的有效手段，可分为三种类型：体态语言、口头语言、书面语言。它们所占的比例分别为：50%、43%、7%。根据这一资料，你认为下列观点中正确的是(　　)。

A. 这份资料有谬误，因为文件存档时，最常用的是书面语言

B. 体态语言太原始，大可不必重视它

C. 人与人之间的沟通，还是口头语言好，体态语言太费解

D. 在管理沟通中，体态语言起着十分重要的作用

13. 某重要会议的开会通知，提前通过电话告知了每位会议参加者，可是到开会时，仍有不少人迟到甚至缺席。试问，以下有关此项开会通知沟通效果的判断中最有可能不正确的是(　　)。

A. 这里出现了沟通障碍问题，表现之一是所选择的信息沟通渠道严肃性不足

B. 这里与沟通障碍无关，只不过是特定的组织氛围使与会者养成了不良的习惯
C. 此项开会通知中存在信息接收者个体方面的沟通障碍问题
D. 通知者所发信息不准确或不完整可能是影响此开会通知沟通效果的一个障碍因素

二、多项选择题

1. 按沟通的方向，沟通可以分为(　　)。
A. 电子沟通　　B. 上行沟通
C. 下行沟通　　D. 横向沟通
2. 常见的沟通障碍主要有(　　)。
A. 人际关系　　B. 个人原因
C. 结构因素　　D. 技术因素
3. 在两维模式里，处理冲突的策略有(　　)。
A. 强制　　B. 回避
C. 妥协　　D. 克制
E. 解决问题
4. 影响有效沟通的障碍因素中属于技术因素的有(　　)。
A. 语言因素　　B. 地理障碍
C. 组织结构　　D. 情绪因素
E. 过滤因素
5. 沟通的要素包括(　　)。
A. 信息源　　B. 通道
C. 接受者　　D. 信息

三、简答题

1. 简述沟通的过程。
2. 简述组织冲突的类型。

四、论述题

试述组织冲突的管理方式。

五、案例分析题

(一)请阅读下面的一段对话：
美国老板：完成这份报告要多长时间？
希腊员工：我不知道完成这份报告需要多长时间。
美国老板：你是最有资格提出时间期限的人。
希腊员工：10 天吧。
美国老板：你同意在 15 天内完成这份报告吗？
希腊员工：没有作声(认为是命令)。
15 天过后
美国老板：你的报告呢？

希腊员工：明天完成。（实际上需要30天才能完成）

美国老板：你可是同意今天完成报告的。

第二天，希腊员工提交了辞职书。

分析与思考：请从沟通的角度分析美国老板和希腊员工的对话，说明希腊员工提出辞职的原因并提出建议。

（二）员工为什么不"听话"

一天早上，青年工人小李上班迟到了几分钟，被他的科长见到了，科长很生气，就怒气冲冲地说："我们科内就数你最不卖力，每一次迟到、早退都有你的份，如果你再这样，你干脆不用来上班了。"小李听完科长的话，无名火冒三丈高，对科长回敬道："你算老几？不过一个小小的科长，你管好自己行了，别在我面前指手画脚，我可不吃你这一套。"接着，两个人大吵起来。

这时，经理闻讯赶来，马上制止了这场吵闹。临走时，他拍拍小李的肩膀说："请你午休时到我办公室来一趟。"

中午，小李来到经理办公室，经理亲自为他搬来一把椅子，倒了一杯茶，请他坐下来慢慢谈。原以为要挨一顿批评的小李，看到经理态度和蔼，脸色开始好转了，聊了一会儿家常后，经理问小李："你为什么和科长吵架？"

"他一直看不惯我。"小李的心里话全倒出来了："平时我工作手脚快，别人没干好，我就干好了，他又讲我工作不认真。我有电工技术特长，希望他在安排工作时考虑一下，他不但不支持，反而常常讽刺我。"

"那么，今天上午你为什么迟到呢？"经理温和地问道。

小李的脸顿时红起来了，不好意思地说："昨晚与朋友看电影，睡觉晚了一点，早上起不来。"

"这样说来，今天上午的争吵是你不对？"经理严肃地说。

"是的，是我不对，我迟到了应该批评。如果换成别人批评我，我一定会虚心接受的，但我就是不买科长的账。"小李轻声地说。

"好吧"，经理站起来轻轻地拍小李的肩，说，"你无故迟到是不对的，要正确地对待科长的意见，不要太计较他的态度，科长那里我会找他谈一下，请他注意一下工作方法。另外，我们准备研究一下，争取把你这样一些有专门技术的工人调到能发挥专长的岗位上去。如果想通了，不妨找科长承认错误。"

小李走出经理办公室时，心情十分舒畅，第二天吃午饭时，他还有意和科长一起吃饭，承认了自己的错误，以后的工作也明显积极认真起来了。

（资料来源：胡君辰，《现代实用管理心理学》，上海科学技术出版社，1992年版，第235页）

分析与思考：

1. 案例中的小李为什么就"不买科长的账"，却又十分"听"经理的话呢？

2. 在本章前面的案例中"员工为什么不'听话'"，如果你是科长，你应该如何与小李沟通以避免冲突？

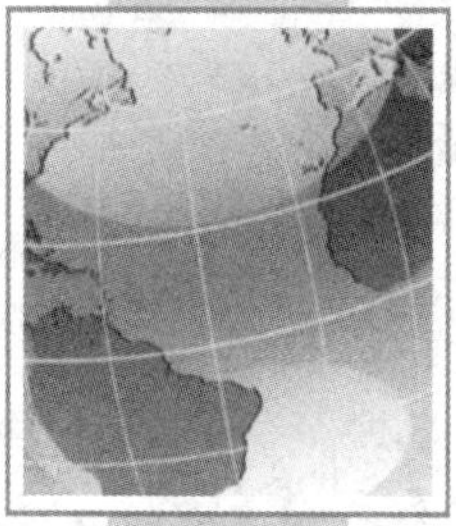

第十二章 控 制

一、单项选择题

1. 控制工作要达到的第二个目的是(　　)。
A. 维持现状　　B. 打破现状
C. 改变现状　　D. 实现创新
2. 下列关于一般控制与管理控制的比较不正确的说法是(　　)。
A. 同是一个信息反馈过程
B. 前提条件和基本步骤相同
C. 都是有组织的系统
D. 目的相同,即按原定计划维持正常活动,实现既定目标
3. 下列有关控制和计划之间关系的说法中正确的是(　　)。
A. 控制和计划是一个事物的两个方面
B. 控制和计划没有内在联系
C. 计划是实现控制工作的依据
D. 控制是计划的保证
4. 最常用的综合控制方法是(　　)。
A. 总预算　　B. 计划评审法
C. 损益控制　　D. 投资回收率
5. 按控制程度分,计划的前提条件为(　　)。
A. 外部　　B. 内部
C. 不可控的　　D. 部分可控的
6. 在管理控制上实行例外原则,是指经理管理(　　)。
A. 一般日常事务
B. 例外情况的决策
C. 对日常事务的监督
D. 概括性的、压缩性的和比较短的报告
7. 控制的两个前提条件中有(　　)。
A. 控制标准　　B. 控制经营

C. 控制对象　　D. 控制机构

8. 控制工作的原理是(　　)。

A. 直接控制原理　　B. 例外情况的原理

C. 反映计划要求的原理　　D. 控制关键点原理

9. 现场控制的有效性取决于主管人员的(　　)。

A. 个人素质　　B. 个人作风

C. 指导的表达方式　　D. 言传身教

10. 管理控制系统实质上也是一个(　　)系统。

A. 自动控制　　B. 完全开放

C. 信息反馈　　D. 完全封闭

二、多项选择题

1. 按控制信息获取的方式和时点分,控制可分为(　　)。

A. 前馈控制　　B. 现场控制

C. 绩效控制　　D. 反馈控制

2. 控制一般包括(　　)等要素。

A. 控制的目标体系　　B. 控制的主体

C. 计划　　D. 控制的手段

E. 控制的对象　　F. 反馈系统

3. 根据问题的重要性和影响程度,控制可划分为(　　)。

A. 绩效控制　　B. 任务控制

C. 反馈控制　　D. 战略控制

E. 预算控制

4. 任何控制程序都包括三个基本步骤,它们是(　　)。

A. 确定控制标准　　B. 衡量实际成效

C. 纠正偏差　　D. 改进工作和领导方法

E. 明确控制重点

5. 有效控制的原则包括(　　)。

A. 适应性原则　　B. 客观性原则

C. 及时性原则　　D. 灵活性原则

E. 经济性原则　　F. 匹配性原则

三、简答题

1. 简述控制的要素。

2. 简述控制的重要性。

3. 简述有效控制的原则。

四、论述题

试述控制的过程。

五、案例分析题

(一)南帝汽车制造厂发生了这样一件事。线束 komax 车间是该厂唯一进行倒班的车间。一个星期日晚上,车间主任去查岗,发现 komax 班的年轻人几乎都不在岗位。据了解,他们都去看央视现场转播的足球比赛去了。车间主任气坏了,在星期一的车间大会上,他一口气点了十几个人的名。没想到他的话音刚落,人群中不约而同地站起几个被点名的青年,他们不服气地异口同声说:“主任,你调查了没有,我们并没有影响生产任务,而且……”主任没等几个青年把话说完,严厉地警告说:“我不管你们有什么理由,如果下次再发现谁脱岗去看电视,扣发当月的奖金。”

谁知,就在宣布“禁令”的那个星期的周末晚上,车间主任去查岗时又发现,komax 班的 10 名青年中竟有 6 名不在岗。主任气得直跺脚,质问当班的班长是怎么回事。班长无可奈何地从工作袋中掏出 3 张病假条和 3 张调休条,说:“昨天都好好的,今天一上班都送来了。”说着,班长瞅了瞅大口大口吸烟的车间主任,然后朝围上来的工人挤了挤眼儿,凑到主任身边讨了根烟,边吸边劝道:“主任,说真的,其实我也是身在曹营心在汉,那球赛太精彩了,您只要灵活一下,看完了电视大家再补上时间,不是两全其美吗?上个星期日的 komax 班,据我了解,他们为了看电视,星期六就把活提前干完了,您也不……”车间主任没等班长把话说完,扔掉还燃着的半截香烟,一声不吭地向车间对面还亮着灯的厂长办公室走去。剩下在场的十几个人,你看看我,我看看你,都在议论着这回该有好戏看了。

(二)石化厂的“禁烟战役”

根据石油化工企业高温高压、易燃易爆的特点,全国所有石油化工生产企业对吸烟都有较严格的限制。四年前各生产厂普遍的做法是,规定在厂内设若干个吸烟室,第一线生产工人及其他人员可以在指定地点吸烟,每次不得超过 15 分钟;但不得有两个以上的工人同时在吸烟室内停留吸烟,以免造成现场人员过少而影响安全生产,万一有意外情况应付不了的局面。此项制度虽已制定多年,绝大多数单位一直未严格认真遵守,执行情况总是时好时差,并不十分得力,所有单位都没能做到完全杜绝违反吸烟制度的现象。其主要表现是有些工人在夜班时经常趁领导不在现场,几个人聚在一起吸烟聊天,常远远超过了 15 分钟;有时还不止两三个人,而是多到四五个人,甚至七八个人,生产现场则只剩下一两个人,空岗现象严重,以致造成有问题不能及时得到处理而闯出大祸的严重后果。例如,1980 年某化工因值班工人集体到吸烟室吸烟时间过长,造成油罐冒烟而未被及时发现,以致大量物料越过罐存警戒线并冲破视镜而酿成大火,给国家财产造成了几十万元的损失。又如,1986 年,某炼油厂又因为同一岗位的四名工人脱岗到吸烟室吸烟聊天,没有及时发现液化气罐泄漏而造成大量可燃气体外溢,其中一位在点燃第二支烟时引起空间爆炸,使两位工人重伤,另两位轻伤,一套生产装置因爆炸而遭到严重损坏,半年内不能生产,经济损失巨大。

为了杜绝此类事故重复发生,总公司下令,全国所有石油化工企业一律禁止吸烟。此令如能顺利推行当然是保证安全生产的好事,然而人们多年的习惯要一下子克服,其难度之大出乎领导的预料。厂长们纷纷诉说:“这规定太难办了,戒烟、禁烟比娘给孩子断奶还难!”但是上级的指令就像军队命令一样,军令如山,没有考虑的余地。

为了贯彻落实上级公司的指令,前进石化公司石化五厂进行了大张旗鼓的宣传教育,并且制定了一系列的检查、奖罚措施,还在厂门设立了纸烟、火柴存放处,进门之前有专人进行检查;厂长还给每个吸烟者发了一盒“戒烟灵”。

开始几天，执行情况还比较好。但厂长发现，中午在食堂就餐的人数突然减少了许多，原来白班职工中的“瘾君子”们为了能吸支烟，宁可挤几站公共汽车，或骑半小时自行车，也要赶回家去吃午饭；饭可以囫囵吞枣，可是烟一定要吸个够。

后来许多职工对劳资部门规定入厂要进行搜查提了意见，譬如，“进门搜身检查跟资本家没有两样”，“厂里不相信工人的觉悟”。厂领导也认为这种做法不尽合适，职工意见也有道理，于是改为在门口进行宣传而不再进行检查。

没过几天，厂里又出现了另外一种现象，生产岗位操作工人开始以各种借口到厂门外去，为的是借此机会到门外吸几口烟过瘾。还有的工人爬到厂的围墙上，屁股朝里，嘴朝外吸烟，令路人看了莫名其妙。厂长童维岳为此下令在一线倒班工人中实行临时出入证制，上班把出入证交给班长保管，下班发给本人出厂门，上班时间无故一律不准请假外出；班长必须严格要求，随便准假要追究责任，想以此杜绝工人脱岗到厂门口吸烟的现象。

过了两个月，童厂长和党委书记老江带有关科室干部下到车间岗位检查设备升级和劳动纪律情况时，无意之中在电工值班室办公桌抽屉中的一个糖盒内发现了 72 个烟头，在车队值班室的一个茶缸内也找到 110 个烟头。童厂长大为恼火，下令此事坚决要按厂里已颁布的奖惩制度执行，每个烟头罚款 20 元。结果电工车间被罚 1 440 元，全车间职工当月都没拿到奖金；车队罚款 2 200 元，等于全队职工 1.5 个月的奖金，并通报全厂，予以批评。

开始，此事在全厂震动很大，厂里平静了一段时间，连续几天都没有查到吸烟的人。然而事隔不久，安全部门和企管、劳资部门进行岗检时又发现了厂内下水道中、电缆沟内，厂房顶上有不少烟头，有不少厕所内烟味很大。童厂长为此尽管火冒三丈，但也无可奈何，于是又和书记一起召开了一线倒班工人座谈会。

在会上，工人小张说：“后半夜四五点钟是倒班工人最难熬的时候，眼皮打架腿发软，能吸口烟就可以赶走瞌睡虫，驱走疲劳；不让吸烟就只得趴桌上睡一会儿，这可是更危险。我们也知道不应该，但难受劲儿是白班职工永远也体会不到的。”工人小李说：“这个决定也太机械了，食堂也在厂内，每天三顿饭加上夜班饭，炊事员做四次饭，要点几次火？难道就不怕爆炸吗？天天说我们是主人，其实我们都成了被管制对象！”几个工人同时恳求说：“恢复吸烟室吧！不自觉的只是少数，绝大多数还是好的！”童厂长对此也犯难了：石化厂有数百项规章制度，还没任何一项制度像禁烟这样难贯彻的。

怎么办？厂长和书记亲自带队到兄弟厂取经。拜访了邻近的六个兄弟厂后，发现各厂领导都在为此事犯愁。各厂都采取了不少制裁措施，有的对违纪者给予行政处分；有的厂长下令在厂内吸烟者被发现，就罚他再抓 10 个吸烟者，在此期间按事假处理，工资奖金及一切劳保福利待遇取消，直到抓满 10 个违纪吸烟者才能回原工作岗位，恢复原有待遇。即使如此“严酷”的制裁也没有完全杜绝厂内吸烟现象。对此几位厂长向上级公司联名写报告，要求恢复吸烟室，以为教育工人到指定地点吸烟，总比他们到处吸烟扔烟头好控制，而且厂里的安全生产会更有保证些，也可缓解在此问题上工人对领导的严重对立情绪。但是上级退回了报告，并批评了童厂长的“好人主义”，治厂不严，背弃了大庆“三老四严”的作风等；同时下发了前几年因工人脱岗吸烟造成事故的通报复印件。

时至今日，上级总公司关于石化厂内一律严禁吸烟的指令已下发 4 年，各厂都做了大量的宣传教育工作和思想政治工作，采取了各种各样的禁烟措施，但禁烟工作仍然时好时差，所有单位都没找到一条完全杜绝厂内吸烟的好办法。为此厂长们十分苦恼。

至今，上级的指令虽然并没有改变，厂长们的苦恼也没有解除。难道这事就真的“没治”了吗？这场战役会落得150年前林则徐的那场同名战役的结局吗？

根据以上案例，回答以下问题：

1. 石化厂为打胜"禁烟战役"，实行了(　　)。

A. 预先控制　　B. 现场控制

C. 事后控制　　D. A+B+C

2. 童厂长为杜绝在岗人员吸烟这一不良现象，采取的禁烟措施确切地说属于(　　)。

A. 负强化　　B. 惩罚

C. A+B　　D. 自然消退

3. 石化厂在"禁烟战役"忽略了管理的(　　)。

A. 科学性　　B. 艺术性

C. 严肃性　　D. A+B

4. 案例中员工小张和小李的一席话说明了管理工作要(　　)。

A. 以厂为本　　B. 以钱为本

C. 以人为本　　D. B+C

5. 如果你是童厂长，你以为以下方案中的(　　)对石化厂禁烟最为有利。

A. 无论何人、何时在岗吸烟，一经发现扣当月奖金

B. 征求员工意见，酌情恢复吸烟室，采取正强化和惩罚两种手段相结合的方式

C. 既然管理工作强调以人为本，那就对吸烟者听之任之，使其自然消退

D. 在厂门口安装监测仪，对每位员工进行机械"搜身"

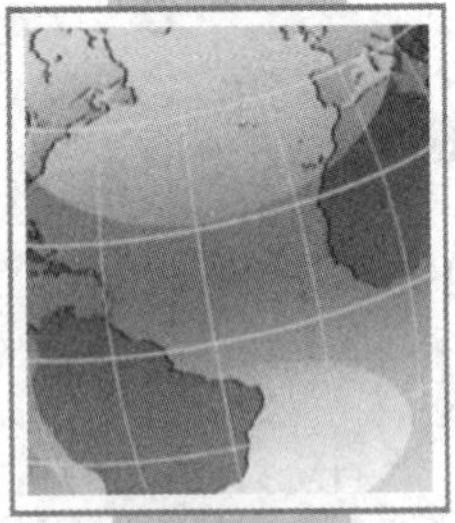

第十三章 管理创新

一、单项选择题

1. 认为创新就是建立一种新的生产函数的经济学家是(　　)。

A. 罗默　　B. 熊彼特

C. 德鲁克　　D. 彼得斯

2. 经营理念大转变最直接、最有效的途径是(　　)。

A. 创新企业文化　　B. 创新机制

C. 改变服务态度　　D. 更新观念

3. 管理创新的第一步是(　　)。

A. 创新准备　　B. 提出构想

C. 寻找创新机会源　　D. 形成模式

4. 企业家的创新管理职能不包括(　　)。

A. 收集与分析情报　　B. 提出技术创新设想

C. 绝不放弃设想　　D. 创新设想的开展、实施

5. 提出了六条创新原则的是(　　)。

A. 罗默　　B. 熊彼特

C. 德鲁克　　D. 彼得斯

二、多项选择题

1. 管理创新的特征有(　　)。

A. 风险性与不确定性　　B. 建设性与破坏性

C. 整体性与系统性　　D. 动态性与可持续性

E. 绝对的稳定性

2. 管理创新的行为主体包括(　　)。

A. 企业家　　B. 内企业家

C. 企业管理人员　　D. 企业员工

E. 企业外部顾问

3. 经营思想创新主要有(　　)。

A. 新的经营方针及战略 B. 新的经营观念及推行
C. 资本运营的新思路 D. 新的经营战略的创造和实施

4. “OEC管理法”由三大体系构成，它们是（　　）。
A. 目标体系 B. 日清体系
C. 激励机制 D. 绩效机制

5. 组织机构方面的创新主要有（　　）。
A. 组织机构的基本形式创新 B. 部门机构的职责权限设置
C. 信息网络的重构及其人际关系安排 D. 采取分权的新方法
E. 财务系统全面推行“三统一”管理

三、简答题

1. 简述管理方法创新的主要内容。
2. 管理创新的条件有哪些？
3. 管理创新的内容至少应包括哪几个方面？
4. 如何寻找创新机会源？

四、论述题

试述管理创新的主要方法。

五、案例分析题

（一）谁抛弃了克莱斯勒？——公司治理迷失

由于受金融危机和油价高涨及其行业内的自身因素的影响，世界汽车业半个世纪来的格局正在全面改写，曾经如日中天的美国汽车工业正无可奈何地走向沉沦，特别是三大巨头几乎全部陷入了破产的深渊。

10年来，克莱斯勒如同一个弃儿，先是被戴姆勒所抛弃，然后又一次被市场所抛弃，最终仍难逃濒临破产的命运，其原因值得国内企业引以为戒。

1998年5月，克莱斯勒宣布与戴姆勒—奔驰合并。这一合并使戴姆勒—克莱斯勒囊括了克莱斯勒、道奇、Jeep、梅赛德斯—奔驰、精灵（Smart）在内的众多知名汽车品牌。9年之后的2007年10月，戴姆勒—克莱斯勒公司通过股东大会投票表决，更名为戴姆勒股份公司，正式完成了德国戴姆勒与美国克莱斯勒的分离程序。

通过梳理克莱斯勒的资本变化路径可以发现，自从2007年8月泽普世以74亿美元收购了克莱斯勒80.1%的股份后，另一控股方塞浦路斯资本管理公司出售克莱斯勒19.9%股份的交易也于2008年11月27日陷入停滞，业绩大幅下滑导致股权之争激烈。而今，日产汽车公司也在报价试图收购克莱斯勒19.9%的股份，同时拟将陷入困境的克莱斯勒纳入日产汽车与法国雷诺汽车已组成的法日汽车联盟，抄底美国汽车业，已成日产汽车公司“甜蜜”的战略部署。

那么，泽普世资本管理公司进入克莱斯勒后带来了什么？观察家们分析，首先，有了无须和董事们商量，无须信息披露和协调的快速反应能力，实际上这让缺乏汽车行业运营的雄厚资金和技术、缺乏长期战略的泽普世更加急功近利，有恃无恐，急于资本套现。其次，从行业经验来看，泽普世及其投资人并无真正经历，而且缺乏与供货商和客户的长期关系和耐心。另外，泽普世现在企图甩手指望以纳德利、普利斯及拉索达等为核心的团队拯救克莱斯勒，资本意志上的强势与公司治理上的指手画脚让克莱斯勒在困境中更加尴尬，越走越远。

现在摆在我们面前的事实是，牺牲现有股东利益是美国政府救助的一个代价，按照美国政府 1979 年救助克莱斯勒的模式，现有公司股东的大部分股权将被迫转让给政府，以作为政府担保的补偿，否则拯救计划将化为泡影。而要泽普世放弃当初 74 亿美元的付出，显然并不现实。

无论是跨国公司还是中国公司，一旦企业内部陷入股权之争，股东们与团队互相指责、经营责任拉锯的时候，这个企业的战略决策与组织治理就走进了内耗严重、分崩离析的窄门，无心再去关注产品、关注市场了。毫无疑问，克莱斯勒面临的不仅仅是这些，如何建立持续、稳定、和谐的股东价值观和公司战略，如何解决因股权纷争导致的公司治理混乱困局，如何在整个外围生存环境日益恶化的情况下实现破釜沉舟、绝处逢生，都是迫在眉睫的难题。

分析与思考：

(1)你认为是谁抛弃了克莱斯勒。

(2)克莱斯勒的破产会给中国企业带来哪些启示？

(二)得利斯集团总裁郑和平酷爱读书，每每看到精彩的文章，总要推荐给员工。一次，某杂志“名牌列传”专栏刊载的一篇文章《“同仁”最是真》引起他的共鸣，郑总一连在 15 处文字下划了着重号。这些内容集中反映在：做精品要严格规范、精益求精，做事要兢兢业业、埋头苦干，做人要认认真真、实实在在……郑总对这篇文章不仅自己阅读研究，而且向全体员工推荐，他希望这篇文章对全体员工有所启示。

下面是郑总对此文章划重点号的部分内容及其批示：

“成药配方独具特色，考料炮制可谓一丝不苟，紫血丹的配方需用金锅银铲，乐家老太收集了各房的金首饰 100 两，放在锅里煮，日夜守候着。一次，老板服用本堂生产的银翘解毒丸时，口感有渣滓，便一追到底，发现是箩底的细绢并丝，造成箩目过大，他当场用水果刀划破所有箩底，令工人更换……”

“俗话说：字要习，马要骑，拳脚要踢打，算盘要拨拉，久练即熟，熟能生巧……同仁堂选料是非上乘不买，非地道不购……火候不济，功效难求，火小了，香出不来，香入脾；如果火大，炒焦了，焦气入心经，所以又有“火候太过，气味反失”一说。一颗牛黄上清丸就有 100 多道工序，药真工细，同仁堂一等品出厂达标率达 100%。”

“‘炮制虽繁必不敢省人工，品味虽贵必不敢减物力。’……同仁堂人也琢磨同仁堂老而不衰的谜，说法不一，却有一点共识：传统也罢，现代也罢，兢兢业业、一丝不苟的敬业精神，啥时都重要。一位女工出远门回来后写道：‘我深深懂得，踏踏实实工作，认认真真做人，才是最根本的，因为我的根基在同仁堂！’”

批语：“同仁堂造药，得利斯造食品，都是入口的东西，但愿《“同仁”最是真》这篇文章能给我们的员工一点启示！”

分析与思考：

(1)你对总裁推荐这篇文章的做法是否赞成？

(2)构建学习型组织对企业的领导者提出了什么要求？

(3)学习型组织中员工的角色发生了什么样的变化？